Strategische Schachaufgaben

Emmanuel Bricard

Strategische Schachaufgaben

Finden Sie den richtigen Plan und
überspielen Sie Ihren Gegner

New In Chess 2019

Veröffentlicht von New In Chess, Alkmaar, Niederlande
www.newinchess.com
Übersetzt aus dem Englischen von *Strategic Chess Exercises* von Emmanuel Bricard (New In Chess 2017).

Umschlagsgestaltung: Volken Beck
Koordination: Peter Boel
Redaktion: Frank Erwich
Übersetzung: Frank Zeller
Produktion: Anton Schermer

Haben Sie Fehler in diesem Buch gefunden?
Bitte senden Sie Ihre Hinweise an editors@newinchess.com. Wir werden alle relevanten Korrekturen auf der „Errata" – Seite auf unserer Webpräsenz www.newinchess.com sammeln und sie in einer etwaigen Neuauflage berücksichtigen.

ISBN: 978-90-5691-852-1

Contents

Zeichenerklärung

Das Schachbrett mit seinen Koordinaten:

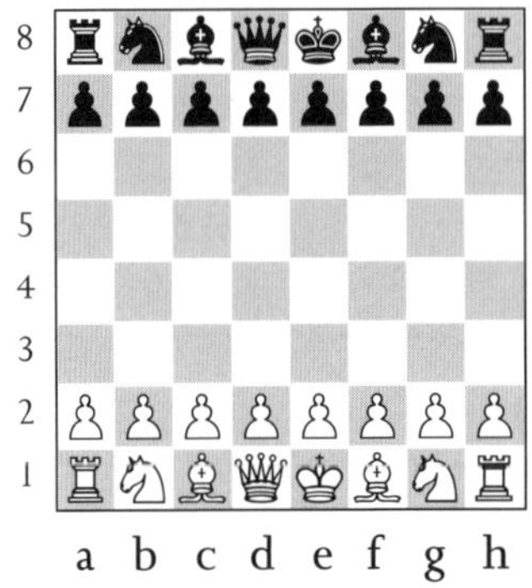

□	Weiß am Zug
■	Schwarz am Zug
♔	König
♕	Dame
♖	Turm
♗	Läufer
♘	Springer

⩲	Weiß steht etwas besser
⩱	Schwarz steht etwas besser
±	Weiß steht besser
∓	Schwarz steht besser
+−	Weiß hat entscheidenden Vorteil
−+	Schwarz hat entscheidenden Vorteil
=	ausgeglichene Position
!	guter Zug
!!	ausgezeichneter Zug
?	schlechter Zug
??	grober Fehler
!?	interessanter Zug
?!	zweifelhafter Zug

Einführung

Was ist Strategie?

Zur Strategie gehören die Kenntnisse bestimmter Themen, die Entwicklung von Plänen, die Bewertung von Stellungen sowie die Unterscheidung zwischen dem, was berechnet werden muss und dem, was man „aussparen“ kann. Taktik im Unterschied dazu bezeichnet den Vorgang der Berechnung der Varianten.

Für wen eignet sich das Buch?

Für alle Spieler, die schon mit grundlegenden strategischen Themen vertraut sind wie „Freibauer“, „ungleichfarbige Läufer“, „Blockade“ usw.

Das Buch enthält Aufgaben von unterschiedlicher Schwierigkeit. Manche sind einfach zu lösen, andere sind komplexer und können als „Denkanstoß“ betrachtet werden. Stärkere Spieler verstehen solche Stellung besser als weniger starke, aber die Herausforderung liegt nicht nur darin, dic Lösung zu finden. Deswegen werden vom Studium jeder vorgestellten Position auch Spieler unterschiedlicher Spielstärken gleichermaßen profitieren.

Wie benutzt man das Buch?

Jede Aufgabe ist mit einer oder mehreren Fragen verknüpft. Diese sind nicht einschränkend gehalten, und wenn ich Sie anhalte, einen Plan für Weiß zu finden, dann ist es genau so sinnvoll, zu schauen, was Schwarz tun könnte und die Stellung im Allgemeinen zu verstehen.

Da die Partiebeispiele nicht in thematische Kapitel eingeteilt sind, geben die Fragen auch keinen Hinweis auf die tatsächlichen Themen und Pläne. Vielmehr liegt Ihre erste Schwierigkeit darin, diese selbst zu entdecken und über deren Wichtigkeit zu urteilen. Ich spielte mit dem Gedanken, schlicht „Weiß am Zug” unter jede Aufgabe zu schreiben, aber in dem Fall zeigt die Erfahrung, dass der Arbeitsprozess oft an Intensität verliert, bevor ein greifbares Ergebnis erreicht wird. Deswegen habe ich mich entschlossen, Hinweise zu geben bezüglich der Bewertung der Stellung oder nach was man suchen soll. Am Ende des Buches findet man ein Register über die angesprochenen Inhalte.

Falls Sie mit einem Sparringspartner zusammen trainieren oder als Schachlehrer arbeiten wollen, halte ich es als gute Idee, zunächst nur zu verraten, wer am Zug ist, und erst später Hinweise zu geben, die Sie für Ihren Trainingspartner oder Ihre Schüler für nötig empfinden. Im Text finden Sie eine Menge weiterer Aufgaben, die Sie auf der Grundlage derer, die ich ausgewählt habe, bearbeiten können.

Hierbei gesagt: die Arbeitsmethode, die sich „aufdrängt“, einer realen Partiesituation am nächsten zu kommen, ist so wenig Informationen wie möglich zu geben.

Das Arbeitsmaterial

In diesem Buch finden Sie 90 Aufgaben, die 80 Partien oder -Fragmenten entstammen, dazu noch eine Studie. Sie werden in zwei Teilen präsentiert: „Mittelspiel“ und „Endspiel“. Zu den Endspielen habe ich Positionen gerechnet, bei denen es keine Damen gibt, oder bei denen beide Seiten neben Damen höchstens noch eine Leichtfigur besitzen.

Die Aufgaben haben einen deutlich strategischen Hintergrund, sind aber nicht erzwungenermaßen bar jeder Taktik. Wenngleich Themen und Pläne eine objektive Realität haben, bleibt die Bewertung einer Stellung eine Frage des Geschmacks, auch wenn diese verfeinert wird, je tiefer man eindringt. Die Partien wurden so ausgewählt, dass die Lösung zu den Aufgaben so einvernehmlich wie möglich erscheint. Diese Behauptung lässt sich freilich schwer „beweisen“. Um beim Leser das Verständnis einer bestimmten Stellung zu verbessern, analysiere ich zunächst die Alternativzüge, bevor ich dann die in der Partie tatsächlich gespielten Züge zur Diskussion stelle. Ebenso gebe ich jedesmal die Züge an, die zum Aufgabendiagramm geführt haben, denn ich halte dies für hilfreich für den Löser, dabei spezifische Themen und Motive zu entdecken.

Die Wahl meiner Aufgaben basiert auf meiner Praxis als Schachtrainer. Ich habe diese auf den Lehrgängen, die ich in den letzten fünfzehn Jahren abhielt, schon mehrfach verwendet. Diese Erfahrungen halfen mir sehr bei der Arbeit an diesem Buch.

Ich wünsche viel Lesevergnügen!

Emmanuel Bricard
Montpellier, France,
Juni 2016

KAPITEL 1

Aufgaben aus dem Mittelspiel

Übung 1

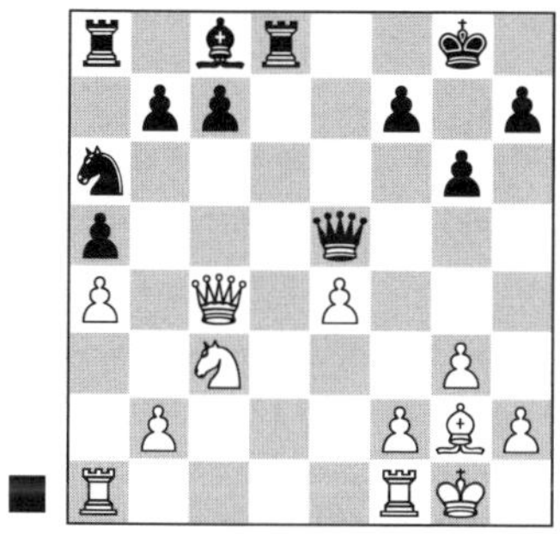

Welcher Plan führt zu einem deutlichen schwarzen Vorteil?
(Lösung auf Seite 25)

Übung 2

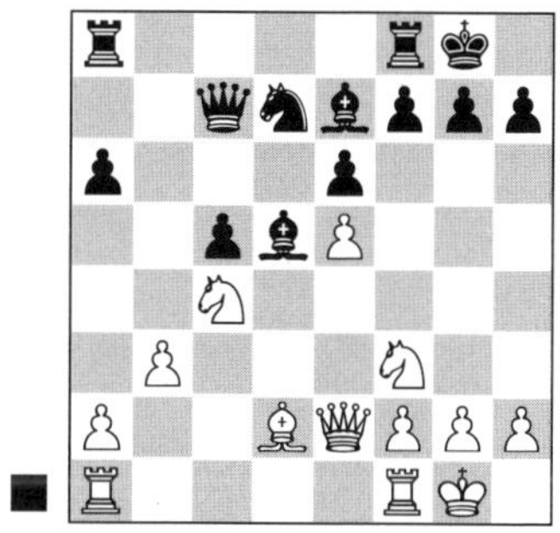

Welcher Plan sichert dem Schwarzen einen kleinen, aber dauerhaften Vorteil?
(Lösung auf Seite 26)

Übung 3

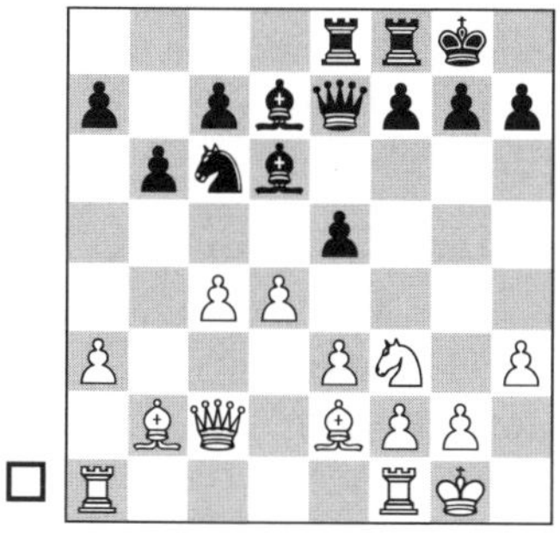

Wie kann Weiß in Vorteil kommen?
(Lösung auf Seite 28)

Übung 4

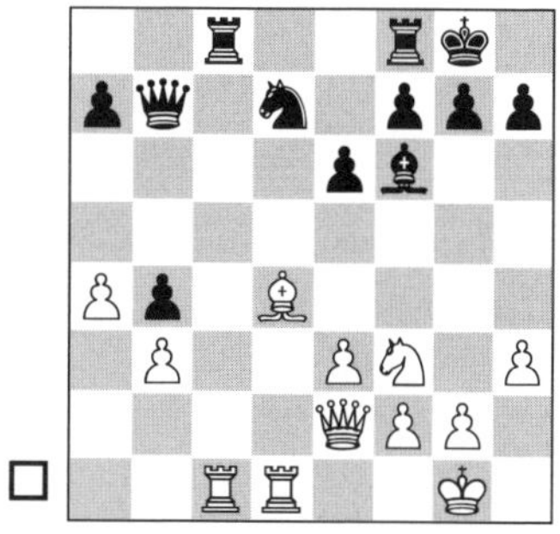

Wie kann Weiß sich großen Vorteil sichern?
(Lösung auf Seite 31)

Übung 5

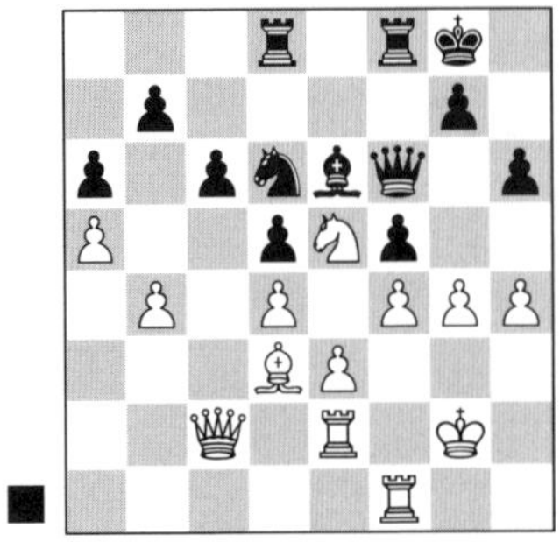

Was halten Sie von 30...fxg4 ?
(Lösung auf Seite 32)

Übung 6

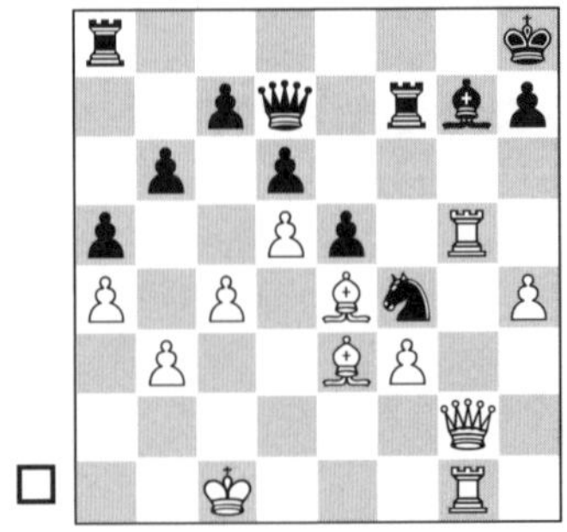

Wie sieht der weiße Gewinnplan aus?
(Lösung auf Seite 33)

Übung 7

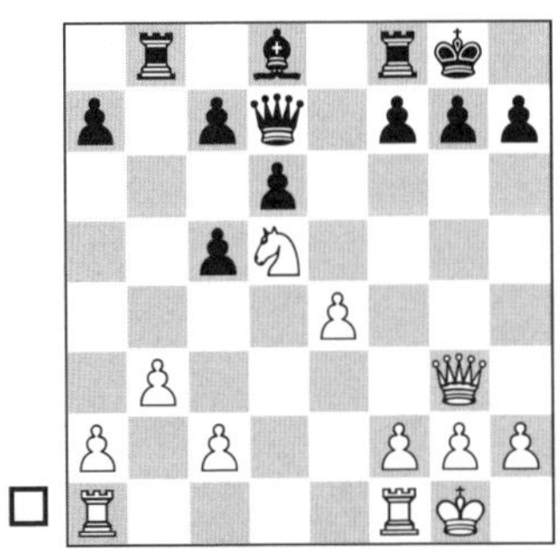

Welcher Plan sichert dem Weißen dauerhaften Vorteil?
(Lösung auf Seite 35)

Übung 8

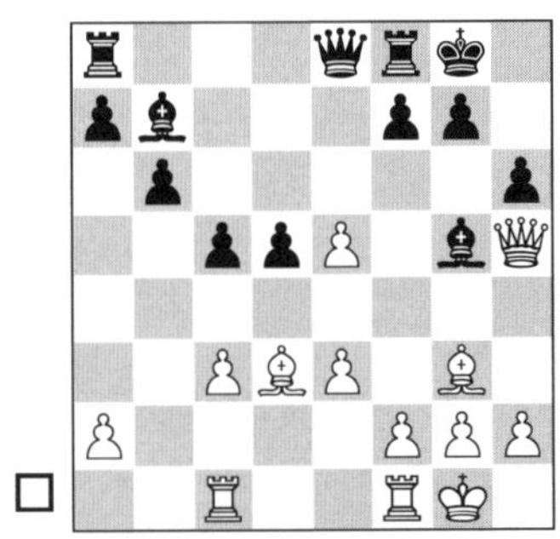

Worin besteht der Hauptplan von Weiß und wie lässt der sich am besten durchführen?
(Lösung auf Seite 37)

Übung 9

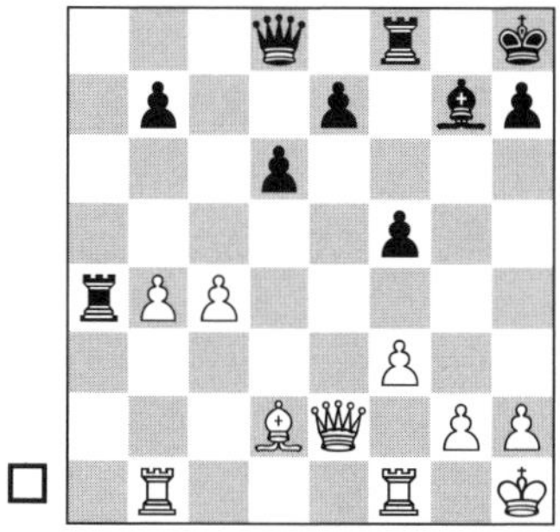

Weiß steht besser und kann auf verschiedene Arten fortsetzen. Welcher Plan ist mit 22.♗g5 verbunden?
(Lösung auf Seite 38)

Übung 10

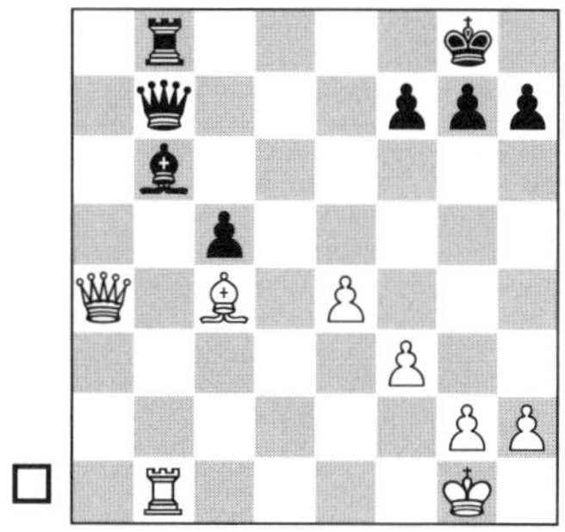

Was denken sie von dieser Stellung?
(Lösung auf Seite 40)

Übung 11

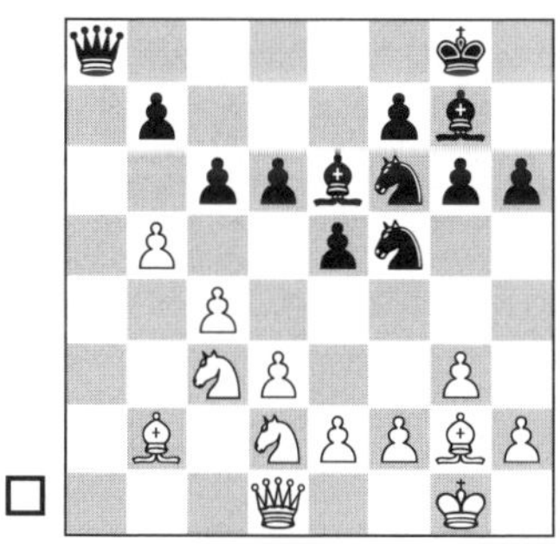

Wie kann sich der Weiße Vorteile sichern?
(Lösung auf Seite 42)

Übung 12

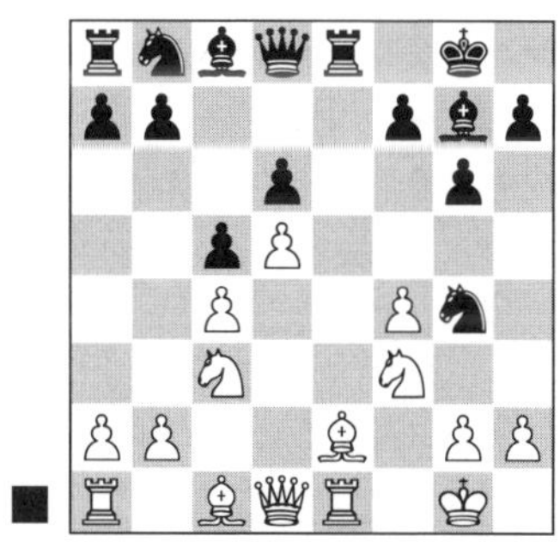

Können Sie die Kombination beginnend mit 11...♗d4+ berechnen, ohne zu vergessen, sie dabei zu bewerten?
(Lösung auf Seite 44)

Übung 13

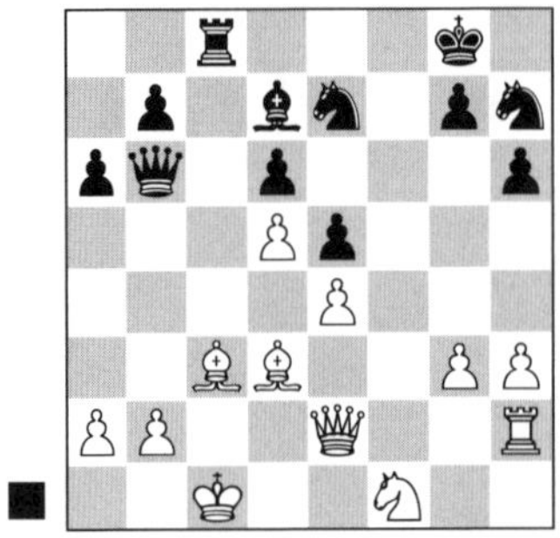

Welcher Plan bietet dem Schwarzen Vorteil?
(Lösung auf Seite 45)

Übung 14

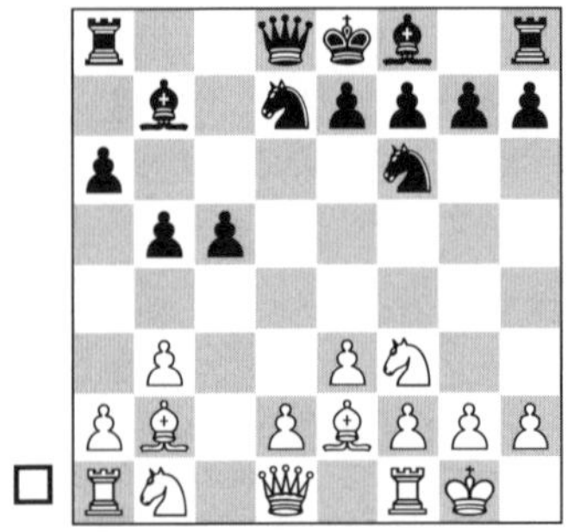

Was ist der einzige Weg, der Weiß Aussichten auf etwas Vorteil erhalten könnte? Und welche Antworten stehen dem Schwarzen daraufhin zur Verfügung?
(Lösung auf Seite 47)

Übung 15

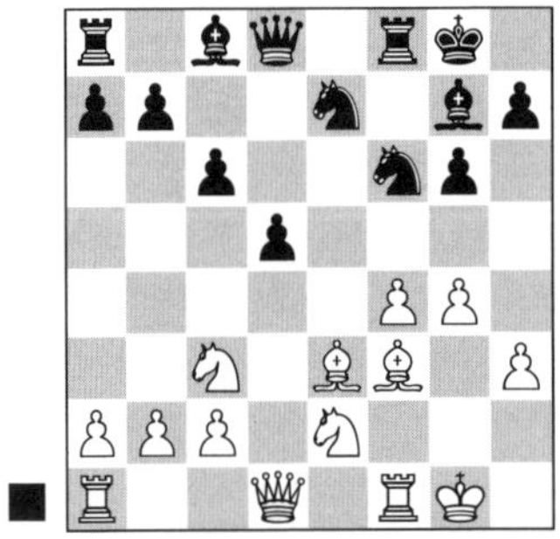

Welcher Plan bietet dem Schwarzen klaren Vorteil?
(Lösung auf Seite 49)

Übung 16

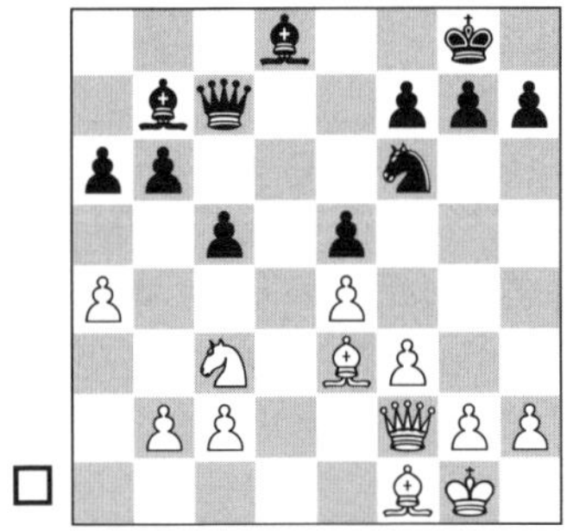

Welches ist der beste Plan für Weiß?
(Lösung auf Seite 51)

Übung 17

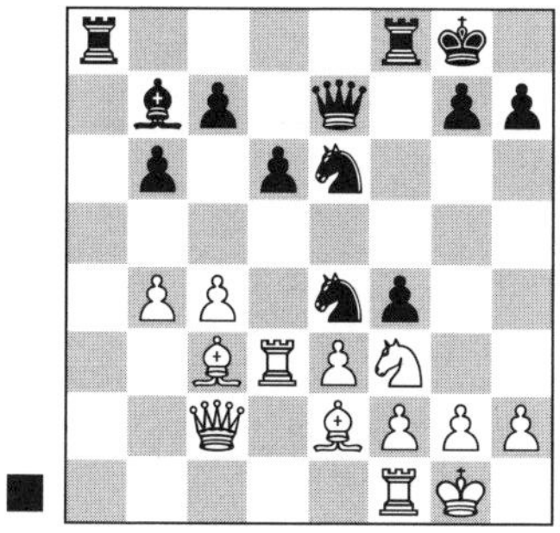

Worin besteht der beste Plan für Schwarz?
(Lösung auf Seite 52)

Übung 18

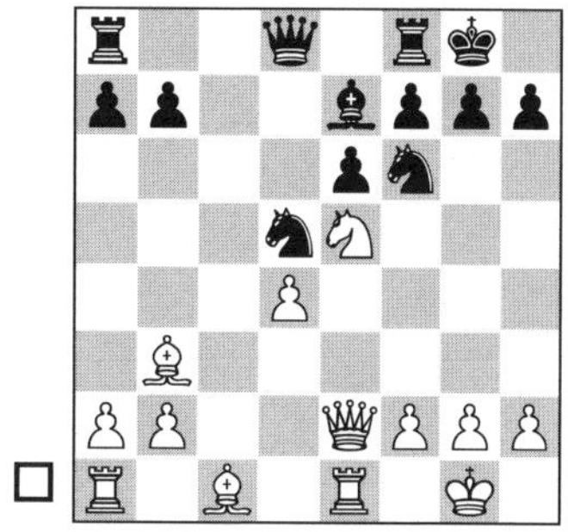

Wie schätzen Sie die Stellung ein? Was halten Sie von der Fortsetzung 15.♗g5 ♖c8 ?
(Lösung auf Seite 54)

Übung 19

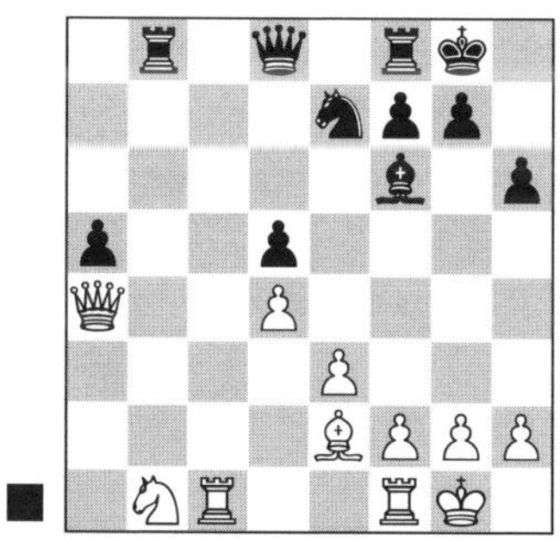

Wie ist diese Stellung einzuschätzen und welche Züge kommen in Frage?
(Lösung auf Seite 56)

Übung 20

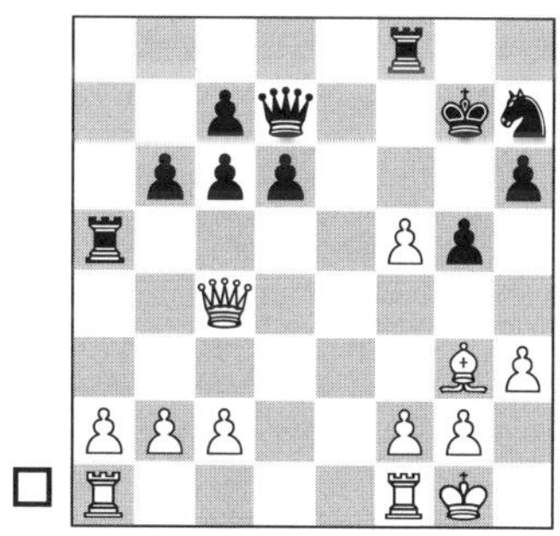

Welcher Plan sichert den weißen Vorteil?
(Lösung auf Seite 58)

Übung 21

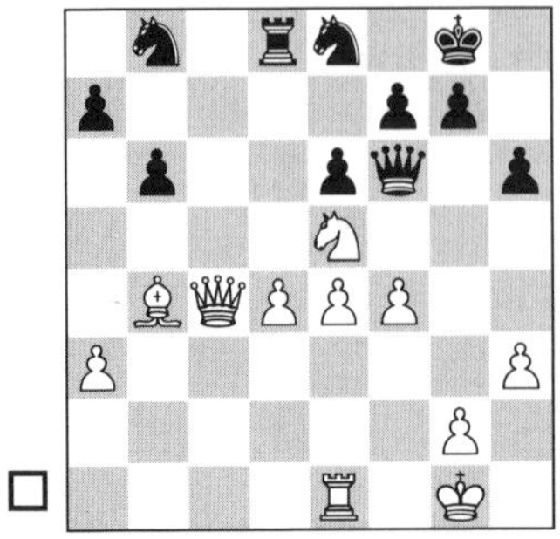

Mit welchem Plan sichert Weiß einen klaren Vorteil?
(Lösung auf Seite 60)

Übung 22

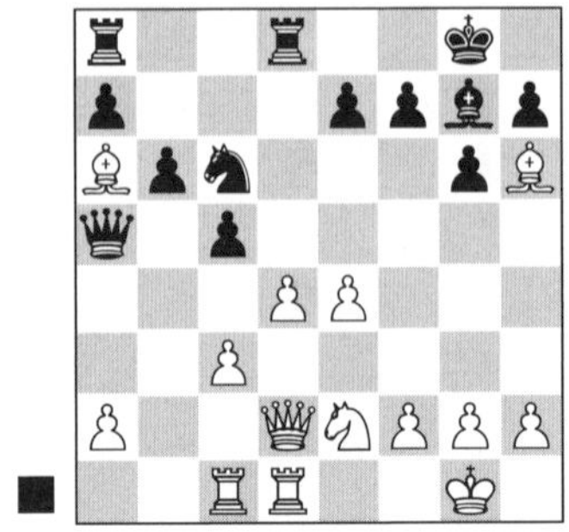

Statt der Fortsetzung 15...♕xa6 16.♗xg7 ♔xg7, nach der er etwas schlechter stünde, wählte Schwarz 15...♗xh6 16.♕xh6 ♕xa6. Was ist die Idee davon, auf h6 zu nehmen, anstatt auf g7 raustauschen zu lassen? Welche Varianten muss man berechnen, um sich auf diese Sequenz einlassen zu können? Hätten Sie auch so gespielt?
(Lösung auf Seite 61)

Übung 23

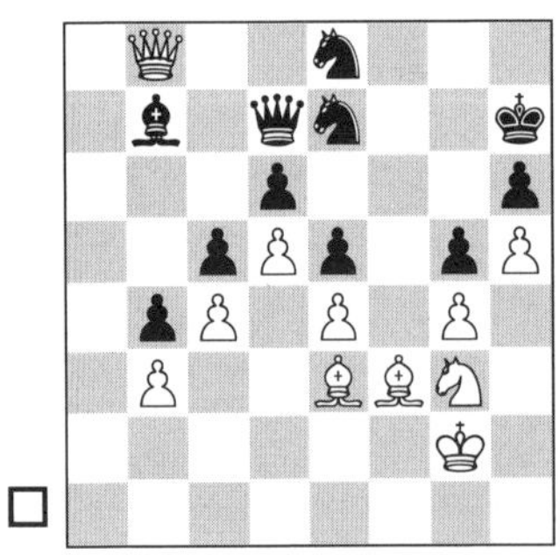

Wie kann Weiß in Vorteil kommen? Was denken Sie, welche Verteidigungsressourcen Schwarz danach zur Verfügung hat?
(Lösung auf Seite 63)

Übung 24

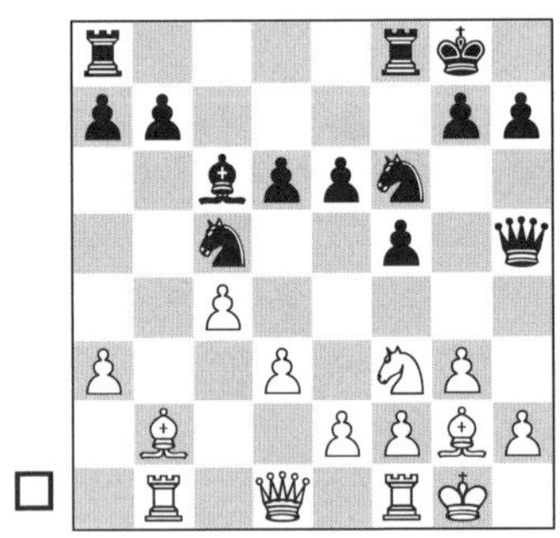

Können Sie zwei interessante Pläne für Weiß finden? Versuchen Sie durch Variantenrechnen zu zeigen, welcher von beiden zu einem großen Vorteil führt!
(Lösung auf Seite 66)

Übung 25

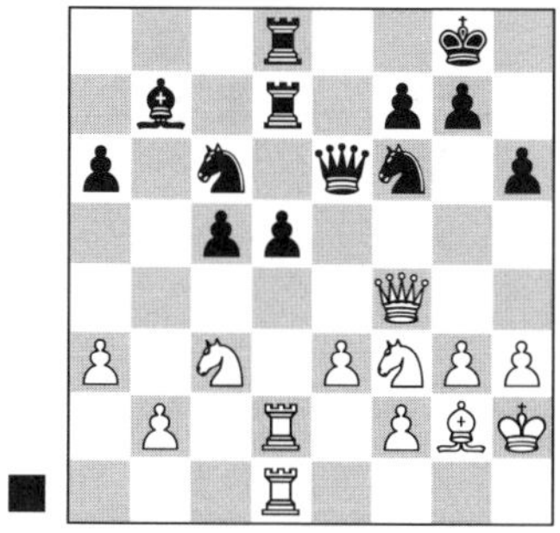

Können Sie diese Stellung allgemein beurteilen? Welcher Plan verschafft Weiß nach 28...♘a5? einen deutlichen Vorteil? Es ist notwendig, dies mit konkreten Berechnungen zu untermauern.
(Lösung auf Seite 68)

Übung 26

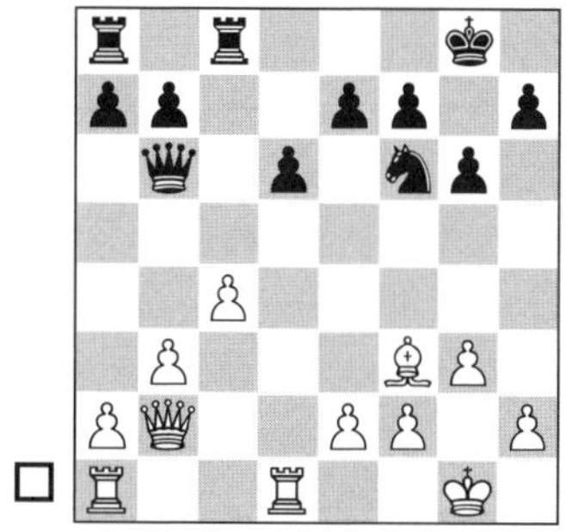

Welcher Plan erlaubt es dem Weißen, die Initiative zu übernehmen?
(Lösung auf Seite 70)

Übung 27

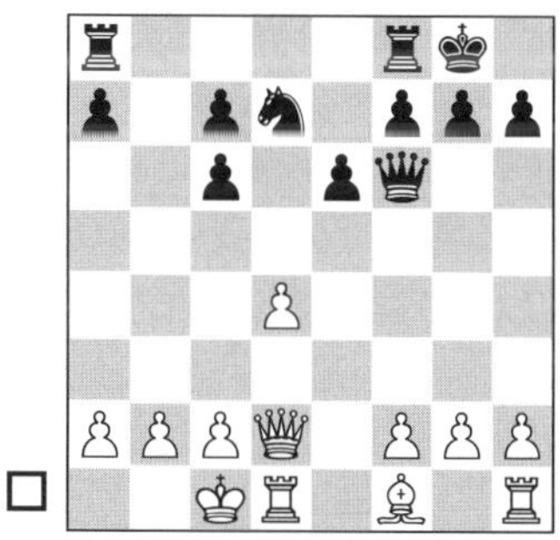

Was ist die Idee hinter 13.h4 ?
(Lösung auf Seite 73)

Übung 28

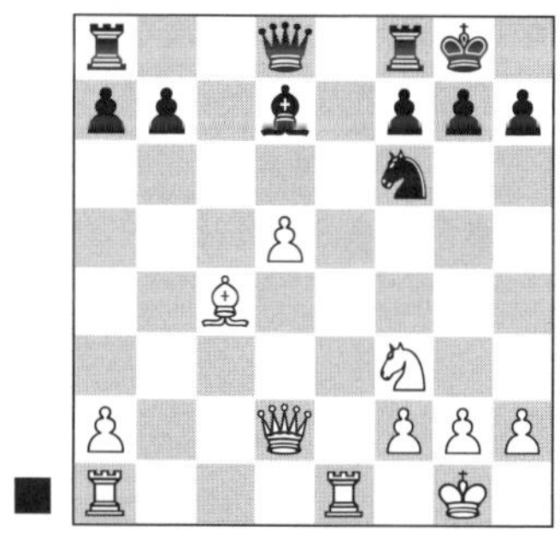

Welcher Plan ist mit 15...♕c7 verbunden, und was halten Sie davon?
(Lösung auf Seite 75)

Übung 29

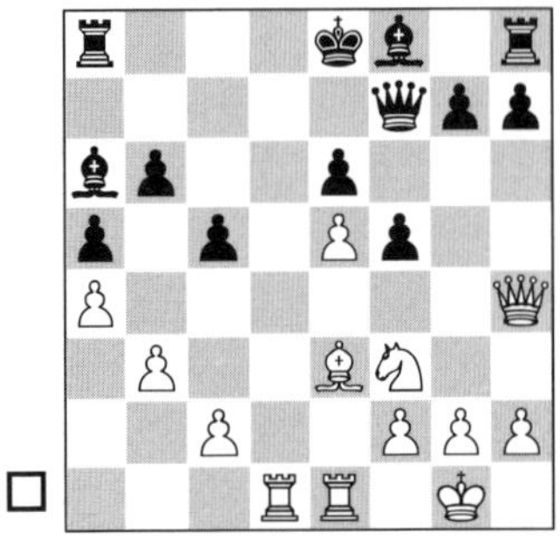

Weiß steht ein Plan zur Verfügung, mit dem er, auch ohne komplizierte taktische Ressourcen zu überblicken, auf einen Vorteil hoffen kann. Finden Sie diesen!
(Lösung auf Seite 77)

Übung 30

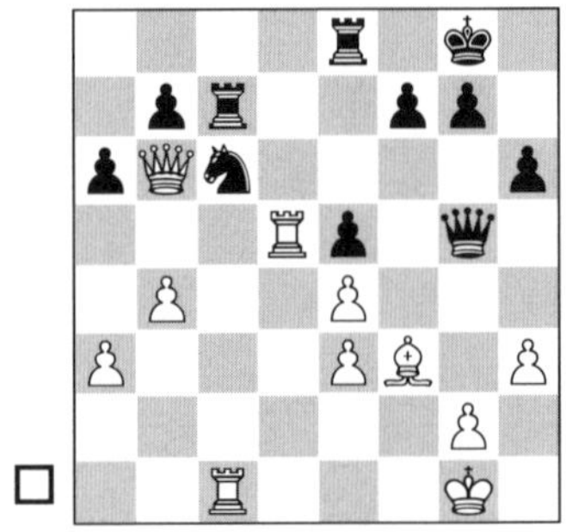

Wenn Sie einen sicheren weißen Vorteil finden, ausgezeichnet! Finden Sie aber auch einen Gewinn oder etwas, das dem nahe kommt?
(Lösung auf Seite 80)

Übung 31

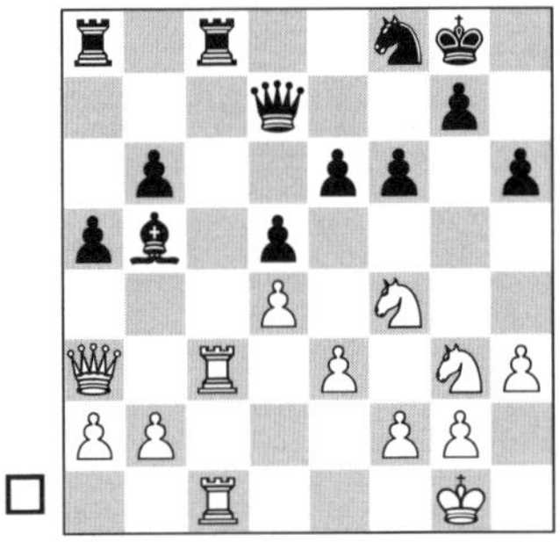

Welcher Plan festigt den weißen Vorteil?
(Lösung auf Seite 82)

Übung 32

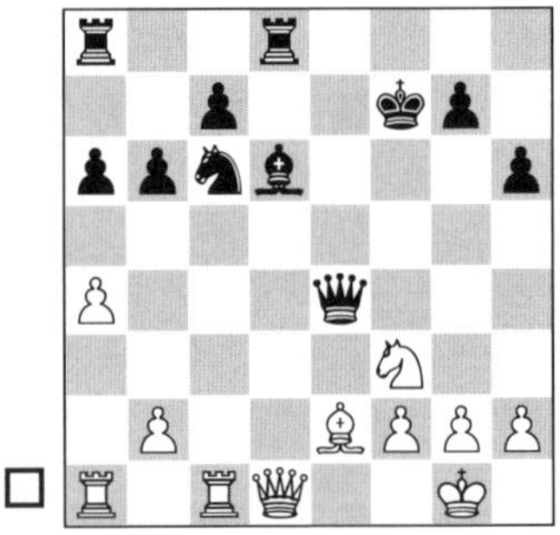

Zum besseren Verständnis der notwendigen Varianten: was halten Sie von 22.g3 und 22.♕e1 ?
(Lösung auf Seite 84)

Übung 33

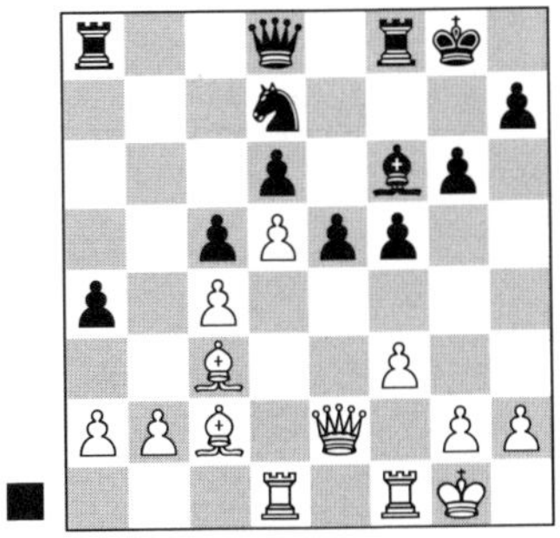

Welcher Plan gibt dem Schwarzen eine gefährliche Initiative?
(*Lösung auf Seite* 86)

Übung 34

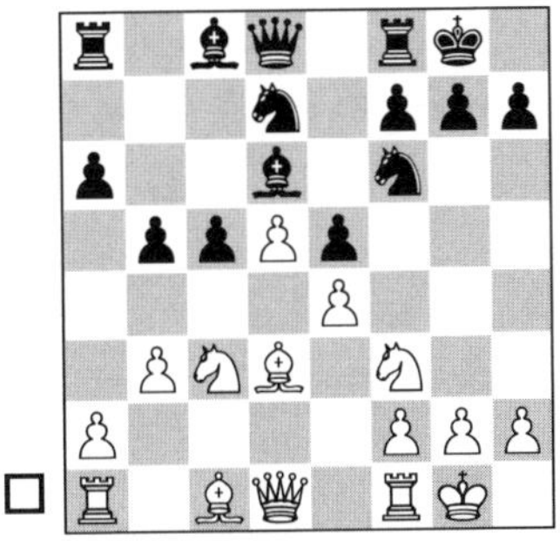

Der Hauptplan für Weiß besteht im Hebel a2-a4. Wie kann Schwarz das sofortige 13.a4 beantworten? Wie kann Weiß a2-a4 vorbereiten?
(*Lösung auf Seite* 89)

Übung 35

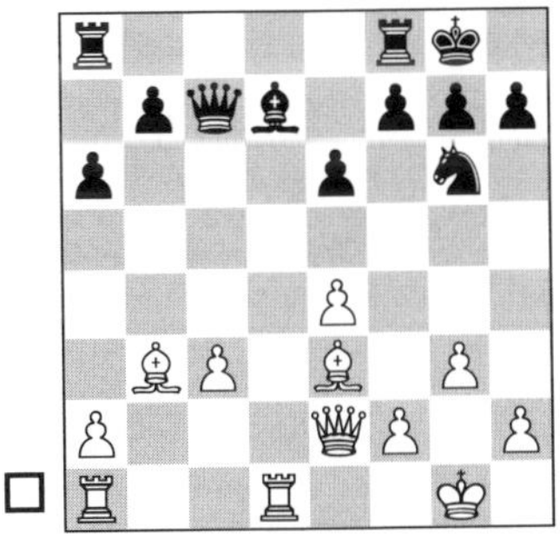

Welcher Plan bietet Weiß klaren Vorteil und wie kann man ihn durchführen?
(*Lösung auf Seite* 90)

Übung 36

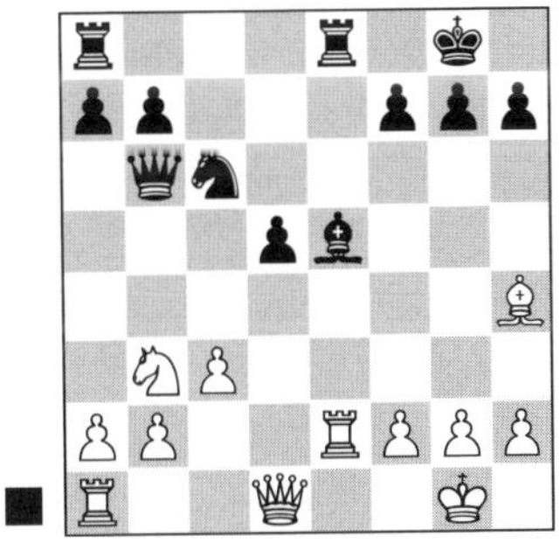

Welcher Plan gibt Schwarz die Initiative? Und wie soll Weiß darauf reagieren?
(*Lösung auf Seite* 92)

Übung 37

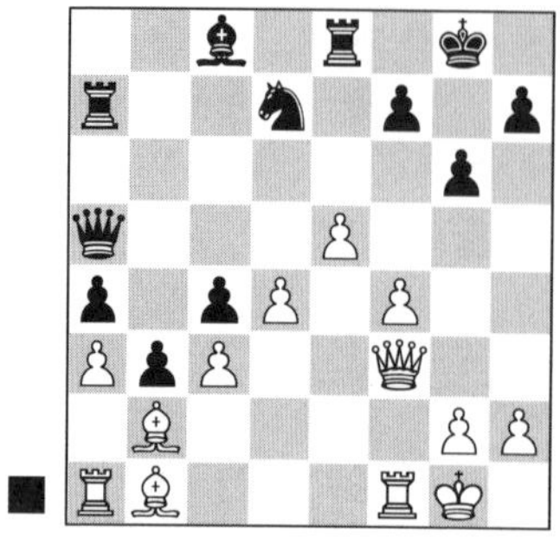

Mit welchem Plan sichert sich Schwarz den Vorteil?
(Lösung auf Seite 96)

Übung 38

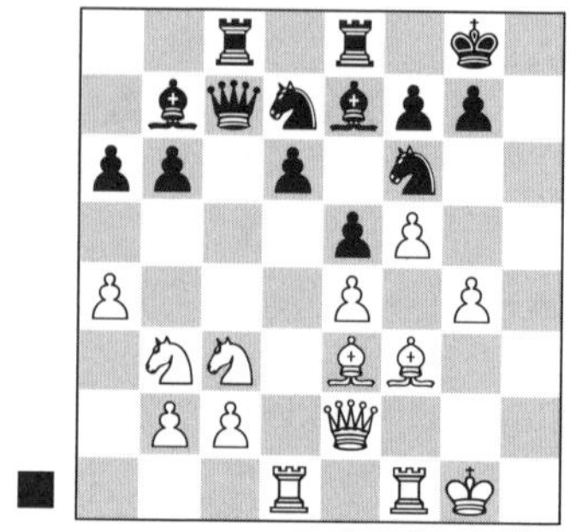

Erwägen Sie die plausiblen schwarzen Antworten nach der thematischen Fortsetzung 18... d5 19.g5 und beurteilen Sie alle Abspiele! Begrenzen Sie Ihre Berechnungen auf das Notwendigste!
(Lösung auf Seite 98)

Übung 39

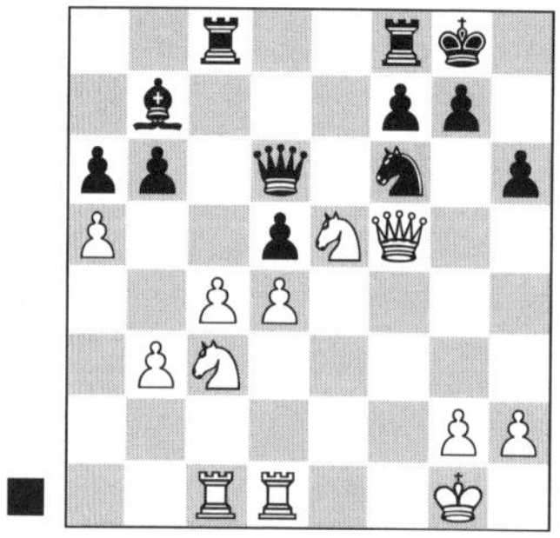

Worin besteht der beste Plan für Schwarz, und wie ist die korrekte weiße Antwort darauf?
(Lösung auf Seite 100)

Übung 40

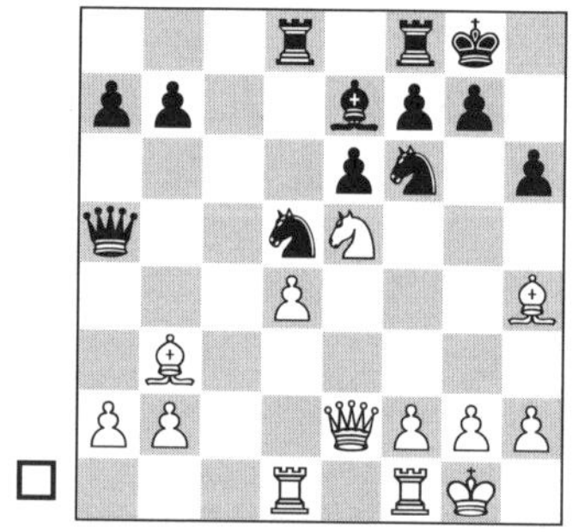

Wie kann Weiß seinen Angriff aussichtsreich verstärken?
(Lösung auf Seite 102)

Übung 41

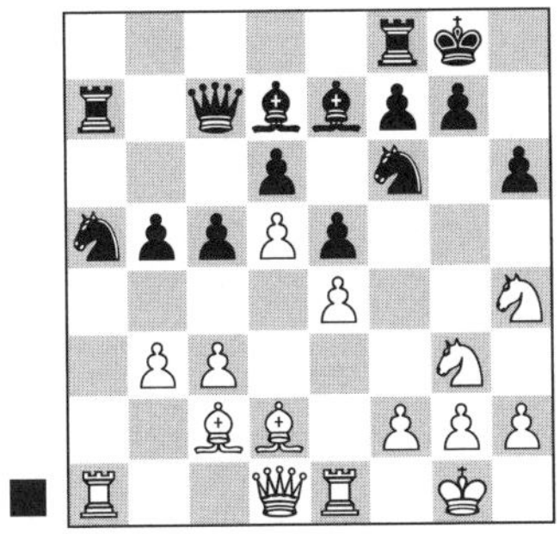

Was halten Sie von 20...♖fa8 und 20...♘xd5 ?
(Lösung auf Seite 104)

Übung 42

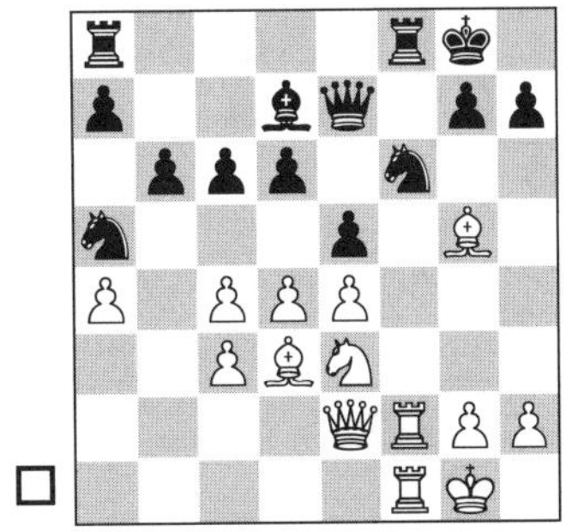

Finden Sie zwei geradlinige Pläne, die zu deutlichem Vorteil für Weiß führen!
(Lösung auf Seite 106)

Übung 43

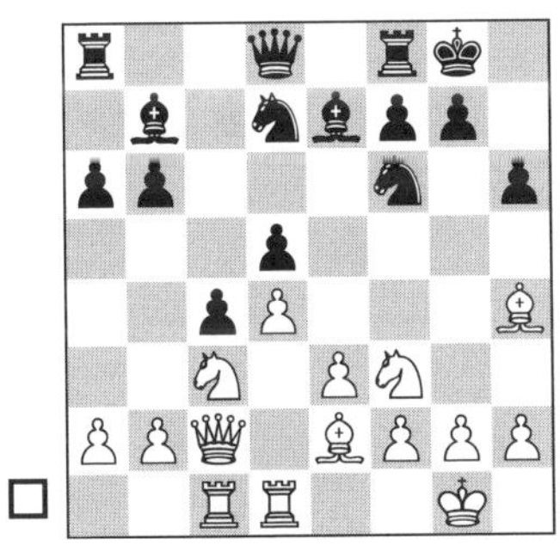

Was halten Sie vom Läufer auf b7? Wie kann Weiß sicheren Vorteil erhalten?
(Lösung auf Seite 109)

Übung 44

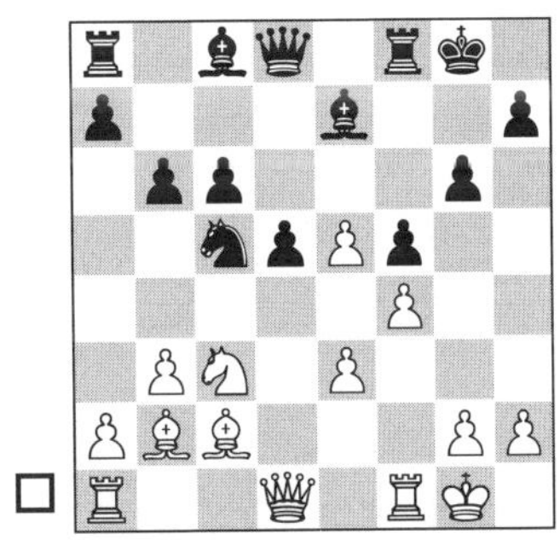

Mit welchem Plan kommt Weiß in Vorteil? Können Sie die Konsequenzen abhängig von den schwarzen Antworten berechnen?
(Lösung auf Seite 111)

Übung 45

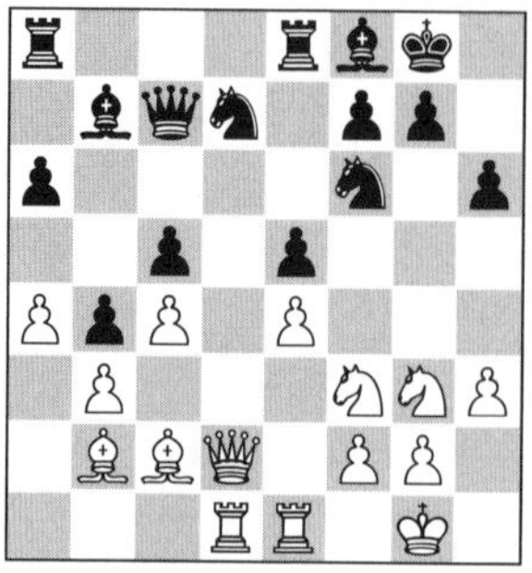

Welcher Plan bietet dem Weißen Vorteil? Wie kann man ihn umsetzen?
(Lösung auf Seite 115)

Übung 46

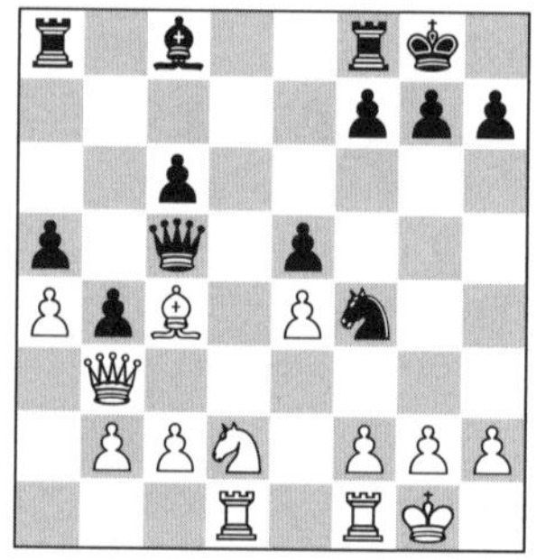

Welcher Plan gibt dem Weißen gute Aussichten, und wie sollte Schwarz darauf reagieren?
(Lösung auf Seite 117)

Übung 47

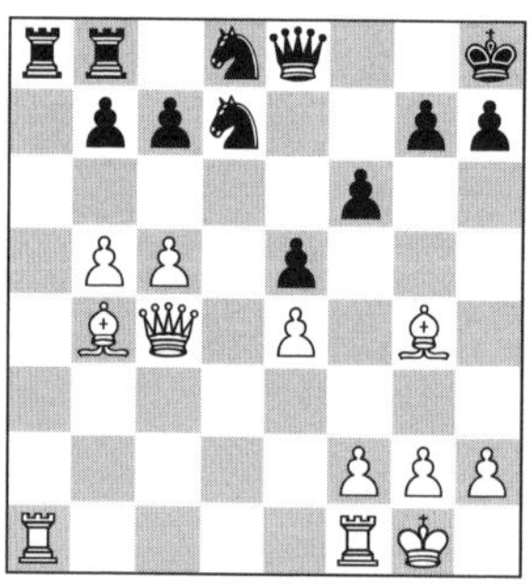

Wie kann Weiß entscheidenden Vorteil erreichen?
(Lösung auf Seite 119)

Übung 48

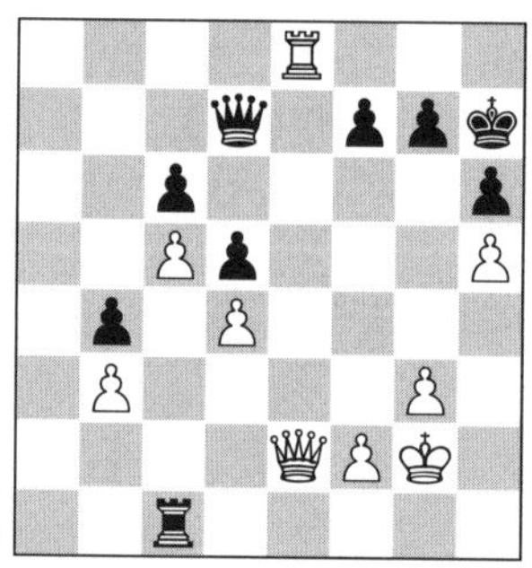

Was halten Sie von der Stellung allgemein und von den Zügen 50.♕e5, 50.♖b8, 50.♖f8 and 50.♕d3+ konkret? Fürs bessere Verständnis ist einige Rechenarbeit erforderlich.
(Lösung auf Seite 121)

Übung 49

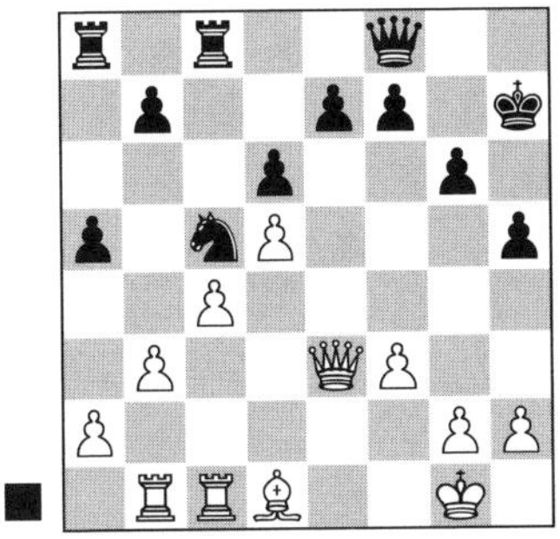

Wie schätzen Sie diese Stellung ein? Welchen Plan würden Sie dem Schwarzen raten?
(Lösung auf Seite 123)

Übung 50

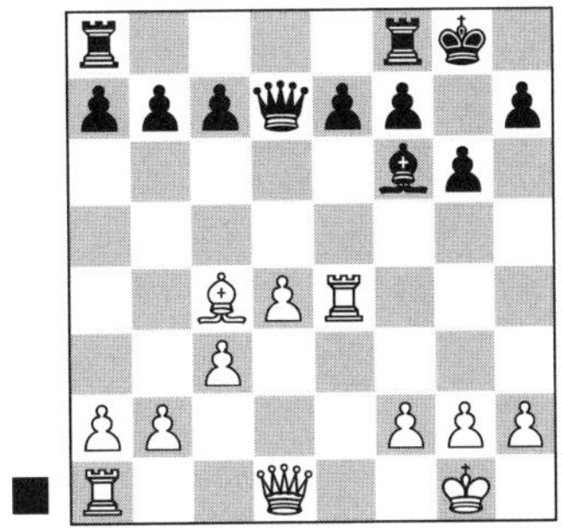

Was denken Sie von dieser Position, und was ändern die Züge 14...b5 15.♗b3 a5 an Ihrer Einschätzung?
(Lösung auf Seite 125)

Übung 51

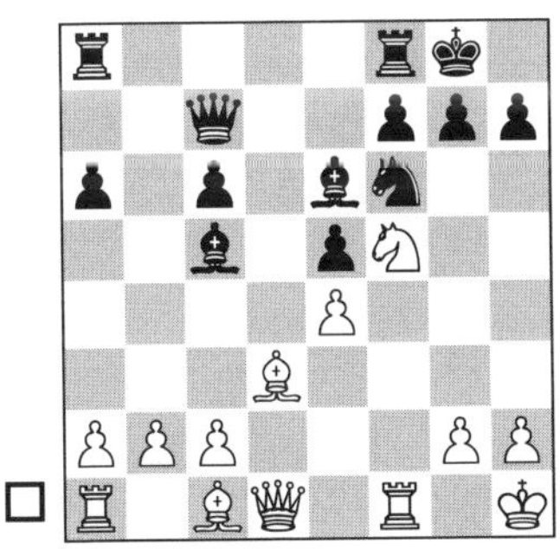

Wie schätzen Sie diese Stellung ein? Was ist vom Manöver 15.♕e2 a5 16.♗c4 zu halten?
(Lösung auf Seite 128)

Übung 52

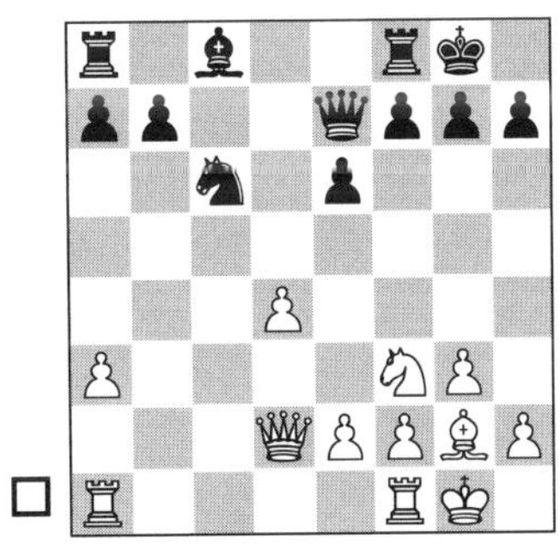

Welche unterschiedlichen Pläne kann Weiß verfolgen?
(Lösung auf Seite 130)

Übung 53

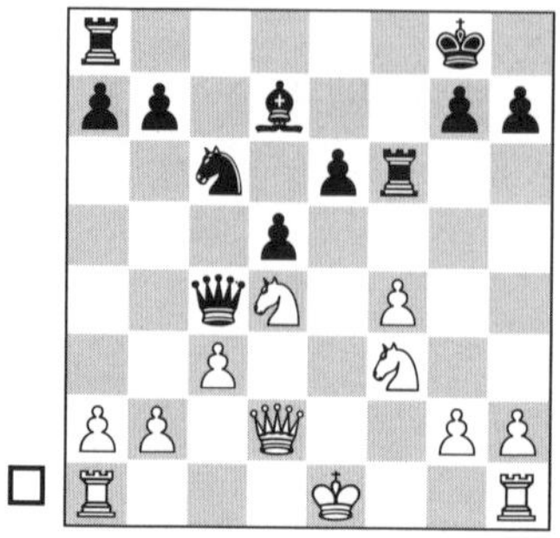

Welche Pläne kommen für beide Seiten in Betracht?
(Lösung auf Seite 132)

Übung 54

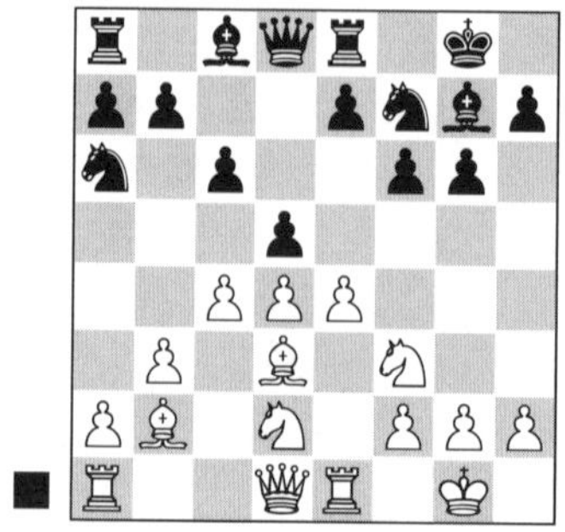

Welcher Plan gibt dem Schwarzen gutes Spiel? Können Sie die Folgen für beide Seiten mit ein paar Varianten untermauern?
(Lösung auf Seite 136)

Übung 55

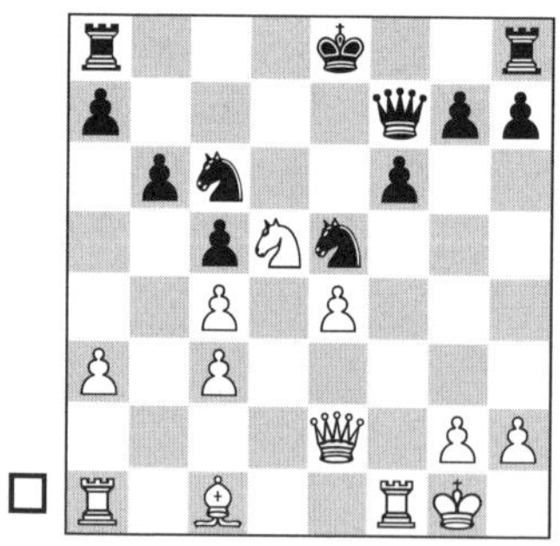

Weiß hat eine ziemlich schlechte Bauernstellung, doch noch sind seine Überlebenschancen intakt. Welchen Plan sollte er wählen?
(Lösung auf Seite 139)

Übung 56

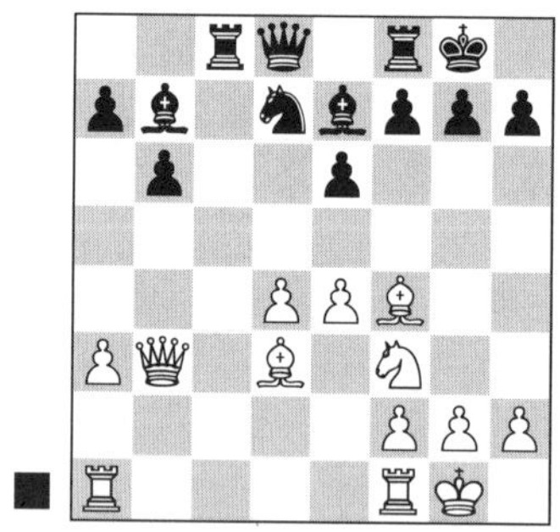

Welche Pläne stehen Weiß zur Verfügung? Finden Sie einen guten Verteidigungszug für Schwarz und die damit verbundenen unterschiedlichen Pläne!
(Lösung auf Seite 141)

Übung 57

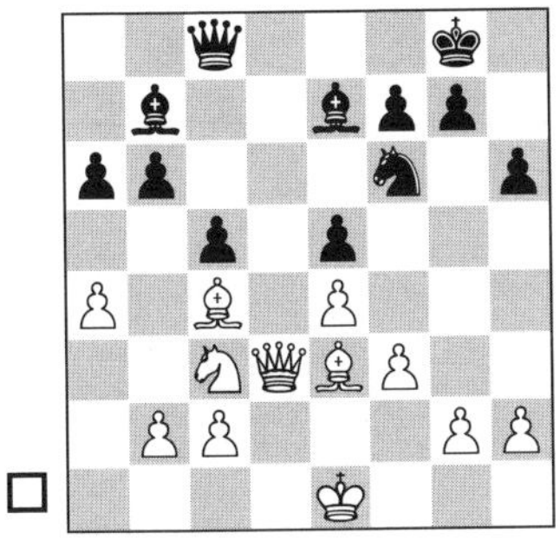

Wie kann Weiß den Druck steigern?
(*Lösung auf Seite 143*)

Übung 58

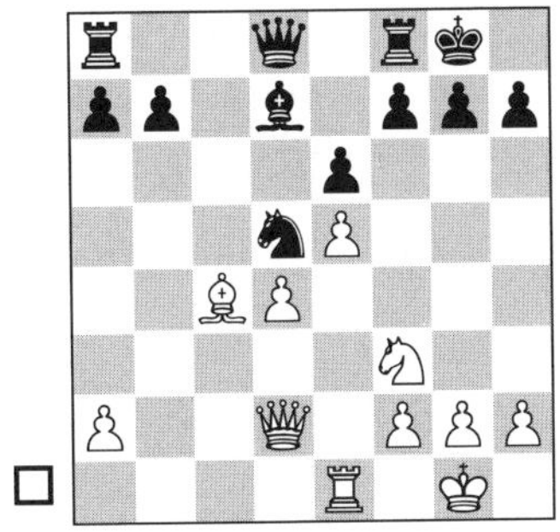

Worin besteht der aussichtsreichste Plan für Weiß?
(*Lösung auf Seite 145*)

Übung 59

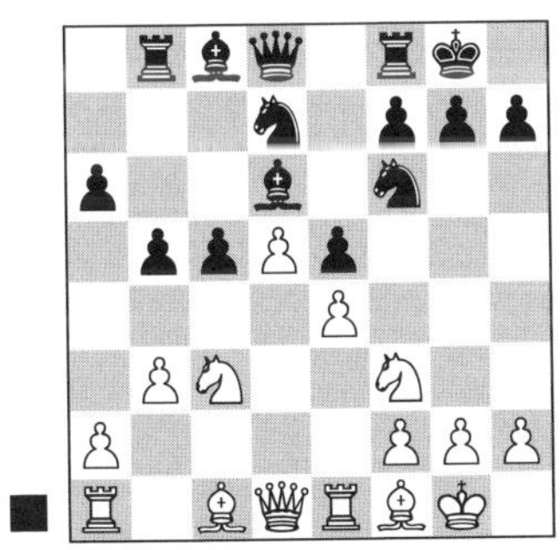

Weiß droht, die schwarze Majorität mit a2-a4 zu schwächen. Sehen Sie eine Möglichkeit für Schwarz, diese in guter Ordnung zu bewahren? Wie könnte das aussehen?
(*Lösung auf Seite 147*)

Übung 60

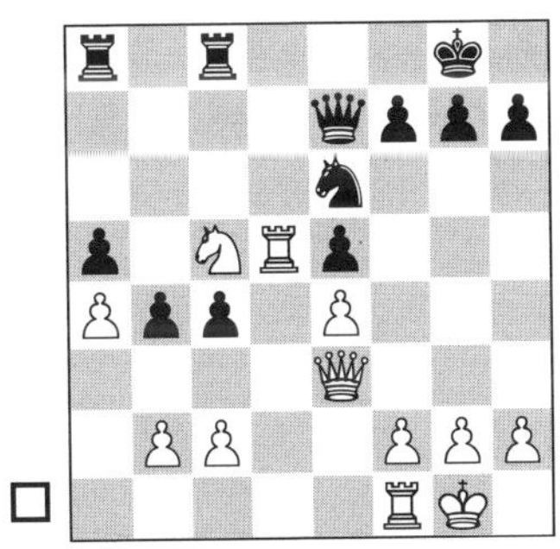

Weiß spielte hier 25.♘xe6. Wie, denken Sie, entwickelt sich das Spiel nach beiden Rücknahmemöglichkeiten?
(*Lösung auf Seite 150*)

Übung 61

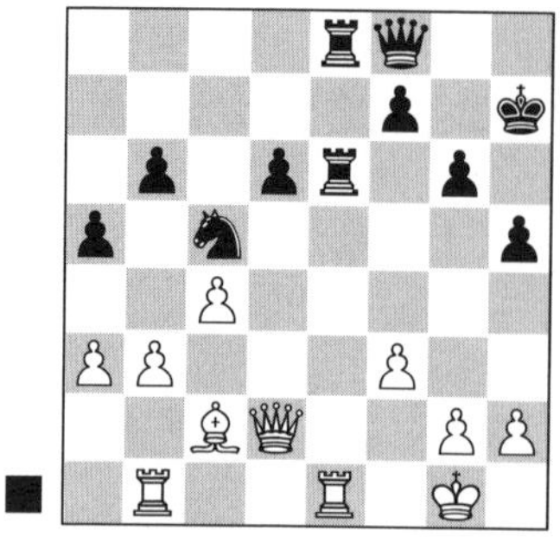

Welcher Plan führt zu deutlichem schwarzem Vorteil?
(*Lösung auf Seite 153*)

Übung 62

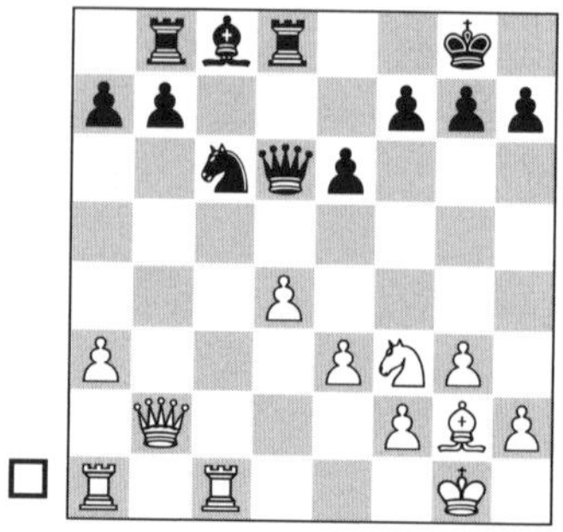

Weiß hat einigen Vorteil. Folgt man einem gesunden strategischen Plan und unterstützt diesen mit der richtigen Dosis Intuition und Berechnung, kann man darauf wetten, dass er größer wird.
(*Lösung auf Seite 154*)

Übung 63

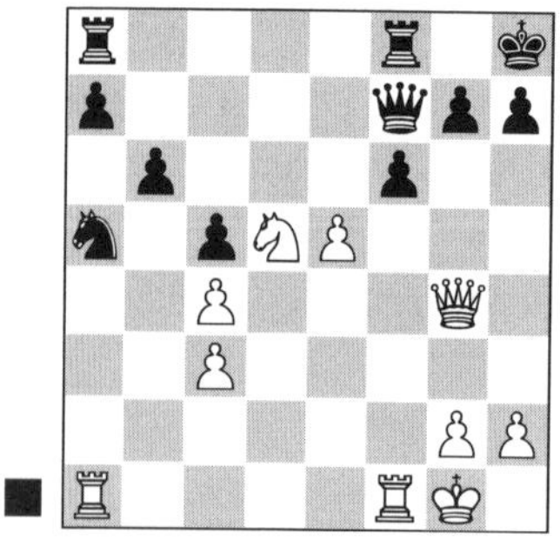

Schwarz zog hier 23...f5. Mit welchem Plan ist dieser Zug verbunden?
(*Lösung auf Seite 156*)

KAPITEL 2

Lösungen der Mittelspielaufgaben

Lösung 1

Hein Donner

Wassili Smyslow

Havanna 1967 (5)

1.d4 ♘f6 2.c4 g6 3.g3 ♗g7 4.♗g2 d5 5.cxd5 ♘xd5 6.e4 ♘b6 7.♘e2 0-0 8.0-0 e6 9.a4 a5 10.♘a3 ♕e7 11.♗f4 ♖d8 12.♕c1 ♘a6 13.♘c4 ♘xc4 14.♕xc4 e5 15.dxe5 ♗xe5 16.♗xe5 ♕xe5 17.♘c3

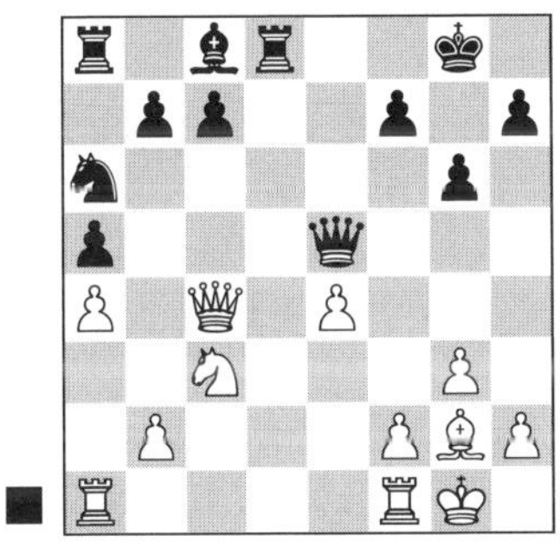

Die weiße Bauernstruktur am Damenflügel ist anfällig, insbesondere die Felder b3 und b4 sind verwundbar. Das verspricht dem Schwarzen gutes Figurenspiel, zudem kontrolliert er im Moment die d-Linie. Andrerseits kann er seine Majorität nicht mobilisieren. Weiß möchte f2-f4 gefolgt von, je nach Umständen, e4-e5 oder f4-f5 spielen, aber er muss erstmal die Zeit dazu finden. Seine aktuelle Aufgabe ist der Kampf um die d-Linie.

Der Hauptplan von Schwarz besteht im Manöver ...♗c8-e6-b3, um die Kontrolle über das Feld d1 und somit die d-Linie zu sichern. 17...c6! gefolgt von 18...♗e6 lautet die präziseste Zugfolge, wie wir noch sehen werden.

17...♗e6 mag ebenfalls gut sein, es erlaubt allerdings 18.♕b5!?, denn nach 18...♕xb5?! 19.axb5 ♘c5 20.e5 ist der Bauer auf b5 nicht mehr so schwach wie auf a4, während die schwarzen Damenflügelbauern exponiert sind.

Richtig ist dcswcgcn 18...♕c5! (was man sehen muss, wenn man 17...♗e6 zieht) mit den Möglichkeiten:

A) 19.♕xb7? ♖db8 verliert die Dame;

B) 19.♘d5 c6 20.♕xc5 ♘xc5 21.♘c7 ♖ac8 22.♘xe6 fxe6 und Schwarz sollte den Bauern unter günstigen Umständen gewinnen;

C) 19.e5 (erneuert die Drohung gegen den Bauern b7) 19...♗c4 20.♕xc5 ♘xc5 21.♖fe1!? ♖d2 22.♘e4 ♘xe4 23.♖xe4 und nun bietet 23...♗d5 24.♖e3 ♗xg2 25.♔xg2 ♖xb2 26.♖d1 dem Weißen zu viel Spiel, mit 23...♗e6 24.b4 c6 jedoch behält Schwarz Vorteil.

Die Varianten sind damit nicht ausgereizt, deuten indes die weißen Ressourcen an. Ergänzt werden muss noch, dass nach 17...♗e6 18.♕e2 der genaueste Zug 18... c6! nach 19.♖fd1 zur Partie führt, wohingegen bei 18...♗b3 Weiß mittels 19.♕b5! Komplikationen schüren könnte.

17...c6!

Ein sinnvoller Zug, der die Aktivitäten der weißen Leichtfiguren begrenzt, während er der Dame das Feld b5 nimmt. Auch wenn das Manöver mit dem Läufer nach b3 an Zeit verliert, kann es letztlich nicht verhindert werden.

18.♖fd1

A) 18.♕e2 zunächst, um den Läufer nicht nach g4 zu lassen, grenzt die schwarze Auswahl ein;

B) 18.f4?! stellt eine interessante Falle:

B1) 18...♕c5+? 19.♕xc5 ♘xc5 20.f5! schließt den Läufer c8 ein und verbessert die weiße Stellung wesentlich;

B2) 18...♗e6! 19.♕e2 (19.fxe5 ♗xc4 ist hoffnungslos) 19...♕c5+ 20.♕f2 (20.♔h1 ♗c4 und 20.♖f2 ♘b4 verliert umgehend) 20...♖d2 21.♕xc5 ♘xc5 und Schwarz steht deutlich besser.

18...♗e6

18...♗g4!? verdient Beachtung, denn nach 19.f3?! ♗e6 20.♕e2 ♗b3! schwächt der Zug f2-f3, der im Endspiel nützlich wäre, nur die Königsstellung. Statt 19.f3 ist 19.♖xd8+ ♖xd8 20.h3 ♗e6 21.♕e2 ♗b3! besser, was dem Spiel ähnelt.

19.♕e2 ♗b3! 20.♖d2

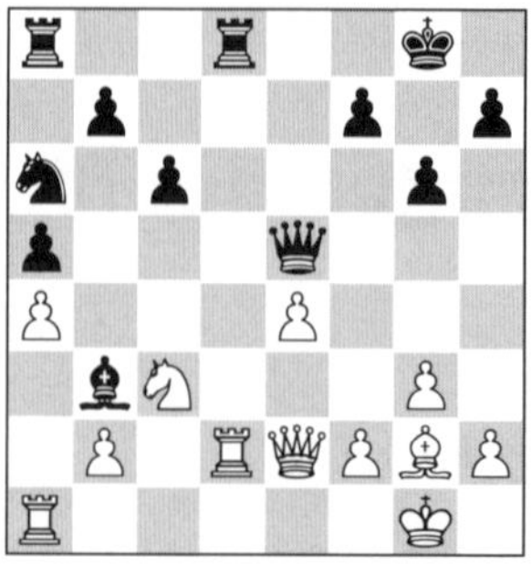

Der Plan wurde ausgeführt. Nun ist der Turm a1 vom Kampf um die d-Linie ausgeschlossen. Jetzt muss Schwarz diese nur noch komplett übernehmen:

20...♖d4!

So geht das! Mit diesem präzisen Zug befestigt Smyslow seinen klaren Vorteil.

21.♖xd4 ♕xd4 22.e5 ♘c5 23.♘e4?

Nur mit dem Bauern auf e5 war noch Widerstand möglich. Der Fehler beendet die Partie sogleich.

23...♕xe5

Der Bauer a4 ist schwer zu verteidigen, dazu kommt noch der materielle Nachteil – Weiß zog es vor, sogleich zu resignieren.

Lösung 2

Julio Bolbochan

Carlos Guimard

Mar del Plata 1941 (9)

1.e4 e6 2.d4 d5 3.♘d2 c5 4.♘gf3 ♘c6 5.♗b5 a6 6.♗xc6+ bxc6 7.0-0 ♘f6 8.♕e2 cxd4 9.e5 ♘d7 10.♘xd4 c5 11.♘4f3 ♗e7 12.c4 ♗b7 13.cxd5 ♗xd5 14.♘c4 0-0 15.♗d2 ♕c7 16.b3

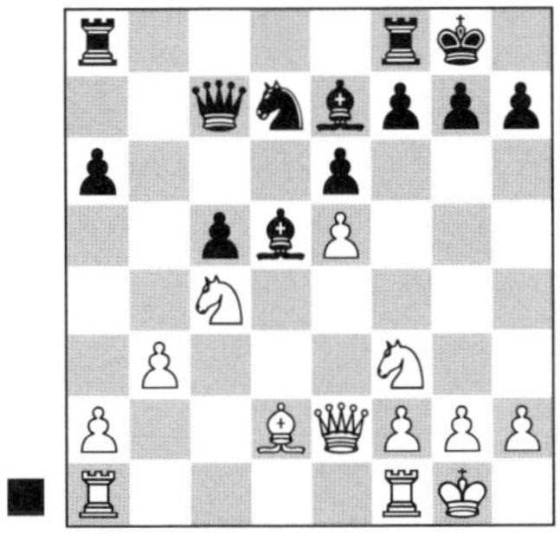

Schwarz besitzt das Läuferpaar. Ganz besonders wertvoll ist dabei der weißfeldrige Läufer, der keinen Gegenspieler besitzt. Seine Damenflügelbauern sind im Moment nicht schwach, doch ihre Isolierung bietet den weißen Figuren feste Basispunkte auf der a- und c-Linie. Der Druck auf den e5-Bauern begrenzt die Freiheit der weißen Figuren.

Weiß kann seine Stellung nicht viel ausbauen, aber hoffen, eine solide Stellung zu halten.

A) 16...♗xf3 wäre einen Gedanken wert, wenn 17.gxf3 erzwungen wäre (um den Bauern e5 zu halten), obgleich selbst in dem Fall wäre es nicht vielversprechend, denn der Tausch des Läufers d5 ist ein wichtiges Zugeständnis. Zudem ist 17.♕xf3! sogar stärker, denn nach 17...♘xe5 18.♕g3 f6 19.♗c3 ♗d6 20.♘xd6 ♕xd6 21.♖ad1 steht Weiß besser;

B) 16...♘b6, um den Springer c4 abzutauschen und die weiße Bauernstruktur zu zerrütten, erlaubt 17.♗a5!. Nach 17...♗xc4 18.bxc4 steht Schwarz durchaus solide, aber ohne den Läufer d5 kann er niemals besser stehen;

C) 16...f6 17.exf6 ♗xf6 aktiviert die schwarzen Figuren, aber schwächt die schwarze Bauernstruktur noch mehr. Eine mögliche Fortsetzung lautet 18.♖ad1 ♕c6 19.♖fe1 mit gleichen Aussichten, Schwarz muss allerdings 19...♗xf3? 20.♕xf3 ♕xf3 21.gxf3 vermeiden, denn ohne den Läufer d5 (wir reden über nichts anderes!) verliert seine Stellung völlig an Halt.

16...a5!

Ein Minoritätsangriff!

17.a4

Fixiert den Bauern auf a5, wo er verwundbar ist, doch dasselbe trifft auch auf den Bauern b3 zu. Nach 17.♗c3 a4 18.♘fd2 ♖a7!? hat Schwarz eine vorteilhafte Bauernstruktur am Damenflügel und kann auf den Linien a und b spielen. Sein Vorteil ist dauerhaft, aber nur leicht, denn Weiß steht sehr kompakt und kann die Schwächen auf e5 und b3 (nach einem rechtzeitigen ...a4xb3-Tausch) zäh verteidigen.

17...♘b8!

Die Umgruppierung, die dem Zug zugrunde liegt, kann auch zu einem späteren Zeitpunkt gespielt werden, doch in der Regel ist es richtig, die wesentlichen Züge zuerst zu spielen, um sich mehr Möglichkeiten für weitere Pläne offen zu halten.

17...f6 18.exf6 ♖xf6 (or 18...♗xf6) verbessert die Aussichten der schwarzen Figuren, schwächt aber die Bauernstruktur weiter und bietet dem Gegner Gegenspiel, was völlig unnötig wäre.

18.♖fd1 ♘c6

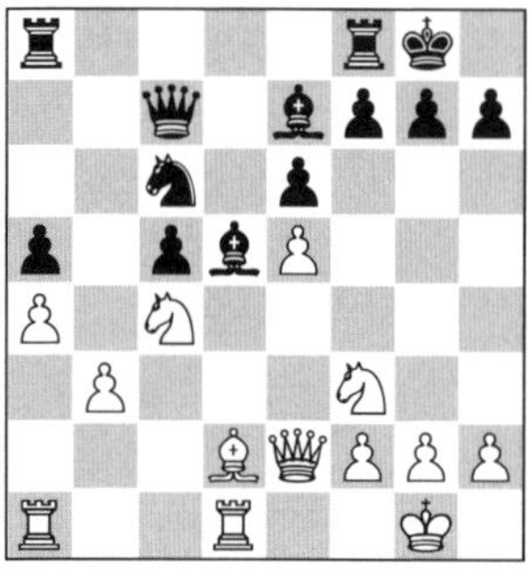

Schwarz hat seinen Plan umgesetzt. Der Springer deckt den Bauern a5, greift e5 an und kann je nach Umständen nach b4 oder d4 springen.

19.♗c3 ♖ab8 20.♖ab1 ♖fd8 21.♕e1 ♘b4

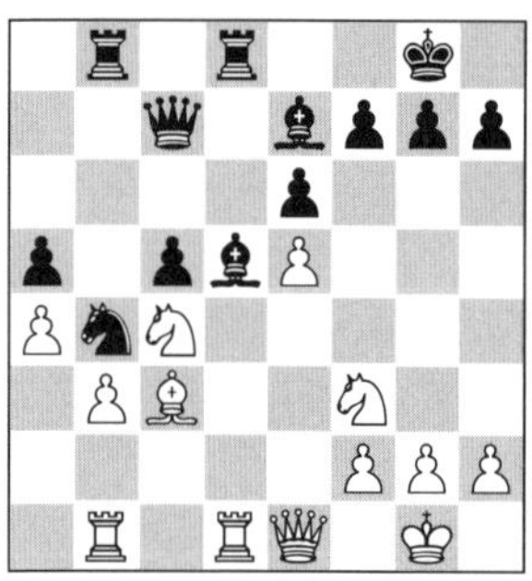

22.♕e3?

Ein taktischer Fehler. 22.♘fd2 unterstützt den Bauern b3, den Springer c4 und halt die weiße Stellung solide, wenngleich ohne Aussicht auf aktives Gegenspiel. Schwarz kann langsam den Druck auf der d-Linie sowie der Diagonalen a8-h1 erhöhen.

22...♗xc4 23.bxc4

Nach 23.♖xd8+ ♗xd8 24.bxc4 ♘d5! 25.♕d3 ♖xb1+ 26.♕xb1 ♘xc3 27.♕c2 hat Schwarz die Wahl zwischen 27...♘d5 28.cxd5 exd5 und 27...♕d7 28.♕xc3 ♕xa4 mit entscheidendem Vorteil in beiden Fällen.

23...♖xd1+ 24.♖xd1 ♕c6

Weiß kann den Bauern a4 nicht mit 25.♖a1 decken wegen 25...♘c2. Somit geht er verloren, und mit ihm die Partie.

25.h4 h6 26.♔h2 ♖a8 27.♗xb4 axb4 28.♘d2 ♕xa4 29.♘b3 ♕c6 30.h5 ♖a2 31.♖d2 ♖xd2 32.♘xd2 ♕a4 33.♘b3 ♕a2 34.♕d3 ♕xf2 0-1

Lösung 3

Salo Flohr

Salo Landau

Kemeri 1937 (9)

1.c4 ♘f6 2.♘c3 e5 3.♘f3 ♘c6 4.e3 d5 5.cxd5 ♘xd5 6.♕c2 ♗e7 7.a3 ♘xc3 8.bxc3 0-0 9.d4 ♗d6 10.♗e2 ♕e7 11.0-0 ♗g4 12.h3 ♗d7 13.c4 b6 14.♗b2 ♖ae8?!

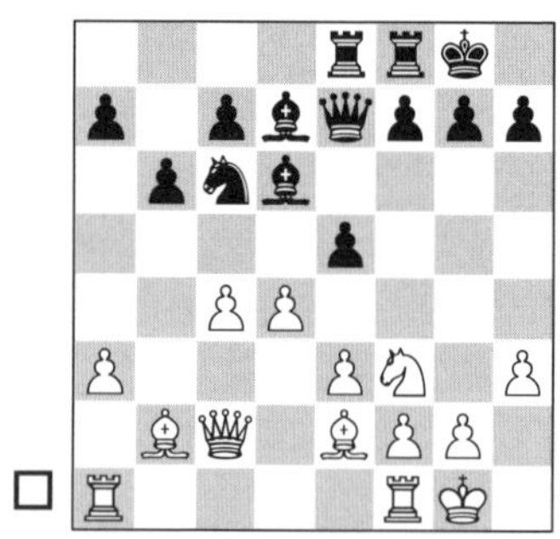

Schwarz hat zwei Pläne zur Wahl: ...e5-e4 gefolgt nach Möglichkeit vom Vorstoß des f-Bauern. Oder Schlagen auf d4, was im Moment sehr stark wäre, da Weiß wegen des hängenden Läufers auf e2 nicht mit dem Bauern zurückschlagen könnte. Die Idee seines letzten Zuges war es, die Entscheidung zwischen diesen beiden Plänen aufzuschieben. Während die Absicht löblich ist, werden wir sehen, dass es ein Problem gibt. Weiß besitzt ein starkes Bauernzentrum, aber wie soll er fortfahren? Nach 15.d5 ♘d8 geht der schwarze Springer nach c5, und das Bauernopfer um dies zu verhindern (und um die gegnerische Struktur zu schwächen) mittels 16.c5 bxc5 (16...♗xe5? verliert den ♗e5) verspricht nicht viel, da Schwarz Angriffschancen am Königsflügel besitzt.

15.c5! bxc5 16.dxe5 ♘xe5 17.♘xe5 ♗xe5 18.♗xe5 ♕xe5

Mit Hilfe seines Durchbruchs hat Weiß die Damenflügelstruktur in seinem Sinne verändert – die zwei Bauern a7 und c7 sind isoliert.

19.♖fc1!

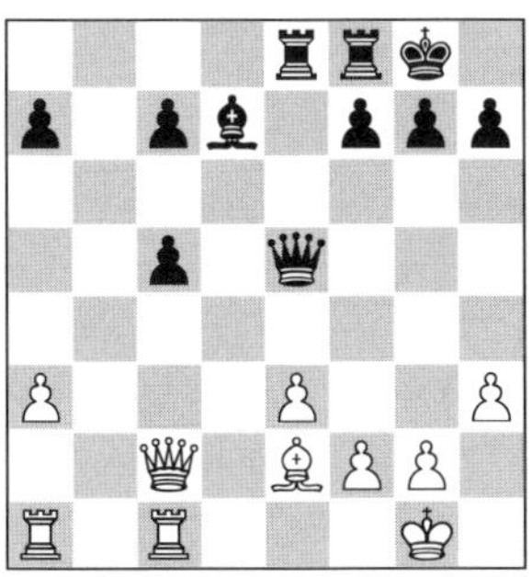

Räumt f1 für den Läufer, damit er den Königsflügel verteidigen kann.

19...♕g5?!

Landau ist bereit, a7 für Gegenspiel zu opfern. Sein Angriff ist gefährlich, aber letztlich ungenügend.

Objektiv am besten war es, mit 19...c6! 20.♕xc5 ♕xc5 21.♖xc5 ♖c8 nebst 22...♖c7 ins passive Endspiel zu gehen und c6 sowie die siebte Reihe zu überdecken. Weiß hat generell den Plan, seine Majorität voranzutreiben, während er die gegnerischen Figuren an die Verteidigung der diversen Schwächen bindet.

Sein Vorteil ist klein, aber andauernd, und das war genau nach Flohrs Geschmack!

20.♕xc5 ♖e5 21.♕xa7 ♗xh3 22.♗f1

Hier steht der Läufer sicherer als auf f3.

22...♕g6

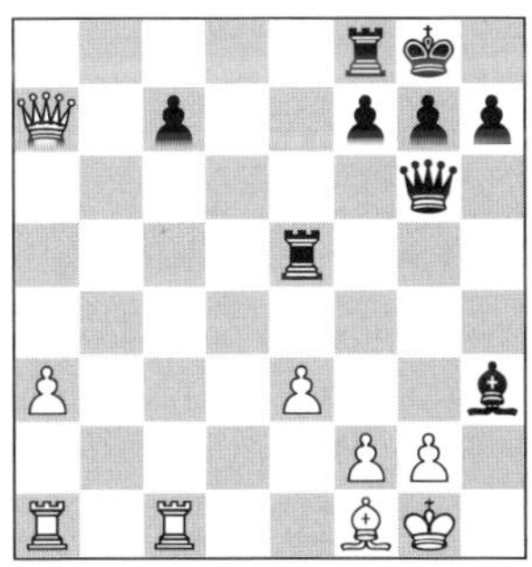

23.♖c5!?

Die Idee, den entfernten Freibauern vorstürmen zu lassen, ist ausreichend für einen großen Vorteil, deshalb ignoriert Flohr den harmlosen c7-Bauern vorerst und nimmt sich Zeit, um seinen König durch Tausch eines Turmpaares zu sichern.

23.♕xc7 ♖g5 24.♕c6 war durchaus möglich.

23...♖xc5 24.♕xc5 ♖c8 25.a4 h5 26.a5 h4 27.♕d5

Nach 27.a6 kann Schwarz ins Turmendspiel abwickeln, auch wenn ihn das letztlich nicht retten sollte: 27...♗xg2! 28.♗xg2 h3 29.♕d5 ♕xg2+ 30.♕xg2 hxg2 31.♔xg2 ♔f8 32.a7 ♖a8 33.e4 ♔e7 34.f4 ♔d7 35.♔f3.

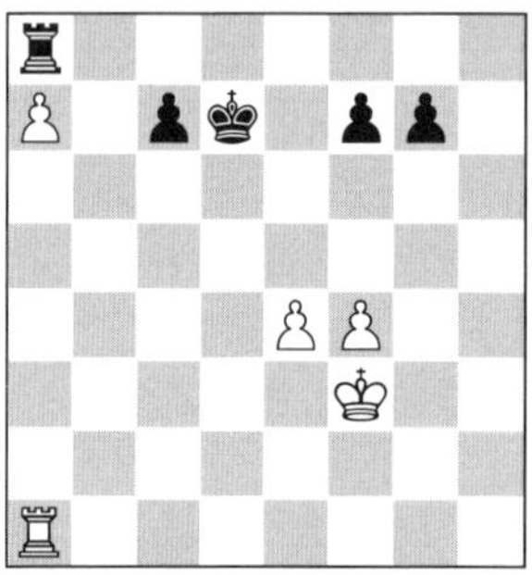

Analysediagramm

Weiß beabsichtigt, einen Freibauern auf der e-Linie zu bilden, um den Bauer a7 am Leben zu halten. Die Varianten sind instruktiv, weshalb ich einige hier anfügen will:

A) 35...♔c6 36.e5 g6 (bei 36...♔b7 gewinnt 37.f5) 37.♔g4 (auf der Route über das neuerdings geschwächte Feld f6) 37...♔b7 38.♔g5 ♖xa7 39.♖xa7+ ♔xa7 40.♔f6 c5 41.♔xf7 c4 42.e6 c3 43.e7 c2 44.e8♕ c1♕ 45.♕e4 ist eine lange forcierte Variante, die auch gewinnt;

B) 35...c5 (sucht Gegenspiel, aber der Bauer wird schwach) 36.e5 ♔c6 (nach 36...g6 37.♖a6! ist der König vom c5-Bauern abgeschnitten und der weiße Turm kann nach f6 gehen) 37.f5! (dadurch wird die Geburt eines Freibauers garantiert; bei 37.♔e4 g6! muss man erst noch einen Weg finden) 37...♔d5 38.♔f4 c4 39.♖a5+ ♔d4 40.♔f3! (der schwarze Bauern muss neutralisiert werden; 40.e6? fxe6 41.fxe6 c3 42.e7 c2 43.♖a1 ♔d5 führt nur zum Remis) 40...♔d3 (oder 40...c3 41.♔e2 ♔c4 42.e6) 41.♖d5+! ♔c2 42.♖d7 c3 43.♖xf7 ♔b2 44.♖xg7 c2 45.♖b7+ ♔a2 46.♖c7 ♔b2 47.e6 ♖xa7 48.♖xc2+ ♔xc2 49.♔e4! mit Gewinn. 49.f6 genügt auch, erlaubt aber 49...♖a6, wonach man erst das Endspiel Dame gegen Turm gewinnen muss.

27...♗f5 28.a6 ♗e4 29.♕d7 ♗f5 30.♕e7 h3 31.a7 ♗e4 32.♕d7 ♖a8 33.♕xh3 c5 34.♕d7 ♕c6 35.♕xc6 ♗xc6 36.♖a5 ♗e4

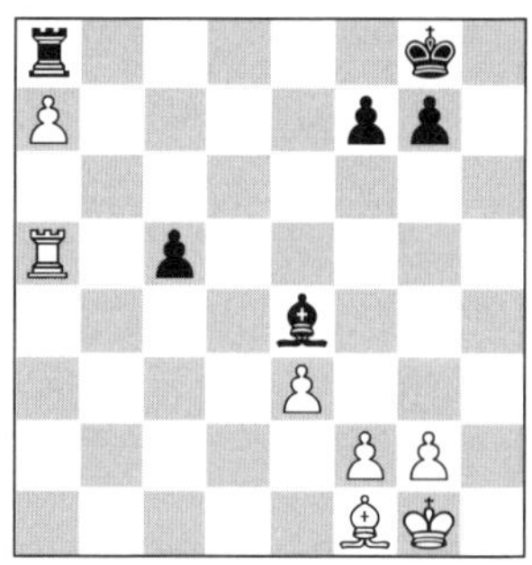

37.f3

Ein eleganter Gewinn: der Läufer wird nach b7 gejagt, wo er in eine tödliche Fesselung gerät. Geht er nach d5 oder c6, so wird der Bauer c5 unter Tempogewinn geschlagen.

37...♗b7 38.♖xc5 ♖xa7 39.♖c7 f6 40.♔h2

Nur keine Eile! Bei 40.♗c4+ ♔h8 41.♗d5? ♖a1+ würde Weiß seinen Läufer verlieren.

40...♔h8 41.♗b5

Die Drohung 42.♗c6 ist nicht zu verhindern, weshalb Schwarz aufgab.

Lösung 4

Gennadi Sosonko 2530

Manfred Hermann

Bad Lauterberg 1977 (12)

1.d4 d5 2.c4 c6 3.♘f3 ♘f6 4.♘c3 dxc4 5.e3 b5 6.a4 b4 7.♘b1 ♗a6 8.♕c2 e6 9.♗xc4 ♗xc4 10.♕xc4 ♕d5 11.♘bd2 ♘bd7 12.♕e2 ♘e4 13.♘xe4 ♕xe4 14.0-0 ♗e7 15.b3 0-0 16.♗b2 c5 17.♖ac1 ♖ac8 18.♖fd1 ♕b7 19.h3 cxd4 20.♗xd4 ♗f6

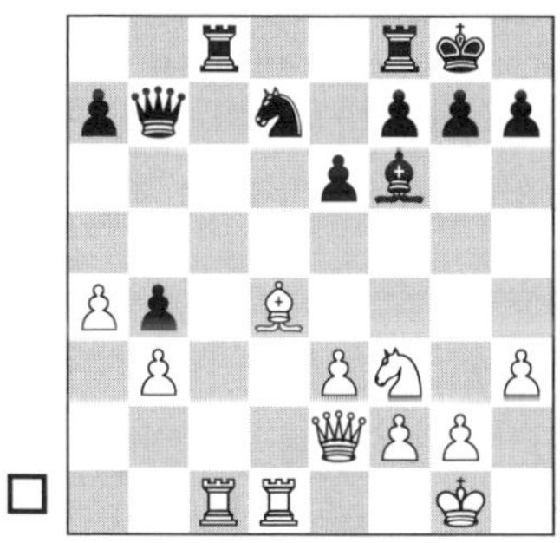

Die Bauernstruktur gibt Schwarz Raumvorteil am Damenflügel. Das könnte ein Plus sein, doch ist Weiß etwas besser entwickelt, und die schwarzen Bauern in Verbund mit den Feldern c4, c5, c6 (durch den Vorstoß des Bauern nach b4 dauerhaft ungeschützt) und ebenso c7 neigen zur Schwäche.

21.♕b5!

Die schwarze Dame leistet wichtige Verteidigungsarbeit am Damenflügel, deckt insbesondere die beiden Bauern sowie den Springer d7. Ihr Tausch ist der einzige Weg, in Vorteil zu kommen.

21...♕xb5!

A) 21...♖c7 22.♖xc7! (sobald seine Dame auf b5 steht, spürt Weiß keine strategische Notwendigkeit mehr, den Damentausch herbeizuführen bzw. zu vermeiden) 22...♕xc7 23.♗xa7 mit Bauerngewinn;

B) 21...♖b8 22.♕a5! (mit der Drohung 23.♕xa7 und 23.♖c7; noch besser als 22.♕xb7, was zu einem substantiellen Vorteil genügt) 22...♗xd4 23.♘xd4 wonach der Springer nach b5 oder c6 gelangt und Schwarz viel schlechter steht;

C) 21...♖xc1 22.♕xb7 (22.♖xc1 ist ebenfalls beachtlich, insbesondere die Variante 22...♕xb5 23.axb5 ♖b8? 24.♗xa7 ♖xb5 25.♖c8+ ♘f8 26.♗c5) 22...♖xd1+ 23.♔h2 – die Bauern am Damenflügel sind immer noch verwundbar, und nach der illustrativen Variante 23...a5 24.♕xd7 e5 25.♕c7 exd4 26.♕c2! ♖a1 27.♘xd4 zweifle ich daran, dass Schwarz überleben kann.

22.axb5

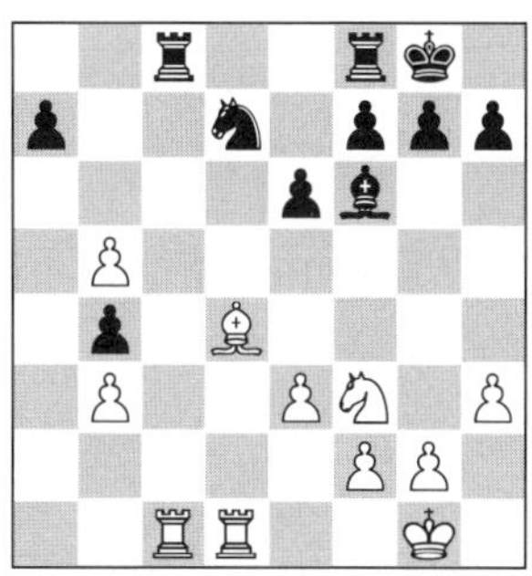

22...♗xd4

22...♖b8 ist natürlich, um den Bauern b5 zurückzugewinnen. Nach 23.♖c7 ♘b6 (23...♖fd8? 24.♗xa7) 24.♗xf6 gxf6 25.e4!?, um den schwarzen Springer zu dominieren, bieten sich zwei Alternativen:

A) 25...♖fc8 26.♖xa7 ♖c5 27.♘d4 (27.♖a5 ist gleichfalls gut) 27...♖d8 28.♖aa1 und Schwarz bekommt den Bauern nicht zurück, denn 28...e5? 29.♘f5 ist zu gefährlich;

B) Bei 25...♘c8 26.♖dd7 ♖xb5 27.♘d4 steht Weiß bereit für 28.♘xe6! oder 28.♘c6 nebst 29.♖xc8!, und steht viel besser nach 27...♖h5 (um das Feld b6 für den Springer freizulassen, was nach 27...♖b6 nicht der Fall wäre) 28.♘c6 ♘b6 29.♖d6.

23.♘xd4 ♖c3 24.♘c6

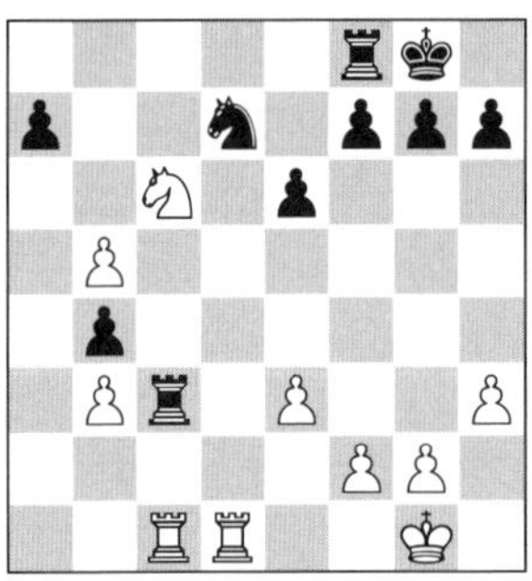

24...♖a8?

Der Turm muss wieder ziehen, und der Zeitverlust wird sich fatal auswirken.

Bei 24...♘f6 könnte 25.♖xc3 bxc3 26.♖c1 ♘e4 27.f3 ♘d6 28.♘xa7 mit großem Vorteil folgen.

25.♖a1

Und nicht 25.♖xc3? bxc3 26.♖xd7? c2 27.♘e7+ ♔f8 28.♖c7 ♖d8! 29.♖xc2 ♖d1+ 30.♔h2 ♔xe7, wonach sich die weiße Überlegenheit so ziemlich verflüchtigt hätte.

25...♘f6 26.♖xa7 ♖e8

26...♖xa7? 27.♖d8+.

27.♖c7 ♘d5 28.♖xd5! exd5 29.b6

Schwarz gab auf.

Lösung 5

Luis Piazzini

Carlos Guimard

Necochea m 1938 (2)

1.d4 ♘f6 2.c4 e6 3.♘c3 d5 4.♗g5 ♗e7 5.e3 0-0 6.♖c1 ♘bd7 7.♘f3 a6 8.cxd5 exd5 9.♗d3 c6 10.0-0 ♘e8 11.♗xe7 ♕xe7 12.♕c2 ♘df6 13.♘e5 ♘d6 14.♘a4 h6 15.b4 ♗d7 16.♘b6 ♖ad8 17.a4 ♗e8 18.♖b1 ♕c7 19.a5 ♕e7 20.♖fe1 ♘d7 21.♘bxd7 ♗xd7 22.f3 ♗e6 23.♖e2 ♕g5 24.♖f1 f5 25.f4 ♕f6 26.g3 ♗f7 27.g4 ♗e6 28.h3 ♕h4 29.♔g2 ♕f6 30.h4

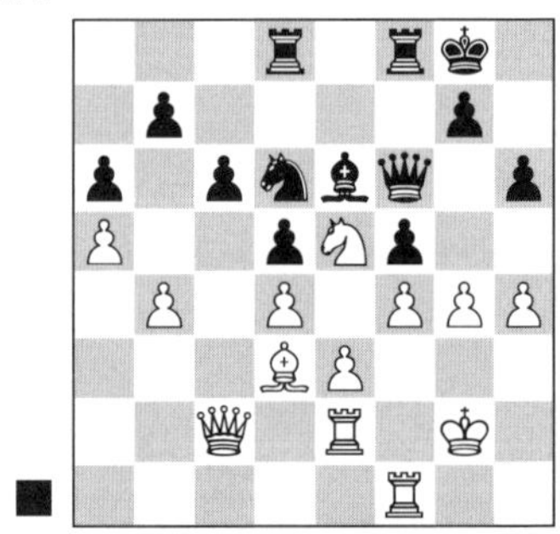

Weiß zog gerade 30.h4? mit der Absicht 31.g5, wodurch er sich einen riesigen Raumvorteil und anhaltenden Druck sichern würde. Dabei musste er eine forcierte Variante berechnen, die eine Qualität für einen Bauern gewinnt, und vor allem die entstehende Position bewerten.

30...fxg4! 31.♗h7+ ♔h8 32.♘g6+ ♔xh7 33.♘xf8+ ♔g8 34.♘xe6 ♕xe6

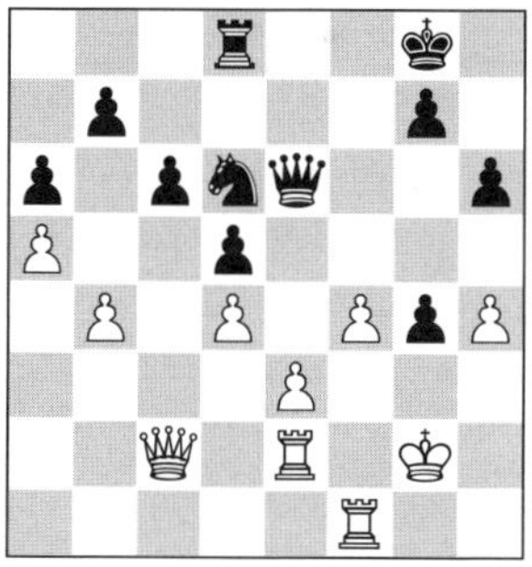

Weiß muss mit einem exponierten König leben, seinen Türmen mangelt es an Perspektiven, seine Bauern auf e3 und h4 sind schwach, und falls sich die Struktur verändert, neigen auch andere Bauern zur Schwäche. Dagegen findet der schwarze Springer exzellente Aussichten auf e4 und f5, zudem ist der g4-Bauer sehr lästig. Ohne groß zu rechnen können wir erkennen, dass Weiß hier nicht besser sein kann. Wahrscheinlich steht er bereits viel schlechter! Somit war es ein großer strategischer Fehler, in einer überlegenen Stellung 30.h4 zu spielen.

35.f5

Oder 35.h5 ♘f5 (Schwarz hat die Auswahl) 36.♕d3 ♖e8 37.♖fe1 (verteidigt e3 und bereitet e3-e4 vor – die Türme wollen Bewegungsfreiheit!) 37...♕f6 (mit der Idee ...♖e8-e4 und um die Dame von der Verteidigung des Springers zu befreien, gefolgt von ...♕f6-h4) 38.e4!? (nach 38.♖h1 ♖e4 39.♕d2 lautet ein Gewinnplan 39...g6!? gefolgt vom Vormarsch der g- und h-Bauern) 38...♘xd4 39.exd5 (39.♖e3 ♘e6) 39...♘xe2 40.♖xe2 ♖xe2+ 41.♕xe2 ♕xf4! 42.dxc6 ♕f3+! 43.♕xf3 gxf3+ 44.♔xf3 bxc6 und das Bauernendspiel ist gewonnen.

35...♕f6 36.♔g3 h5 37.♖f4 ♖e8

Droht Schach auf e4. Sofortiges 37...♘e4+? ist wegen 38.♖xe4 weniger gut.

38.e4!? ♕xd4!

Am einfachsten.

39.exd5 ♕g1+

Weiß gab auf, ohne sich 40.♖g2 ♖e3+ gefolgt von Matt zeigen zu lassen.

Lösung 6

Igor Kan

Nikolai Rjumin

Leningrad 1933

1.d4 ♘f6 2.c4 g6 3.♘c3 ♗g7 4.e4 d6 5.f3 0-0 6.♗e3 ♘bd7 7.♕d2 e5 8.♘ge2 ♘b6 9.b3 ♗d7 10.♗g5 ♕e7 11.d5 a5 12.a4 ♕c8 13.g4 ♔h8 14.♘g3 ♘g8 15.♗d3 f6 16.♗e3 ♘c8 17.h4 b6 18.0-0-0 ♘ce7 19.♖dg1 f5 20.gxf5 gxf5 21.exf5 ♘xf5 22.♘xf5 ♗xf5 23.♘e4 ♕d7 24.♖g3 ♗xe4 25.♗xe4 ♘f6 26.♖hg1 ♖f7 27.♕g2 ♘h5 28.♖g5 ♘f4

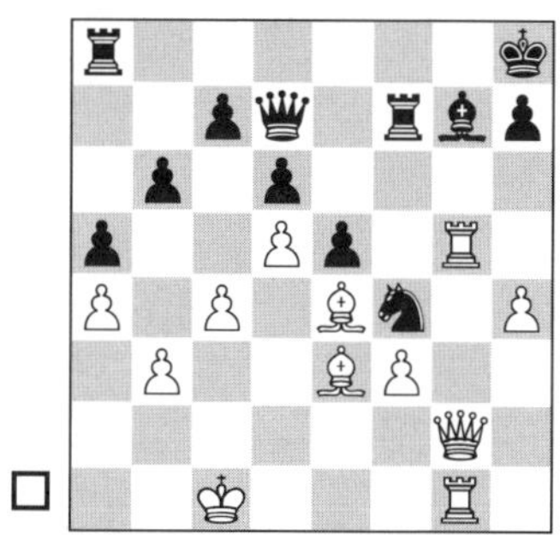

Hier haben wir eine typische königsindische Stellung mit entgegengesetzten Rochaden. Die weiße Dame ist angegriffen. Taktisch wäre es möglich, sie wegzuziehen durch 29.♕c2, denn 29...♘h3? würde mit 30.♗f5 ♖xf5 31.♖xg7 widerlegt werden. Nichtsdestotrotz wäre dies keine gute Idee, denn nach 29...♗h6 stünde Schwarz ganz solide.

29.♗xf4! exf4

Die Abwicklung in eine Stellung mit ungleichfarbigen Läufern ist eine wichtige technische Methode, um einen Vorteil auszuschlachten. Die Initiative bzw. der Angriff wird dann eine wesentliche Rolle spielen, und wir müssen die Aussichten der Gegner von diesem Standpunkt aus betrachten. Die weißen Schwerfiguren sind deutlich aktiver. Der schwarze Läufer jedoch ist kraftvoll, und sollte seine Dame den Weg nach f6 finden, hätte Schwarz enormes Gegenspiel.

30.h5!

Der Zug beginnt ein Manöver, das die schwarze Dame daran hindert, aktiv zu werden. Schon droht 31.h6, und der Läufer kann wegen Matt auf g8 nicht ziehen.

A) 30.♗f5? ♕e7 31.♗e6? (31.♔b1 ♕f6 32.♔a2 behält etwas Vorteil) 31...♕f6 illustriert die schwarzen Chancen, er droht mit Dauerschach;

B) Nach 30.♖h5? ♗d4! 31.♖d1 ♖g7! ist das Spiel im Gleichgewicht.

30...h6 31.♖g6

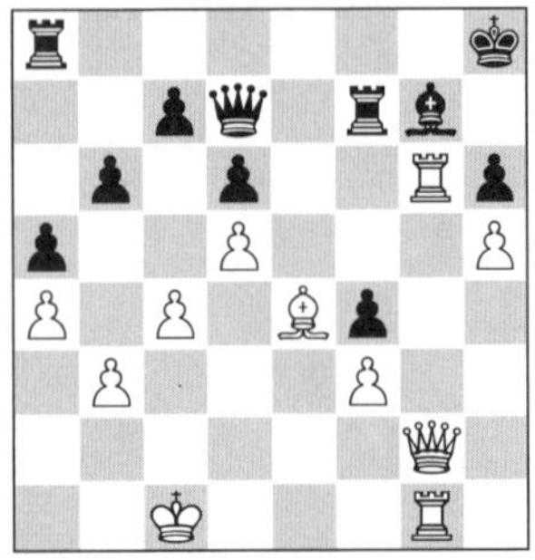

31...♖e8

Nach 31...♕e7 beendet 32.♖e6 das weiße Manöver, das der schwarzen Dame langfristig den Zugang zu den Feldern e5 und f6 verwehrt. Es könnte folgen: 32...♕g5 (um 33.♕g6 zu verhindern) 33.♕h2 ♕d8 34.♗b1! mit der Idee ♕h2-c2 und Weiß gewinnt.

32.♗b1!

Wieder mit der Absicht, die Dame VOR den Läufer nach c2 zu stellen.

32...♖g8??

Und Schwarz gab sogleich auf, ohne 33.♖xh6+! ♗xh6 34.♕xg8# abzuwarten.

Nach dem zähesten Zug 32...♖fe7 wäre Präzision erforderlich:

A) 33.♕c2? ♖e1+ 34.♖xe1 ♖xe1+ 35.♔d2 ♖h1 mit der Drohung 36...♖h2+ vergibt den Gewinn. Der Turm lässt sich nicht mit Tempogewinn wegziehen, um das Mattbild auf h7 zu erzwingen, zum Beispiel: 36.♖g2 ♔g8 oder 36.♖xd6 ♖h2+ 37.♔d1 ♖h1+!;

B) 33.♔d1! (am einfachsten) 33...♖e2 34.♕xe2 ♖xe2 35.♖xg7 (35.♔xe2 ist etwas komplizierter) 35...♕xg7 36.♖xg7 ♖b2 und nun sind zwei weiße Figuren angegriffen, doch 37.♖xc7 ♖xb1+ 38.♔c2 gewinnt leicht, und 37.♖h7+! ♔g8 38.♗e4 ist sogar noch besser.

Lösung 7

Grigori Löwenfisch

Pjotr Dubinin

Leningrad 1934 (3)

1.e4 e5 2.♘f3 ♘f6 3.♘c3 ♘c6 4.♗b5 d6 5.d4 exd4 6.♘xd4 ♗d7 7.♗xc6 bxc6 8.♕f3 c5 9.♘f5 ♗xf5 10.♕xf5 ♕d7 11.♕f3 ♖b8 12.0-0 ♗e7 13.b3 0-0 14.♗g5 ♘d5 15.♘xd5 ♗xg5 16.♕g3 ♗d8

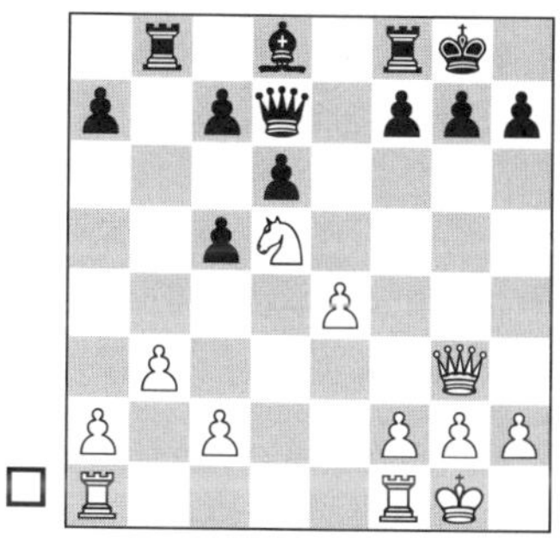

Schwarz besitzt eine gedrückte Stellung, steht aber bereit, den Springervorposten mit ...c7-c6 zu vertreiben und das Zentrum mit ...f7-f5 zurückzuerobern.

17.♖ad1!

Mit Druck in der d-Linie und speziell auf den Bauern d6 versucht Weiß die Stellung seines Springers zu stabilisieren und Vorteil zu sichern.

Ein sofortiger Angriff am Königsflügel durch 17.f4 würde 17...f5! erlauben, zum Beispiel: 18.e5 c6 (18...dxe5 19.♖ad1 exf4 ist ebenfalls in Ordnung) 19.♘e3 d5 20.c4 d4 21.♘c2 (um den Springer nach d3 zu führen) 21...a5! mit Gegenspiel am Damenflügel.

17...f5

A) Bei 17...c6 18.♘e3 ♗c7 19.♘f5 f6! (sichert g7 und deckt e5, um dadurch 20.♘xd6? wegen 20...♖bd8 zu verhindern) 20.♖d3 (20.h4!? ist interessant, um die Springerstellung mittels h4-h5 zu sichern) 20...♖bd8 21.♖fd1 d5 22.♕f3 entwickelt Weiß starken Druck auf der d-Linie;

B) Eine zentrale Verpflichtung lässt sich auch mit 17...♖e8 aufschieben, aber die Sachlage nach 18.♖fe1 bliebe dieselbe.

18.e5! ♖e8

18...dxe5? 19.♘f6+ und 18...c6? 19.♘f6+! ♗xf6 20.♖xd6 verlieren beide.

19.exd6 cxd6

Löwenfischs Plan war erfolgreich: seinem Springer ist d5 dauerhaft gesichert.

Nach 19...♕xd6 steht Weiß ebenfalls klar besser dank seiner aktiven Figuren und der Schwächen (von Bauern wie Feldern) im gegnerischen Lager.

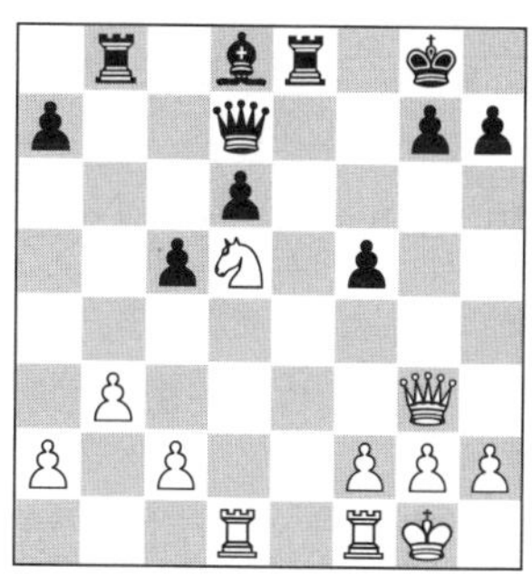

20.♖fe1

Um die aktivste schwarze Figur abzutauschen. Direktes Spiel auf der d-Linie mit 20.♘e3! (20.♖d3?! c4!? gibt Schwarz nur Möglichkeiten) 20...♗c7 21.♖d5 ♖f8 22.♘c4 gefolgt von ♖f1-d1 und ♕g3-d3 ist ebenfalls stark.

20...♖e6 21.♘f4 ♖xe1+ 22.♖xe1 ♗a5

Um dem Turm Platz zu schaffen. Natürlicher erscheint 22...♗f6, um den Königsflügel zu schützen, doch Weiß steht nach etwa 23.♕d3 ♖e8 24.♕d5+ ♔h8 25.♖xe8+ ♕xe8 26.♘e6! (26.♕xd6? ♕e1#) deutlich überlegen.

23.♘d5 ♗d8

23...♖e8? erlaubt 24.♖xe8+ ♕xe8 25.♘f6+.

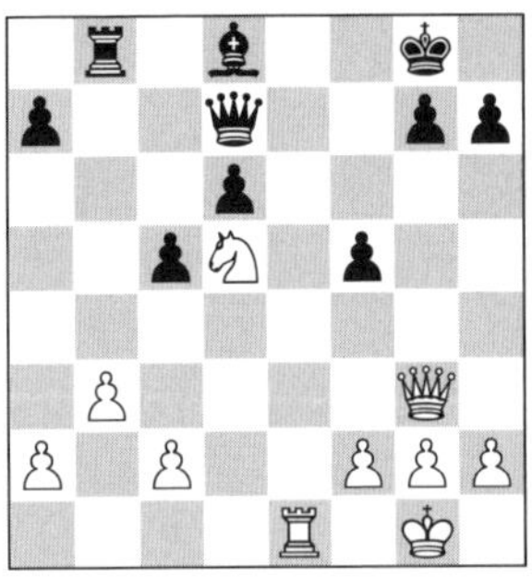

24.h4!

Die weißen Figuren stehen bereits ausgezeichnet, und dieser Zug soll Schwächen in der schwarzen Königsstellung kreieren. Nebenbei entschärft Weiß das Motiv des Grundlinienmatts.

24...♖b7 25.c4 ♔f7 26.♕f3 ♔g8 27.♕e2 g6?

Diese Schwächung ist nicht nötig. 27...♗xh4? verliert nach 28.♕h5, aber 27...♗a5! erleichtert den Druck auf der e-Linie und behält noch Überlebensaussichten.

28.h5 ♔f8

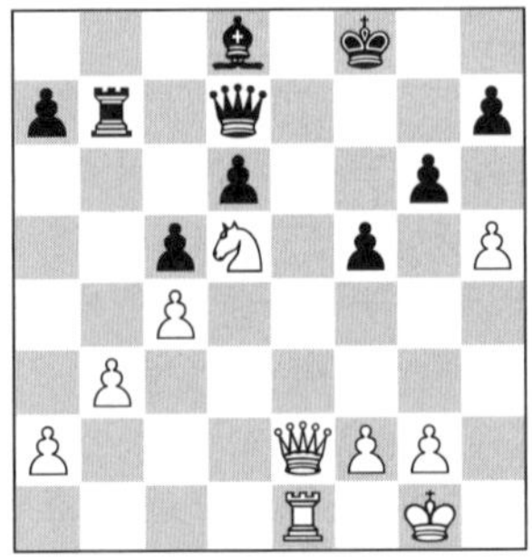

29.h6?

Der direkte Angriff auf g6 war akkurater: 29.hxg6! hxg6 30.♘f4 ♔g7 31.♕f3 ♗f6 32.♕g3 ♕f7 33.♘e6+ gewinnt den d6-Bauern und damit die Partie.

29...♗g5?

Es reizt, den h6-Bauern loszukriegen, doch der Läufer wird letztlich unter Zeitverlust nach d8 zurückeilen. 29...♕f7! mit der Idee 30.♕b2 ♔g8 verteidigt für den Moment alle Einbruchsfelder.

30.♕b2 ♔g8 31.f4 ♗d8

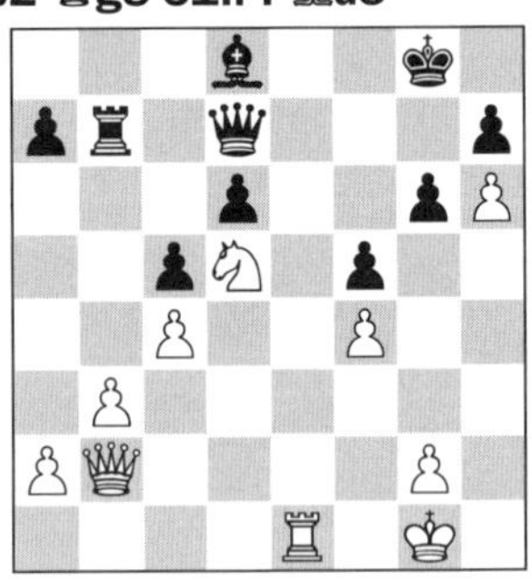

32.♘f6+!

Ein typisches Szenario: wegen seines „schlechten" Läufers standen die schwarzen Figuren allesamt passiv. Trotzdem ist es nützlich,

diesen im geeigneten Moment abzutauschen, um das Spiel zu beenden.
32.♖e7! ♕xe7 33.♘xe7 ♖xe7 34.♕d2 gewinnt auch leicht, den Schwarz hat zu viele Schwächen und kann nicht auf eine Festung hoffen.

32...♗xf6 33.♕xf6

Droht 34.♖e6.

33...d5 34.cxd5

Schwarz gab auf.

Lösung 8

Isaac Kashdan

Israel-Albert Horowitz

New York m 1938 (7)

1.d4 d5 2.c4 e6 3.♘c3 ♘f6 4.♗g5 ♘bd7 5.e3 ♗e7 6.♘f3 0-0 7.♖c1 h6 8.♗f4 c5 9.cxd5 exd5 10.♗d3 b6 11.0-0 ♗b7 12.♘e5 ♘xe5 13.dxe5 ♘e4 14.♕h5 ♘xc3 15.bxc3 ♗g5 16.♗g3 ♕e8

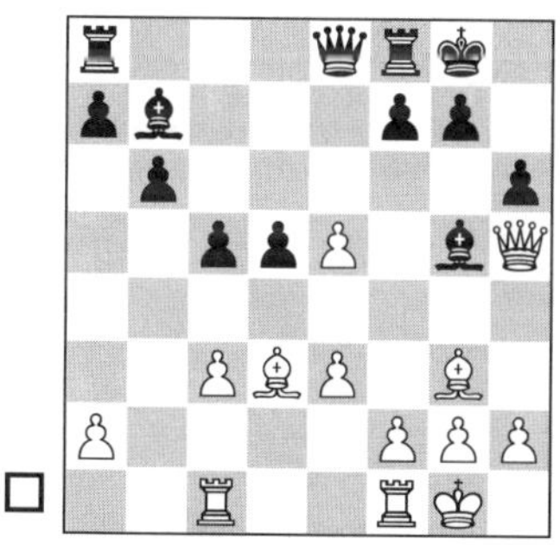

Die weißen Figuren stehen aktiv und er besitzt eine 4:3-Bauernmajorität am Königsflügel (der Bauer e3 wird vom Bauern d5 neutralisiert und ist nicht mitzuzählen). Der weiße Hauptplan besteht darin, mit dem f-Bauern Raum zu gewinnen und den Wirkungsgrad des Turms auf f1 zu vergrößern. Da e5 durch den Läufer auf g3 gedeckt ist, kann Weiß den Vorstoß f4-f5 ohne Bauernverlust durchdrücken. Folgt dann auch noch f5-f6, könnte der schwarze Bauernschild vor seinem König ernsthaften Schaden erleiden. Schwarz dagegen fehlt im Moment ein aktiver Plan, er ist genug beschäftigt damit, den f-Bauern zu blockieren.

17.f4 ♗e7 18.♕f5!

Ein starker Zug, der eine Schwächung in der schwarzen Königsstellung provoziert, bevor es zur Sache geht.

A) 18.f5?! mit der tödlichen Drohung 19.f6 ist verlockend, bringt aber nichts Besonderes nach 18...f6!, zum Beispiel:

A1) 19.♕xe8! ♖axe8 20.e6 – ohne Damentausch konnte der Bauer nicht nach e6 vorstürmen. Doch die Angriffschancen sind verschwunden und Weiß ist nur ein bisschen besser;

A2) 19.♕g4 fxe5 20.♗xe5 ♗g5! (20...♗f6 ist ebenfalls gut, wenngleich Weiß in der zweischneidigen Stellung nach 21.♗f4 ♔h8 22.♖f3 Druck behält) 21.♗f4 (das Opfer 21.♗xg7? verliert nach 21...♔xg7 22.h4 ♕xe3+ 23.♔h1 ♕xd3 24.hxg5 h5! 25.♕f4 ♕e4, was die Linien geschlossen hält) 21...♗xf4 22.♕xf4 ♕e7 und Schwarz muss sich keine Sorgen mehr vor einem Angriff machen, während ihm seine bessere Bauernstruktur Aussichten auf Vorteil gibt.

B) Der Vorstoß f4-f5 kann effektiv mit 18.♕g4! vorbereitet werden mit der Idee 19.f5 f6 20.e6, was die oben erwähnte vorteilhafte Struktur, aber mit Damen auf dem Brett, anstrebt. Der schwarze König bleibt exponiert, was Weiß gute Chancen auf Vorteil bietet.

18...g6 19.♕h3 ♔h7?

Schwarz besaß noch eine eigenartige Verteidigung im Opfer des Bauern h6: 19...f5! 20.♕xh6 (20.exf6? ♗xf6 wäre stark, wenn nicht 21.♕xh6? durch 21...♕xe3+ widerlegt würde) 20...♔f7! (um die weiße Dame mit 20...♖h8 zu gewinnen) 21.♕h7+ ♔e6 (nun droht Zugwiederholung beginnend mit 22...♖h8) 22.♗h4! ♕f7 23.♕xf7 ♖xf7 24.♗xe7 ♖xe7 – nach dieser Zugfolge hat Weiß einen Mehrbauern, doch garantiert ist der Sieg dadurch noch nicht.

20.f5

Mit den Drohungen 21.♗f4 und 21.f6 unter anderen. Der weiße Vorteil ist entscheidend.

20...♗g5! 21.♗f4!

Tauscht die beste schwarze Figur ab.

21...♗xf4

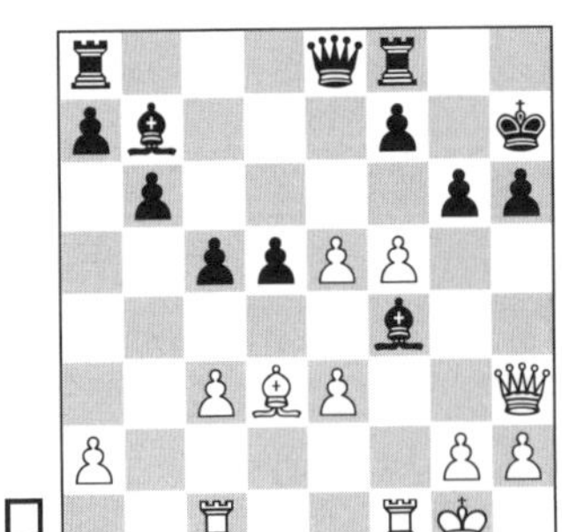

22.♖xf4

Kashdan opfert e5, um seine Türme schnellstens ins Spiel zu bekommen. 22.exf4, um auf g6 zu tauschen und wiederum f4-f5 zu spielen, um den schwarzen Bauernschutz auf g6 aufzureiben, war ebenfalls stark.

22...♕xe5 23.♖cf1 ♔g8 24.fxg6 fxg6 25.♕xh6 ♕xe3+ 26.♔h1 ♖xf4 27.♕xg6+ ♔f8 28.♕d6+ ♔g8 29.♖xf4 ♕e1+ 30.♗f1 ♖e8 31.♕g6+ ♔h8 32.♕h6+ ♔g8 33.♖g4+

Schwarz gab auf.

Lösung 9

Vlastimil Hort 2510

Bent Larsen 2515

Bad Homburg 1998 (2)

1.♘f3 ♘f6 2.c4 c5 3.♘c3 g6 4.d4 cxd4 5.♘xd4 ♘c6 6.e4 ♗g7 7.♘c2 d6 8.♗e2 ♘d7 9.♗d2 0-0 10.0-0 ♘c5 11.b3 a5 12.f3 f5 13.exf5 ♗xf5 14.♘e3 a4 15.♘xf5 gxf5 16.♖b1 axb3 17.axb3 ♔h8 18.♔h1 ♘d4 19.b4 ♘a4 20.♘xa4 ♘xe2 21.♕xe2 ♖xa4

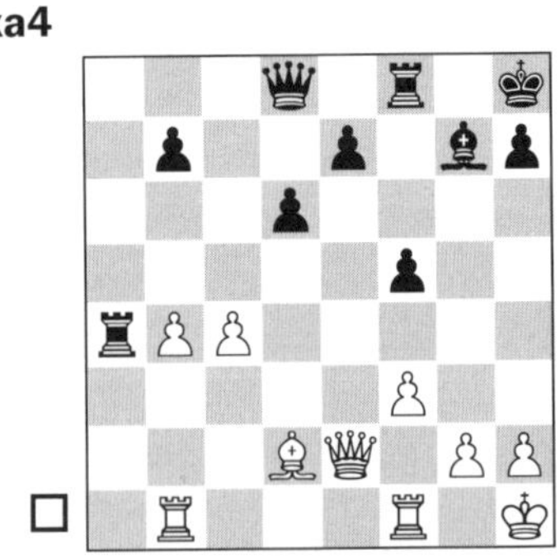

Die schwarzen Bauern sind verletzlich und es mangelt an kompensierendem Gegenspiel.

A) Eine Idee ist 22.♕e6, um den Bauern e7 zu fixieren, bevor man ihn angreift, und um ...♗g7-f6 zu unterbinden, was f5 verlieren würde. Genau diese Behinderung des Turms f8 durch den Läufer spielt auch in anderen Varianten eine Rolle;

B) 22.♖fe1 ist gleichermaßen möglich. Nach 22...e5 wird sich Weiß auf den Bauern d6 konzentrieren und die bessere Leichtfigur auf dem Brett halten, während er bei 22...♗f6 23.♕d3 die Idee ♗d2-c3 mit Läufertausch ähnlich wie in der Partie vorbereiten wird.

22.♗g5!?

Der Abtausch der Läufer, der mit diesem Zug angestrebt wird, beabsichtigt die Verteidigung des schwarzen Königs zu schwächen, andrerseits wird es dem Schwarzen leichter fallen, seine Bauern gegen direkten Angriff zu decken. Daher muss der weiße Plan lauten: Angriff auf den König und Öffnung der Linien durch c4-c5.

22...♗f6

22...♗e5 23.f4 ♗f6 führt auch zum Abtausch der Läufer.

23.♗xf6 ♖xf6 24.♖fe1

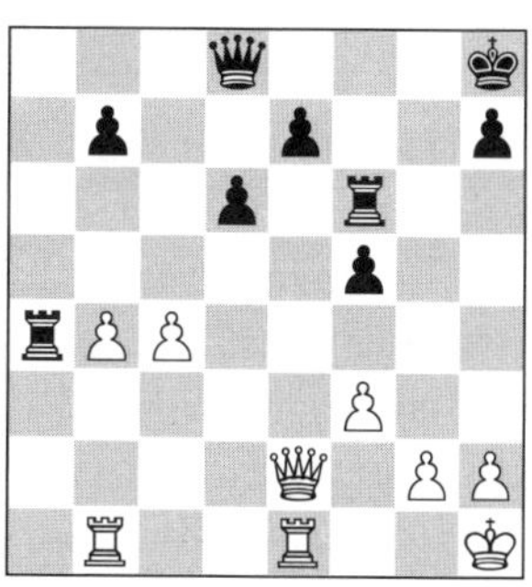

24...♖f7

Der schwarze König steht ungeschützt, während der Turm a4 im Abseits steht. Ginge es in ein Endspiel, würde dies alles ganz anders aussehen. Dies suggeriert die Idee 24...♔g7!? 25.♕xe7+ ♕xe7 26.♖xe7+ ♖f7, die dem Schwarzen im Turmendspiel einige Kompensation bieten würde, da nun plötzlich seine Figuren aktiv stünden. So betrachtet verdient 25.c5!? Beachtung, um im Mittelspiel bei nachhaltiger Initiative zu bleiben.

25.c5! dxc5 26.bxc5 ♕d4

Zweifellos steht Weiß besser, vielmehr stehen ihm verschiedene aussichtsreiche Spielweisen offen. Doch verlangt die Stellung vom Weißen energetisches Spiel, um zu verhindern, dass die schwarzen Figuren ihre Koordination erlangen.

27.♖bd1!? ♕xc5

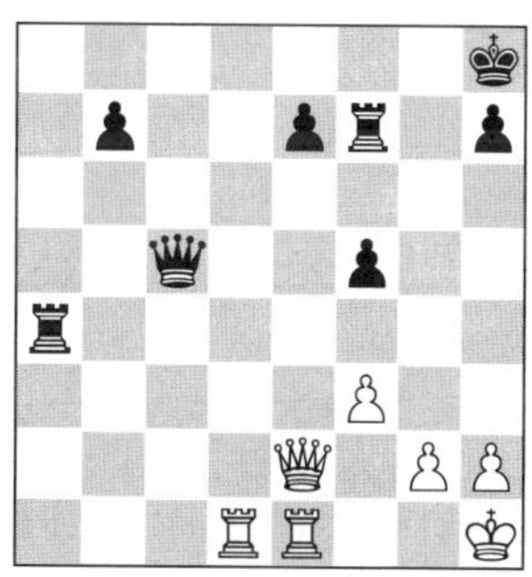

28.♖d8+?

Jetzt wird es sehr taktisch. Das Schachgebot schwächt die eigene erste Reihe und erlaubt dem Schwarzen eine verborgene Rettung. Zuerst 28.♕b2+! war die richtige Zugfolge, und nach

28...♔g8 (28...♖f6? 29.♖d7 verliert sofort) 29.♖d8+ ♖f8 30.♖xf8+ ♔xf8 31.♕h8+ ♔f7 32.♕xh7+ ♔f6 33.h4! schaltet sich der h-Bauer in den Angriff ein und ein Grundreihenmatt ist gleichzeitig verhindert; nach dem weiteren 33...♕b4, was den Turm und den Bauern h4 angreift, ist 34.♕h6+ ♔f7 35.♕h5+ ♔f6 36.♕g5+ ♔f7 37.♕xf5+ eine überzeugende Antwort.

28...♔g7 29.♕b2+

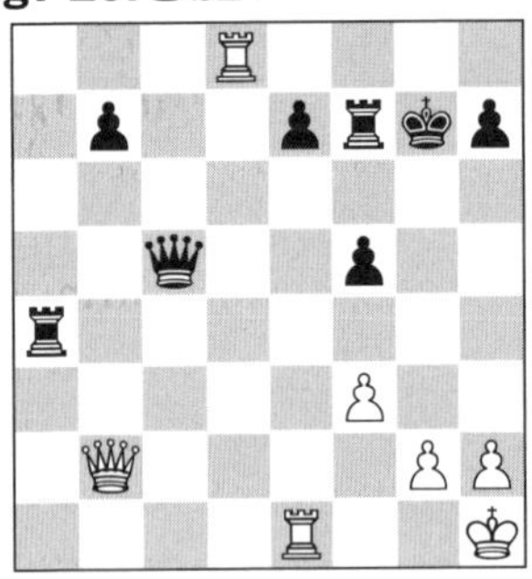

29...♔h6?

Bei 29...e5! 30.♖xe5 hat Schwarz einige Tricks, die auf der geschwächten weißen Grundreihe beruhen, und hat zumindest einen klaren Weg zum Remis: 30...♕b4! 31.♕c1 ♕f4! 32.♕e1 ♖e4! 33.♖xe4 fxe4 (sogar der Turm f7 nimmt an den Mattdrohungen teil!) 34.♖d4 (ein letzter Versuch) 34...♖c7! 35.fxe4 ♖c1 36.♖d1 ♖xd1 37.♕xd1 ♕xe4.

30.♖e6+ ♔h5

Oder 30...♔g5 31.♕d2+ f4 32.♖d5+. Nach 30...♖f6 31.♖xf6+ exf6 32.♕xf6+ ♔h5 ist der einfachste Gewinn 33.♕f7+ ♔h6 34.♕e6+ ♔h5 35.♕e8+ ♔h6 36.♕xa4 und es gibt kein Grundreihenmatt.

31.g4+ ♔h4

31...fxg4 32.♖e5+.

32.♖h6+ ♔g5 33.♕d2+

Schwarz gab auf.

Lösung 10

Isaak Boleslawski

Olof Sterner

Stockholm 1954 (1)

1.e4 c5 2.♘f3 ♘c6 3.d4 cxd4 4.♘xd4 e6 5.♘b5 d6 6.c4 a6 7.♘5c3 ♘f6 8.♗e2 ♗e7 9.0-0 ♕c7 10.♗e3 b6 11.♘a3 ♗b7 12.♖c1 0-0 13.f3 ♘d7 14.♘d5 exd5 15.cxd5 ♘c5 16.dxc6 ♗xc6 17.b4 ♘e6 18.♘c4 ♖ab8 19.♕e1 ♕d8 20.♕f2 b5 21.♘a5 ♗a8 22.♘c6 ♗xc6 23.♖xc6 a5 24.a4 bxa4 25.b5 ♕d7 26.♖fc1 ♖fc8 27.♗c4 ♘c5 28.♖xc8+ ♖xc8 29.♕a2 ♗f6 30.♖b1 ♖b8 31.♕d2 ♕c7 32.♕d5 ♖b6 33.♕a8+ ♖b8 34.b6 ♕b7 35.♕xa5 ♗d8 36.♗xc5 dxc5 37.♕xa4 ♗xb6

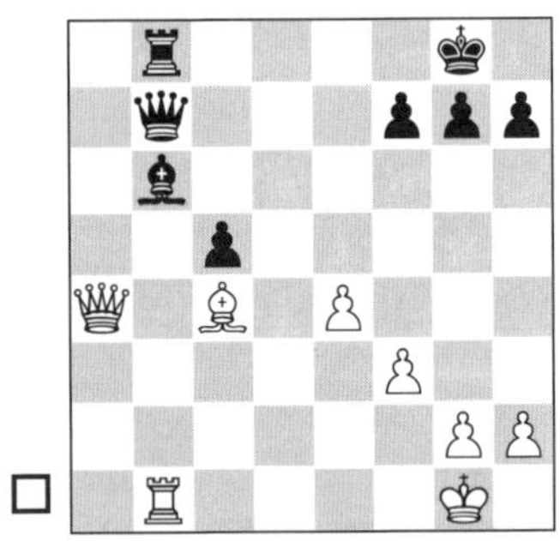

Eine typische Position mit ungleichfarbigen Läufern, bei der die Initiative eine wichtige Rolle spielt. Momentan sind die weißen Figuren deutlich aktiver, aber nur mit energischem Spiel lässt sich dies ausnutzen. Weiß wird zunächst versuchen, Druck auf f7 auszuüben, um die gegnerischen Figuren an die Verteidigung zu binden. Dann wird er seine Bauern benutzen, um die schwarze Königsflanke aufzubrechen. Der Vormarsch des e-Bauern nach e6 ist eine Möglichkeit, Linien zu öffnen, aber dies tauscht den f7-Bauern ab und sollte daher nicht zu früh geschehen. Der Läufer c4 ist die ideale Blockadefigur: ihm kommt im Hauptplan eine wichtige Rolle zu, während es schwierig für Schwarz ist, ihn anzugreifen. Schwarz sollte passives Abwarten möglichst vermeiden und möglichst schnell versuchen, seinen Läufer nach d4 zu überführen, von wo aus er Gegenspiel gegen den weißen König inszenieren könnte. Diesbezüglich sollten wir festhalten, dass der Vorstoß f2-f3 sich als fatale Schwächung der weißen Königsstellung auswirken könnte. Eine der weißen Ziele muss es folglich sein, den schwarzen Läufer zu beschränken.

38.♖d1!

Mit der Drohung 39.♖d7, den Umstand ausnutzend, dass 39...♖d8?? nach dem Tausch der Türme zum Matt führt.

38.e5 fehlt der Schwung. Nach 38...♕e7 39.f4 (39.♕c6? ♕xe5 40.♖xb6 funktioniert nicht wegen 41...♕d4+) 39...♗c7 steht Schwarz dazu bereit, 40.♖d1 mit 40...♖d8 zu beantworten und hat seine Stellung verbessert.

38...♗c7!

Der Läufer zielt auf das Feld d4, zugleich wird 39.♖d7 verhindert wegen 39...♕b1+.

39.♕d7 ♖f8

Sterner muss notgedrungen seinen Turm unbeweglich machen. Dafür steht er bereit zu 40...♕b8, was den Läufer entfesselt und ein Tempo auf den Bauern h2 gewinnt.

40.e5!

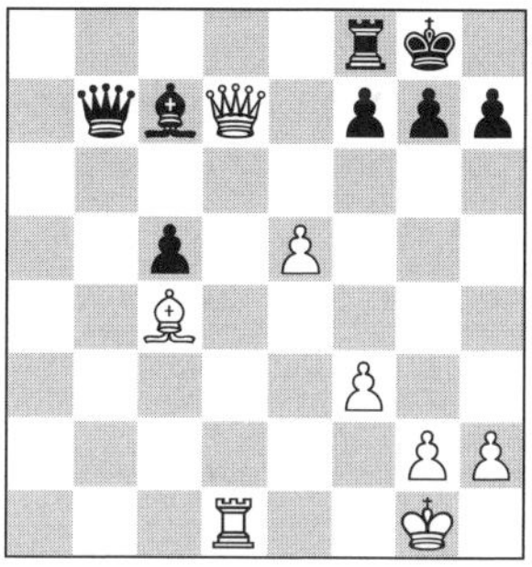

Begrenzt gleichzeitig die Aussichten des Läufers und bringt den Durchbruch e5-e6 auf die Agenda.

40...♕b6?

„Der letzte Zug vor der Zeitkontrolle. Dies ist ein fataler Zeitverlust. Nur mit 40...♕b8 41.f4 ♗a5 behielt Schwarz Remischancen, um mit dem Läufer nach d4 zu eilen.“ (Boleslawski) Es könnte folgen:

A) 42.♕f5 ♗c3 43.♖d7 ♗d4+ 44.♔h1 ♕a8! (abgesehen davon, dass es hilflos passiv ist, erlaubt 44...♕e8? 45.♖a7 eine Kombination, die bei korrekter Ausführung die Dame gewinnt: ♕f5-e4 gefolgt von ♗c4xf7+ nebst ♖a7-a8) 45.h4 (45.♗xf7+ ♔h8 46.♕b1 gewinnt einen Bauern und pariert die direkten Drohungen, belässt aber einiges Gegenspiel nach 46...♖b8)

45...♕a1+ 46.♔h2 ♕g1+ 47.♔g3 ♕e1+ – diese Variante, die zu einem Dauerschach führt, illustriert gut die schwarzen Gegenchancen;

B) 42.h4! ♕b4! (nach 42...♗c3 43.♖d6! ♗d4+ 44.♔h2 kann Schwarz kein Gegenspiel mittels 44...♕b1? erhalten wegen 45.♕xf7+! ♖xf7 46.♖d8#, und ist deshalb verloren) 43.♕d5. Es gibt keinen direkten Gewinn und die Dame muss zurückeilen, um den Läufer c4 zu überdecken. Immerhin: der schwarze Läufer gelangt so schnell nicht nach d4. Jede Seite versucht, sich zu organisieren, doch Weiß steht deutlich besser.

41.f4 ♕b8 42.h4! ♗a5 43.h5

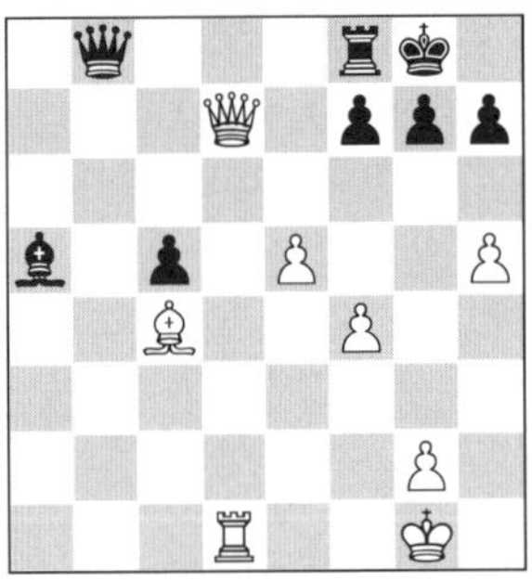

43...♗c3

A) Nach 43...♕b4 (die gleiche Stellung mit dem Bauern auf h4 begegnete uns bereits im vorigen Kommentar) kann Weiß durch 44.e6! gewinnen (44.♕d5 genügt zum großen Vorteil) 44...fxe6 (bei 44...♕xc4 gewinnt 45.e7 die Qualität, und mit etwas Sorgfalt auch die Partie) 45.♕xe6+ (der Läufer bleibt auf c4, um die schwarze Dame abzuhalten) 45...♔h8 46.♕e7 ♕b8 (oder 46...♖b8 47.h6! ♕c3 48.♖d7) 47.h6! (in Kombination mit e5-e6 öffnet dieser Zug die gesamte siebte Reihe) 47...♗c3 48.♖d7 ♗d4+ 49.♖xd4 (diese Varianten wurden von Boleslawski angegeben, der auch noch weitere Details hinzufügte);

B) 43...h6, um den h-Bauern zu blockieren, verdient ebenso Aufmerksamkeit, jedoch nach 44.♕f5 ist die Diagonale b1-h7 sehr verwundbar.

44.♖d6! ♕b1+ 45.♔h2 h6

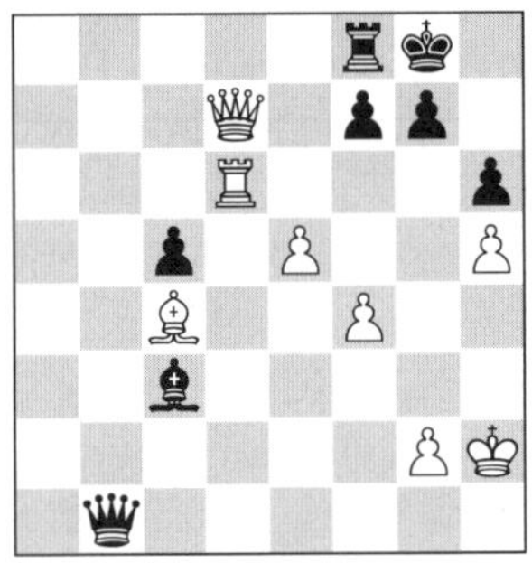

Parriert die Drohung 46.♕xf7+ ♖xf7 47.♖d8#.

46.♕xf7+!

Trotzdem! Dies ist eleganter als 46.e6 fxe6 47.♖xe6, was auch gewinnt.

46...♖xf7 47.♖d8+ ♔h7 48.♗xf7

Schwarz resignierte. Nach 48... g5 49.hxg6+ muss er seine Dame geben, um 49...♔g7 50.♖g8# zu verhindern.

Lösung 11

Ulf Andersson	2585
Boris Gulko	2530

Biel Interzonenturnier 1976 (15)

1.c4 e5 2.♘c3 ♘c6 3.g3 g6 4.♗g2 ♗g7 5.d3 d6 6.♖b1 a5 7.a3 ♘f6

8.♘f3 0-0 9.0-0 h6 10.b4 axb4 11.axb4 ♗e6 12.b5 ♘e7 13.♗b2 ♘d7 14.♘d2 c6 15.♖a1 ♕c7 16.♕c2 ♘f5 17.♖fc1 ♘f6 18.♕d1 ♕d7 19.♖xa8 ♖xa8 20.♖a1 ♕c8 21.♖xa8 ♕xa8

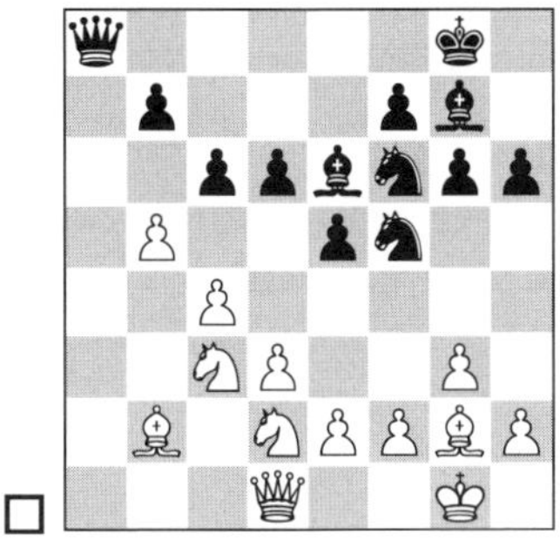

Weiß übt starken Druck über die lange weißfeldrige Diagonale aus, der auf die Bauern auf b7 und c6 hinzielt. Schwarz dagegen kämpft um die Kontrolle des Feldes d5, und sollte er unter guten Bedingungen ...d6-d5 durchsetzen, wären seine Probleme gelöst. Seinen Raumvorteil am Königsflügel kann Schwarz indessen schwerlich ausnutzen, da seine Dame so weit entfernt auf a8 steht.
Der sofortige Tausch auf c6 wäre ein Fehler, da Schwarz dann seine Schwäche b7 los wäre. Nach zum Beispiel 22.bxc6 bxc6 23.♕a4 ♕xa4 24.♘xa4 c5 wäre der weiße Vorteil nur gering.

22.♕a4!

Verfolgt zwei Ziele: Damentausch und Druck gegen c6, und ist somit der „überzeugendere Ansatz". Eine wichtige generelle Beobachtung: der Damentausch macht es in der Regel einfacher, Schwächen in der gegnerischen Struktur auszunutzen!
22.♘b3 ist ebenfalls interessant, da 22...d5?! 23.♘c5 zum weißen Vorteil ausfällt, der den Läufer auf f6 im richtigen Moment abtauschen kann, und 22...♘d4 23.♘xd4 exd4 24.♕a4! (wieder das Angebot zum Damentausch) gibt Weiß die Initiative.

22...♕xa4

Nach 22...♕b8 23.bxc6? bxc6 ist der c6-Bauer indirekt gedeckt, da der Läufer b2 hängt, und Schwarz wird mit ...c6-c5 eine vernünftige Stellung beziehen. Statt 23.bxc6? gewinnt 23.♗a3 c5 24.b6! den Bauern b7 und die Partie, etwa nach 24...♘d7 25.♕a7 ♕d8 26.♘a4.

23.♘xa4

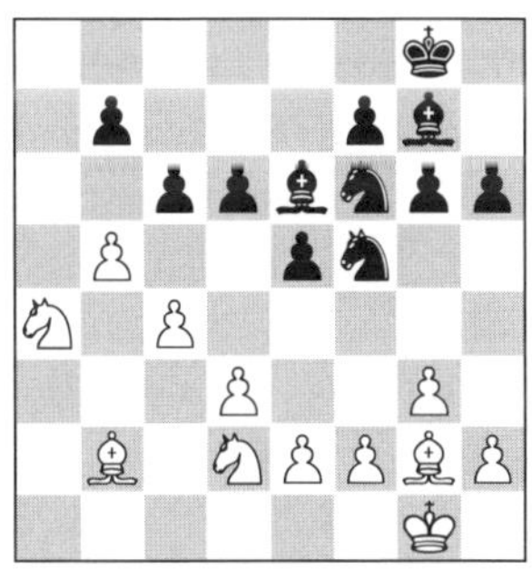

Die Wichtigkeit des b2-Läufers tritt nun offen zutage: indem er auf e5 Druck ausübt, bindet er den Bauern d6 an die Verteidigung und nimmt somit indirekt Teil beim Kampf um die weißen Felder. Diese kombinierte Handeln der beiden Läufer erkennt man häufig in Partien mit einem

Doppelfianchetto. In der Partie und den Anmerkungen werden wir ferner sehen, dass sich dieser Läufer gegen den Springer auf f6 bzw. einen späteren Springer auf d4 abtauschen wird, wiederum im Kampf um die Dominanz auf den weißen Feldern.

23...♗d7

A) 23...cxb5 24.cxb5 ♗d7 ist eine interessante Idee, um die b-Bauern zu tauschen, aber das funktioniert nicht: 25.♘c3 ♘d4 26.♘c4 ♗xb5 27.♘xd6 ♗c6 28.♘xb7 mit einem weißen Mehrbauern;

B) Die beste Verteidigung ist 23...♘e7 24.bxc6 und nun:

B1) 24...♘xc6 akzeptiert eine strukturell schlechtere Stellung wegen der beiden schwachen Bauern auf b7 und d6;

B2) 24...bxc6 25.c5! ♘e8 26.cxd6 ♘xd6 27.♗a3! ♘dc8 – in dieser Version hat Schwarz nur eine Bauernschwäche, dafür sind seine Figuren passiver und Weiß hat somit die anhaltende Initiative.

24.♘b6 ♗e8

Um den wichtigsten Verteidiger der weißen Felder zu sichern.

A) 24...cxb5 sollte verlieren nach 25.♘xd7 ♘xd7 26.cxb5 ♘c5 27.♘c4 mit der möglichen Folge ♗b2-a3;

B) Bei 24...♘d4 25.♘xd7 ♘xd7 26.♗xd4 exd4 27.bxc6 bxc6 28.♗xc6 gewinnt Weiß einen Bauern;

C) Auf 24...♘e7 ist 25.♗a3! stark, da 25...c5 den Bauern b7 verliert.

25.bxc6 ♗xc6

25...bxc6 26.c5! dxc5 27.♗xe5 führt zu großem weißem Vorteil.

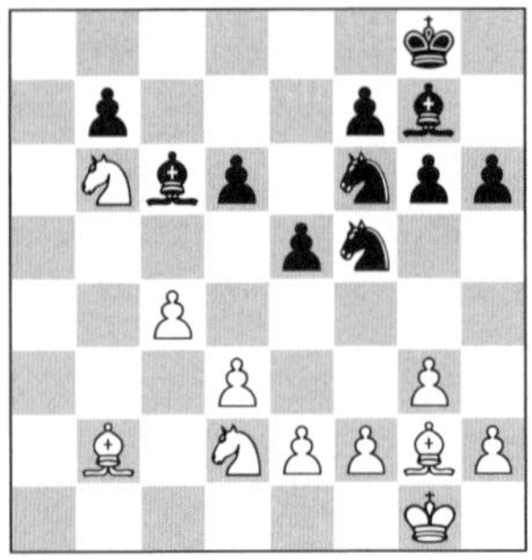

26.♘b3!

Der Springer steuert auf a5 zu, und der Bauer ist verloren.

26...e4 27.♗xf6 ♗xf6 28.♗xe4 ♘d4 29.♗xc6 bxc6 30.♘xd4 ♗xd4 31.♘c8

Die Doppeldrohung gegen den Bauern d6 und Schach auf e7 gewinnt einen weiteren Bauern.

31...♗c5 32.♘e7+ 1-0

Lösung 12

Miroslav Filip

Laszlo Szabo

Amsterdam Kandidatenturnier 1956

1.c4 ♘f6 2.♘c3 g6 3.e4 d6 4.d4 ♗g7 5.f4 c5 6.d5 0-0 7.♘f3 e6 8.♗e2 exd5 9.exd5 ♖e8 10.0-0 ♘g4 11.♖e1

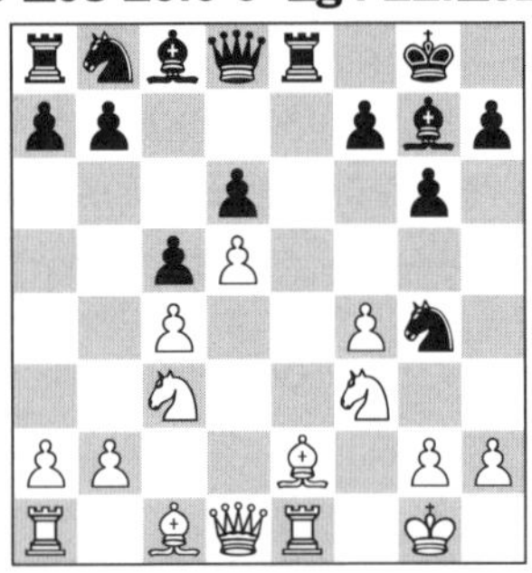

Weiß besitzt Raumvorteil, aber einige Felder in seinem Lager sind verletzlich. Schwarz versucht dies direkt auszunutzen:

11...♗d4+? 12.♘xd4!
12.♔f1 verliert nach 12...♕h4! (or 12...♘xh2+! 13.♘xh2 ♕h4) 13.♕xd4 (13.♘xh4 ♘xh2#) 13...♘xh2+! 14.♘xh2 cxd4.
12...cxd4 13.♕xd4!
Der Springer g4 stört und es ist verlockend, ihn loszukriegen, aber 13.♗xg4? stößt auf 13...♗xg4!, da 14.♖xe8+? (14.♘e2 ♘d7 mit schwarzem Vorteil ist das geringere Übel) 14...♕xe8 15.♕xg4? 15...♕e1# erlaubt.
13...♕h4
Greift den Turm e1 an und gewinnt so den h2-Bauern.
14.♗d2 ♕xh2+ 15.♔f1

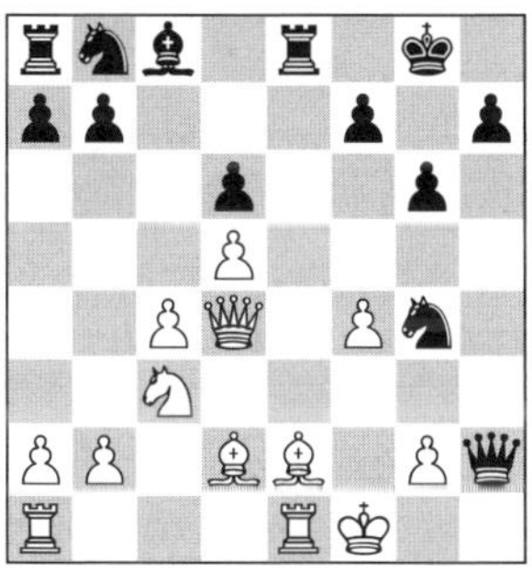

Nach einer brillanten Kombination hat Schwarz – sogar ohne dabei Material zu opfern – den weißen Königsflügel entblößt, der weiße König sieht sich nun dem gefährlichen Duo Dame und Springer ausgesetzt. Man kann davon ausgehen, dass Szabo bis hier gerechnet hat (genau wissen wir es nicht) und diese Stellung günstig für sich eingeschätzt hat.
Doch es gibt auch noch die Kehrseite der Medaille: Schwarz hat das Zentrum aufgegeben, sein Damenflügel ist unterentwickelt und die schwarzen Felder um seinen König herum sind sehr schwach. Und falls es sich herausstellt, dass es keine Fortsetzung des Angriffs gibt oder auch keine Möglichkeit zum Dauerschach, stünde Weiß einfach auf Gewinn.
Es ist nicht ungewöhnlich für einen Königsangriff, egal ob korrekt oder nicht, dass er mit einer Schwächung der eigenen Zentrumsstellung einhergeht. Unter diesem Gesichtspunkt kann man also durchaus von einem Opferangriff sprechen, auch wenn er nicht mit einem materiellen Investition einhergeht.
15...♘a6
Oder 15...♕h1+ 16.♕g1 mit zwei Möglichkeiten:

A) 16...♕h4 (16...♘h2+ 17.♔f2 ♘g4+ 18.♗xg4 ♕h4+ 19.♔f1 führt zum gleichen) 17.♗xg4 ♖xe1+ 18.♖xe1 ♗xg4 19.♖e8+ ♔g7 20.♕d4+ ist hoffnungslos;

B) 16...♕xg1+ 17.♔xg1 ♘a6 18.♗xg4 ♗xg4 19.♘e4 wenn die Drohungen 20.♘xd6 und 20.♘f6+ entscheiden.

16.♗xg4 ♗xg4 17.♘e4 ♖xe4 18.♖xe4 ♘c5 19.♖e3
Schwarz gab auf. 19...♕h1+ 20.♔f2 ♕xa1 21.♗c3 führt zum Matt.

Lösung 13

Sergey Kalinitschew	2491
Erik van den Doel	2582

Deutsche Bundesliga 2005/06 (6)

1.d4 ♘f6 2.c4 e6 3.♘c3 ♗b4 4.♕c2 ♘c6 5.♘f3 d6 6.♗g5 h6 7.♗d2 e5

8.d5 ♗xc3 9.♗xc3 ♘e7 10.e4 0-0 11.♘h4 ♘e8 12.g3 f5 13.f3 fxe4 14.fxe4 ♘f6 15.h3 ♘h5 16.♕h2 c6 17.♗e2 ♘f6 18.♗d3 ♕b6 19.♕e2 ♘h7 20.♘f3 cxd5 21.cxd5 ♗d7 22.0-0-0 ♖ac8 23.♖df1 a6 24.♖h2 ♖f7 25.♘d2 ♖xf1+ 26.♘xf1

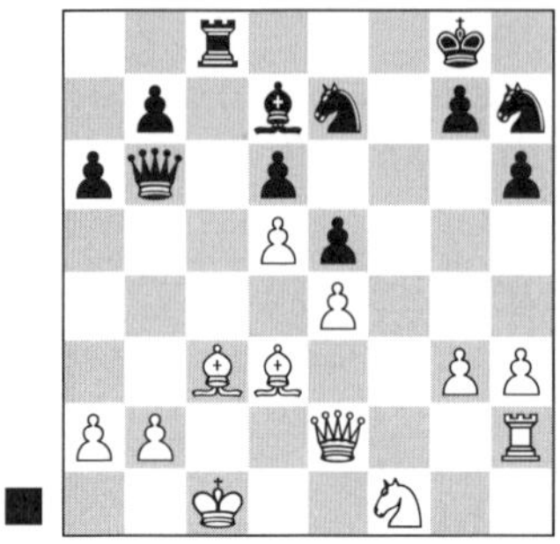

Die schwarzen Figuren sind sehr aktiv, haben auf beiden Flügel Einsatzmöglichkeiten und können sich zu einem Angriff auf den weißen König formieren. Einige weiße Bauern sind exponiert und schutzbedürftig: h3 ist bereits unter Beschuss, und Ähnliches kann bald für e4 und g3 zutreffen. Weiß dagegen hat das Läuferpaar und Raumvorteil auf der Plusseite, was ihm auf lange Sicht Vorteile bietet, falls es ihm gelingt, seine Kräfte harmonisch zu koordinieren. Deswegen muss Schwarz möglichst dynamisch vorgehen.

A) Nach 26...♘f6 27.♕e3 gewinnt Weiß Zeit mit der Drohung des Damentausches und ermöglicht dadurch den Turmschwenk nach c2, um notfalls seinen König zu verteidigen;

B) 26...♕g1 27.♕e3 ist genauso wenig gefährlich.

26...♗b5!

Der Abtausch der weißfeldrigen Läufer beabsichtigt, Druck auf den Bauern e4 auszuüben, welcher nicht leicht zu verteidigen sein wird. Ein wichtiger Punkt dabei ist, dass der sogenannte „gute“ weiße Läufer auf c3 diesen nicht verteidigen kann. Es erscheint so, als handele es sich um einen vielversprechenden Plan ohne große Rechenarbeit, und tatsächlich ist dies auch der einzige Weg, Vorteil zu erlangen. Betrachten wir nun konkrete Varianten:

A) 27.♘d2? ♗xd3 28.♕xd3 ♕g1+ 29.♘f1 verliert nach 29...♖f8;

B) 27.♔b1 ♘f6! (27...♖xc3 28.♗xb5 ergibt nichts) 28.♗xb5 (bereitet ♗c3-e1 vor mit der Dame auf e2; bei sofortigem 28.♗e1 ♕c5! 29.a3? – prinzipiell wünschenswert – 29...♗xd3+ 30.♕xd3 ♕c1+ geht der Läufer verloren) 28...axb5 29.♗e1 (der Läufer blockiert die Grundreihe und räumt das Feld d2 für den Springer, doch verliert dies die Kontrolle über d4) 29...♕c5! (auch andere Wege führen zum Vorteil, aber dieser präzise Zug nötigt den a-Bauern zum Vormarsch, da Matt auf c1 droht) 30.a3 ♕d4! 31.♘d2 (zwei weiße Figuren sind an die Verteidigung des e4-Bauern gebunden, die zudem den Kollegen im Weg stehen) und nun verliert 31...b4? die Dame nach 32.♗f2!, wogegen 31...♕a4! mit der Drohung 32...b4 33.axb4 ♕c2+ 34.♔a2 ♖a8+ entscheidet;

C) 27.♖g2 (verteidigt das Einbruchsfeld g1 und behält die Kontrolle über die zweite Reihe, lässt indes den Bauern h3 im Stich, was Schwarz sogleich mit einem Tempogewinn ausnutzt) 27...♘g5! (wahrscheinlich ist es noch das Beste für Weiß, den Bauern h3 abzugeben, um den Schaden zu begrenzen) 28.h4 (28.♗xb5 axb5 29.h4 ♘xe4 30.♕xe4 b4 – der Verlust des Bauern e4 verbessert die Aussichten des Springers e7 und exponiert den weißen König) 28...♕d4! 29.♗xb5 ♘xe4! 30.♗d3 ♘xc3 31.bxc3 begünstigt eindeutig den Schwarzen, der drei Bauern für die Figur erhält bei anhaltendem Angriff. Nichtsdestotrotz gibt es einen forcierten Gewinn nach 31...♕xc3+ 32.♗c2 ♕a1+ 33.♔d2 ♘f5! 34.♕d3 ♖xc2+! und nun 35.♕xc2 ♕xf1 36.♖e2 ♕xe2+ 37.♔xe2 ♘d4+ oder 35.♔xc2 ♘d4+! 36.♔d2 ♕xa2+;

D) 27.♖h1 (verteidigt g1 und den Bauern h3) 27...♘f6 28.♘d2 ♘h5! – Weiß tut sich schwer, alle seine Schwächen zu verteidigen und ist deutlich im Nachteil nach 29.♕xh5 ♗xd3 or 29.♘f1 ♗xd3 30.♕xd3 ♕f2.

27.♘e3? ♘f6 28.♘d1

Der König ist außer Gefahr, aber die Stellung kollabiert woanders.

28...♗xd3 29.♕xd3

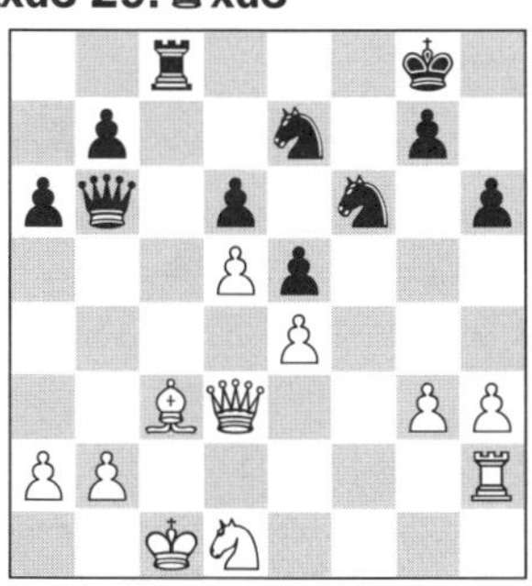

29...♕d4!

Gewinnt den Bauern e4 und die Partie.

30.♖d2 ♕xe4 31.♘e3 b5 32.a3 ♕f3

Weiß gab auf.

Lösung 14

Paul Keres

Max Euwe

Niederlande m 1939/40 (12)

1.♘f3 d5 2.c4 dxc4 3.e3 c5 4.♗xc4 ♘f6 5.0-0 a6

5...e6 ist flexibler.

6.b3!?

Eine interessante Idee: spielt Schwarz ...b7-b5, wird sein b-Bauer exponiert sein – wir sehen das in der Partie –, andernfalls verliert ...a7-a6 seinen Zweck.

6...b5?! 7.♗e2 ♗b7 8.♗b2 ♘bd7

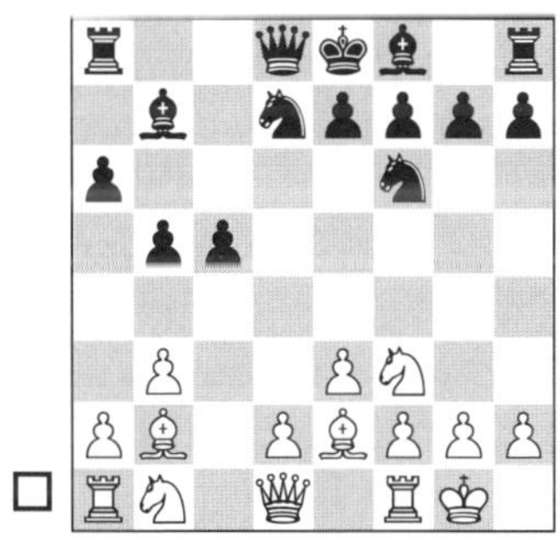

Weiß hat sich im Zentrum sehr zurückhaltend aufgebaut, sein einziger Vorteil ist sein Entwicklungsvorsprung. Um daraus einen Nutzen zu schlagen benötigt er ein Objekt, das er angreifen kann: nämlich den b5-Bauern, und, durch die Probleme, die dessen Verteidigung verursacht, den Damenflügel allgemein.

9.a4!

Es ist wichtig, diesen Zug sofort zu spielen, um dann die jeweilige Aufstellung je nach vom Schwarzen gewähltem Verteidigungsplan adaptieren zu können.

9...♕b6?

Die Wahl, den Bauern auf b5 zu belassen und zu verteidigen, ist riskant, vermeidet aber weitere Schwächungen. Nur durch präzise Berechnung kann man eine angemessene Bewertung erhalten.

A) 9...bxa4?! 10.♖xa4 ist klar zu weißen Gunsten, welcher Stützpunkte für seine Figuren auf der a- und der c-Linie erhält als Ergebnis der beiden schwarzen Isolanibauern, wohingegen er selbst nur einen Einzelgänger auf diesem Brettabschnitt behält, auf der er die Initiative besitzt;

B) Nach 9...b4!, der besten Verteidigung, kann Weiß wählen zwischen 10.d4 e6 11.♘bd2, um auf die Schwächen am Schwarzen Damenflügel zu spielen, und 10.d3 e6 11.♘bd2, was ein wenig beengt aussieht, aber c5 als rückständigen Bauern auf einer halboffenen Linie belässt. In beiden Fällen steht er etwas besser.

10.axb5 axb5 11.♖xa8 ♗xa8 12.♘a3! ♗c6

Dadurch kann der Bauer auf b5 bleiben, aber dies bringt keine neuen Figuren ins Spiel und der Entwicklungsnachteil vergrößert sich.

12...b4 13.♘c4 gefolgt von 14.♕a1 verbessert auch nicht gerade die schwarze Stellung.

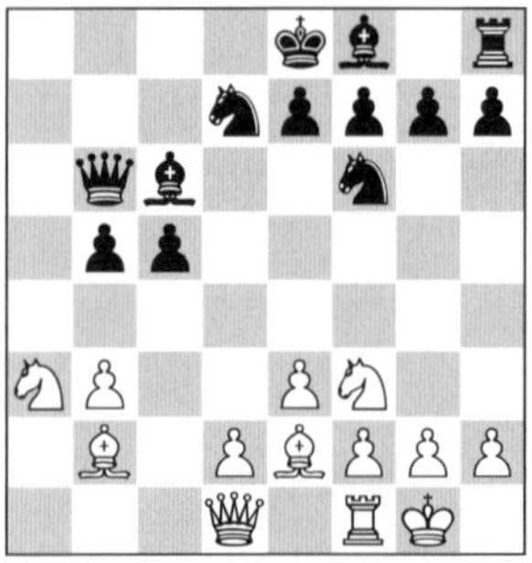

13.d4!

Um das Feld d4 für den Springer f3 zu gewinnen und den Angriff auf b5 zu intensivieren. Mittlerweile gibt es keinen Grund mehr, auf diesen Zug zu verzichten.

13...e6 14.dxc5 ♗xc5

14...♘xc5? 15.♘e5! lässt sich den Läufer c6 abtauschen.

15.♘d4 ♗xd4

A) 15...b4 16.♘c4 ♕c7 17.♘xc6 ♕xc6 18.♗f3 ♕c7 19.♕a1 0-0 20.♖c1 sieht Weiß deutlich im Vorteil;

B) Nach 15...♗xa3 16.♗xa3 b4 (um zu rochieren) 17.♘xc6! (17.♗xb4 ♗xg2! gibt Schwarz Gegenspiel) 17...bxa3 18.♕d6! ♕c5 19.♕xc5 ♘xc5 20.♖a1, fällt der Bauer a3 (20...♘xb3? verliert nach 21.♖xa3, das den Springer angreift und gleichzeitig 22.♖a8+ droht – die mangelnde Entwicklung zeigt Auswirkungen).

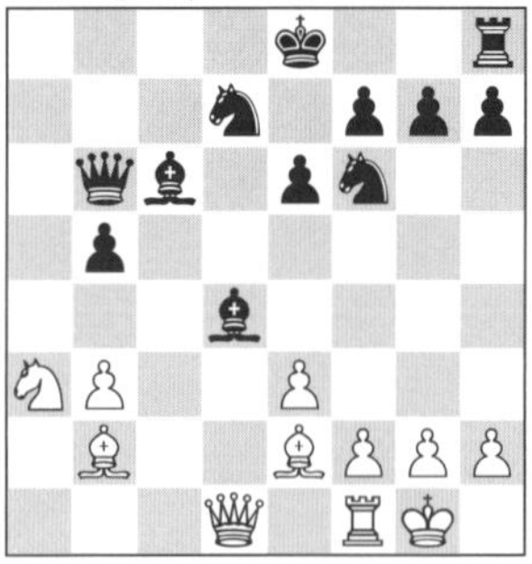

16.♕xd4!
Fürchtet nicht den Damentausch, der nur b5 weiter schwächen würde. Keres bringt damit auch seinen Turm ins Spiel.
16.♗xd4 ♕b7 bietet nur einen kleinen Vorteil.
16...♕b7
Nach 16...♕xd4 17.♗xd4 b4 18.♘c2 geht b4 wahrscheinlich verloren, doch könnte Schwarz noch einigen Widerstand leisten.
17.♕b4 ♘d5 18.♕d6

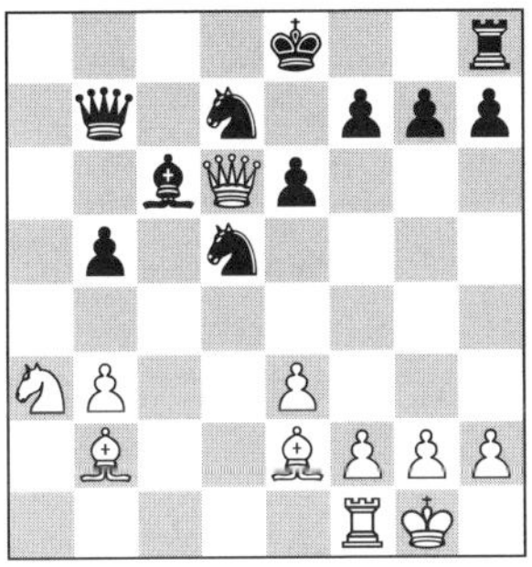

Schwarz tut sich schwer, zu rochieren, und der Läufer c6 ist bedroht. Es gibt kaum mehr Hoffnung.
18...♘e7
Oder 18...♕c7 19.♕xc7 ♘xc7 20.♖c1! (ein Zwischenzug, der f1 für den König räumt, bevor Weiß auf g7 nimmt) 20...♘b8 21.♗xg7 ♖g8 22.♗e5 mit weißem Gewinn.
19.♖c1
Und nicht 19.♗xg7? ♖g8 und der Läufer g7 ist verloren.
19...b4
Um der weißen Dame das Feld b4 zu versperren, bevor man sie angreift.
20.♘c4 ♘f5 21.♕f4 ♗xg2
Schließlich konnte man rochieren, doch 21...0-0 22.♘a5 hilft auch nicht mehr.
22.♘d6+ ♘xd6 23.♕xd6
Droht unter anderem 24.♖c7. Schwarz resignierte.

Lösung 15
George Mackenzie
Wilhelm Steinitz
New York m 1883 (3)

1.e4 e5 2.♘f3 ♘c6 3.♘c3 g6 4.d4 exd4 5.♘xd4 ♗g7 6.♗e3 ♘f6 7.♗e2 0-0 8.0-0 d6 9.f4 ♘e7 10.♗f3 c6 11.h3 d5 12.e5 ♘e8 13.♘de2 f6 14.exf6 ♘xf6 15.g4

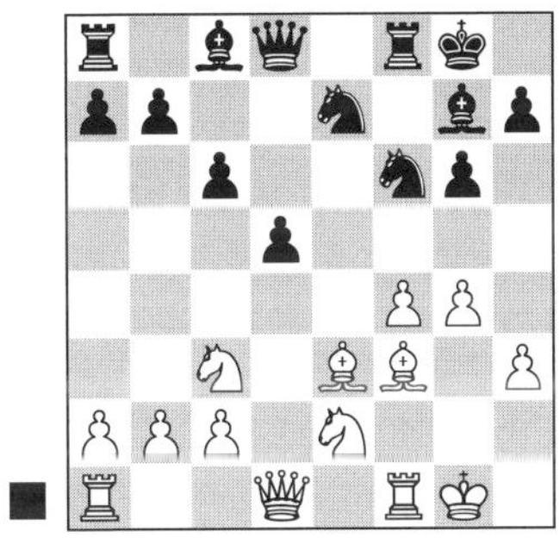

Schwarz besitzt einen zentralen Vorposten auf d5, der die Aktivitäten des Läufers f3 und des Springers c3 beschränkt. Zudem ist seine Majorität beweglich, und wenn auch ...b7-b6 gefolgt von ...c6-c5 nicht so schnell in die Tat umgesetzt werden kann, ist dies ein wichtiger langfristiger Plan.
Das Duo f4 und g4 verspricht dem Weißen momentan noch keinen Angriff, aber schränkt die schwarzen Figuren spürbar ein.
15...h5!

Steinitz attackiert den g4-Bauern mit einem Bauern aus dem Schutz seines Königs, bevor dieser unterstützt wird oder gar als gefährliche Waffe eingesetzt wird, um Linien am Königsflügel zu öffnen.

16.g5

A) 16.gxh5 ♗xh3 verliert einen Bauern, und;

B) 16.♘d4 c5 erlaubt eine Gabel auf d4;

C) Nach 16.♘g3 führt der Weg zu klarem Vorteil darin, weiteren Druck auf g4 auszuüben mittels 16...♕d7 17.♗c5 und nun:

C1) 17...♖f7 18.♕d3 (18.♖e1 ♗f8 und es geht nicht weiter) 18... hxg4 19.hxg4 ♘xg4 20.♖ae1 (und nicht 20.♗xe7? ♕xe7 21.♕xg6 ♕h4) 20...♗f6. Schwarz hat einen Bauern unter günstigen Umständen gewonnen, muss allerdings noch Sorgfalt walten lassen wegen der guten Entwicklung des Gegners;

C2) 17...b6! 18.♗xe7 ♕xe7. Weiß hat nun nicht mehr seinen schwarzfeldrigen Läufer und kann seine Dame nicht ziehen, ohne dabei den Bauern g4 zu verlieren. Er steckt in großen Schwierigkeiten.

D) 16.♘c1 ♕d7 (der letzte weiße Zug erschwert die Entwicklung und lädt zur Kombination 16...hxg4 17.hxg4 ♘xg4! 18.♗xg4 d4 ein, die Schwarz großen Vorteil einbringt) 17.♘d3 hxg4 18.♘e5 ♕e6 19.hxg4 Weiß konnte den Bauern g4 mit seinem Springermanöver retten, aber er wird einen anderen nach 19...♘d7 verlieren.

Diese Varianten illustrieren allesamt die schwarzen Perspektive, es gibt aber noch weitere interessante.

16...♘e8 17.♔h2 ♘f5 18.♗f2 ♘c7 19.♕d2 ♘e6

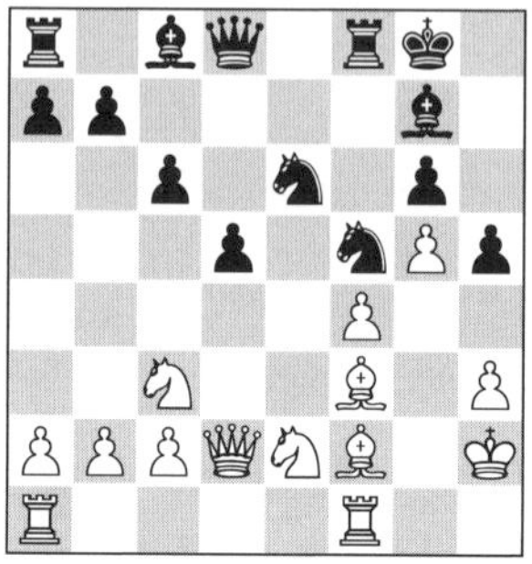

Aufgrund seiner Bauernstruktur kontrolliert Schwarz die Felder d5 und e4, und Dank seiner Springer und des Läufers g7 hat er ausgezeichneten Zugriff auf d4 und e3. Da auch noch seine Majorität beweglich ist, während die weiße blockiert und durch den schwachen Bauern f4 entwertet ist, können wir von einem entscheidenden Vorteil für Schwarz sprechen.

20.♖ae1 ♕c7 21.h4 ♗d7 22.♗g2 ♖ae8 23.♗h3 b6 24.♗xf5

Um den Druck auf seine schwarzen Felder zu lockern, gibt Mackenzie seinen weißfeldrigen Läufer auf, doch das hat auch seine Nachteile...

24...♖xf5 25.♗e3

Ein taktischer Fehler, der eine Figur verliert. 25.♗g3 behält Materialgleichheit, doch nach 25... d4 26.♘e4 c5 dringt Schwarz über die lange weißfeldrige Diagonale mit vernichtendem Effekt ein.

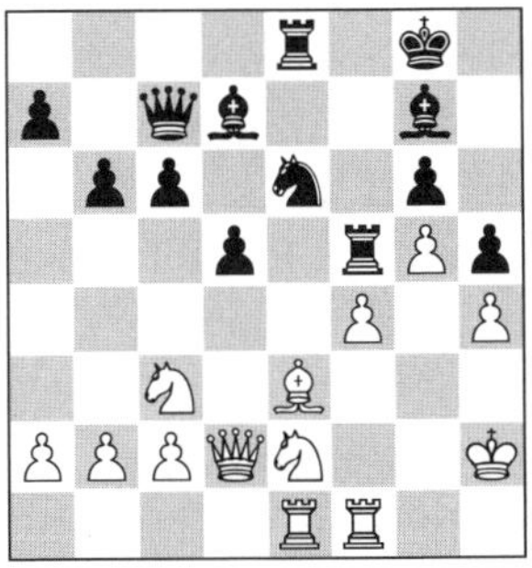

25...d4! 26.♘xd4 ♘xd4 27.♗xd4 ♖xe1

Weiß gab sich geschlagen. Nach 28.♖xe1 ♖xf4 ist der d4-Läufer bedroht und gleichzeitig droht ein Abzugsschach.

Lösung 16

Efim Geller

Mario Bertok

Belgrad 1961 (3)

1.e4 c5 2.♘f3 d6 3.d4 cxd4 4.♘xd4 ♘f6 5.♘c3 a6 6.♗e2 e5 7.♘b3 ♗e7 8.0-0 0-0 9.♗e3 ♕c7 10.♕d2 ♘bd7 11.a4 b6 12.♖fd1 ♗b7 13.f3 ♖fd8 14.♗f1 ♘c5 15.♘xc5 dxc5 16.♕f2 ♖xd1 17.♖xd1 ♖d8 18.♖xd8+ ♗xd8

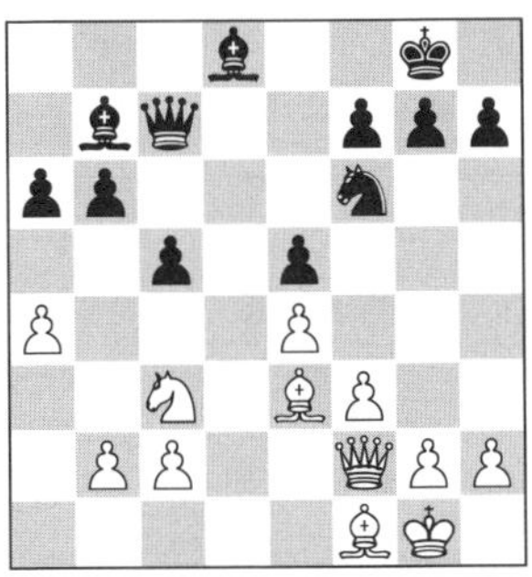

Das Feld d5 und der Bauer a6 sind verwundbar, und das beschränkt die Mobilität des Läufers b7 und des Springers f6. Die restlichen Figuren des Schwarzen sind beweglich, können aber nichts Besonderes ausrichten. Thema der ersten Stufe des weißen Planes muss es sein, maximalen Druck auf diese beiden Schwächen auszuüben, um die schwarze Stellung noch unelastischer zu machen. Dann können neue Schwächen sondiert werden.

19.♗c4!

Eine ideale Position für diesen Läufer, der von hier aus die Felder d5 und a6 bestreicht und zugleich den Vorstoß des Bauern c5 verhindert.

A) 19.♗g5?!, mit der Idee, auf den weißen Feldern zu spielen durch 20.♗xf6 ♗xf6 21.♗c4, ist strategisch interessant, erlaubt indes in dieser präzisen Stellung 19...c4! 20.♕e2 b5! mit gutem Spiel für Schwarz, da b5 unverletzlich ist (21.axb5 axb5 22.♘xb5? ♕c5+ verliert den Springer);

B) 19.a5?!, um den Bauern c5 zu isolieren, ergibt wenig nach 19...b5 20.♗xc5 ♕xa5.

19...♗e7

19...h6 war möglich, um ♗c1-g5 zu verhindern, und sollte zur Partie führen.

20.♕e2!

Geller bleibt seinem Hauptplan – Angriff auf a6 – treu.

20...♕c8

Die schwarze Dame hingegen verliert an Beweglichkeit. Die beste Verteidigung bestand in 20... a5!?, was zwar die weißen Felder noch weiter schwächt, dafür den schwarzen Figuren mehr Freiheiten belässt. Dann überzeugt 21.♗g5?! nicht wegen 21...♘e8!, wonach der Läufer Zeit mit Rückzug verlieren wird. 21.♕d3! dagegen verstärkt den Druck auf d5 und generell auf der d-Linie, und gibt dem Weißen einen langanhaltenden Vorteil nach 21...♕d8 22.♕xd8+ ♗xd8; zwar vermeidet der Damentausch gewisse Gefahren für Schwarz, dafür wird nun die Möglichkeit einer Invasion des weißen Königs über das Feld c4 das neue beherrschende Thema.

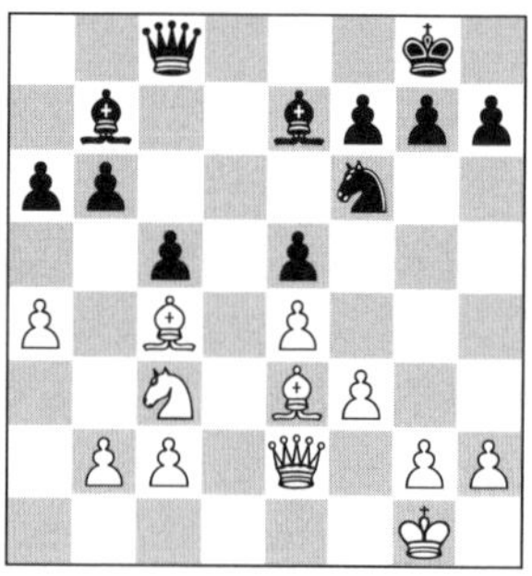

21.♕d3!

Hält am allgemeinen Plan fest, was sich als sehr stark erweist. 21.♗g5!? h6 22.♗xf6 ♗xf6 23.♗d5 ist hier besonders interessant, da Schwarz mit seiner Dame auf c8 die weißfeldrigen Läufer tauschen muss. Hier gilt es, die taktische Fortsetzung 23...♗xd5 24.♘xd5 c4! 25.♘xb6 ♕c5+! (damit die weiße Dame nicht mehr c4 angreifen kann) 26.♕f2 ♕c6 näher zu betrachten: der Läufer wird sich bald wieder am Spiel beteiligen, während die weißen Figuren und der Bauer a4 ungeschickt stehen. Statt 23.♗d5 ist der Vorbereitungszug 23.♕d3 beachtenswert, nach 23...♗g5 steht Weiß besser. Die Partiefortsetzung wirkt aber überzeugender.

21...h6 22.♔f1!?

Ein ruhiger Zug, der die Passivität der schwarzen Stellung unterstreicht. Geller beginnt schon vorsorglich, den König für ein mögliches Endspiel zu zentralisieren.

22...♗f8 23.♔e1 ♗e7

(Fortsetzung und Lösung 57 auf Seite 143)

Lösung 17

Leho Laurine

Paul Keres

Tallinn 1936

1.d4 e6 2.c4 ♗b4+ 3.♗d2 ♕e7 4.♘f3 f5 5.♘c3 ♘f6 6.♕b3 b6 7.e3 ♗b7 8.♗e2 0-0 9.0-0 ♗xc3 10.♗xc3 ♘e4 11.d5 ♘a6 12.♖ad1 d6 13.dxe6 ♘ac5 14.♕c2 ♘xe6 15.b4 a5 16.a3 f4 17.♖d3 axb4 18.axb4

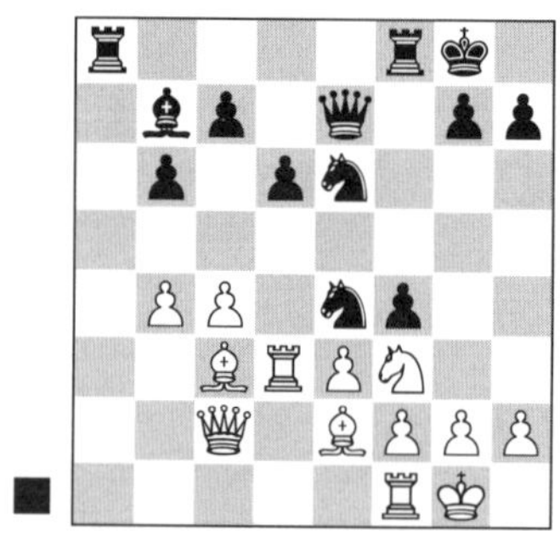

Schwarz kontrolliert das Zentrum und sein Läufer b7 ist mächtig. Das sind beste Voraussetzungen für eine

direkte Attacke auf den weißen König, dessen Schwachstellen in der Verteidigung die weißen Felder f3, g2 und h3 sind.
Der Läufer c3, die einzige Figur auf dem Brett, welche die weißen Felder nicht bestreichen kann, ist bei der Verteidigung des eigenen Königs nutzlos. Momentan kann er auch kein Gegenspiel kreieren, weshalb der Tausch ...♘e4xc3 nicht wünschenswert ist – da müsste schon ein außergewöhnlich guter Grund dafür sprechen! Der e4-Springer steht ausgezeichnet, und doch ist er eigentlich fehl am Platze: er bestreicht nur schwarze Felder und verstellt dem Läufer b7 die Sicht.
Der Partiezug, 18...♘4g5!, ist sehr stark, da er dem Läufer die Diagonale öffnet, während er den Druck auf f3 und h3 erhöht. Es ist gleichermaßen wichtig, den anderen Springer auf e6 zu belassen, um e3xf4 (um den Turm d3 schwenken zu können) mit ...♘e6xf4 beantworten zu können. Wir wollen noch schwarze Alternativen betrachten:

A) 18...♘6g5 19.exf4! ♘xc3 (19...♖xf4 20.♘xg5 ♕xg5 21.♗b2!? mit der Idee f2-f3 ist vorteilhaft für Weiß, denn 21...♘xf2?, was g2 angreift, wird mit 22.♖g3 widerlegt) 20.♖xc3 ♖xf4 21.♘xg5 ♕xg5 22.♖g3 führt zu Ausgleich;

B) 18...fxe3 19.♖xe3 ♘f4. Hier hat Schwarz die Aktivierung des weißen Turmes erlaubt, um einen Springer nach f4 zu bekommen, doch das bringt nicht viel nach 20.♗d3 (aber nicht 20.♘d2? ♕g5 und Schwarz gewinnt).

18...♘4g5!

Die Durchführung des Angriffs und das Verständnis der relevanten Themen (Opfer auf den weißen Feldern) ist strategisch, aber es gilt auch, ein paar Varianten zu berechnen...

19.exf4?

Um den Turm nach e3 zu bekommen, aber der schwarze Angriff gewinnt jetzt an Fahrt. Eine gute Idee war der Rückzug 19.♕d1! um f3 zu schützen, wenngleich Schwarz auch dann nach 19...♖a2!?, mit der Drohung, durch 20...♖xe2 den Verteidiger der weißen Felder zu beseitigen, am Drücker bleibt. Es könnte folgen:

A) 20.♖e1? ♖xe2! mit schwarzem Vorteil, zum Beispiel: 21.♕xe2 ♘xf3+ 22.gxf3 ♕g5+ 23.♔h1 fxe3 24.♕xe3! (24.♖xe3 verliert nach 24...♘f4 25.♖g1 ♘xe2! 26.♖xg5 ♖xf3!) 24...♗xf3+ 25.♕xf3 ♖xf3 26.♖xf3 ♕g4! 27.♖g3 ♕xc4 28.♗xg7! – Weiß steht sehr gefährdet, aber es besteht noch Hoffnung;

B) 20.♖d2! ♘e4 21.♖xa2 ♘xc3 22.♕d2 ♘xa2 23.♕xa2 fxe3 24.fxe3 und Weiß konnte seinen König vor einem direkten Angriff bewahren, bleibt aber im Nachteil wegen seines schwachen e3-Bauern.

19...♘xf4 20.♖e3 ♘xe2+?

Ein plausibler Weg, den Angriff fortzusetzen; ein klarer und schneller Gewinn konnte indes mit 20...♘gh3+! gesichert werden: 21.gxh3 (21.♔h1 ♘xf2+ gewinnt den Turm e3) 21...♘xh3+ 22.♔g2 ♕g5+ 23.♔h1 (23.♔xh3 ♗c8+) 23...♘xf2+.

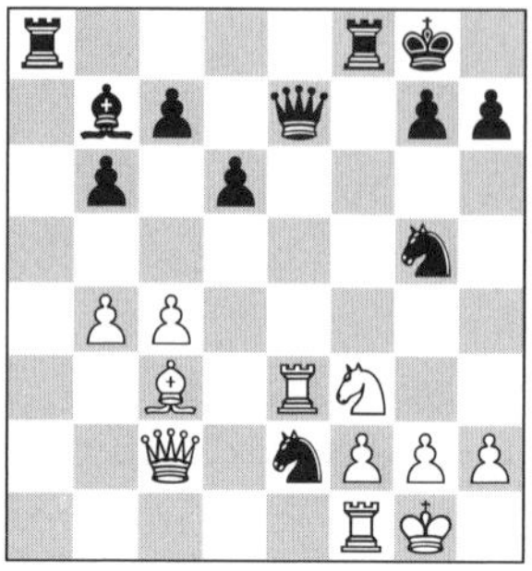

21.♕xe2?

Der überraschende Zug 21.♔h1! erlaubte mehr Widerstand. Die schwarze Dame hängt und das wünschenswerte 21...♘xf3 geht nun nicht, da nicht mehr mit Schach und Tempo geschlagen werden kann. Wir analysieren:

A) 21...♕d8 (blockiert den eigenen Turm auf a8) 22.♕xe2 ♘xf3 23.gxf3 ♖xf3! 24.♖xf3 ♕f8 25.♔g2 (mit den Ideen 26.♖e1 oder 26.♖g1, um den König über f1 flüchten zu lassen) 25...♖e8 26.♔g3! (26.♕d1? ♖e6 verliert) 26...♖xe2 27.♖xf8+ ♔xf8 und die Partie ist noch nicht vorbei;

B) Das verblüffende 21...♘e4! scheint den Druck auf den weißen Feldern zu lindern, doch mitnichten: 22.♕xe2? verliert nach 22...♘xc3 23.♖xe7 ♘xe2 24.♖xe2 ♖xf3!. Notwendig ist somit 22.♖xe2 ♖xf3! 23.gxf3 ♘g5! 24.♖e3 (24.♖xe7? ♗xf3+ 25.♔g1 ♘h3#) wonach sowohl der weiße Turm als auch der schwarze Springer jeweils zwei Tempi verloren haben. Doch Schwarz konnte zwischenzeitlich die Qualität auf f3 opfern, ohne die Dame zurückziehen zu müssen, und steht nun nach 24...♕f7 auf Gewinn.

21...♘xf3+ 22.gxf3

Falls 22.♕xf3, so 22...♖xf3! 23.♖xe7 ♖xc3.

22...♕g5+ 23.♔h1 ♖xf3! 24.♖xf3 ♕g4 0-1

Lösung 18

Akiba Rubinstein

Amos Burn

Ostende 1906

1.d4 d5 2.♘f3 ♘f6 3.c4 e6 4.♘c3 ♘bd7 5.e3 ♗e7 6.♗e2 0-0 7.0-0 dxc4 8.♗xc4 c5 9.♕e2 ♘b6 10.♗b3 cxd4 11.exd4 ♗d7 12.♖e1 ♗c6 13.♘e5 ♗d5 14.♘xd5 ♘bxd5

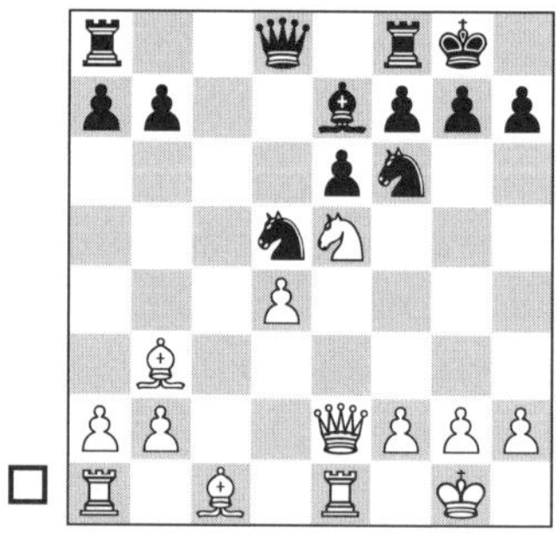

Schwarz hat sich entschlossen, den Isolani d4 zu blockieren, weshalb dieser im Moment nicht bedroht ist. Auch der e5-Springer ist nicht bedroht, sondern droht selbst ins gegnerische Lager. In der kommenden Manövrierphase wird Weiß versuchen, Raumvorteil

und Läuferpaar zu einem direkten Königsangriff auszunutzen.
Schwarz steht solide, aber da er den Isolani nicht angreift, sind seine langfristigen Aussichten hauptsächlich mit Figurentausch verbunden, doch diese sind momentan nicht in Sicht. Er muss sich somit vorerst in Geduld üben.
Ein wichtiges Thema in diesem Stellungstyp ist das Springeropfer auf f7, das die Diagonale a2-g8 und die e-Linie öffnet. Wir wollen es sogleich betrachten: 15.♘xf7 ♖xf7 16.♕xe6 ♕d6! (der wichtige und gut unterstützte Springer auf d5 hält die Verteidigung zusammen, Schwarz will nun die Damen tauschen) 17.♕xd6 ♗xd6 18.♗g5! (um dem Läufer b3 die Diagonale zu öffnen) 18...♔f8 19.♗xf6 ♘xf6 20.♗xf7 ♔xf7. In einem Endspiel sind zwei Figuren in der Regel gleichwertig mit Turm und Bauer, aber hier ist der Bauer d4 überhaupt nicht gefährlich, dagegen sind die schwarzen Leichtfiguren, insbesondere mit dem Springer auf d5, aktiv und gut platziert. Die Chancen wären ausgeglichen.

15.♗g5!

Der Läufer setzt den Springer f6 unter Druck und 16.♘xf7 droht nun wirklich.

15...♖c8?

15...♕d6! verteidigt e6 und wehrt die unmittelbare Gefahr ab. Nach 16.♖ad1 ♖ac8 ist Weiß nur etwas im Vorteil. Er kann einen Turm oder auch die Dame über die dritte Reihe schwenken. Eine interessante Idee ist 17.♖f1!?, um den Vormarsch des f-Bauern zu unterstützen, doch das kostet einige Zeit.

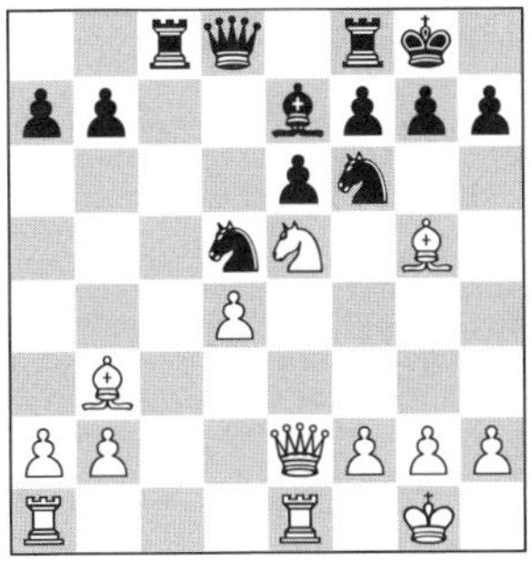

Burn rechnete vermutlich an der Variante 16.♘xf7? ♖xf7 17.♕xe6 ♖c6! 18.♕f5 ♖d6!, die es erlaubt, die Stellung zu halten, und die seinen letzten Zug rechtfertigt.

16.♗xf6!

Durch diesen Zug, der die Unterstützung des Springers d5 „eliminieren“ will, nimmt Rubinstein die Möglichkeit ...♖c8-c6 aus der Stellung. Auch wenn es das Vorspiel einer Kombination ist: die positionelle Natur des Tausches auf f6 muss betont werden. Die Schwächen im schwarzen Lager sind auf den weißen Feldern, deshalb tauscht Weiß seinen schwarzfeldrigen Läufer, der diese Schwächen nicht bestreicht, gegen einen Springer, der diese verteidigen kann. Und ganz allgemein: der Tausch eines der Läufer gegen einen Springer im richtigen Moment ist ein wichtiger Vorteil, den das Läuferpaar bietet!

16...♗xf6

16...♘xf6? 17.♘xf7! ♖xf7 18.♕xe6 ♕f8 19.♕xe7 verliert sofort.

17.♘xf7! ♖xf7?
17...♕b6 bot noch praktische Überlebenschancen:
A) 18.♕xe6? ♕xe6 19.♖xe6 ♔xf7 20.♗xd5 ♖fd8 21.♗b3 ♔f8 und Schwarz wird einen seiner beiden eingebüßten Bauern zurückgewinnen und vom Damentausch profitieren, zumal ungleichfarbige Läufer auf dem Brett stehen;
B) 18.♘e5! bereitet Schwarz die meisten Probleme. Die kritische Fortsetzung, wahrscheinlich auch die beste für Schwarz, lautet 18...♕xd4 19.♘f3 ♕b6 20.♕xe6+ ♕xe6 21.♖xe6. Auch hier wurden die Damen getauscht, aber diesmal erweist sich die Anordnung des d5-Springers mit dem König als letztlich fatal: 21...♖fd8 22.♖d1 ♖c5 23.♖e2 ♔f7 (oder 23...♔f8 24.♖ed2, eine Fesselung ersetzt die andere) 24.♖ed2 ♔e6 und die Fesselung des schwarzen Springers ist entscheidend.
18.♕xe6

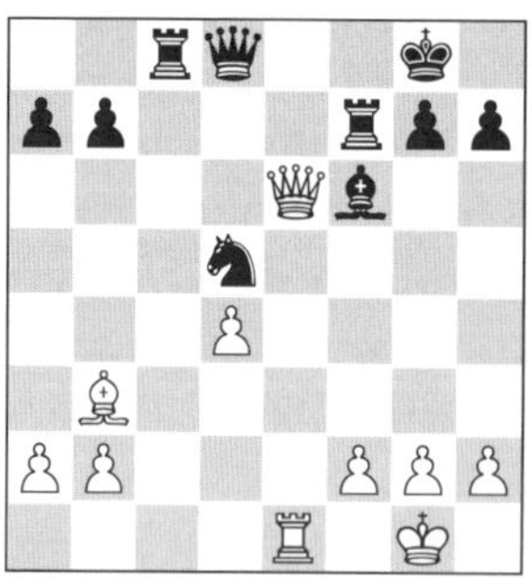

18...♗xd4
18...♔f8 19.♗xd5 ♖cc7 bietet mehr Widerstand, aber rettet die Partie nicht mehr. Die ungleichfarbigen Läufer wirken sich hier mit Damen auf dem Brett zum weißen Vorteil aus, da die schwarze Königsstellung sehr heikel ist. Ein einfacher Gewinnweg ist 20.♕e4 ♖fe7 21.♗e6, was beide Mehrbauern behält. Ein anderer, taktisch motivierter, lautet: 20.♖ac1 ♖cd7 (20...♖ce7 21.♕d6! ♕xd6 22.♖c8+) 21.♕h3! ♖fe7 (21...♖xd5 22.♖c8) 22.♗e6 ♖xd4 23.♕xh7 (und nicht 23.♖c8? ♕xc8!).
19.♗xd5 ♗xf2+ 20.♔h1 ♕f8 21.♖f1 ♖c2 22.♖ac1 ♖xc1 23.♖xc1 1-0

Lösung 19
Uwe Bönsch 2450
Hans-Ulrich Grünberg 2450
Cottbus 1983 (9)

1.d4 ♘f6 2.♘f3 e6 3.c4 d5 4.♘c3 ♗e7 5.♗g5 h6 6.♗xf6 ♗xf6 7.cxd5 exd5 8.e3 0-0 9.♗e2 ♘c6 10.0-0 ♗e6 11.♖c1 ♘e7 12.b4 c6 13.♘e1 ♗f5 14.♘d3 ♗xd3 15.♕xd3 b5 16.♘b1 a5 17.a4 bxa4 18.b5 cxb5 19.♕xb5 ♖b8 20.♕xa4

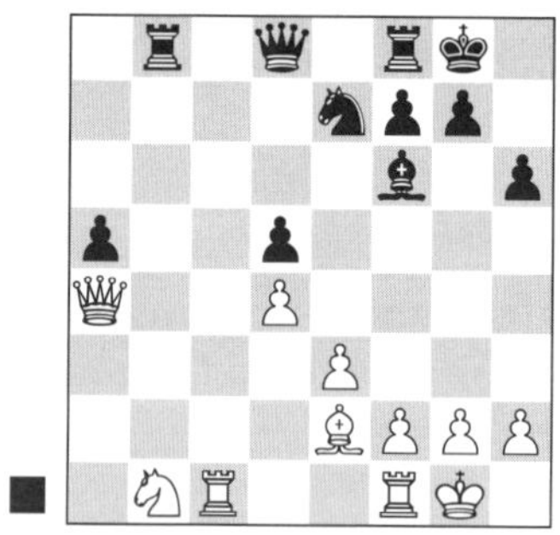

Hier handelt es sich um eine Stellung mit ungleichfarbigen Läufern. Die weiße Bauernformation ist kompakt und weist keine Schwäche auf.

Schwarz dagegen hat einen isolierten Bauern auf d5, einem weißen Feld, das somit Angriffen ausgesetzt ist. Seine Verteidigung, die nicht immer gewährleistet sein kann, zwingt den Springer, auf e7 zu bleiben, was zur Folge hat, dass der Läufer auf f6 ohne Aufgabe im Abseits steht. Um dies zu kompensieren muss Schwarz energisch vorgehen und auf seinen Freibauern auf a5 setzen. Doch dessen Sicherheit ist nicht garantiert, da die schwarzen Leichtfiguren allesamt passiv stehen. Weiß besitzt großen Vorteil. 20...♕b6 21.♘c3 ♖fd8? 22.♗f3 ♕b4 23.♕a2 ist eine Variante, die die Schwierigkeiten, denen sich Schwarz gegenübersieht, illustriert: er verliert einen seiner isolierten Bauern ohne dafür irgendwelches Gegenspiel zu erhalten. Statt 21...♖fd8 ist 21...♕b4! widerstandsfähiger:

A) 22.♕a2 ♖fc8! 23.♘xd5 ♘xd5 24.♕xd5 ♖xc1 25.♖xc1 ♕d2 26.♕c4 ♖b2 27.♔f1 ♗e7 zeigt diesmal die schwarzen Chancen auf – er hat die weißen Figuren an die Verteidigung von e2 gebunden und steht bereit, seinen Freibauern rennen zu lassen. Wir notieren: der Gewinn des Bauern d5 hat zum Abtausch der Springer geführt und dadurch den schwarzen Läufer aus seinem Gefängnis entlassen. Das bedeutet, dass es durchaus Sinn macht, den Bauern nicht zu früh zu schlagen;

B) 22.♕a1! ♖fc8 und jetzt ist der Normalzug 23.♗f3 gut genug, aber direkter ist 23.♖b1! ♕d6 (23...♕xc3? 24.♕xc3 verliert) 24.♖xb8 ♕xb8 25.♗a6! (und nicht sofort 25.♕xa5? wegen 25...♕b2!) 25...♖c6 26.♕xa5. Weiß schnappt sich den Bauern, der dem Schwarzen Gegenspiel versprach und hat beste Aussichten, im weiteren auch noch d5 zu gewinnen.

20...♖b4!

Um den Vormarsch des Freibauern zu ermöglichen und die Schwerfiguren auf der b-Linie verdoppeln (oder gar drippeln) zu können.

21.♕a2 ♕b6

21...a4 kam in Frage, und bei 22.♘c3?! ♕a5 23.♗f3 wirft 23...a3! den Zentralbauern für Aktivität über Bord, wogegen 23...♖d8? 24.♖a1! mit Druck auf beide Bauern erlauben würde.

Nach 21...a4 ist wahrscheinlich 22.♗f3! am besten (um dem Turm c1 den Weg nicht zu verstellen) 22...♕a5 23.♖c5! ♕a6 24.♘c3 ♖fb8! (24...a3 25.♗e2! führt zum Verlust des Bauern nach 25...♕a8 26.♖a1 oder 25...♕a7 26.♘b5) und wir erreichen eine Stellung, in der Weiß sehr wachsam sein muss:

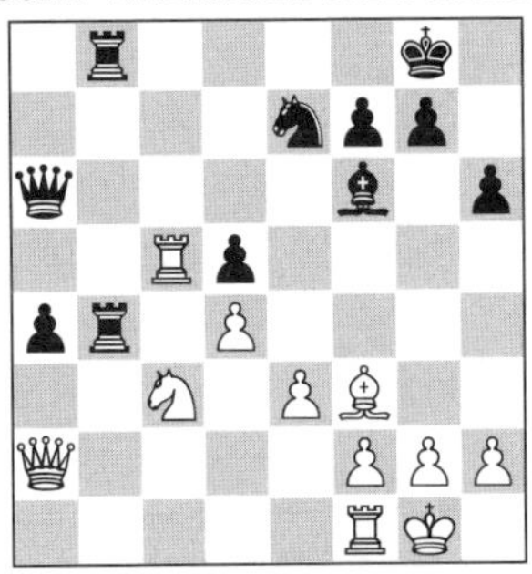

Analysediagramm

A) 25.♘xd5 ♖b2 26.♘xf6+ gxf6 27.♕a3 ♖8b3 28.♕a1 a3 mit gutem Spiel für den Bauern;

B) 25.♗xd5 ♘xd5 26.♕xd5 ♖c8! (26...a3? 27.♖a5) wieder mit gutem Spiel für Schwarz; 27.♖a5? funktioniert nicht wegen 27...♕d3!, Idee 28.♘xa4? ♖b1! und Schwarz gewinnt;

C) 25.g3! a3 26.♖a1 ♖a8 27.♔g2, mit der Idee 27...♖b2? 28.♕xb2, ist eine vernünftige Verbesserung der weißen Stellung, die Grundlinienmatts aus der Stellung nimmt und zunächst den König schützt, um danach aktiv zu werden. Wichtig ist hierbei, dass die schwarzen Leichtfiguren paralysiert sind. Weiß hat beste Aussichten, nach geeigneter Vorbereitung den Freibauern a3 abzuholen.

22.♘c3 ♖b2 23.♕a1 ♕b4

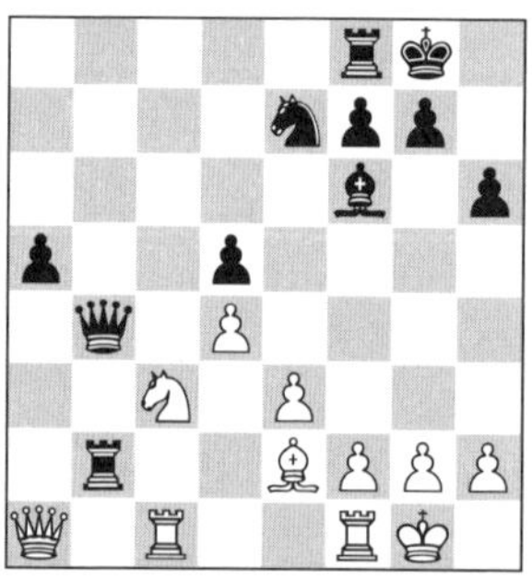

24.♖b1!

Immer wenn einige Figuren des Gegners nicht am Geschehen partizipieren, ist Tausch der anderen Figuren ein probates Mittel, den Vorteil zu vergrößern.

24...♖b8 25.♗b5 ♖xb1

25...♖b3 bereitet etwas mehr Probleme: 26.♖xb3 ♕xb3 27.♖b1 ♕c2 28.♖c1 ♕b3 29.♕xa5 ♖c8! (droht 30...♕b2) 30.♗d3! in der Absicht, 30...♕b2 mit 31.♖c2 zu beantworten und die Stellung zu konsolidieren.

26.♖xb1 ♕d6 27.♕xa5 ♖c8 28.g3

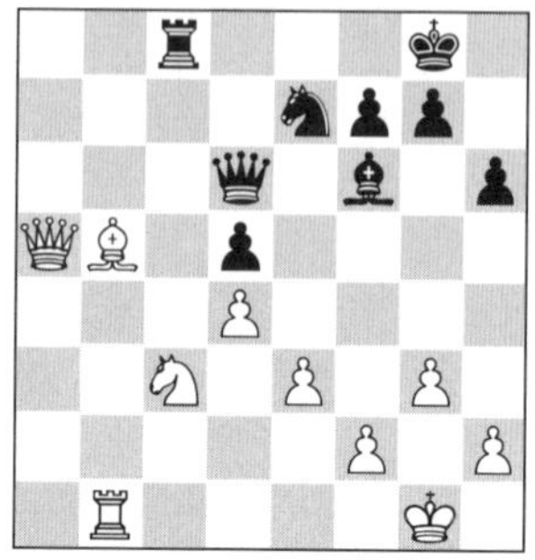

28...♕c7?!

Im Endspiel verliert Schwarz schnell den Bauern d5 ohne Kompensation. Aber auch mit Damen auf dem Brett wären die Überlebenschancen sehr gering.

29.♕xc7 ♖xc7 30.♖b3 g5 31.♗e2 ♗g7 32.♗f3 ♗f8 33.♔f1 ♔g7 34.♔e2 f5 35.♔d3 ♖a7 36.♖b5 ♖a3 37.♔c2 ♖a1 38.♗xd5 ♘xd5 39.♖xd5 ♖h1 40.♖xf5 ♖xh2 41.e4

Schwarz gab auf.

Lösung 20

Wassili Smyslow

Andreas Dückstein

Zagreb 1955 (18)

1.e4 e5 2.♘f3 ♘c6 3.♗b5 ♘f6 4.0-0 ♗c5 5.d3 d6 6.♘c3 0-0 7.♗g5 h6 8.♗h4 ♗g4 9.♗xc6 bxc6 10.h3 ♗xf3 11.♕xf3 g5 12.♗g3 ♘h7 13.♘a4 ♗b6 14.♘xb6 axb6 15.d4 exd4 16.♕d3 f5 17.exf5 ♖a5 18.♕xd4 ♕d7 19.♕c4+ ♔g7

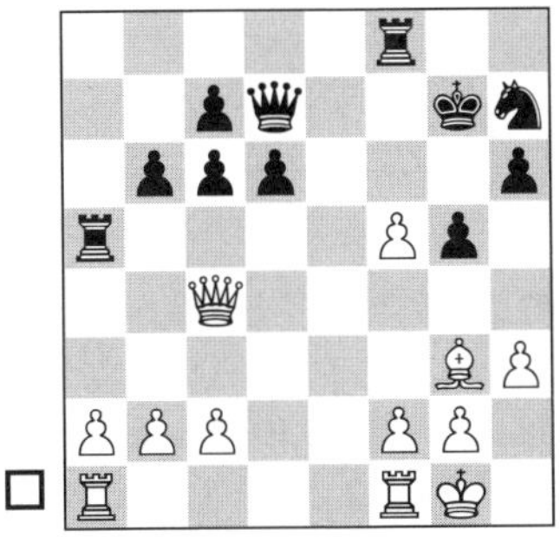

Schwarz hat aktive Figuren und gute Kontrolle übers Zentrum, jedoch ist sein Königsstellung offen und die weiße Damenflügelmajorität könnte gefährlich werden.
Starten wir die Analyse:

A) 20.f4, um Linien zu öffnen und den Läufer ins Spiel zu bekommen (20.h4 wäre diesem Ziel nicht dienlich), verdient Betrachtung: 20...♖axf5 21.♗e1! d5 22.♗c3+ ♘f6 23.♕d3 ♖xf4! (23...gxf4 24.g4! ♖g5 25.♖xf4 c5 26.♖af1 d4 27.♗d2 verdrängt den Läufer von der langen Diagonale, aber mit dem Druck auf der f-Linie steht Weiß immer noch besser) 24.♖xf4 gxf4 25.♗e5! (25.♖f1 ♕d6 ist weniger gut, da 26.♕f5? d4 erlaubt) 25...♖e8!. Weiß kann nicht mehr die f-Linie aktiv nutzen und weder 26.♖e1 noch 26.♗xf4 lassen ihn auf Vorteil hoffen;

B) 20.♖ae1 nimmt dauerhaft die e-Linie in Beschlag, doch nach beispielhaft 20...♖axf5 21.♖e3 ♖e8 22.♖xe8 ♕xe8 23.♕c3+ ♘f6 24.♖e1 ♕d7 gibt es zu wenig offene Linien, um den schwarzen König ernsthaft zu ärgern.

20.b4!

Smyslow bereitet die Bildung eines entfernten Freibauern auf der a-Linie frei. Der schwarze König wird weniger direkt bedroht sein wie in den vorangegangenen Varianten, doch letztlich wird Schwarz daran scheitern, an zwei Fronten verteidigen zu müssen.

20...♖axf5

20...♖a3, um sowohl den a-Bauern als auch den f-Bauern zu blockieren (durch Angriff auf den Läufer g3) ist plausibel. Es kann folgen 21.♕d4+ ♘f6 22.♕b2 und nun:

A) 22...♖fa8 23.♖fe1! (droht 24.♖e6) 23...♕xf5 24.♖e7+ ♔g6 25.♖xc7 zum Vorteil für Weiß;

B) Nach 22...♖aa8 wäre Schwarz im Unterschied zur Partie besser aufgestellt, um dem Vormarsch des a-Bauern zu trotzen, und wäre nach 23.a4 ♕xf5 zufrieden, aber der Turm a8 bleibt im Exil auf dem Damenflügel, weshalb ihn die Fortsetzung 23.f4! ♕xf5 24.fxg5 ♕xg5 stark unter Druck setzt.

21.a4 ♘f6

21...c5 22.a5 b5 23.♕c3+ ♘f6 24.a6 cxb4 25.♕xb4 ♖a8 hat den Vorteil, die schwarzen Damenflügelbauern vital werden zu lassen, doch nach 26.f4! ist Weiß klar im Vorteil.
Der Turm a8 muss als Wächter stehenbleiben, während sein weißer Widerpart im richtigen Moment den Bauern a6 im Stich lassen und sich am Königsangriff beteiligen kann.

22.a5 bxa5 23.bxa5 ♖c5 24.♕a4 ♖a8 25.a6 ♕f5 26.♖fe1

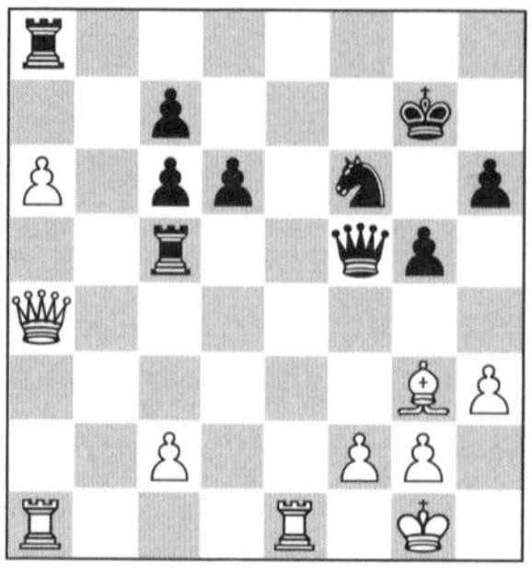

Smyslows Plan ging auf.
Die Stellung ist eine ideale Veranschaulichung, wie man auf zwei Flügeln spielt.

26...♔f8

26...♕xc2!? hat einiges für sich, es gewinnt erst mal einen Bauern, ohne den König zu sehr zu exponieren. Weiß sollte dann ins Endspiel übergehen: 27.♕xc2 ♖xc2 28.♖e7+ ♔g6 29.♖xc7 ♘e4! 30.a7 ♘xg3 31.fxg3 und nun ...♖c5!, um 32.♖b7 mit 32...♖b5 beantworten zu können. Schwarz muss verhindern, dass ein weißer Turm nach b8 gelangt und zugleich vermeiden, zu viele Bauern zu verlieren. Es bedarf erst noch des Beweises, dass Schwarz verloren ist, auch wenn es wahrscheinlich ist.

27.c4!

Nimmt dem Turm das Feld b5, so dass er über die b-Linie eindringen kann.

27...♘d7 28.♕b4 ♘b6

Nach 28...♖a7 oder 28...♕f6 (um nach d8 zurückzukehren) ist 29.♖a3 entscheidend.

29.♗xd6+! cxd6 30.♕xb6

Schwarz gab auf.

Lösung 21

Samuel Reschewski

Jacob Levin

New York 1942 (2)

1.d4 ♘f6 2.c4 e6 3.♘c3 ♗b4 4.a3 ♗xc3+ 5.bxc3 c5 6.e3 0-0 7.♗d3 d5 8.cxd5 ♕xd5 9.♘f3 b6 10.♕e2 ♗b7 11.e4 ♕h5 12.h3 cxd4 13.cxd4 ♗a6 14.♗g5 ♗xd3 15.♕xd3 ♘bd7 16.0-0 ♖fc8 17.♖ac1 ♕g6 18.♖fe1 h6 19.♗d2 ♖xc1 20.♗xc1 ♖c8 21.♗d2 ♖d8 22.♕e2 ♘b8 23.♘e5 ♕h5 24.♕c4 ♘e8 25.♗b4 ♕g5 26.f4 ♕f6

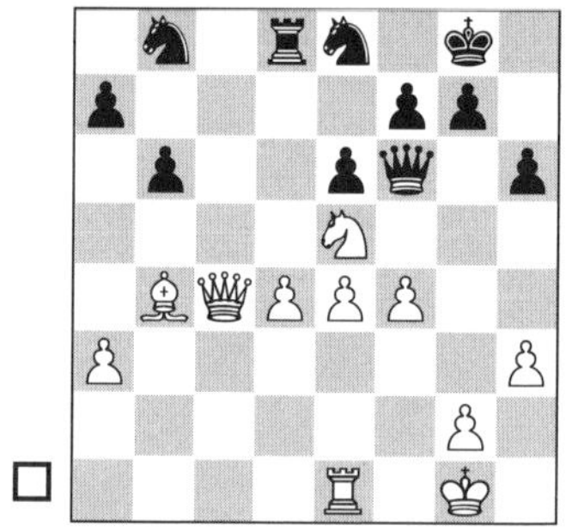

Der Weiße besitzt deutlichen Raumvorteil und die aktiveren Figuren. Da f4 nicht hängt (27...♕xf4? erlaubt 28.♗e7) bieten sich verschiedene vielversprechende Fortsetzungen an. Dazu gehören: 27.♖f1, was 28.f5 droht, und 27.d5, den Umstand ausnutzend, dass nun 27...♕xf4? wegen 28.dxe6! (und nicht 28.♗e7? exd5!) verliert. In allen Varianten zeigt sich indes der Zug ...a7-a5 als wichtige Verteidigungsressource des Schwarzen, um den Läufer b4 aus seiner dominanten Stellung zu vertreiben. Auch wenn er dadurch nicht ausgleichen sollte, würde ihm dies Gegenspiel einräumen.

27.a4!
Reschewski plant, 28...a5 mit 29.♗a3 zu beantworten und den Läufer auf seiner starken Diagonale zu bewahren. Er investiert ein Tempo, um die Situation beizubehalten. Diese Entscheidung gründet sich auf die Schwierigkeit für Schwarz, einen vernünftigen Zug zu finden, was in beengten Stellungen nicht unüblich ist.
27...♘d7
Dem schwarzen Turm mangelt es an Feldern.
A) 27...♘d6 ist nicht gut wegen 28.♗xd6 ♖xd6 29.♕c7 ♖d8 (29...♕d8 30.♕xf7+) 30.♕xa7, während
B) 27...♕h4 28.♖f1 nur das Problem hinauszögert, denn 28...♘f6? verliert unter anderem nach 29.♕c7 ♘fd7 30.♘f3 ♕f6 31.e5;
C) Am zähesten war noch 27...♔h7! 28.♖f1 ♘d7, was Schwarz ermöglicht, 29.♘c6? mit 29...♖c8! zu beantworten, da der Springer gefesselt ist und nicht mit Schach ziehen kann. Trotz allem, nach 29.♘g4 bleibt wenig Hoffnung:
C1) 29...♕g6 30.♗e7! ♖b8 31.f5 exf5 32.exf5 ♕h5 und nun gewinnt 33.d5 ♘ef6 34.d6 sicher, schneller geht gar 33.♕c6! ♘ef6 34.♗xf6 ♘xf6 35.♕xf6! ♕xg4 36.♕d6! und Schwarz muss aufgeben;
C2) 29...♕h4 30.e5! und die schwarzen Figuren sind immer noch paralisiert, während die Ideen f4-f5 und d4-d5 dem Weißen bei guter Vorbereitung entscheidenden Vorteil bieten sollten.

28.♘c6

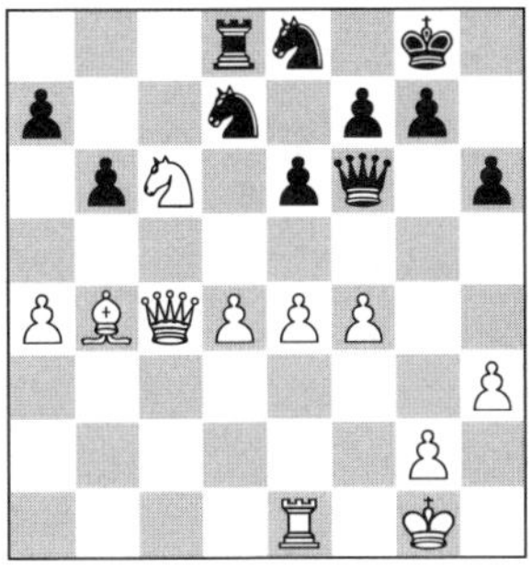

28...♖a8
Oder 28...♖c8 mit der Wahl:
A) 29.♘e7+ ♕xe7 30.♕xc8 ♕xb4 31.♕xe8+ ♘f8 32.♖d1 ♕b3 – Weiß wird einen Bauern zurückgeben müssen und steht mitnichten auf Gewinn;
B) 29.e5! ♕h4 (29...♕xf4? 30.♘e7+) 30.d5! a5, aber die Absicht, den Läufer, der den Turm deckt, von der Diagonalen a3-f8 zu vertreiben, ist ungenügend: Weiß bricht durch mit 31.dxe6! axb4 32.exf7+, was Material bei überragender Stellung gewinnt.
29.f5!
Der kürzeste Weg zum Sieg.
29...exf5 30.e5 ♕h4 31.e6 fxe6 32.♕xe6+ ♔h8 33.♕xd7 ♘f6 34.♕xf5 a5 35.♗c3 ♖f8 36.♘e7 ♕g3 37.♘g6+ ♔g8 38.♕e6+ ♖f7 39.♘e5
Schwarz gab auf.

Lösung 22
Svetozar Gligoric
Jan Smejkal
Mailand 1975 (9)

1.d4 ♘f6 2.c4 g6 3.♘c3 d5 4.cxd5 ♘xd5 5.e4 ♘xc3 6.bxc3 ♗g7 7.♗c4 c5 8.♘e2 0-0 9.0-0 ♘c6 10.♗e3 ♕c7

11.♖c1 ♖d8 12.♕d2 ♕a5 13.♖fd1 b6 14.♗h6 ♗a6 15.♗xa6

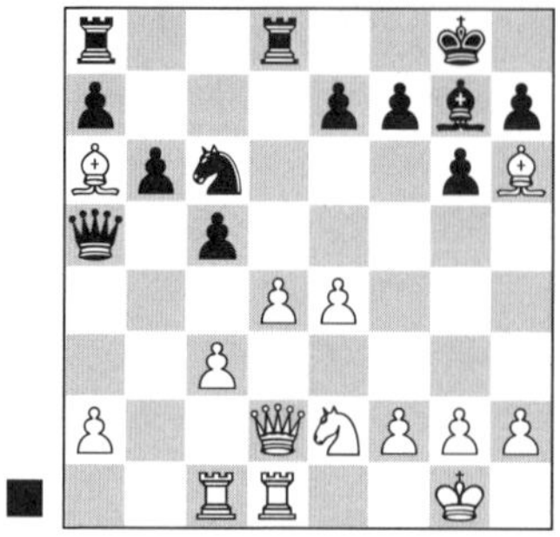

Die natürliche Fortsetzung 15...♕xa6 16.♗xg7 ♔xg7 ergibt eine Position, die typisch ist für die Hauptvariante der Grünfeld-Verteidigung, in der Weiß vielleicht einen kleinen Vorteil hat.

15...♗xh6? 16.♕xh6 ♕xa6

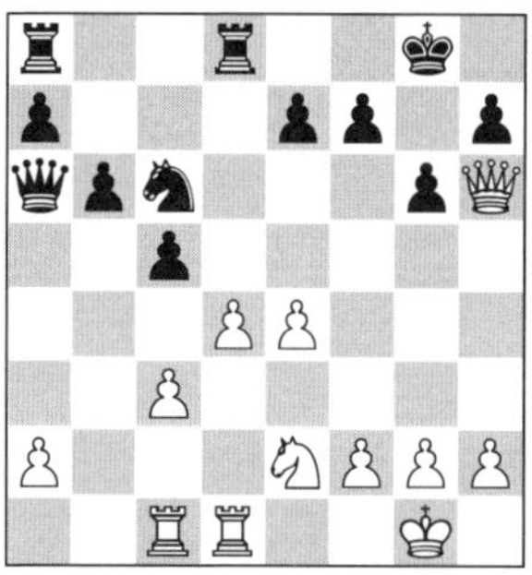

Die Idee des Schlagens auf h6, anstatt den Tausch auf g7 zu erlauben, is es, die weiße Dame zu dezentralisieren. Auf der anderen Seite der Medaille steht die Einladung zum Königsangriff. Sobald Schwarz auf den Königsflügel rochiert, stellt der Tausch auf h6 ein großes Risiko dar. Der weiße Springer hängt nun, und wäre es notwendig, diesen mit der Dame zu verteidigen oder 17.♖d2 zu spielen, stünde der schwarze König momentan sicher und der Tausch auf h6 wäre ein Erfolg.

17.♘f4!

Gligoric opfert sein Bauernzentrum für den Angriff. Die Hauptidee ist 18.♖d3 mit den Drohungen 19.♖h3 und 19.♘h5.

17...cxd4

Die Konsequenz des letzten Zuges. Da dies forciert verliert, können alle Alternativen betrachtet werden, zum Beispiel 17...♔h8 gefolgt von ...♖d8-g8-g7, aber dann bleibt Schwarz ohne Zentrum und steht klar schlechter.

Nach 17...♕a3 kann Weiß bequem mit 18.♘d5 in Vorteil kommen, was den Turm c1 deckt und die Drohung 19.♖d3 erneuert. 18...e6? 19.♘f6+ geht nicht an, so dass der Springer eine gewisse Stabilität im Zentrum behält. Statt 18.♘d5 gewinnt 18.♘h3!, aber auf kompliziertere Weise: 18...f6 19.♘f4 ♖d6 (mit der Idee 20.d5? ♘d8, was e6 deckt) 20.♘xg6! hxg6 21.♕xg6+ ♔f8 22.♕h6+!. Der König steht entblößt, der Turm a8 ist vom Schuss, die Situation ist zum Verzweifeln. Doch ist immer noch Präzision erforderlich.

18.♖d3! ♕b5!

Kontrolliert h5 und bringt die Dame zurück zur Verteidigung. 18...♕a3? 19.♘h5! verliert sofort.

19.♖h3 ♕e5 20.♕xh7+ ♔f8

Wenn man sich auf 15...♗xh6 einlässt ist es sehr plausibel, dass man beim Berechnen diese Stellung erreicht.

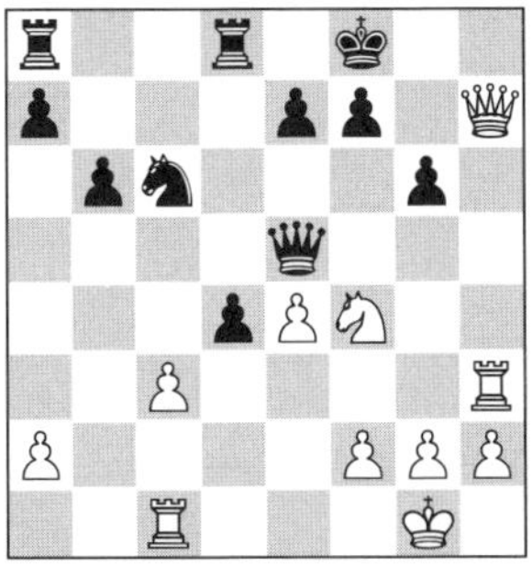

Es ist eine lange Variante, aber zugleich eine sehr lineare. Die schwarze Dame kontrolliert h8 und die „normale" Kombination 21.♘xg6+ fxg6 22.♕xg6?, um den König einzusperren, bevor man ihn mit Schachgeboten traktiert, scheitert an 22...♖d6. Darüberhinaus sind die weißen Figuren dezentralisiert, und falls man den Angriff nicht verstärken könnte, wäre Schwarz im Vorteil. Diejenigen, die weiterrechnen können, sind zu beglückwünschen, Bravo! Falls nicht, muss man an einem Punkt auf sein Beurteilungsvermögen verlassen. Tatsächlich gewinnen mehrere Wege:

A) 21.♘xg6+ fxg6 22.♖f3+! (in der Regel ist es keine gute Idee, den König nach einem Materialopfer zu seinen Figuren zu treiben, aber hier hat das eine nette Pointe) 22...♔e8 23.♕xg6+ ♔d7 24.♕xc6+! ♔xc6 25.cxd4+ ♔d6 26.dxe5+ ♔xe5 und mit einer guten Technik sollte Weiß gewinnen;

B) 21.♖f3! ♔e8 (21...♕g7 22.♘e6+) 22.♘d5 f6 23.cxd4 ♘xd4 (23...♕xd4 24.♘c7+) 24.♖c7 mit Drohungen gegen e7 and g8.

21.♘e6+! fxe6

Und nicht 21...♕xe6? 22.♕h8#.

22.♕xg6!

Diesmal funktioniert dieser Zug, da der e6-Bauer die Verteidigung 22...♖d6 unterbindet.

22...♕f6

22...♕g7 23.♖f3+ ♔g8 24.♕xe6+ rettet die Dame auch nicht.

23.♖f3 ♕xf3 24.gxf3 d3 25.♔h1

Schwarz gab auf. Bei 25...d2 folgt 26.♖g1 nebst matt.

Lösung 23

Boris Spasski

Jonathan Penrose

Palma de Mallorca 1969 (11)

1.d4 ♘f6 2.c4 g6 3.♘c3 ♗g7 4.e4 d6 5.f3 c6 6.♗e3 a6 7.♗d3 ♘bd7 8.♘ge2 b5 9.♕d2 ♗b7 10.0-0 0-0 11.b3 e5 12.d5 b4 13.♘d1 c5 14.g4 ♔h8 15.♘f2 ♘g8 16.♘g3 ♕h4 17.♔g2 h6 18.a3 a5 19.♖a2 ♘df6 20.♖fa1 ♘h7 21.axb4 axb4 22.♖xa8 ♖xa8 23.♖xa8 ♗xa8 24.♕a2 ♗b7 25.♕a7 ♕e7 26.♗e2 ♘hf6 27.f4 exf4 28.♗xf4 ♘e8 29.♕b8 ♗d4 30.♘d3 f6 31.♗f3 ♕d7 32.h4 ♔h7 33.h5 g5 34.♗d2 ♗e5 35.♗e3 ♘e7 36.♘xe5 fxe5

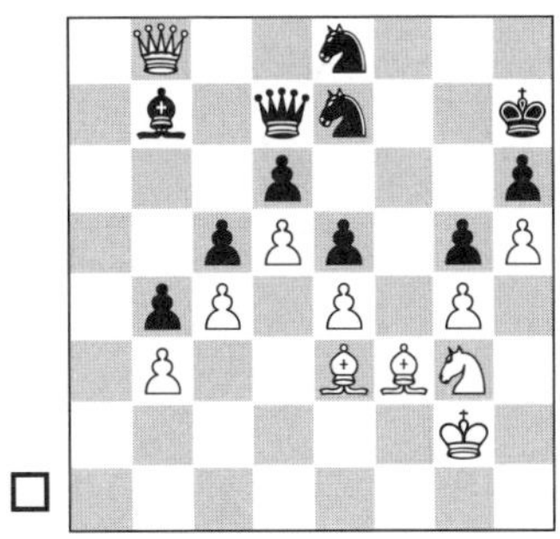

Die Bauern sind blockiert und beschränken den Wirkungsbereich der weißen Läufer. 37.♘f5 ♘xf5 38.exf5 ♔g7 führt zu nichts. Auch ansonsten gibt es keinen offenkundigen Weg, um in die schwarze Stellung einzudringen. Eine strategische Idee in dieser Art von Stellungen mit Raumvorteil ist ein Figurenopfer für zwei Bauern. Ein Duo beweglicher Freibauern bietet fast immer ausreichende Kompensation und zuweilen, so auch hier, Vorteil.

37.♗xc5!

Für Vorbereitungen bleibt keine Zeit, denn Schwarz droht sich mit 37...♕c8 38.♕a7 ♕c7 umzugruppieren und die neuralgischen Felder c5 und e5 zu sichern.

37...dxc5 38.♕xe5

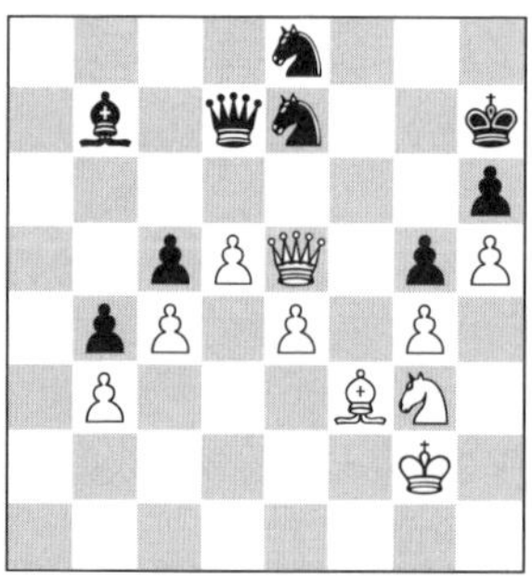

Schwarz steckt eindeutig in Schwierigkeiten: sein König steht offen und seine Springer können sich nicht bewegen, ohne die Kontrolle über f5 oder f6 aufzugeben. Nichtsdestotrotz ist die Stellung taktisch hochkompliziert und der Gewinn alles andere als sicher. Eine wichtige Verteidigungsressource besteht darin, den Vorstoß e4-e5, das Hauptziel des Weißen, mit einem Figurenopfer auf d5 zu kontern. Damentausch würde generell den Schwarzen erleichtern, er müsste sich keine Sorgen mehr um seinen König machen und könnte diesen aktiv Richtung Zentrum bewegen.

38...♘g8

38...♕d6 lässt Weiß die Wahl:

A) 39.♕xd6 ♘xd6 40.e5 ♘f7 41.e6 (nach 41.d6? sollte es Schwarz meiden, auf f3 zu nehmen, was den weißen König näher heran bringen würde. Stattdessen würde 41...♘c6! den Bauern e5 gewinnen) 41...♘d6 42.♘e2 (der will nach d3) 42...♔g7 43.♘c1 ♗a6 – Schwarz hat eine solide Stellung bezogen, er kann eine Figur auf c4 opfern oder mit ...♘d6-b7 den Bauern c5 verteidigen;

B) 39.♕a1! (droht 40.e5 und liebäugelt, über die a-Linie einzudringen) 39...♕f4 und jetzt wird 40.e5? von 40...♕d2+ 41.♔h3 ♗xd5! 42.cxd5 ♘xd5 widerlegt, wo Schwarz überlebt (und sogar matt droht), aber nach 40.♘e2! ♕c7 (40...♕e3? 41.♕e5!) 41.e5 steht Weiß überlegen.

39.♕b8 ♘ef6?

Die bessere Verteidigungslinie ergibt sich nach 39...♘gf6! (der Springer auf e8 muss verteidigt sein, damit der nächste Zug geht) 40.♘f5 ♕c7! 41.♕xc7 ♘xc7 42.♘d6 mit zwei Möglichkeiten:

A) 42...♗a8 beabsichtigt, die Figur auf d5 zurückzugeben. Doch Weiß behält nach 43.e5 ♘fxd5 44.cxd5 ♗xd5 45.♗xd5 ♘xd5 46.♔f3 großen Vorteil;

B) 42...♗a6 43.e5 ♘d7 44.e6 ♘f6 45.♗e4+! (behält d5 im Auge; weniger gut ist 45.♗d1 ♘fxd5!) 45...♔g8 46.♔f3 – der Bauer h6 ist verwundbar, das gleiche gilt, wenn auch in geringerem Ausmaß, für c5, aber da Schwarz stets eine Figur für zwei Bauern zurückgeben kann, bleiben seine Überlebenschancen intakt.

40.♘f5 ♘e7

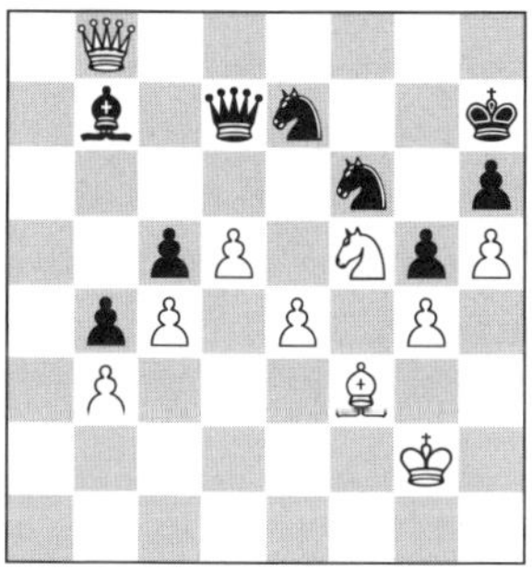

41.♘xh6

41.♘d6! ♗c8 42.e5 war entscheidend:

A) 42...♘e8 43.♘xe8 ♕xe8 44.♕c7;

B) 42...♘xg4 43.e6 und der schwarze Springer ist verloren;

C) 42...♘xh5! 43.♗e4+! (43.gxh5? ♕h3+ führt zum Remis, und 43.e6? ♘f4+! gefolgt vom Opfer auf e6 bietet Schwarz gute Verteidigungsmöglichkeiten) 43...♔g7 44.♗f5! ♘xf5 45.gxf5. Der Bauer droht nun nach e5 vorzustoßen und der schwarze Läufer ist angegriffen.

41...♘exd5!

41...♔xh6 42.♕f8+ ♔h7 43.♕f7+!, um den Springer mit Schach zu schlagen, ist hoffnungslos.

42.cxd5!?

Der dynamische Weg, der e4-e5 vorbereitet.

42.exd5 ♔xh6 43.♕f8+ ♕g7 44.♕xc5 sollte ohne größere Probleme gewonnen sein.

42...♔xh6 43.♕f8+ ♕g7 44.♕xc5

44.♕d6!? kontrolliert die Felder d5 und e5, was für den Vormarsch des e-Bauern wichtig wäre.

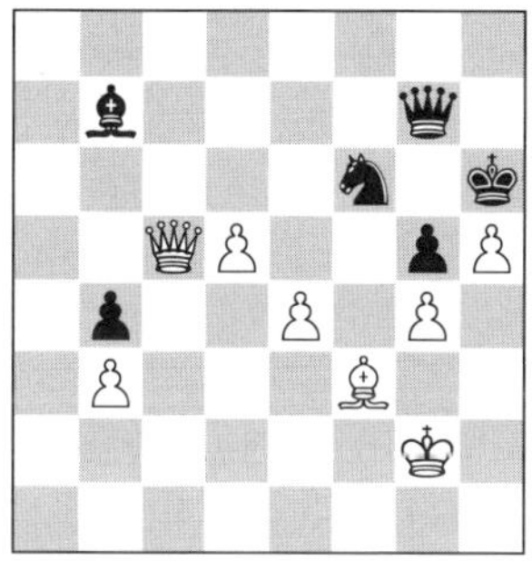

44...♘d7?

Nach 44...♔h7! ist Weiß im Vorteil, aber es ist nicht einfach, Fortschritte zu erzielen:

A) Bei 45.♕xb4 ♕c7! besetzt die Dame eine wichtige Diagonale sowie die c-Linie (die durch 42.cxd5 geöffnet wurde), und Schwarz entkommt durch die zahlreichen Dauerschachmöglichkeiten;

B) Bei 45.e5 ♘xg4! 46.♗xg4 ♕xe5 47.♗f3 g4! fällt der Bauer d5 und die Partie endet mit Remis.

45.♕d6+ ♔h7 46.e5! ♔h8

Alternativ 46...♘xe5 47.♗e4+ ♔g8 48.h6.

47.h6 ♕h7 48.e6 ♕c2+ 49.♔g3

Schwarz gab auf.

Lösung 24

Leonid Stein

Raul Sanguinetti

Mar del Plata 1965 (3)

1.c4 e6 2.♘c3 ♗b4 3.a3 ♗xc3 4.bxc3 f5 5.g3 ♘f6 6.♗g2 0-0 7.d3 d6 8.♘f3 ♗d7 9.c5 ♘a6 10.cxd6 cxd6 11.0-0 ♘c5 12.♖b1 ♗c6 13.c4 ♕e8 14.♗b2 ♕h5

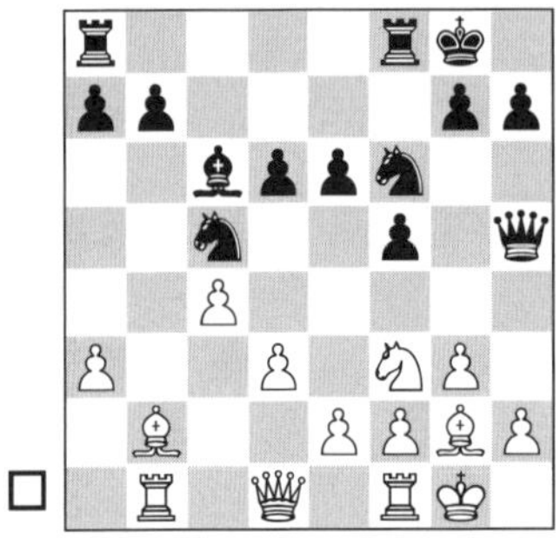

Weiß besitzt das Läuferpaar in einer Stellung mit flexibler Bauernstruktur. Das vergrößert normalerweise den Vorteil für die Läuferseite, da Springer gern auf der Suche nach stabilen Feldern Frustrationen erleiden. Zudem besitzt Weiß mehr Bauern mit Einflussbereich im Zentrum (c4 gegen b7). Typisch für Formationen der Holländischen Verteidigung: der Bauer f5 kontrolliert das Zentrum und schafft Voraussetzungen für dynamisches Spiel, doch sein Vorstoß hat auch Felder empfindlich geschwächt. Die allgemeine Bestandsaufnahme spricht für Weiß, doch es gilt, einen Weg zu finden, diesen Vorteil umzusetzen.

15.d4 ♘ce4 (man kann das folgende Opfer vermeiden, indem man 15...♗a4 16.♕e1 ♘ce4 spielt, mit der Idee 17.d5?! durch 17...e5 zu beantworten, aber dann steht der Läufer im Abseits und nach 17.♘d2 kann Schwarz nicht ausgleichen) und nun:

A) Der Rückzug 16.♘d2 verspricht nicht viel nach 16...♖ac8, aber hilft uns, das dynamische Potential, das in der schwarzen Stellung steckt, zu illustrieren: 16...♘xg3!? 17.fxg3 (und nicht 17.hxg3? ♘g4 mit einem schnellen Matt) 17...♗xg2 18.♔xg2 ♘g4 19.♕e1 ♕xh2+ 20.♔f3 – Schwarz hat zwei Bauern für die Figur und ausgezeichnete Aussichten;

B) 16.d5! exd5 17.cxd5.

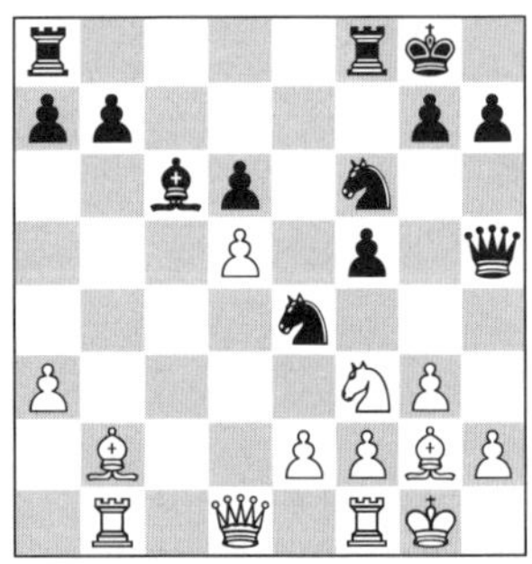

Analysediagramm

Ein thematisches Bauernopfer, welches das Spiel öffnet – insbesondere die lange Diagonale und die d-Linie –, und im schwarzen Lager viele Schwachstellen hinterlässt. Ausreichende Kompensation ist vorhanden, aber ob es auch zum

Vorteil gereicht, muss genau berechnet werden.
Schauen wir näher hin:

B1) Nach 17...♗xd5 18.♘h4! (droht mit 19.♗xf6 eine Figur zu gewinnen) 18...♗c6 19.f3 ♘g5 20.♕xd6 ist das materielle Gleichgewicht wieder hergestellt und der Läufer b2 ist extrem stark, und hindert den Schwarzen etwa daran, f5 mit ...g7-g6 zu stützen. Trotzdem ist Weiß nur ein wenig besser, da die gegnerischen Figuren aktiv stehen;

B2) 17...♘xd5 18.♘d4! und es ist an der Zeit für Schwarz, konsolidierende Züge zu machen, zum Beispiel 18...♕f7 mit verteilten Aussichten, denn 18...♖ae8? 19.♘xc6 bxc6 20.♖c1 verliert den Bauern zurück und behält eine schlechtere Stellung (auf 20...♖c8 kommt 21.♖xc6!).

15.♗xf6!

Der Abtausch beabsichtigt, ausreichend Kontrolle über die weißen Felder zu behalten und den Bauern d3 bis nach d5 vorzustoßen, ohne ihn dabei opfern zu müssen.
Ein wichtiger Vorteil des Läuferpaares ist der, im geeigneten Moment einen davon abzutauschen. Im Eifer des Gefechts vergisst man gern mal diese wohlbekannte Weisheit.

15...♖xf6 16.d4 ♖h6

Droht 17...♗xf3.
16...♘e4 17.d5! gleicht der Partiefortsetzung.

17.h3 ♘e4 18.d5! exd5 19.cxd5

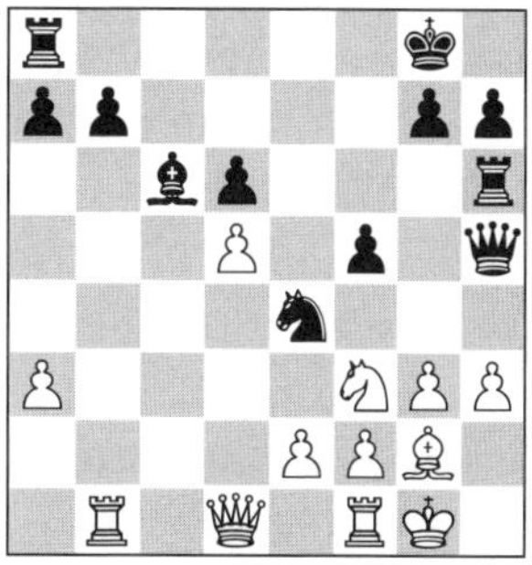

Strategisch gesprochen hat Weiß die schwarze Hegemonie auf den weißen Feldern brechen können, aber im Austausch dafür musste er Zugeständnisse eingehen, wie das Läuferpaar aufgeben und dem schwarzen Springer das Feld c5, wenn nötig, zu überlassen. Es ist sinnvoll, diese strategischen Erwägungen im Auge zu behalten, aber für die Bewertung der entstehenden Stellung ist es letztlich notwendig, die taktischen Pointen zu sehen und zu berechnen, bevor man den Läufer auf f6 tauscht: falls Schwarz den bedrohten Läufer zurückzieht, ist der Bauer b7 verloren, und 19...♘c3? mit Doppeldrohung ist aus verschiedenen taktischen Gründen schlecht (hier genügt es, im Voraus einen Grund zu erkennen), beispielhaft:

A) 20.♕c2 (um e2 gedeckt zu halten) 20...♘xd5 (20...♘xb1? 21.dxc6 verliert den Springer) 21.♘d4 ♘e7 22.♘xc6 bxc6 23.♖b7 ist nur vielversprechend;

B) 20.♕b3! mit der Wahl:

B1) Bei 20...♘xe2+ 21.♔h2 ♗d7 22.♕xb7! (um die schwarzen

Figuren passiv zu stellen, bevor er den Springer angreift; 22.♖fe1 f4! ist weniger zwingend) 22...♖d8 23.♕c7 ♕e8 24.♖fe1 und Weiß gewinnt;

B2) Bei 20...♘xd5 21.♖fd1! (nach 21.♘h4 ♕f7 ist der Springer entfesselt) 21...♔h8 (21...♕f7 22.♘g5) 22.♖xd5 ♗xd5 23.♕xd5 sind die schwarzen Figuren dezentralisiert und die Hoffnung geht gegen Null.

C) 20.dxc6!? ♘xd1 21.cxb7 ♖b8 22.♖fxd1 – der Freibauer b7 wird kräftig unterstützt, und da es ihm an Gegenspiel mangelt ist es sehr anzuzweifeln, dass Schwarz sich noch retten kann.

19...♗d7 20.♖xb7

Für den verlorenen Bauern ist keinerlei Kompensation zu entdecken.

20...♕e8 21.♕d4 ♘c5 22.♖b2 ♕h5 23.♖fb1 ♖f8 24.♖b8 ♖hf6 25.♖xf8+ ♖xf8 26.♕f4 ♕g6 27.♘d4 ♕f6 28.♘e6 ♘xe6 29.dxe6 ♕xe6 30.♖b7

Schwarz gab auf.

Lösung 25

Yasser Seirawan	2570
Nigel Short	2575

Montpellier Kandidatenturnier 1985 (8)

1.d4 ♘f6 2.c4 e6 3.♘f3 b6 4.♘c3 ♗b7 5.♗g5 h6 6.♗h4 ♗e7 7.♕c2 c5 8.dxc5 bxc5 9.e3 0-0 10.♗e2 d6 11.0-0 ♘h5 12.♗xe7 ♕xe7 13.♖ad1 ♘f6 14.♖d2 ♘c6 15.♖fd1 ♖fd8 16.h3 ♖d7 17.a3 ♖ad8 18.♕a4 d5 19.cxd5 exd5 20.♗b5 ♖c7 21.♕f4 ♘a5 22.♕a4 ♘c6 23.♗e2 ♖cd7 24.♕f4 a6 25.♗f1 ♕f8 26.g3 ♕e7 27.♗g2 ♕e6 28.♔h2

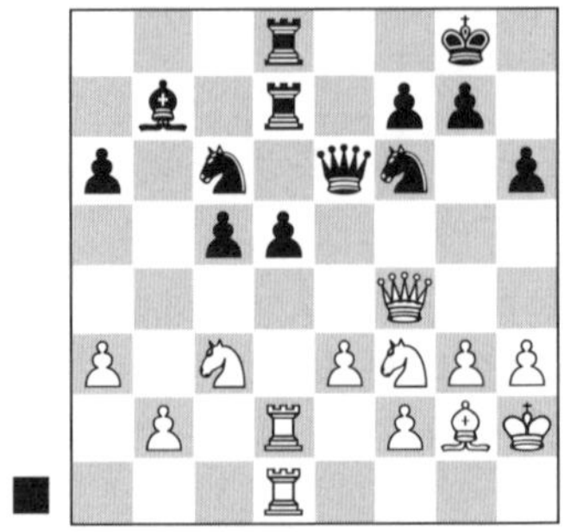

Die hängenden Bauern garantieren dem Schwarzen einen Raumvorteil. Es ist schwer, den thematischen ...d5-d4-Durchbruch zum Laufen zu bringen, aber allein dessen Möglichkeit schränkt die Freiheit der weißen Figuren ein. Dagegen erscheint der andere Vorstoß, ...c5-c4, prinzipiell nicht erstrebenswert. Weiß möchte den Druck auf diese Bauern erhöhen und sie schwächen, entweder mit Figuren oder indem er b2-b4 spielt. Er sucht zudem den Figurentausch. Für den Moment fällt es beiden Seiten schwer, Fortschritte zu erzielen. Die letzten Züge sahen eine Manövrierphase.

28...♘a5?!

Der Springer bestreicht die Felder b3 und c4. Einige Züge zuvor beantwortete Seirawan 21...♘a5 mit 22.♕a4, doch das ist mittlerweile nicht mehr möglich, da nach 29.♕a4? ♘c4 der Turm d2 die d-Linie verlasssen muss und Schwarz die Initiative erhält.

29.♘e5!

Öffnet dem g2-Läufer die Sicht und nimmt dem schwarzen Springer das Feld c4.

29.♘a4 ist interessant, mit der vielversprechenden Idee 29...♕e7 30.♘xc5! ♕xc5 31.b4. Die beste Verteidigung ist 29...♘b3! 30.♖d3 d4! (nicht 30... c4? 31.♖xb3! cxb3 32.♘c5), was den Springer b3 überdeckt, zum Beispiel: 31.exd4 ♗xf3 32.♕xf3! (zwingt den Springer, auf d4 zu nehmen) 32...♘xd4 33.♕f4. Weiß steht geringfügig besser wegen seinen Läufern und der besseren Bauernstruktur, aber nicht mehr, denn die schwarzen Figuren stehen sehr gut.

29...♖d6 30.♕a4! ♕xe5

A) Nach 30...♘c6? 31.♘d3! sind die Drohungen 32.♘xc5 und 32.♘f4 fatal für Schwarz;

B) 30...d4?! 31.exd4 ♗xg2 32.♔xg2 ♘b3, was den Turm und den Bauern d4 angreift, ist ein interessanter Versuch, die Stellung zu komplizieren, aber er scheitert an zwei ziemlich langen Varianten:

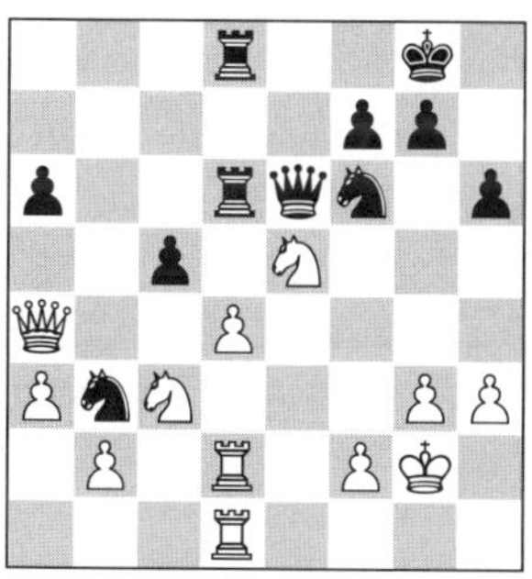

Analysediagramm

B1) 33.♖e2 (droht einen Abzug auf die Dame) 33...♘xd4 34.♘c6! ♘xe2 35.♘xd8 ♕e7! (nach 35...♘xc3 36.♘xe6 ♘xa4 37.♖xd6 fxe6 38.b3 ♘c3 39.♖xe6 a5 40.♖a6 quälen sich die Springer mit den weißen Flügelfreibauern, darüberhinaus wird Weiß bald im Materialvorteil sein und gewinnen) 36.♖xd6 ♕xd6 37.♘xe2 ♕xd8 38.♕xa6 ♕d5+ 39.f3 ♕b3 40.♕c8+ ♔h7 41.♕xc5 ♕xb2 42.♔f2 – Weiß hat einen Mehrbauern und sollte gewinnen;

B2) 33.♘c6! ♖xc6 (33...♘xd2 34.♘xd8 ♖xd8 35.♖xd2 verliert einen Bauern) 34.d5! ♘xd5? (der kritische Zug, der jedoch verliert! 34...♕c8! 35.♕xb3 ist die letzte Zuflucht mit nur einem Minusbauern) 35.♖e2! (35.♖xd5 ♖xd5 36.♘xd5 ♘d4 führt nirgendwohin, da die Kombination 37.♖xd4 cxd4 38.♕xc6? (38.♘e7+! rettet den Tag) 38...♕xc6 nicht funktioniert, da der Springer gefesselt ist) 35...♕c8 (egal, ob die Dame nach g6 oder f5 geht, das Thema ist dasselbe) 36.♘xd5 und die Drohung eines dreifachen Angriffs auf e7 gewinnt die Qualität.

31.♕xa5

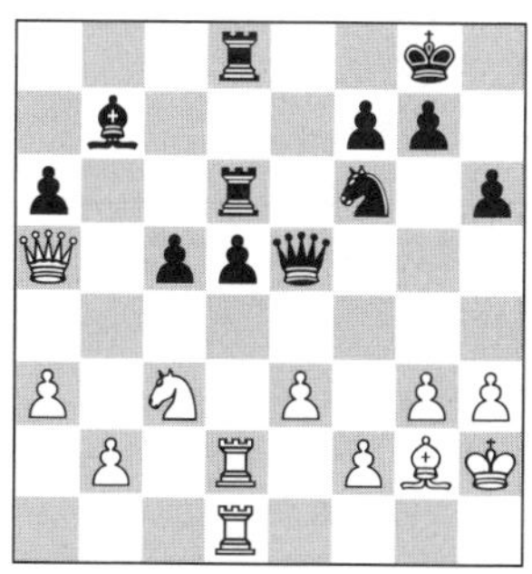

Nach dem Abtausch eines Springerpaares geraten die hängenden Bauern unter Beschuss, während Schwarz die

Abseitsstellung der weißen Dame nicht ausnutzen kann.

31...♖c8

31...h5 32.♕xc5 h4 33.♕d4 hxg3+ 34.fxg3 ♕e7 verschlechtert die weiße Bauernstruktur ein wenig, aber das ist sicherlich keinen Bauern wert.

32.♘a4 ♖dc6

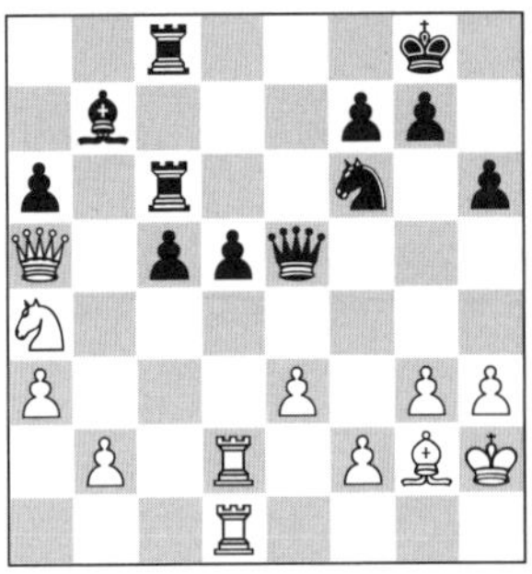

33.♖c2?!

Weiß setzt konsequent seinen Plan um, nichtsdestotrotz verpasst dies eine ausgezeichnete Chance: 33.b4!. Nach 33... c4 34.♘b6! geht d5 verloren und 33...cxb4 34.axb4 führt zu klarem weißem Vorteil. Dagegen hätte 33.♗xd5? ♘xd5 34.♖xd5 ♕e4 die weißen Felder zu sehr geschwächt.

33...♕e7 34.♖dc1 c4

Die schwarzen Zentralbauern werden dadurch starr. Seirawan wird sich nun dem Bauern d5 widmen. Nach 34...♘e4!? 35.♔g1 wird Weiß mit baldigem ♘a4-c3 die Initiative zurückerobern.

35.♖d1 ♖d8 36.♖cd2 ♖cd6

Der weiße Springer steht auf a4 gut, da er von hier aus über c3 oder b6 den Bauern d5 direkt attackieren kann oder indirekt über c5, um den b7-Läufer, der d5 schützt, abzutauschen.

37.♘c3

37.♖d4!? verbessert langsam die Stellung und bewahrt dem Springer einige Optionen offen.

37...♕e6 38.♖d4 ♖6d7 39.♖1d2 g6?

39...♖d6 vermeidet Bauernverlust und hält noch die Stellung.

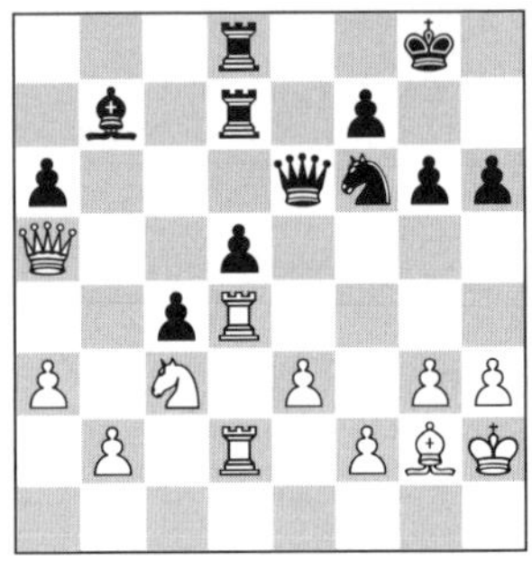

40.♘a4!

Weiß tauscht den b7-Läufer, wonach die schwarzen Figuren deplatziert sein werden.

40...♕e7 41.♘c5 ♖c7

Oder 41...♖d6 42.♘xb7 ♕xb7 43.♖xc4, die Fesselung des Bauern ausnutzend.

42.♘xb7 ♖xb7 43.♗xd5 ♖xd5 44.♖xd5 ♘xd5 45.♕xd5 ♖c7 46.♕a8+ ♔g7 47.♕xa6 c3 48.bxc3 ♖xc3 49.a4 ♕e4 50.♕b5 ♖c8 51.a5 h5 52.♕b2+ ♔h7 53.♕f6 ♕c4 54.♖d7 1-0

Lösung 26

Max Euwe

Carl Carls

Den Haag 1928 (14)

1.♘f3 ♘f6 2.c4 c5 3.g3 ♘c6 4.♗g2 g6 5.b3 ♗g7 6.♗b2 d6 7.d4 cxd4

8.♘xd4 ♗d7 9.0-0 0-0 10.♘c3 ♘xd4 11.♕xd4 ♗c6 12.♘d5 ♘h5 13.♕d2 ♗xb2 14.♕xb2 ♗xd5 15.♗xd5 ♕b6 16.♖fd1 ♘f6 17.♗f3 ♖fc8

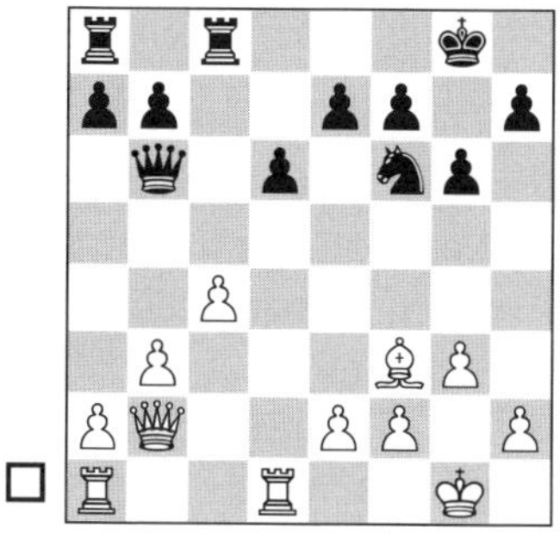

Weiß besitzt einen stabilen Raumvorteil, der ihm erlaubt, an beiden Flügeln zu spielen. Bedenken Sie, dass im Moment der Bauer c4 hängt!
Ein Plan besteht im Vormarsch des b3-Bauern, doch dieser erlaubt den schwarzen Türmen, auf den a- und c-Linien aktiv zu werden. Zum Beispiel nach 18.♖ac1 a5! 19.a3 ♖c7 20.b4 axb4 21.axb4 sind die Bauern auf b4 und c4 verwundbar und Schwarz kann entweder abwarten, oder den Weißen durch 21...♖a4!? zu unklaren Komplikationen nach 22.c5! zwingen.

18.♖d4!

Ein ausgezeichneter Zug, der c4 verteidigt und die Verdopplung der Türme auf der d-Linie vorbereitet. Der Turm kann zudem über die 4. Reihe zum Angriff geschwenkt werden.

18...a5!

Sichert den Zugriff auf die schwarzen Felder und bereitet Spiel am Damenflügel mit ...a5-a4 vor, wenn Weiß nicht mit b3-b4 reagieren kann.

19.♖ad1

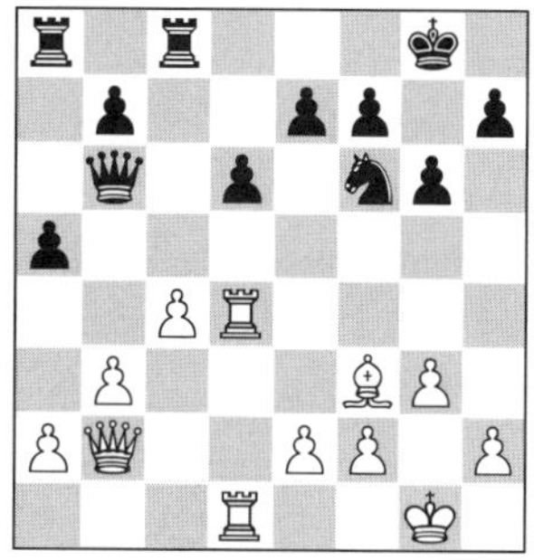

Die Türme sind ideal platziert und Weiß hat die Aussicht, seinen h-Bauern marschieren zu lassen – eventuell auch noch den g-Bauern, wobei dies mit mehr Schwächungen verbunden wäre. Auch in Betracht kommt für ihn ein positionelles Qualitätsopfer auf d6. Falls Schwarz den Springer f6 zieht, um diese Möglichkeit zu unterbinden, wäre sein König weniger geschützt.

A) 19...a4?! 20.b4 erlaubt dem Weißen die Bildung des Bauernduos b4 und c4, ohne dabei reales Gegenspiel am Damenflügel zu erhalten;

B) 19...♖c5?!, um mit dem Turm den Königsflügel über die 5. Reihe verteidigen zu können, wird mit 20.♖xd6! exd6 21.♕xf6 beantwortet, zum Beispiel: 21...♖d8 22.♗d5 ♖d7 (aber nicht 22...♕c7? 23.♗xf7+!) 23.♖d4! ♕d8! (gibt einen Bauern, um den Druck abzuschütteln) 24.♗xf7+! ♔f8 25.♕xd8+ ♖xd8 26.♗d5 und mit zwei Bauern für die Qualität in einer Stellung, in der die schwarzen Türme wenig aktiv sind, steht der weiße Vorteil außer Frage. Schwer ist nur zu bewerten, wie signifikant dieser ist;

C) 19...♘d7!? setzt darauf, den König aktiv zu verteidigen. Nach 20.h4 ♘e5 erzwingt die Bedrohung von c4 den Tausch gegen den Läufer und löst die schwarzen Probleme. Statt 20.h4 ist 20.♕c3 ♘e5 21.♗g2 möglich, und nun:

C1) 21...a4?! 22.b4 ♘c6 23.♖h4 – Schwarz hat Fortschritte am Damenflügel erzielt, aber sein König steht gefährdet und er steht nach 23...♕xb4 24.♕xb4 ♘xb4 25.♗xb7 schlechter;

C2) 21...♖c7 (bereitet die Turmverdopplung vor und bereitet, indem es b7 deckt, ...a5-a4 vor) 22.a3!? ♖ac8 23.♗h3 ♖b8 mit der möglichen Idee ...♕b6-a7 nebst Spiel am Damenflügel durch ...a5-a4 oder ...b7-b5, mit verteilten Ausischten.

19...♖c7

Deckt b7, damit die Dame nach c5 und bei der Verteidigung des Königsflügels mithelfen kann.

20.h4!?

20.♖xd6!? exd6 21.♕xf6 ♖d7 ist ein aussichtsreiches Qualitätsopfer für Weiß, der den h-Bauern vorstoßen und je nach Umständen den Turm oder den Läufer auf d5 platzieren kann.

Nach 22.♗g4 muss Schwarz 22...♖dd8?! vermeiden, was der Dame den Rückweg abschneidet und verhindert, dass der Turm a8 mitspielt. Dann wäre 23.h4! stark mit der Idee 23...h5? 24.♗e6! fxe6 25.♕xg6+ ♔f8 26.♕f6+ ♔g8 27.♕xe6+ gefolgt von 28.♖d5 mit einfachem Gewinn. Statt 22...♖dd8 sollte Schwarz mit 22...♕d8! 23.♕f4 f5! sich halten, wenngleich seine Stellung unangenehm ist.

20...h5?

Besser war 20...♕c5, und dann etwa:

A) 21.h5 ♕e5! gibt Schwarz eine feste Position, nicht gut ist indes 21...gxh5? wegen 22.♖d5!, da 22...♘xd5? nach 23.♖xd5 ♕b6 24.♖g5+ ♔f8 25.♕h8# verliert;

B) 21.g4! ♕e5 22.♕d2 – Weiß entfesselt den Turm d4 und bereitet 23.g5 vor, um noch mehr Raum zu gewinnen. Seine Initiative ist von Dauer.

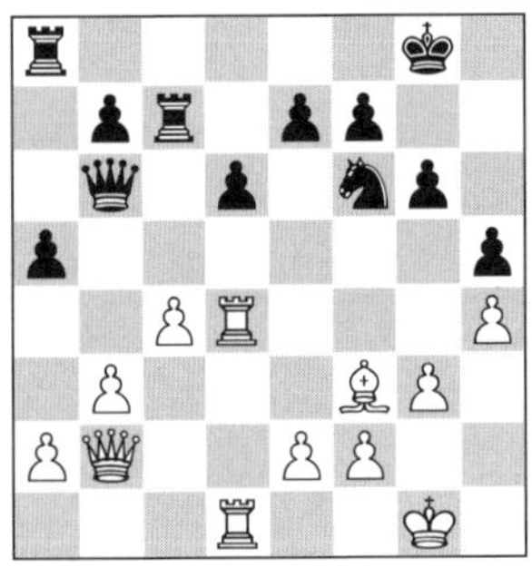

Mit seinem letzten Zug sicherte sich Schwarz Raum am Königsflügel, aber da die weißen Figuren aktiver stehen sind die jeweiligen Schwächen der beiden Königsstellungen nicht zu vergleichen.

21.♖xd6! exd6 22.♕xf6

Der schwarze h-Bauer deckt nicht länger den sehr verletztlichen Kollegen auf g6 und Weiß kann den Königsflügel mit g3-g4 öffnen. Das Ende ist nahe.

22...♖f8

Der Bauer d6 läßt sich nicht decken. Betrachten wir die Varianten, die Euwe vorschlug:

A) 22...♖d7 23.♗d5 (droht 24.♕xg6+) 23...♔h7 (on 23...♔f8, 24.♕h8+ gewinnt den Turm) 24.♗xf7 und Weiß gewinnt;

B) 22...♖a6 (hier steht der Turm sicher, aber auch abseits) 23.♗d5 ♔f8 24.♖d3 und der weiße Turm schaltet sich entscheidend ins Geschehen ein.

23.♖xd6 ♕c5 24.♗d5

Bedroht den Bauern g6.

24...♔h7

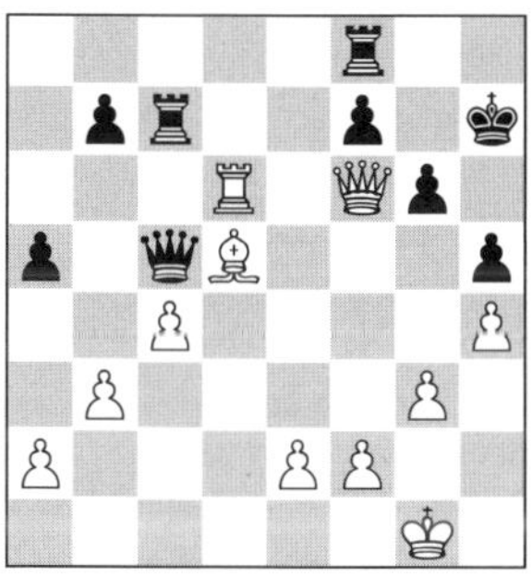

25.g4!

Einfach und thematisch.

25...♕a3

Ein geistreicher Versuch, die Dame zur Verteidigung zu bekommen, doch es ist zu spät.

25...hxg4 26.h5 verschlimmert es nur.

26.gxh5 ♕c1+ 27.♔h2 ♕h6

28.♗xf7!

Am direktesten. Nach 28.♗f3 sollte Weiß mit drei Bauern für die Qualität und einer dominanten Position gewinnen.

28...♕g7 29.hxg6+ ♔h8 30.♕g5

Schwarz gab auf.

Lösung 27

Boris Spasski

Tigran Petrosjan

Moskau WM m 1966 (23)

1.e4 e6 2.d4 d5 3.♘c3 ♘f6 4.♗g5 dxe4 5.♘xe4 ♗e7 6.♗xf6 ♗xf6 7.♘f3 ♗d7 8.♕d2 ♗c6 9.♘xf6+ ♕xf6 10.♘e5 0-0 11.0-0-0 ♘d7 12.♘xc6 bxc6

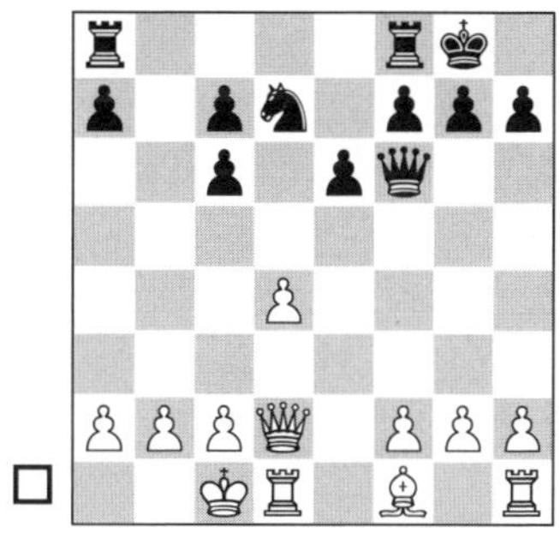

Die schwarze Bauernstruktur ist ramponiert, weshalb er versuchen muss, dies mit aktivem Spiel entlang der b- oder der d-Linie in Verbindung mit den Hebeln ...c6-c5 oder ...e6-e5 zu kompensieren. Es liegt auch an ihm, die Damen auf dem Brett zu halten.

Weiß steht nicht ideal dafür, den gegnerischen König anzugreifen, aber er kann versuchen, das gegnerische Spiel unter Kontrolle zu halten, um nach und nach seine strukturellen Vorteile zur Geltung kommen zu lassen, wie die bessere Bauernstruktur und die Überlegenheit des Läufers über den Springer (insbesondere im Endspiel).

13.h4!

Ein ausgezeichneter Zug mit zwei Hauptideen: der Turm h1 soll über die dritte Reihe entwickelt werden, von wo aus er ins Zentrum oder auf den Damenflügel wechseln kann (wovon er immens profitieren wird), zudem bereitet er den Tausch der Damen durch ♕d2-g5 vor, der die Schwäche des schwarzen Damenflügels bloßlegen würde. Ein Bauernsturm am Königsflügel kann ebenso in Betracht gezogen werden, würde aber nur zu einem zweischneidigen Spiel mit beiderseitigen Chancen führen.

13...♖ab8?!

Die schwarzen Figuren sind nicht aktiv genug, um Drohungen gegen den weißen König zu kreieren, und für Spiel im Zentrum wird es bald zu spät sein.

Am meisten Widerstand bot 13...♖fd8! 14.♖h3 (14.♕g5? ♕xf2) mit der Wahl:

A) 14...♘b6?! 15.♕g5! ♖xd4 16.♖xd4 ♕xd4 17.♖d3 und Weiß gewinnt den geopferten Bauern zurück mit großem Vorteil nach 17...♕f6 18.♕xf6 gxf6 19.♖c3 oderr 17...♕b4 18.♖d8+ ♖xd8 19.♕xd8+ ♕f8 20.♕xc7;

B) 14...c5 15.♖d3! (15.♕g5? cxd4 16.♕xf6 ♘xf6 verliert einen Bauern) 15...c4 16.♖c3 ♘b6 17.♕g5! nimmt dem Schwarzen eine Menge Gegenspiel, der sich nun auf eine lange Verteidigung einrichten muss, beispielhaft: 17...♕xg5+ 18.hxg5 ♖d5 19.♗xc4 ♘xc4 20.♖xc4 ♖xg5 21.g3 ♖f5 22.♔d2!? ♖xf2+ 23.♔e3 gefolgt von 24.♖xc7 und die unterschiedliche Aktivität der einzelnen Figuren spricht klar für den Weißen;

C) 14...e5! 15.♕e3! (nach 15.♖d3!? e4 16.♖e3 ♕xh4 17.g3 ♕e7 18.♕e2 erhält Weiß den geopferten Bauern zurück und behält Aussichten auf Vorteil; nach 15.♖f3!? ♕xh4 führt 16.♗c4?! zu nichts wegen 16...♘f6, aber 16.♕e3 ♖e8 ist schwierig zu bewerten) 15...exd4 16.♖xd4 (nur nicht 16.♕xd4? ♘e5! gefolgt von 17...♖xd1+ und der weiße König ist exponiert) 16...c5 17.♖f4 ♕d6 18.♕d2 und mit Damen auf dem Brett hat Schwarz Spiel im Zentrum sowie gegen den weißen König. Er ist nur wenig im Nachteil.

14.♖h3!

14.♕g5? ♕xf2.

14...c5

14...h6, um Damentausch zu verhindern, erlaubt 15.g4! gefolgt von 16.g5 mit Linienöffnung gegen den schwarzen König.

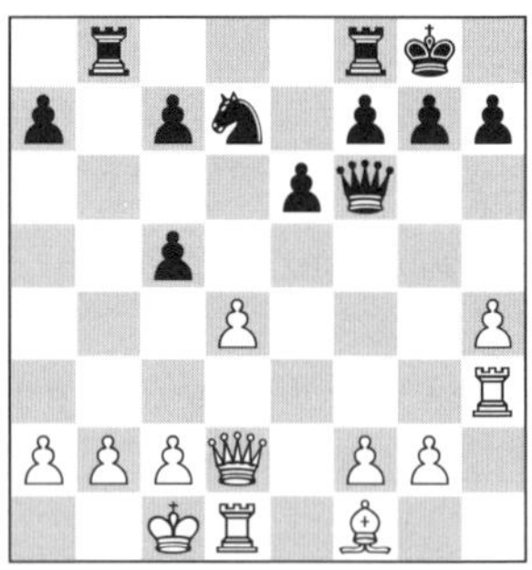

15.♕g5!

Spasskis Schlüsselzug! Der Damentausch sichert den König, während der schwarze Damenflügel anfällig wird.

15...cxd4

15...♕xf2? verliert nach 16.♖f3 ♕g1 17.♕g3! nebst ♗f1-e2.

16.♕xf6 ♘xf6 17.♖xd4

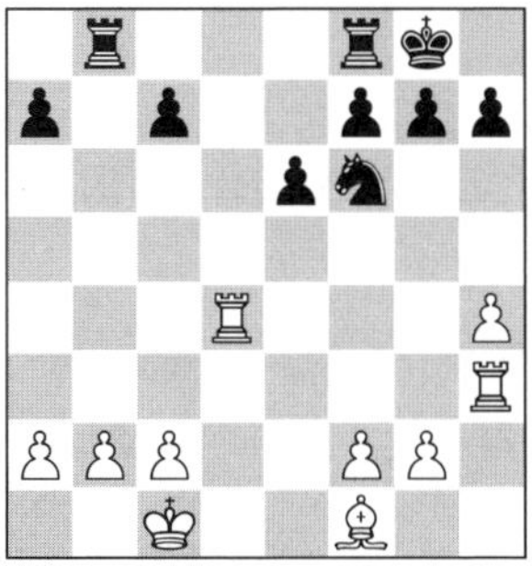

Die weißen Türme sind ausgezeichnet platziert, um die isolierten schwarzen Bauern anzugreifen.

17...♖b7?

17...c6! blockiert die lange Diagonale und räumt die siebte Reihe, was den schwarzen Türmen ermöglicht, die schwachen Bauern zu verteidigen, etwa: 18.♖a3 ♖b7 19.♖da4 ♖a8 20.g3 ♔f8 21.♗g2 ♖c7 22.♖a6 ♘d5 23.♖3a4 (nimmt dem Springer das Feld b4, um c2-c4 vorzubereiten) 23...♔e8 24.c4 ♘e7. Es ist alles im schwarzen Lager verteidigt, aber all seine Figuren sind passiv und der weiße Vorteil steht außer Frage.

18.♖b3! ♖xb3

Und nicht 18...♖fb8? 19.♖xb7 ♖xb7 20.♖d8+.

19.axb3

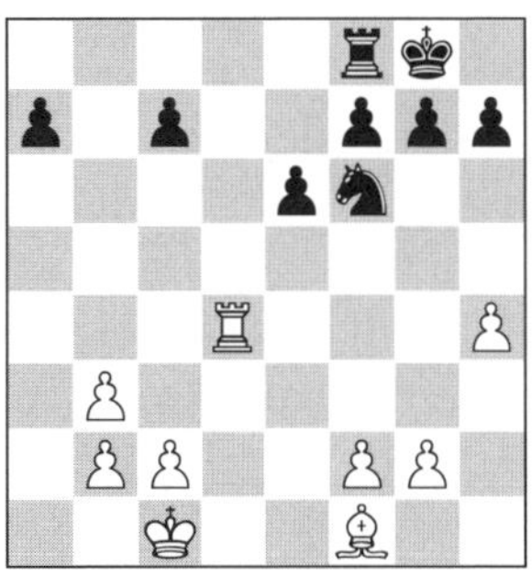

19...♖a8

Nach 19...c6 20.♖a4 ♖a8 21.g3! (21.♖a6 ist weniger genau wegen 21...♘g4! 22.♖xc6 – 22.f3?! ♘e3 – 22...♘xf2 wenngleich auch da Schwarz im Nachteil bleibt) 21...♘d5 22.c4 ♘e7 23.♖a6 droht Weiß 24.♗g2 und steht wahrscheinlich auf Gewinn.

20.♖c4!?

Elegant gespielt: Spasski zwingt den Springer nach e8 zurück, damit er den Turm mit seinem Läufer jagen kann.

20...♘e8

Bei 20...♘d5 21.g3 gefolgt von 22.♗g2 wird Schwarz einen Bauern einbüßen.

21.♖a4! ♘d6

21...a5 22.b4 ist schlechter.

22.g3 ♔f8 23.♗g2 ♖c8 24.♖xa7

Nun besitzt Weiß eine 3:1-Majorität auf dem Damenflügel und aktive Figuren. Der Gewinn gestaltet sich nicht mehr allzu schwierig.

24...♔e7 25.♔d2 h6 26.c4 g5 27.hxg5 hxg5 28.♔c3 ♔d7 29.b4 ♖h8 30.b5 ♖h2 31.♗c6+ ♔d8

Schwarz gab auf.

Lösung 28

Wassili Smyslow	2550
Thomas Ernst	2465

Subotica Interzonenturnier 1987 (10)

1.d4 ♘f6 2.♘f3 d5 3.c4 e6 4.♘c3 c5 5.cxd5 ♘xd5 6.e4 ♘xc3 7.bxc3 cxd4 8.cxd4 ♗b4+ 9.♗d2 ♗xd2+ 10.♕xd2 0-0 11.♗c4 ♘d7 12.0-0 ♘f6 13.♖fe1 ♗d7

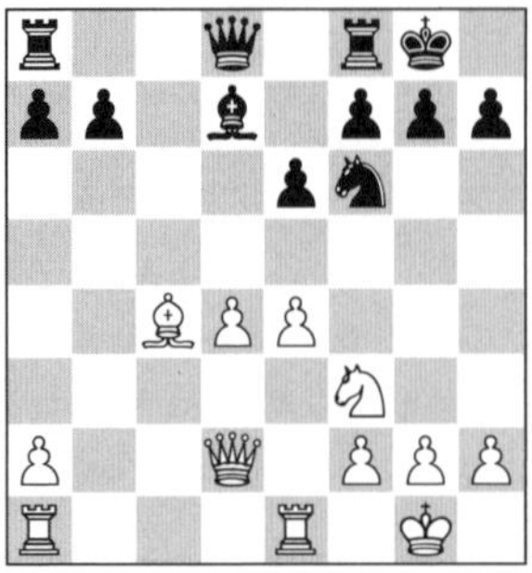

Weiß besitzt Raumvorteil und Bauernübergewicht im Zentrum. Seine zwei Pläne hängen von den Vorstößen ab: d4-d5 schafft einen Freibauern, man kann aber auch auf einen Angriff auf den schwarzen König spielen. In dem Fall ist e4-e5 der Schlüsselzug.

Das schwarze Gegenspiel beschränkt sich auf seine Majorität am Damenflügel und Spiel über die c-Linie. Figurentäusche sind in der Regel gut für ihn, da es ihm an Raum mangelt.

Da der sofortige Vorstoß eines der beiden Zentralbauern zur Linienöffnung führt, was auch dem Schwarzen nutzten könnte, versuchen wir es zunächst mal mit sinnvollen Befestigungszügen. Zum Beispiel:

A) 14.♖ad1 ist normal, aber 14...♗a4! 15.♗b3 (um den Turm auf der d-Linie zu halten) 15...♗xb3 16.axb3 ♕b6 erleichtert dem Schwarzen dank Figurentausch die Verteidigung;

B) 14.♘e5 ♗c6 (14...♖c8 15.d5 ist kompliziert, aber gefährlich für Schwarz) 15.♘xc6 bxc6 bietet dem Weißen einen leichten Vorteil, der sich nun mehr dem Damenflügel zuwenden wird;

C) 14.d5 exd5 15.exd5, drohend, großen Vorteil durch 16.d6 zu erlangen, ist interessant:

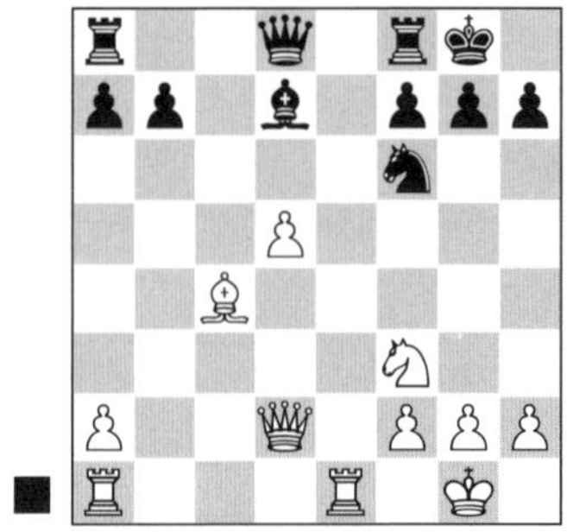

Analysediagramm

C1) 15...♘e8 beabsichtigt, den Bauern mit dem Springer zu blockieren, was ihm ein gutes Spiel verspräche. Dabei nutzt er die taktischen Umstände:

C1a) 16.d6 ♗a4! (damit der Bauer d6 nicht gedeckt werden kann. 16...♗g4? 17.♖ad1 ♗xf3 18.gxf3 ist sehr schlecht für Schwarz, der die Schwächung der weißen Königsflanke nicht ausnutzen kann) 17.♕f4! ♘xd6 18.♗xf7+ ♘xf7 19.♕xa4 und Weiß hat die Initiative.

C1b) Anstatt 16.d6 verdient 16.♕b4 ebenfalls Beachtung mit der möglichen Fortsetzung: 16...b5 17.♗f1 (nach dem Rückzug des schwarzen Springers ist der Bauer d5 nicht mehr angegriffen, weshalb der Läufer sich vor dem Vormarsch der schwarzen Bauern verstecken kann) 17...a5 18.♕d4 ♘d6 19.♘e5 der Springer will sich auf c6 festsetzen, wonach Weiß etwas besser steht.

C2) 15...♕c7! (die Dame gewinnt ein Tempo auf den Läufer auf ihrem Weg nach d6) 16.♗b3 ♕d6!.

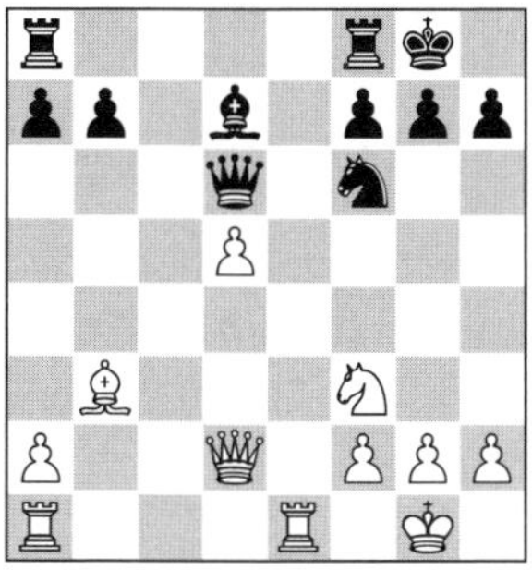

Analysediagramm

Die Dame wird selten als Blockadefigur verwendet, da sie ihre Mobilität verliert (sie ist die mächtigste Figur!) und ziehen muss, wenn sie angegriffen wird. In der konkreten Stellung kann sie sich nicht aktiv am schwarzen Hauptplan einbringen, der darin besteht, a- und b-Bauer voranzutreiben und die offenen Linien zu besetzen, und kann nicht von weißen Figuren vertrieben werden. Schwarz hat ein komfortables Spiel.
Bei 15...♕c7 besteht die interessanteste Fortsetzung für Weiß darin, die schwarze Kontrolle über d6 zu bekämpfen mit 16.♕b4!, auch wenn seine Dame dort den Attacken der schwarzen Bauern ausgesetzt ist, zum Beispiel: 16... b5 17.♗b3 a5 18.d6! ♕b8!? 19.♕f4 ♖a6, wenn beide Seiten Fortschritte erzielt haben und die Stellung unklar ist.
Statt 16...b5 erlaubt 16...♘e8?!, den Bauern „idealerweise" mit dem Springer zu blockieren, aber seine Dame steht im Moment falsch, und dadurch erobert Weiß die Initiative: 17.♖ac1 ♘d6 18.♗b3 ♕b6 (18...♕b8?! ist zu passiv) 19.♕xb6 axb6 und Schwarz steht etwas schlechter, nachdem seine Damenflügelmajorität entwertet wurde.

14.e5 ♘d5

14...♘e8? 15.d5! führt zu klarem Vorteil für Weiß.
(Fortsetzung und Lösung 58 auf Seite 145)

Lösung 29

Vlastimil Hort 2550
Bojan Kurajica 2520
Vinkovci 1976

1.e4 c5 2.♘f3 ♘c6 3.♗b5 e6 4.0-0 a6 5.♗xc6 dxc6 6.d3 ♕c7 7.e5 f5 8.a4 a5 9.♘a3 ♘e7 10.♘c4 ♘d5 11.♖e1 ♘b6 12.♘xb6 ♕xb6 13.b3 ♕c7 14.d4 cxd4 15.♕xd4 b6 16.♕c4 ♕d7 17.♗e3 ♗a6 18.♕h4 c5 19.♖ad1 ♕f7

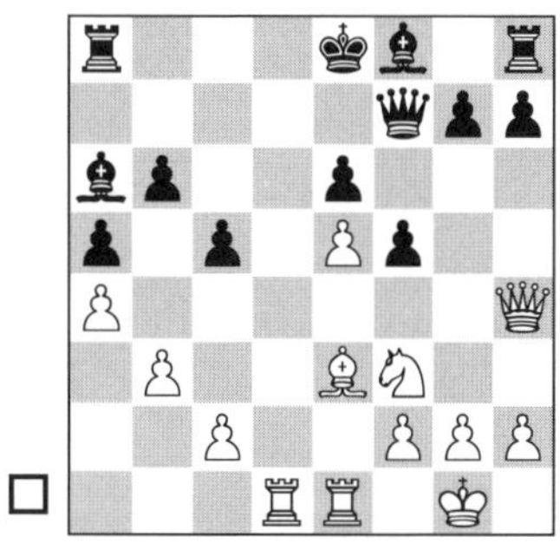

Weiß ist deutlich besser entwickelt und kann dies auf verschiedenartige Weisen ausnutzen, etwa indem er die Türme auf der d-Linie verdoppelt oder eine Leichtfigur auf g5 platziert.

Wir wollen zunächst noch weitere weiße Möglichkeiten illustrieren, bevor wir uns der Partiefortsetzung zuwenden werden, die zugleich effektvoll und strategisch ist:

A) 20.♗g5 und nun:

A1) 20...♗b7? (um den weißen Springer abzutauschen, aber das verliert die Kontrolle über das Feld c4) 21.♕c4! ♗c6 (21...♗a6 22.♕xa6!) 22.♘d4! ♗d7 23.♘b5 und Weiß gewinnt;

A2) 20...♗e7 21.♗xe7 (21.♖d6! wie in der Partie ist noch stärker) 21...♕xe7 22.♕h5+ ♕f7 23.♕xf7+ ♔xf7 24.♖d7+ ♔g6 25.♖ed1 gefolgt von 26.♖1d6 führt zu einem wahrscheinlich entscheidenden weißen Vorteil;

A3) 20...h6! 21.♖d2 ♖g8! – am Ende des Tages ist der weiße Läufer auf g5 exponiert – Schwarz macht sich gut in der kritischen Variante 22.♖ed1 hxg5 23.♘xg5 ♗e7!.

B) 20.♖d2 mit Turmverdopplung ist ein natürlicher Plan:

B1) Falls 20...♗b7? 21.♘g5 ♕g6 22.♕c4 ♗d5 gewinnt 23.♕b5+;

B2) 20...h6 21.♖ed1 ♗e7 und Schwarz ist kurz davor, die Entwicklung zu vollenden, doch 22.♗g5! verhindert die Rochade und gewinnt forciert: 22...♗xg5 23.♘xg5 ♕g6 (23...♕e7? 24.♕h5+) 24.♘xe6! ♕xe6 25.♖d8+ ♔f7 26.♖1d7+ ♔g6 27.♕g3+ ♔h5 28.♖xg7 gefolgt von einem schnellen Matt;

B3) 20...♗e7 21.♗g5! ♗b7! (21...h6? geht in die vorige Variante über) 22.♗xe7! (22.♖ed1 ♗xf3 23.gxf3 ♕g6! 24.f4 h6 25.♔h1 ♗xg5 26.fxg5 ♕xg5 27.♕c4 0-0 ist nicht so schlecht für Schwarz) 22...♕xe7 23.♘g5 h6 24.♕h5+ ♔f8 25.♘h3 g5! (es ist wichtig, den Springer wegzuhalten) 26.♖ed1 ♕e8 und Schwarz steht schlechter, aber die Partie geht weiter.

20.♖d6! ♗xd6

20...♗e7 ist vernünftig, und nach 21.♗g5! ♗b7 (Rochade ist nicht möglich) 22.♗xe7 (22.♕c4 ist gleichsam gut, aber schärfer) 22...♗xf3 (22...♕xe7? 23.♘g5) 23.♗d8! wird Schwarz voraussichtlich seine Entwicklung abschließen, aber er hat Probleme mit der einzigen offenen Linie und seine Damenflügelbauern sind zu schwach, um das Spiel zu retten.

21.exd6 0-0

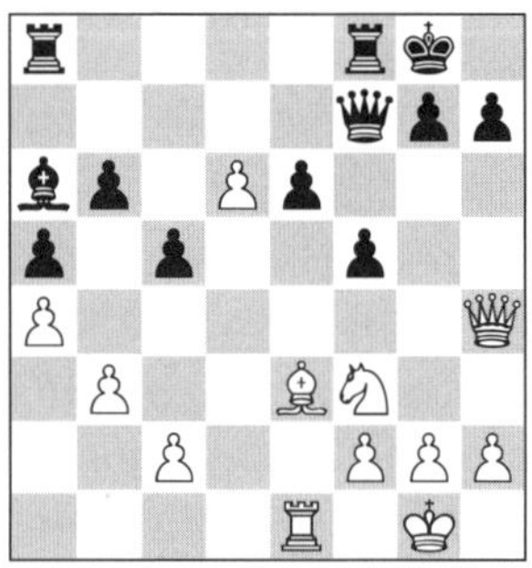

Für die Qualität besitzt Weiß einen starken Freibauern auf d6, der von einem Läufer auf e7 gedeckt werden kann. Der Springer geht nach e5, um seinen Vorstoß zu unterstützen und um generell

einen großen Einfluss auszuüben, oder er schwenkt nach g5, um die Bauern auf e6 und h7 anzugreifen. Weiß greift hauptsächlich über die schwarzen Felder an, die für die beiden weißen Leichtfiguren zugänglich sind, aber nicht für den schwarzen Läufer, der auf die weißen Felder beschränkt ist.
Es ist wichtig, sich diese Aufteilung der leichten Figuren vor Augen zu führen. Und schließlich: die schwarzen Türme haben keine offenen Linien.

22.♘e5

22.♗g5 bewahrt sich das Feld für den Springer offen und ist vermutlich der beste Zug. Die kritische Fortsetzung ist 22...f4, um möglichst die Dame nach f5 zu bringen, wo sie aktiv steht und h7 deckt. 23.♗e7 ist dann ein guter Zug, ein forcierter Gewinn jedoch ist mit 23.♘e5! ♕f5 24.d7! ♕xc2 25.♕g4! zu erreichen (25.d8♕? ♖axd8 26.♗xd8 ♕d2! dreht den Spieß um) 25...♕f5 (oder 25...♕xb3 26.♗h6 g6 27.♘xg6) 26.♕xf5 exf5 27.♖d1 und Weiß wird eine Mehrfigur bewahren.

22...♕b7

22...♕f6? 23.♗g5 verliert die Dame.

23.♗g5 ♕d5 24.♗e7 ♗b7

Nach der zähesten Verteidigung 24...♕d2 25.♘f3! (schlechter ist 25.f3 ♖fe8 und 26.d7? geht nicht wegen 26...♖xe7, da die Dame überlastet ist) 25...♕b4 und schon ein kurzer Blick auf die Stellung verrät uns, dass sie vielsprechend für Weiß ist, der mehrere gute Fortsetzungen hat.
Im Detail wollen wir den Gewinn nach 26.♕g5 betrachten:

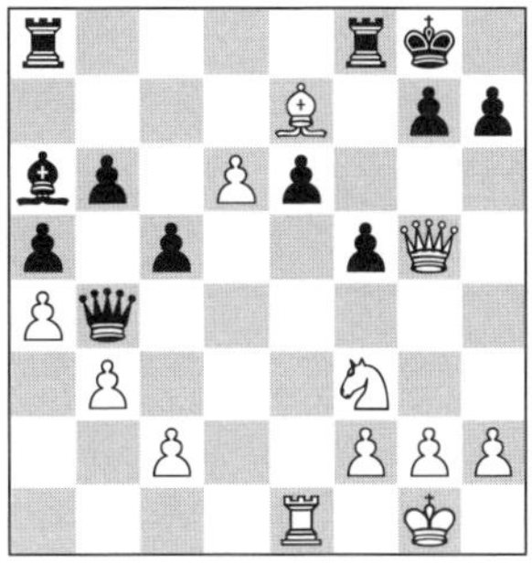

Analysediagramm

A) 26...♕g4 27.♗xf8 ♕xg5 28.♘xg5 ♔xf8, der Springer ist ausgezeichnet platziert, das ist eine der Ideen hinter 26.♕g5, und 29.♘xe6+ entscheidet;
B) 26...♖f7 27.♕e3 (und nicht 27.d7? h6!) 27...♕e4 (falls 27...♗c8, engt 28.c4! die schwarze Dame ein) 28.♕d2 ♕c6 (28...♕d5 ist nicht besser wegen 29.♕xd5 exd5 30.d7 ♖xe7 31.♖xe7 ♔f8 32.♖e6! mit den Ideen ♘f3-e5 sowie in vielen Varianten den Bauern b6 zu nehmen) 29.♘e5 ♕e8 30.♘xf7 ♔xf7 (30...♕xf7 31.♖d1) 31.♕g5 – die unmittelbare Drohung lautet 32.♕h5+ ♔g8 33.♕xe8+ ♖xe8 34.d7 gefolgt vom Vormarsch des h-Bauern nebst einer entscheidenden Turmüberführung auf der dritten Reihe.

25.f3 ♕d2

25...♖fb8 26.d7 ♕d2 führt zur Partie.

26.d7 ♖fb8

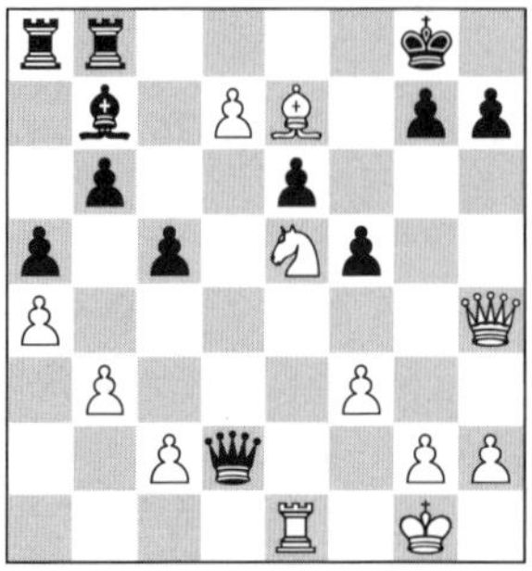

27.c4!

Der weiße Positionsvorteil ist zum Sieg ausreichend. Im Moment gibt es jedoch noch nichts Direktes, deshalb nimmt sich Hort die Zeit, die Stellung zu konsolidieren.

27...♕c3 28.♔f1?

Diesmal war das direkte 28.d8♕+ besser.

28...♕d2

Offensichtlich übersahen oder unterschätzten beide Spieler die Ressource 28...♗e4!, die dem Weißen technische Schwierigkeiten bereiten würde. Nach 29.fxe4 ♕xe5 30.d8♕+ ♖xd8 31.♗xd8 ♕d4! muss er mit 32.♗e7! beginnen, um den schwarzen Turm von f8 wegzulenken.

29.♕g5

Schwarz gab auf. Hort suggerierte die Variante 29...♕xg5 30.♗xg5 ♖d8 31.♖d1 ♔f8 32.♖d6.

Lösung 30

Wjatscheslaw Ragosin
Grigori Löwenfisch

Moskau 1936 (6)

1.d4 d5 2.c4 e6 3.♘c3 ♘f6 4.♗g5 ♗e7 5.e3 h6 6.♗f4 0-0 7.♗d3 c5 8.♘f3 ♘c6 9.cxd5 ♘xd5 10.♘xd5 ♕xd5 11.e4 ♕d8 12.dxc5 ♕a5+ 13.♗d2 ♕xc5 14.0-0 e5 15.♗e3 ♕b4 16.♕c2 ♗g4 17.a3 ♕d6 18.♗e2 ♖fc8 19.♕a4 a6 20.h3 ♗h5 21.♖fd1 ♕c7 22.♖ac1 ♗xf3 23.♗xf3 ♗g5 24.♕b3 ♗xe3 25.fxe3 ♕e7 26.♖d5 ♖c7 27.♕b6 ♖e8 28.b4 ♕g5

□

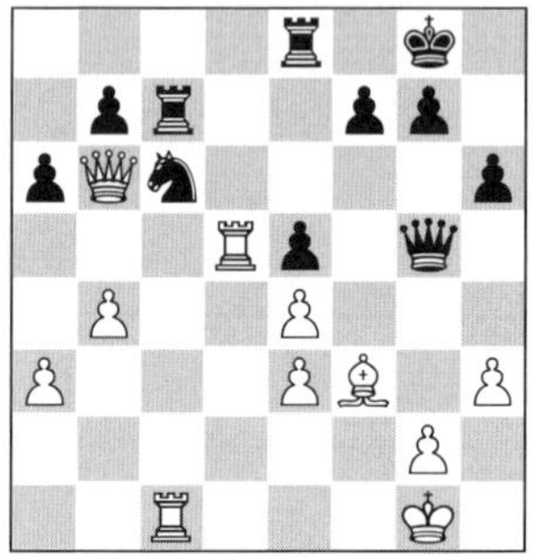

Weiß übt starken Druck über die c- und d-Linien aus und sein Plan ist, die a- und b-Bauern vorzuwerfen und, wenn es geschickt ist, die Türme auf der d-Linie zu verdoppeln. Der zentrale Doppelbauer kontrolliert wichtige Felder, aber der Bauer auf e3 neigt auch zur Schwäche, so dass im Moment 29.♕xc7? schlecht wäre wegen 29...♕xe3+.

Wir wollen mal ein paar Versuche für Weiß starten:

A) 29.♖cd1 ♕e7 und wir erkennen, dass es nichts Konkretes auf der d-Linie zu holen gibt, während der Bauer a3 nicht vorrücken kann – die schwarze Stellung ist sehr solide;

B) 29.a4 ♖ce7 30.♖cd1 (und nicht 30.b5? ♘d4!, was die Fesselung des Bauern e3 ausnutzt) 30...♖e6! – die weiße Dame ist an die Verteidigung des Bauern e3 gebunden und Schwarz kann deswegen Gegenspiel sichern;

C) 29.♗g4 (das grenzt die Aktivität der schwarzen Figuren ein und wäre der beste Zug, wenn es nicht die Partiefortsetzung gäbe...) 29...♖ce7 30.♖cd1 ♖f8 (um keine Zeit zu vergeuden, wenn der Läufer nach d7 kommt) 31.♖d6! (31.♗d7 ♘b8 32.♗a4 ♖e6 erlaubt es Schwarz, zu atmen, genau wie 31.a4 h5).

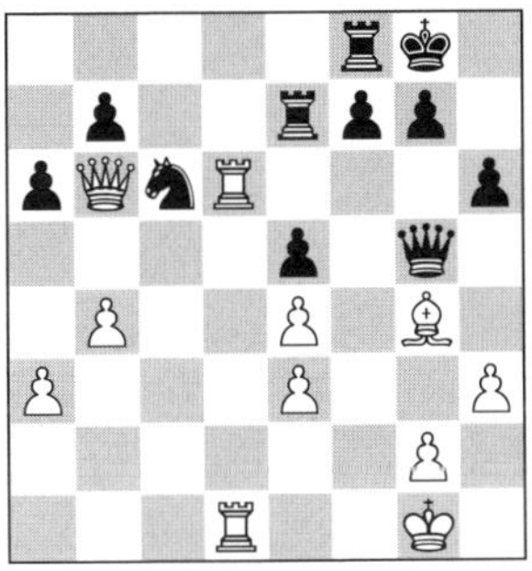

Analysediagramm

Weiß besitzt einen erheblichen Vorteil, zum Beispiel:

C1) 31...h5 32.♗d7 ♘b8 33.♗a4 – der Springer ist passiv und zwei wichtige Pläne für Weiß sind ♖d6-d8, um den Damenflügel zu attackieren, oder ♖d1-f1 mit Druck auf der f-Linie;

C2) 31...♘b8 32.♔h2 – damit der Bauer e3 nicht mit Schach geschlagen wird, falls die weiße Dame zieht. Weiß beabsichtigt 33.♖d8 oder 33.♖f1 zu spielen mit der Drohung 34.♖f5 ♕h4 35.g3. Die Variante 32...h5 33.♖d8! ♖ee8 (33...hxg4? 34.♖xf8+ ♔xf8 35.♕d8+ verliert die Dame) 34.♖xe8 ♖xe8 35.♗e2 ♕e7 36.♗xh5 illustriert gut die schwarzen Probleme.

29.h4! ♕e7

Das ist erzwungen. Die Dame kann nicht weiterhin den Bauern e3 angreifen, da sie den Turm verteidigen muss.

30.♗g4!

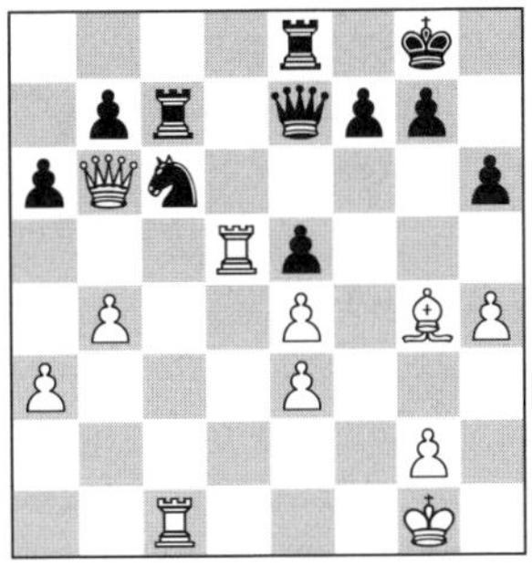

Die Ergänzung des vorhergegangenen Zuges. Nun kann der Turm c7 nicht mehr ziehen, womit Springer and Dame des Schwarzen ebenso unbeweglich werden. Die schwerwiegende Drohung heißt 31.a4 nebst 32.b5 mit Figurengewinn.

30...g6?

30...h5! 31.♗h3 g5! bietet praktische Rettungschancen an:

A) 32.hxg5! ♕xg5 33.a4 ♖ce7.

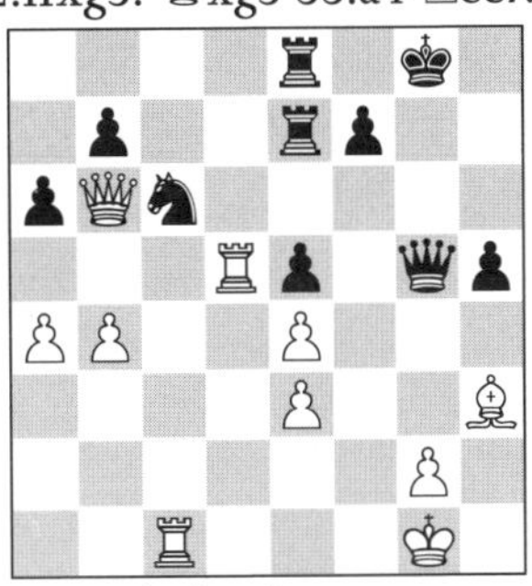

Analysediagramm

Die Dame kehrte gerade rechtzeitig nach g5 zurück, um den Springer zu entfesseln, jedoch erweist sich die Schwächung des Königsflügel in Kombination mit dem weißen Druck auf dem anderen Flügel als fatal: 34.b5! (basiert auf dem taktischen Witz 34...♘d4? 35.♕xd4!; 34.♖f1 ist auch gut) 34...♘b4 (oder 34...♘b8) 35.♖d6 gefolgt von wohl 36.♖f1 schafft es, den Druck zu erhöhen, ohne dabei den eigenen König zu exponieren, und führt zum deutlichen Vorteil für Weiß;

B) Komplizierter ist 32.♗f5: 32... gxh4 (32...g4 33.g3 – um ...g4-g3 mit einigen Gegenchancen zu verhindern – sollte die Niederlage nicht abwehren können) 33.a4 ♕g5 34.b5 (Schwarz musste ein Extratempo verwenden, um die Dame zurück nach g5 zu bringen, mit einer taktischen Ressource jedoch vermeidet er den Figurenverlust) 34...axb5 35.axb5 ♘b4 36.♕xc7 ♘xd5 37.exd5 ♕xf5 38.d6 und Weiß steht wahrscheinlich auf Gewinn, aber muss noch sehr genau spielen, da stets Dauerschach droht.

31.a4 ♖f8 32.b5 axb5 33.axb5 f5 34.♗h3 ♕a3 35.♕c5 ♕a2 36.♖d6 ♖fc8 37.♖xg6+ ♔f7 38.♕d6
Schwarz gab auf.

Lösung 31
Alexander Aljechin
Arpad Vajda
Portsmouth 1923 (2)

1.d4 ♘f6 2.c4 e6 3.♘f3 d5 4.♘c3 ♗e7 5.♗g5 ♘bd7 6.e3 0-0 7.♖c1 c6 8.♗d3 dxc4 9.♗xc4 ♘d5 10.♘e4 h6 11.♗xe7 ♕xe7 12.0-0 b6 13.♘g3 ♖d8 14.♗xd5 cxd5 15.♕a4 ♘f8 16.♘e5 ♗b7 17.♖c3 f6 18.♘d3 ♕d7 19.♕a3 ♗c6 20.♖fc1 ♖dc8 21.h3 ♗b5 22.♘f4 a5

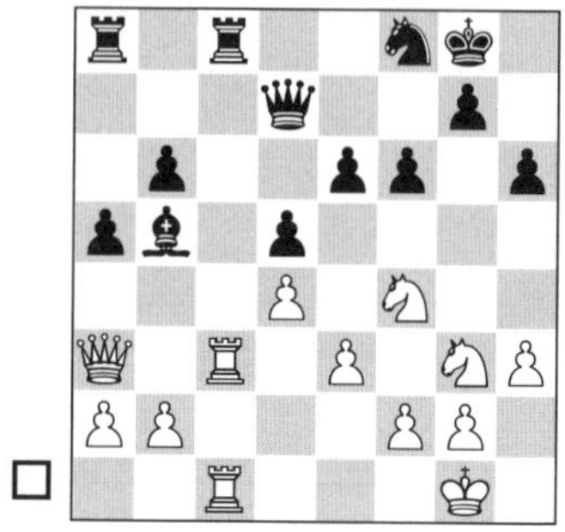

Weiß übt einigen Druck am Damenflügel aus, aber seine Springer sind weit vom Schuss. Die schwarze Bauernstruktur ist auf beiden Seiten geschwächt, was Bedeutung erlangen könnte, falls Weiß die Initiative erhielte. Im Moment kann Schwarz nicht ...e6-e5 durchsetzen, da nach einem doppelten Tausch auf c8 der Bauer d5 verloren ginge.

A) 23.e4!? dxe4 24.♘gh5!? öffnet die dritte Reihe, um den schwarzen König angreifen zu können. Eine durchaus interessante Idee!;

B) 23.♘gh5 ist ein vernünftiger Zug, aber Schwarz kann mit 23...♖xc3! 24.♕xc3 (und nicht 24.♖xc3? e5!) 24...♖d8 25.♕c7 (ansonsten kommt man nicht recht voran, da Weiß stets den zentralen Stoß ...e6-e5 im Auge behalten muss) 25...♕xc7 26.♖xc7 ♖d7 27.♖c8 ♔f7 28.♖b8 ♖d6 29.♖b7+ ♘d7 Ausgleich halten.

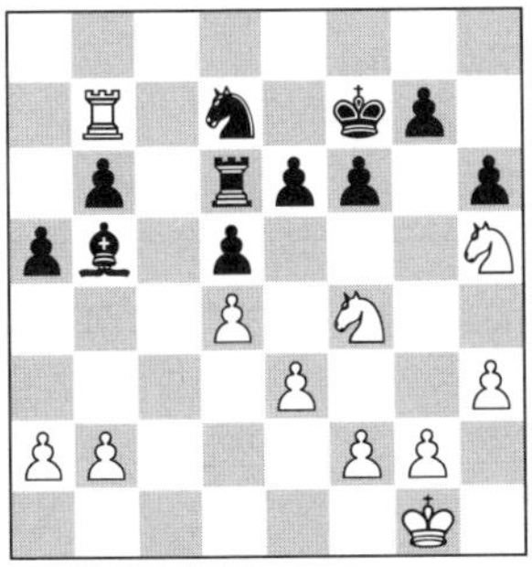

Analysediagramm

Schwarz konnte die Drohungen des weißen Turmes erfolgreich abwehren, jetzt scheint es, dass der Turm nicht gut mit seinen Springern koordiniert ist. Die Stellung ist ausgeglichen.

23.♖xc8! ♖xc8 24.♖xc8 ♕xc8 25.♕d6!

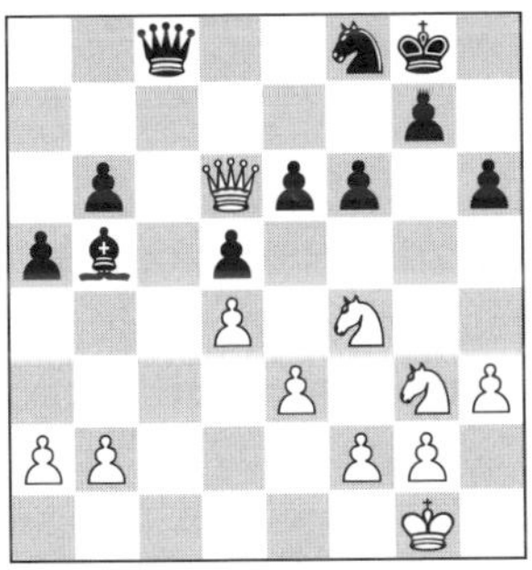

Einen Vorteil gegen einen anderen eintauschen ist oft eine notwendige Strategie, wenn man Fortschritte erzielen will. Es ist bekannt, dass strukturelle Bauernschwächen durch Abtausch verstärkt zu Tage treten, deshalb gab es Weiß auf, um die offene c-Linie zu kämpfen, um mit seiner Dame ins schwarze Lager eindringen zu können. Die Bauern b6 und e6 sind schutzbedürftig und bedroht, und genauso kann es dem Bauern g7 nach ♘g3-h5 ergehen, wonach auch der schwarze König in Gefahr schwebt. Dieses Spiel an beiden Flügeln ist nun durch die Dame möglich, in der vorigen Variante mit Türmen auf dem Brett ging es indes nicht.

Unmittelbar droht 26.♕xb6 und 26.♘xd5! exd5 27.♕xd5+.

25...♗c6

Nach 25...♕c6 26.♕d8! ♔f7 27.♘gh5 mit der Drohung 28.♘xg7! ♔xg7 29.♕e7+ ♔g8 30.♘h5 hat Schwarz die Wahl:

A) Bei 27...♕b7 lautet die vielversprechendste Fortsetzung 28.♘xg7! ♔xg7 29.♘h5+ ♔g8 (oder 29...♔f7 30.♕xf6+ ♔g8 31.♕xh6) 30.♘xf6+ ♔g7 31.♘g4 ♘h7 (31...♕f7?! vernachlässigt einen Flügel, um den anderen zu verteidigen, aber nach 32.♕xb6 fällt a5 bald) 32.♕h4 ♕f7 33.♕xh6+. Weiß hat drei Bauern für die Figur und positionellen Vorteil eingesammelt; er steht zumindest um einiges besser;

B) 27...♕d7!? 28.♕xb6! (28.♕b8 ist taktisch möglich, da nach 28...g5? 29.♘xf6! die Figur mit Zinseszins zurückgewinnt, aber ein Weg, den Vorteil zu vergrößern, muss erst gefunden werden) 28...e5! (die Idee hinter 27...♕d7: der Springer hat keine Rückzugsfelder) 29.a4! (der Läufer kann nicht die Kontrolle über die Felder e2 und d3 behalten; dieser Zug würde auch auf 28...g5 folgen) 29...♗c4 (29...♗xa4? 30.dxe5 fxe5 31.♘d3 verliert zumindest einen Bauern). Weiß kann nun

30.b3 oder 30.dxe5 fxe5 31.b3 spielen. In beiden Fällen behält er Vorteil in einer komplexen Stellung.

26.♘gh5 ♕d7 27.♕b8 b5?!

Ein schwächender Zug, der es der schwarzen Dame erlaubt, in der Nähe ihres Königs zu bleiben. Nach 27...♕b7 28.♕d8 ♔f7 nähert sich die weiße Dame dem Königsflügel und 29.♘xg7! is stark, wie wir es in ähnlichen Stellungen schon betrachtet haben.

28.g4!

Bereitet die Umgruppierung des Springers nach c5 vor. Bei sofortigem 28.♘d3? erzwingt 28...♕e8! den Damentausch.

28...♔f7 29.♘d3 a4 30.♘c5 ♕e7 31.♕b6 ♗e8 32.♘f4 g5 33.♘fd3

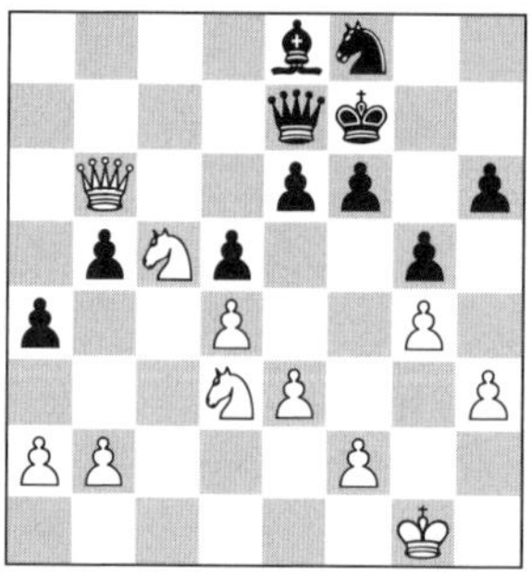

Die Springer dringen über den Damenflügel ein, zudem ist der schwarze König entblößt. Bei Schwierigkeiten auf allen Brettabschnitten bleibt Schwarz wenig Hoffnung auf Entkommen.

33...h5 34.♘b7 hxg4 35.hxg4 ♔g7 36.♘dc5 e5 37.♘d6 ♗g6 38.♘xb5 ♘d7 39.♕c7 ♗e8 40.♘d6 ♔f8 41.♘f5 ♕h7 42.♘e6+ ♔f7 43.♕d8

Schwarz gab auf.

Lösung 32

Fridrik Olafsson

Tigran Petrosjan

Bled/Zagreb/Belgrad Kandidatenturnier 1959 (8)

1.c4 e6 2.♘f3 ♘f6 3.♘c3 d5 4.d4 ♗b4 5.cxd5 exd5 6.♗g5 h6 7.♗xf6 ♕xf6 8.♕a4+ ♘c6 9.e3 0-0 10.♗e2 ♗e6 11.0-0 a6 12.♖fc1 ♗d6 13.♕d1 ♘e7 14.♘a4 b6 15.♘c3 ♖fb8 16.a4 ♘c6 17.e4 dxe4 18.♘xe4 ♕f4 19.d5 ♕xe4 20.dxe6 ♖d8 21.exf7+ ♔xf7

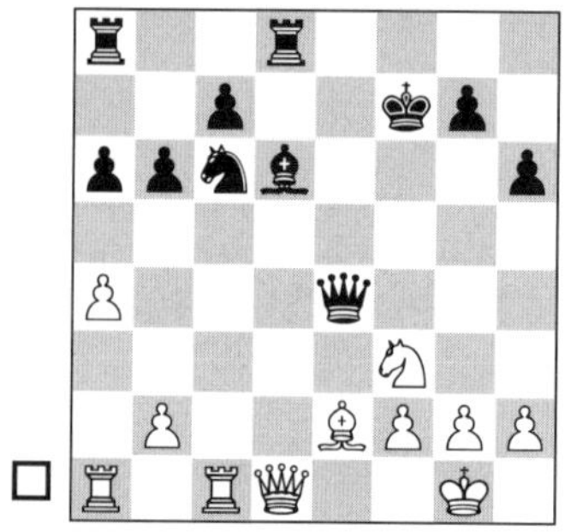

Der schwarze König ist ungeschützt, was prinzipiell noch nicht schlimm wäre, da die schwarzen Figuren sehr aktiv stehen. Die Gefahr lauert allerdings in Gestalt der ungleichfarbigen Läufer. Weiß kann Zeit gewinnen, indem er die schwarze Dame oder den Springer angreift. Aber erst mal steht die Drohung 22...♗xh2+ im Raum, was die Dame verlieren würde.

22.g3! und 22.♕e1! sind zwei exzellente Züge, die ♖c1-c4 beabsichtigen, was die Wirkung des Turms verstärken würde. 22.g3 jedenfalls verlangt eine tiefe und exakte Berechnung, was so nicht für 22.♕e1 gilt. 22.♕b3+ oder

22.♗c4+ bringt nichts Besonderes nach dem Rückzug des König nach f8, da die weißen Figuren nicht für den Angriff bereitstehen.
22.g3! belässt die Dame auf einem weißen Feld, und nun:

A) 22...♔f8 versucht, den König zu verstecken, aber Weiß kann forciert gewinnen mit 23.♘d2 ♕e8 24.♗f3 ♗c5 25.b4! (aber nicht 25.♗xc6? ♕xc6 26.b4 ♕d5! und der Springer d2 hängt) 25...♘xb4 26.♗xa8;

B) 22...♘a5 dezentralisiert den Springer, um Kontrolle über b3 und c4 zu erlangen. Eine vielversprechende Fortsetzung ist dann 23.♗d3 ♕e8 24.♗b1, was es dem Läufer gestattet, nach a2 zu gehen und damit auf zwei wichtigen Diagonalen zu agieren. Schwarz ist verloren, ein Beispiel: 24...♗xg3 25.♗a2+ ♔f8 26.♕c2 ♗d6 27.♕h7;

C) 22...♘e5 – Tausch der Springer wird nur zur Betonung der Schwäche auf den weißen Feldern führen – und das Ende ist nahe! 23.♘xe5 ♕xe5 (oder 23...♗xe5 24.♕b3+ ♔f8 25.♗f3) 24.♗c4+ ♔f8 25.♕c2 nebst 26.♕h7;

D) 22...♗c5! schützt den Springer und bringt den Turm d8 mit Tempo auf die weiße Dame ins Spiel. Das zwingt den Weißen, zum Gewinn eine präzise Kombination zu berechnen: 23.♕b3+ (der Läufer verliert dadurch seinen Schutz) 23...♔f8 24.♖c4! (dieser thematische und unverzichtbare Zug, den wir auch in der Partie sehen werden, ist hier mit einem Figurenopfer verbunden) 24...♕xe2 25.♖f4+ ♔e7 26.♕f7+ (26.♖xf7+ ist unklar und viel komplizierter) 26...♔d6.

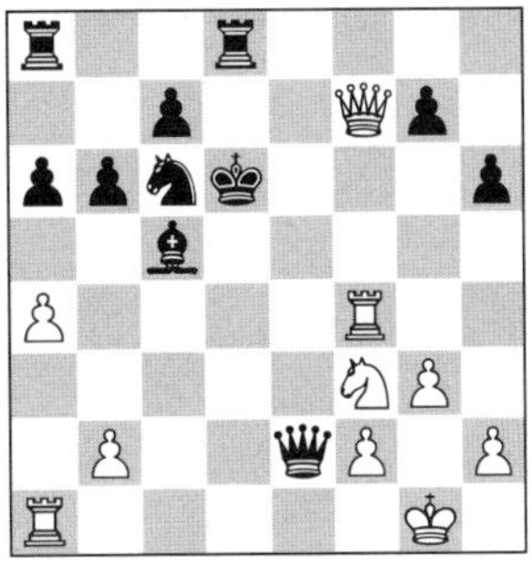

Analysediagramm

Die weiße Aufgabe besteht darin, einen Turm auf die zentralen Linien zu bekommen: 27.♕g6+! ♔d7 28.♕g4+! (deckt den Springer und kontrolliert e4) 28...♕e6 (oder 28...♔d6 29.♖e4 ♕xf2+ 30.♔h1 ♖e8 31.♖d1+ ♘d4 32.♘xd4) 29.♖f7+ ♘e7 30.♖d1+ (30.♘e5+ first is also good) 30...♗d6 31.♘e5+ und die schwarze Dame geht verloren.

22.♕e1!

Ist vielleicht nicht besser als 22.g3, aber leichter zu spielen. Unmittelbar droht 23.♗c4+ mit Damengewinn.

22...♔f8 23.♖c4!

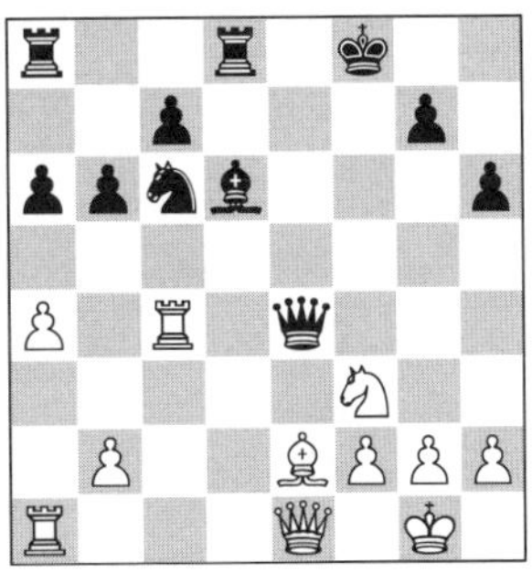

Der Schlüsselzug und der einzige, der Schwarz Probleme bereitet. Der Turm kann je nach Umständen auf der e-, f- oder g-Linie eingesetzt werden.

23...♕e8 24.♖ac1

24.♕c3! ist stärker, den Vorteil ausnutzend, dass 24...♕xe2 die Dame verliert nach 25.♖e1. Der Turm droht dann mit entscheidendem Vorteil nach g4 zu gehen.

24...♘e5 25.♖e4 ♘xf3+ 26.♗xf3 ♕f7

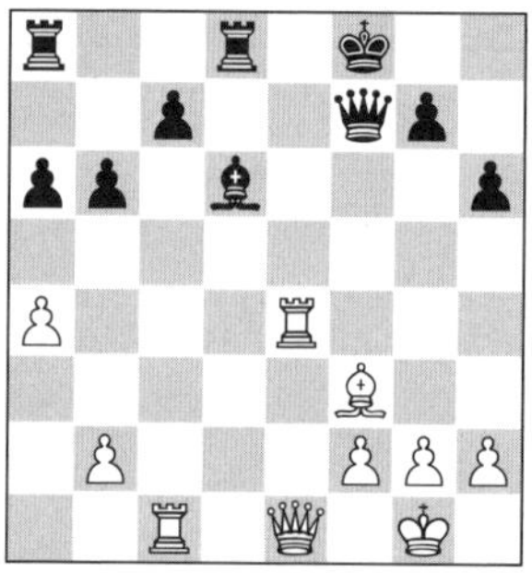

27.♖e3?

Greift den Turm a8 an und möchte auf 27...♖ab8 28.♗e2! spielen, was 29.♖f3 droht und zugleich 28...♔g8 wegen 29.♗c4 verhindert. Doch kann Schwarz sich mit Abtausch erleichtern.

Besser war 27.♗g4! ♕f6 28.♗e6, was den Läufer in eine dominante Stellung befördert, Tausch der Schwerfiguren verhindert und zugleich den schwarzen König im Zentrum hält. Die schwarze Lage wäre höchst kritisch.

27...♗f4! 28.♗xa8 ♗xe3 29.fxe3 ♖xa8 30.♕g3

Droht 31.♖f1.

30...♔g8 31.♖xc7 ♕f6

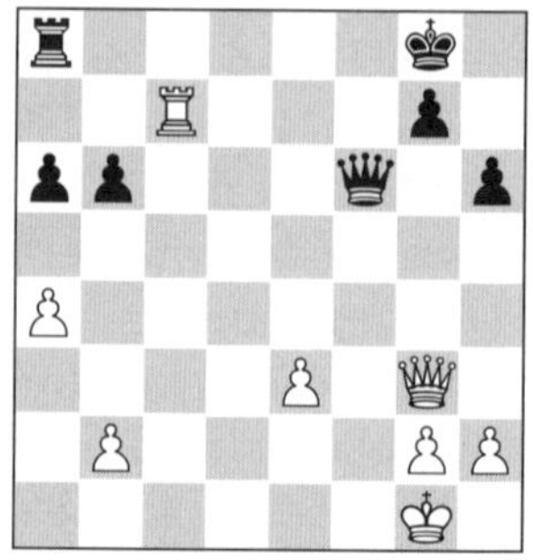

Schwarz konnte das Problem mit seinem König lösen und seine Dame ist aktiv. Sein Turm wird bald ins Spiel kommen, während a4, b2 und e3 allesamt schutzbedürftige Bauern sind. Mit oder ohne Damen – wir erwähnen, dass Weiß den Damentausch auf Wunsch mit 32.♕f3 erzwingen kann – hat Schwarz gute Remischancen.

32.♕f2 ♕e5 33.♖d7 ♖e8 34.♖d3 ♕e4 35.♕c2 ♔h7 36.♕d1 ♖e6 37.♖c3 ♖g6 38.♕c2 ♕xc2 39.♖xc2 ♖d6 40.♔f2 ♖d3 41.♔f3 ♖b3 42.♔e4 a5 43.♔d4 g5 44.e4 ♔g7 45.♖f2 ♖b4+ 46.♔d5 ♖xa4 47.e5 ♖a1 48.e6 b5 49.e7 ♖d1+ 50.♔c6 ♖e1 51.♔xb5 ♖e5+ 52.♔a4 ♖xe7 53.♔xa5 ♖a7+ 54.♔b4 ♖a8 55.b3 h5 56.♔c5 ♖c8+ 57.♔d6 ♖d8+ 58.♔c6 ♖c8+ 59.♔d7 ♖c1 60.♖b2 ♖h1 61.b4 ♖xh2 62.b5 ♖h1 63.b6 ♖d1+ 64.♔e6 ♖d8 65.b7 ♖b8 66.♔f5 1-0

Lösung 33

Herman Pilnik

Efim Geller

Göteborg Interzonenturnier 1955 (15)

1.e4 c5 2.♘f3 ♘c6 3.d4 cxd4 4.♘xd4 ♘f6 5.♘c3 d6 6.♗e2 e5 7.♘b3

♗e7 8.0-0 0-0 9.♗e3 ♗e6 10.♗f3 a5 11.♘d5 ♗xd5 12.exd5 ♘b8 13.c4 ♘a6 14.♗d2 b6 15.♗c3 ♘c5 16.♘xc5 bxc5 17.♕e1 ♘d7 18.♗d1 a4 19.♗c2 f5 20.♖d1 g6 21.♕e2 ♗f6 22.f3

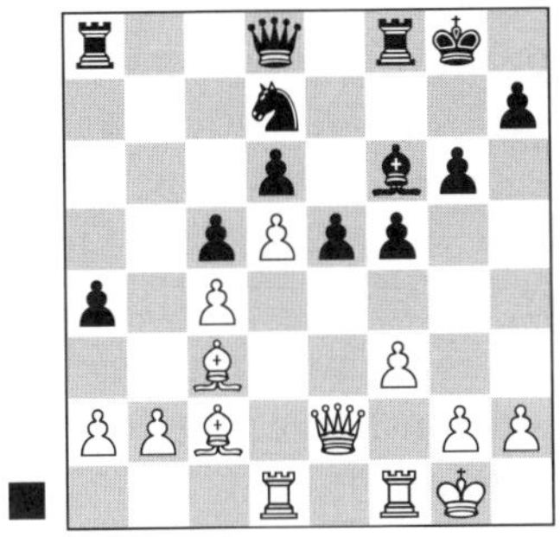

Weiß besitzt die Majorität am Damenflügel, die er aber schwerlich in Bewegung setzen kann. Sein Läuferpaar ist in seiner Wirkung sehr vom zentralen schwarzen Bauernduo eingeschränkt.
Die schwarze Stellung sieht vielversprechend aus, aber es ist nicht zu sehen, wie er Fortschritte erzielen will, da das Feld e4 von den weißen Figuren überwacht wird. Der folgende Durchbruch, bei dem der potentielle Freibauer geopfert wird, ist thematisch und ein durchaus gebräuchliches Verfahren, um in Stellungen mit asymmetrischer Bauernstruktur seine Majorität beweglich zu machen:

22...e4! 23.♗xf6

A) 23.f4? ♗xc3 24.bxc3, um den schwarzen Figuren das Feld e5 zu nehmen, ist schon positionell gesehen desaströs für Weiß wegen des gedeckten Freibauern auf e4 und der Zerrütung der Bauernstruktur, zudem verliert es noch einen Bauern nach 24...♕f6 25.♕e3 ♘b6;

B) 23.fxe4 ♗xc3 24.bxc3 f4!. Hier wird die schwarze Idee klar: e5 ist für den Springer geräumt. Der Bauer e4 wird bald blockiert werden, wodurch der Läufer c2 in seiner Wirkung stark beschränkt sein wird. Zusätzlich wird die schwarze Bauernmajorität mobil und ihr Vorstoß bringt große Gefahr für den weißen König. Eine Idee für Weiß besteht darin, diesen f4-Bauern mit 25.g3 zu attackieren, bevor die schwarzen Figuren ideal stehen. Es kann weitergehen:

B1) 25...fxg3 26.♖xf8+ ♕xf8 27.hxg3 ♘c5 mit schwarzem Vorteil durch die offene weiße Königsstellung und die bessere Bauernstruktur (vier weiße Zentralbauern werden durch zwei schwarze Bauern blockiert);

B2) 25...g5! 26.gxf4 gxf4 gefolgt von ...♘d7-e5 ist gar stärker. Weiß kann den f-Bauern nicht schlagen wegen 27.♕g4+ ♔h8 28.♖xf4? ♖g8.

23...♕xf6!

23...♘xf6?! 24.fxe4 fxe4 deckt indirekt den Bauern e4, da 25.♗xe4? ♖e8 26.♖f4 von 26...g5! widerlegt wird, aber nach 25.♖de1 wird Schwarz lange den Bauern decken müssen – das war nicht die Intention!

24.fxe4 f4!

Und nicht 24...♕xb2 25.exf5, was den weißen Läufer belebt.

25.♖f2

25.e5 ♘xe5 ist eine thematische Reaktion auf den schwarzen Plan, um sich Luft zu verschaffen, indes steht Weiß bei ausgeglichenem Material klar schlechter.

25...♘e5 26.♖df1

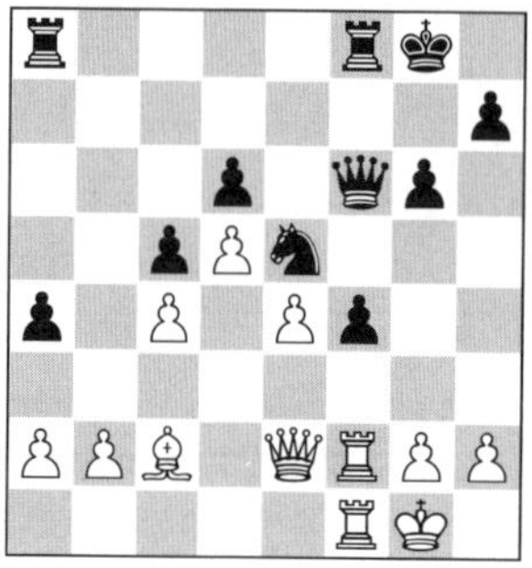

26...♕h4

Schwarz hat seinen Plan verwirklicht. Die nächste Stufe, Vormarsch der f- und g-Bauern, gehen Hand in Hand mit einem Königsangriff, weshalb Geller zunächst seine Dame aktiviert.

27.♗d1

Kontrolliert die Felder f3 und g4.

27...♖f7 28.♕c2 g5 29.♕c3 ♖af8

Es ist wichtig, dass dieser Turm auch im Angriff mitmischt, auch wenn das das Opfer des Bauern a4 involviert.

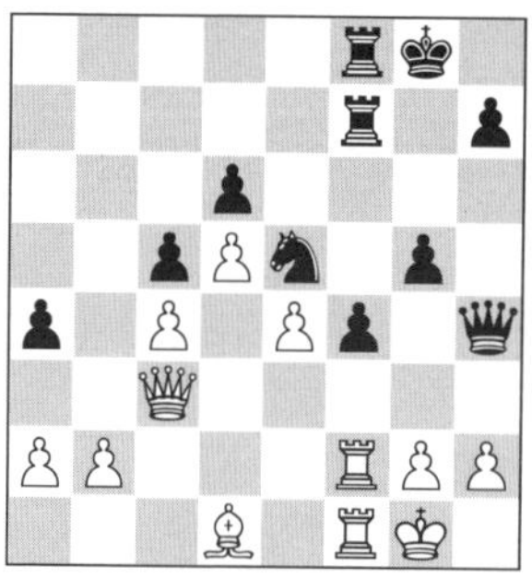

30.h3?!

Verhindert nicht den Vormarsch des g-Bauern und schwächt nur die Königsstellung, was sich entscheidend auswirken wird.

A) 30.♗xa4?! ist kritisch, was sich einen zweiten Bauern schnappt mit der Idee, unter günstigen Umständen Material zurückzugeben und einen Freibauern zu erhalten. Im Moment steht der Läufer abseits, so dass 30...f3!? zu einer sehr interessanten Option wird mit der taktischen Rechtfertigung 31.gxf3? ♘xf3+! 32.♖xf3 (or 32.♔h1 ♘xh2) 32...♕g4+ und gewinnt. Und den Zug 30...♘g4 wollen wir uns genauer betrachten. Es steht zur Wahl:

A1) 31.♕h3 ♕xh3 32.gxh3 ♘xf2 33.♔xf2 (nun hat Weiß im Endspiel zwei Bauern für die Qualität) 33...♖a7!? (um dauerhaft die weißen Damenflügelbauern in ihrer Beweglichkeit zu verlangsamen) 34.b3 ♔g7 35.♖g1 ♔f6 – Schwarz besitzt großen Vorteil mit einer Vielfalt an Plänen: Königsmarsch nach e5, Bauernsturm ...h7-h5 nebst ...g5-g4, einen Turm auf h6 platzieren oder sogar – später mal – ...♖f8-a8 um auf a4 in einem günstigen Moment die Qualität zurückzugeben;

A2) 31.h3 ♘xf2 32.♖xf2 f3! 33.gxf3 ♕xh3 34.♗d1 ♖f4! 35.♖g2 h6 – Schwarz steht bereit zu ...♖f4-h4 nebst eventuell ...♕h3-h5 mit gefährlicher Initiative.

B) Der Abwartezug 30.♗e2! bot am meisten Widerstand. Schwarz besitzt klar die Initiative, doch es ist gar nicht einfach für ihn, entscheidend durchzubrechen, wie die folgende Variante zeigt:

B1) Verschärft ist 30...g4 31.g3! ♕g5, man sehe:

B1a) 32.gxf4 ♖xf4 33.♕e3! (der Angriff auf den gefesselten Turm gibt Gegenspiel) 33...♘g6 34.e5! dxe5 – indem er Material zurückgab, hat Weiß wirkliche Trümpfe erhalten, wie den Freibauern d5, und die Stellung wurde sehr komplex;

B1b) 32.♕d2 (wieder die Fesselung) 32...♘g6 33.e5! (auch das Gegenopfer haben wir bereits gesehen) 33...♖f5! (entfesselt den Bauern f4 und droht 34...fxg3; 33...♕xe5 34.♗xg4 und 33...dxe5 34.♗d3 sind nicht gut) 34.gxf4 ♘xf4 (droht 35...♘h3+) 35.♔h1 dxe5 36.♕c3 und wir gelangen zur gleichen Struktur wie in der vorigen Variante mit einer ähnlichen Bewertung – es ist unklar!

B2) Nach 30.♗e2! hält Schwarz am besten die Bauernstruktur so, wie sie ist, mit 30...♕h6 und der Idee ...g5-g4 nebst ...♕h6-g6, was ausgezeichnete Kompensation für den Bauern behält.

30...h5 31.♗e2?!

31.♗xa4 g4 32.♗d1 wäre weniger klar.

31...g4 32.♖xf4 ♖xf4 33.♖xf4 ♖xf4 34.g3

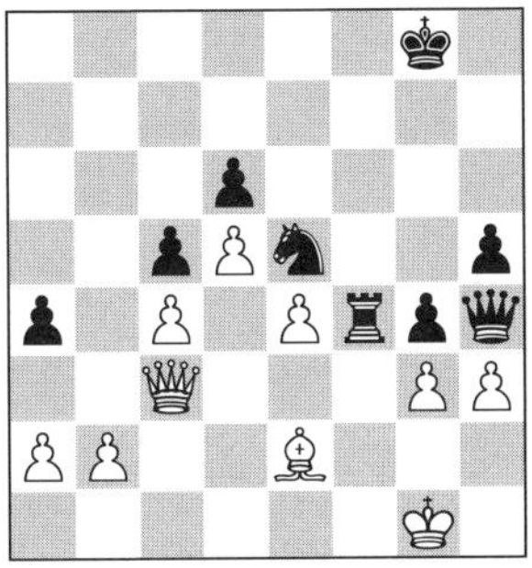

34...♘f3+

„Natürlich war 34...♕xh3 35.gxf4 g3 usw. einfacher, aber in Zeitnot entschied sich Schwarz für eine Kombination, die er zuvor berechnet hatte.“ (Geller) Ein kleiner Hinweis: damals gab es noch keine dreißig Extrasekunden pro Zug!

35.♔f2

Oder 35.♗xf3 ♕xg3+.

35...♕xh3 36.gxf4 g3+ 37.♔xf3 g2+ 38.♔f2 ♕h2 0-1

Lösung 34

Lew Polugajewski

Peter Biyiasas

Petropolis Interzonenturnier 1973 (4)

1.d4 ♘f6 2.c4 e6 3.♘f3 d5 4.♘c3 c6 5.e3 ♘bd7 6.♗d3 dxc4 7.♗xc4 b5 8.♗d3 a6 9.e4 c5 10.d5 e5 11.b3 ♗d6 12.0-0 0-0

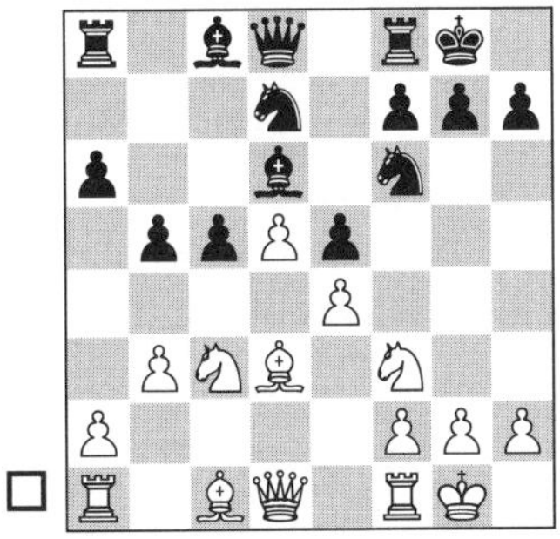

Weiß hat einen gedeckten Freibauern auf d5, der momentan noch zuverlässig vom Läufer d6 blockiert ist.
Schwarz besitzt die Majorität am Damenflügel, und sollte es ihm gelingen, diese mit ...c5-c4 zu mobilisieren, bekäme er ausreichend Gegenspiel, um den weißen Raumvorteil im Zentrum zu kompensieren.
Im Moment kontrolliert Weiß c4 und sein Hauptplan besteht darin, mit a2-a4 den Bauern b5 zum Vorgehen zu verleiten und dann die gegnerische Majorität zu blockieren.

13.♖e1!

Das unverzügliche 13.a4 erlaubt die typische Reaktion 13...c4! 14.bxc4 b4! 15.♘e2 ♘c5 16.♘g3 ♕c7 17.♗e3 a5. Schwarz blockiert die Bauern c4 und d5, drückt auf die Bauern a4 und e4 und hat einen Freibauern auf b4. Besonder wirkungsvoll ist der Springer auf c5. Uhlmann spielte gegen Fuchs (DDR, 1964) eine beachtliche Idee: 18.♗xc5!? ♗xc5 19.♘d2 gefolgt von 20.♘b3. Weiß konnte den Druck größtenteils abschütteln, aber er musste sich von seinem wichtigen schwarzfeldrigen Läufer trennen und steht trotz seines Mehrbauern nur geringfügig besser.
Nach 13.a4 kommt auch 13...b4 14.♘e2 c4! in Betracht, da der Läufer d3 an die Verteidigung des e4-Bauern gebunden ist und nicht komfortabel auf c4 schlagen kann. Somit ist 15.bxc4 ♘c5 16.♘g3 erforderlich, wonach wir eine Stellung erreichen, die wir bereits diskutiert haben.
Der Zug 13.♖e1! dient einem doppelten Zweck: er deckt e4 und schafft dem Läufer das Rückzugsfeld f1, damit dieser im Falle von ...c5-c4 nicht angegriffen wäre.

13...♖b8!

Unterstützt den b-Bauern, ganz gleich ob auf b5 oder auf b4 nach der möglichen Sequenz ...c5-c4, b3xc4 ...b5-b4.
Im Moment nützt dem Schwarzen 13...c4?! 14.bxc4 b4?! nicht, da er nach 15.♘a4! keinen Springer zur Blockade nach c5 bringt und schlichtweg einen Bauern verloren hat.

14.♗f1!

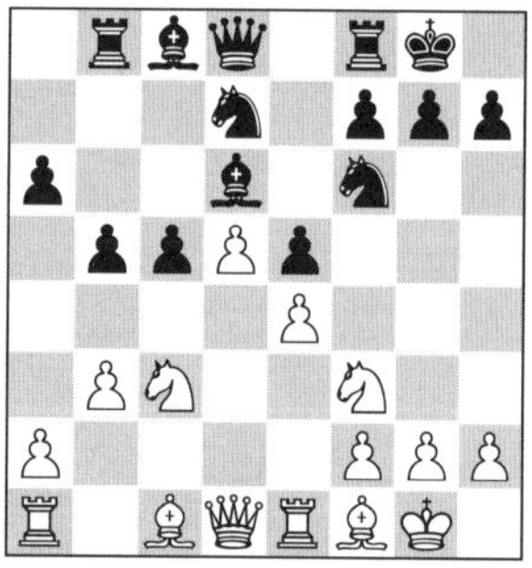

Weiß hat sich konsolidiert und steht bereit für a2-a4.
(Fortsetzung und Lösung 59 auf Seite 147)

Lösung 35

Rudolf Spielmann

Ernst Grünfeld

Karlsbad 1929 (1)

1.d4 d5 2.c4 e6 3.♘c3 dxc4 4.e4 c5 5.♘f3 cxd4 6.♘xd4 a6 7.♗xc4 ♗d7

8.0-0 ♘c6 9.♘f3 ♕c7 10.♕e2 ♗d6 11.♖d1 ♘ge7 12.♗e3 ♘e5 13.♘xe5 ♗xe5 14.g3 ♗xc3 15.bxc3 ♘g6 16.♗b3 0-0

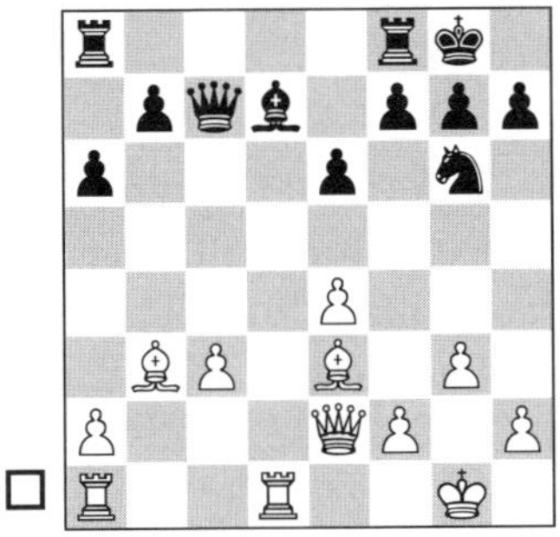

Weiß kontrolliert die d-Linie und hat das Läuferpaar. Der Läufer b3 wird von den Bauern f7 und e6 in Zaum gehalten, andrerseits kann man auch argumentieren, dass er die Bauern blockiert, denn sollte einer von ihnen ziehen würde der Läufer sehr mächtig. Weiß kann diesen Umstand ausnutzen, um Druck auf der langen Diagonalen a1-h8 und insbesondere auf g7 ausüben zu können, indem er ♗e3-d4 und h2-h4-h5-h6 spielt. Dieser Plan verspricht ihm großen Vorteil. Die Bauern a2 und c3 sind isoliert, aber dies ist gerade kein Problem.

Der Schuss 17.♗b6?, um nach 17...♕c6? 18.♕e3 Kontrolle über die d-Linie zu gewinnen, empfiehlt sich nicht wegen 17...♕xb6 18.♖xd7 ♘e5, wo der verbleibende weiße Läufer passiv ist und der Turm die siebte Reihe verlassen muss.

17.♗d4!

Das richtige Timing für diesen Zug, da 17...♘e5? an 18.♗xe5 ♕xe5 19.♖xd7 scheitert. Man kann diesen Läufer freilich mit ...e6-e5 verscheuchen, aber das eröffnet dem anderen Läufer Perspektiven, was nicht weniger gefährlich ist.

A) Zunächst 17.h4 erlaubt dem schwarzen Springer die Zentralisierung 17...♘e5! und verliert einen Teil des Vorteils, wenngleich Weiß immer noch besser steht nach 18.♗f4 f6! (18...♗c6 19.♕h5 f6 20.♗xe6+ und 18...♖ad8 19.♖xd7! ♖xd7 20.♕h5 f6 21.♗xe6+ verlieren beide einen Bauern ohne Kompensation) 19.♗xe5!? fxe5 20.♕c4 ♗c6!? (20...♖ac8 21.♕xc7 ♖xc7 22.♖xd7! gibt den Bauern unter ungünstigen Umständen her, während 20...♕xc4 21.♗xc4 ♗c8 22.♖d6 ♔f7 ihn sichert, aber auf Kosten von ziemlicher Pasivität) 21.♕xe6+ ♔h8 22.♕c4 ♕b6 23.♕e2 ♖f6 – Schwarz entwickelt Druck für den Bauern und die isolierten weißen Bauern machen sich bemerkbar;

B) Nach 17.f4 ♗c6 kann Weiß keinen seiner Bauern vorziehen, ohne seine Stellung dadurch deutlich zu schwächen, aber 18.♗f2 ♖fd8 19.h4 ist eine interessante Idee mit Initiative in einer komplizierten Stellung.

17...b5

A) 17...e5 18.♗b6! führt zu großem weißem Vorteil nach 18...♕c6 19.♕e3! gefolgt von 20.♗d5, oder genauso schwierig 18...♕xb6 19.♖xd7 und die Verteidigung des Punktes f7 bindet den Turm auf f8 (zur Not könnte durch ...♘g6-h8 entlastet werden);

B) 17...♗c6, um ...♖f8-d8 gefolgt von ...♘g6-f8-d7 zu spielen und die schwarzen Felder zu konsolidieren, ist beachtlich. Nach 18.♕e3! (um ♗b6 zu ermöglichen) 18...♖fd8 19.h4 h6 (und nicht 19...♘f8? 20.♕g5!) 20.♖d2! ♕e7 (diesmal ist 20...♘f8? schlecht wegen 21.♗b6 – Schwarz kann die Türme nicht mehr mit Schach tauschen) 21.♖ad1 ♘f8 22.♗c5 ♕e8 23.♗d6 hat Weiß seine Position abhängig von den Umständen ausgebaut. Mittlerweile besitzt er deutlichen Raumvorteil, ohne Figuren getauscht haben zu müssen, und steht klar besser.

18.♕e3

Ein ausgezeichneter Zug, der den Königsangriff auf den schwarzen Feldern bereitet und die Kontrolle über b6 und c5 sichert. 18.h4 war auch gut, da Weiß wie im vorigen Zug 18...e5 mit 19.♗b6! beantworten kann.

18...♗c6 19.h4!

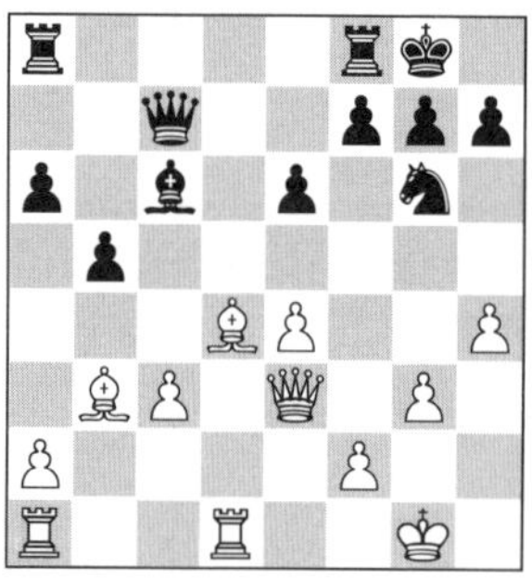

19...♕b7?

Der entscheidende Fehler, da nun der Springer nicht mehr nach e5 gelangt.

A) Nach 19...♖ac8 20.h5 ♘e5 21.h6 (und nicht 21.♕f4 ♘c4! – deshalb soll der schwarze Turm seine Dame decken) 21...g6 hat die Schwächung der Königsstellung langfristige Konsequenzen, aber Widerstand ist möglich;

B) Eine andere Verteidigung ist 19...h6, um der weißen Dame das Feld g5 zu nehmen und h5-h6 zu verhindern. Weiß spielt dann 20.h5 ♘e7 (20...♘e5? 21.♕f4) 21.g4 mit starkem Angriff durch die Linienöffnung mit g4-g5.

20.h5 ♘e7

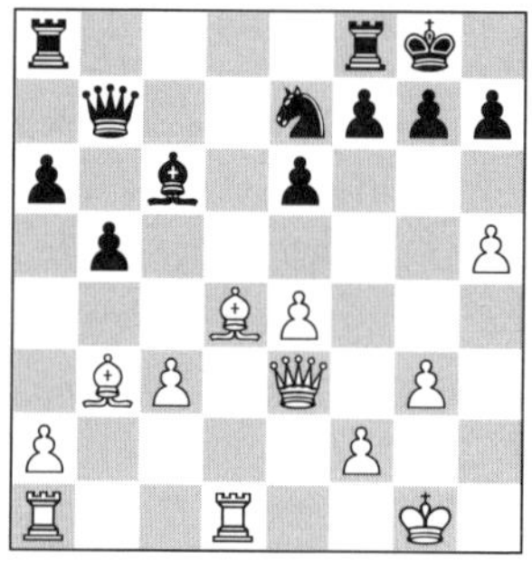

21.♗xg7!

Spielmann erwähnt, dass 21.♕g5 f6 22.♗xe6+ ♔h8 nach 23.h6! ebenfalls gewinnt.

21...♔xg7 22.♕g5+ ♘g6 23.h6+

Schwarz gab auf, da 23...♔g8 24.♕f6 zu Matt führt.

Lösung 36

Lothar Schmid

Lajos Portisch

Nizza Olympiade 1974 (12)

1.e4 e6 2.d4 d5 3.♘d2 c5 4.♘gf3 ♘c6 5.exd5 exd5 6.♗b5 ♗d6 7.dxc5 ♗xc5 8.0-0 ♘ge7 9.♘b3 ♗d6

10.♗g5 0-0 11.♗h4 ♗g4 12.♗e2 ♖e8 13.♖e1 ♕b6 14.♘fd4 ♗xe2 15.♖xe2 ♗e5 16.♘xc6 ♘xc6 17.c3

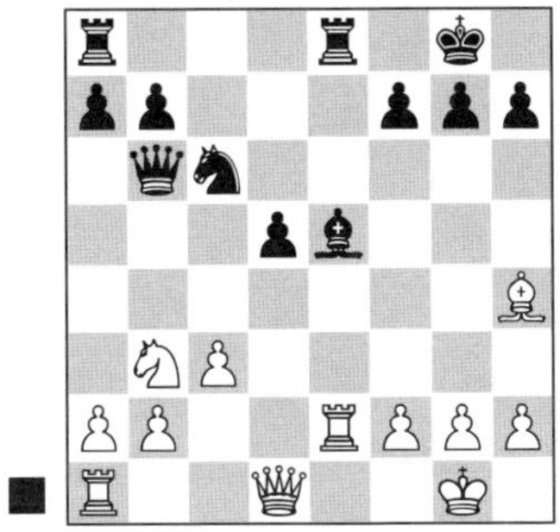

Schwarz hat Raumvorteil dank seines isolierten d-Bauer und kontrolliert das Blockadefeld so oft, dass er in der Lage ist, den Isolani aufzulösen, wenn er es wünscht. Der weiße Läufer ging vor ein paar Zügen nach h4, um seinen Gegenspieler durch ♗h4-g3 abzutauschen, aber das Manöver hat sein Ziel nicht erreicht, da Schwarz dies mit ...♗e5-f6 beantworten kann. Deshalb ist der weiße Läufer mehr oder weniger aus dem Spiel (nichtsdestotrotz verhindert er ...♖a8-d8), während der schwarze Läufer Einfluss aufs Zentrum und den Damenflügel ausübt.
Der Bauer d5 hängt dabei gerade nicht, denn 18.♕xd5? erlaubt 18...♗xh2+! 19.♔f1 ♖xe2 20.♔xe2 mit „Zentralisierung" des weißen Königs.
17...d4 18.cxd4 ♗xd4 (und nicht 18...♘xd4? 19.♖xe5) ist ein Ausgleichsweg mit geringen Aussichten, die Abseitsstellung des h4-Läufers auszunutzen.
17...a5!

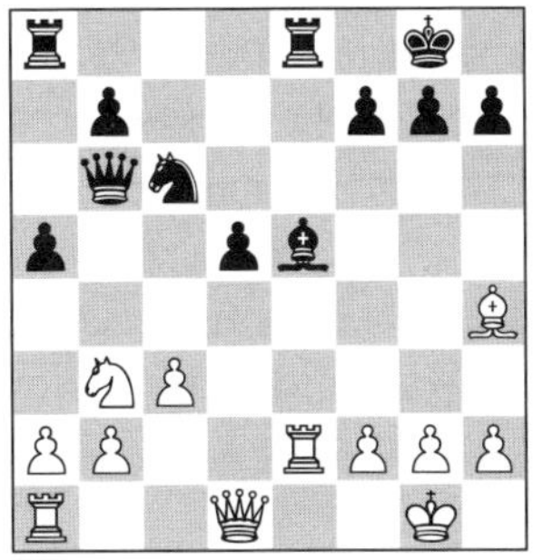

Ein typischer Plan: Schwarz will Schwächen in der gegnerischen Stellung mit dem Vormarsch seiner Damenflügelbauern provozieren, ohne dabei seinen Isolani abzutauschen. Im geeigneten Moment – vielleicht auch nie – wird der vorgehen und sich für den c3-Bauern tauschen, sobald die schwarze Figurenaktivität seinen Raumvorteil widerspiegeln wird. Der allgemeine Plan lautet ...a5-a4-a3, um den Bauern c3 zu schwächen, aktuell hängt der Bauer auf b2.
18.♖b1
A) 18.a4 blockiert den schwarzen Bauern, schwächt aber den Damenflügel und insbesondere das Feld b3:
A1) 18...♗xh2+?! 19.♔xh2 ♖xe2 20.♕xe2 ♕xb3 sieht nach einem problemlosen Bauerngewinn aus, aber dem ist nicht so: 21.♖e1! h6 (21...f6? verliert nach 22.♕e6+ ♔f8 23.♗g3) 22.♕b5! ♕xb5 23.axb5 ♘a7 (der Springer kommt nicht nach e5, was der Sinn von 21.♖e1! war) 24.♖d1 und Weiß hat genügend Kompensation für seinen Bauern;

A2) 18...d4! 19.cxd4 ♗xd4! (aber nicht 19...♘xd4? 20.♖xe5! ♘xb3 21.♖b5 ♕d4 22.♕xb3 ♕xh4 23.♖xb7) mit schwarzer Initiative. Die Bauernstruktur am Damenflügel ist symmetrisch, aber nur Weiß leidet unter den Schwächen, da sein Läufer völlig abseits auf h4 steht.

B) 18.♕c2 ist solide, gleicht aber nicht aus, da die Linienöffnung auf dem Damenflügel nach 18...a4 19.♘c1 (19.♘d2? ♗xh2+) 19...a3 den Schwarzen begünstigt;

C) 18.♕d3!? (wahrscheinlich der beste Zug und jedenfalls der Auftakt zu großen taktischen Komplikationen) 18...a4 19.♘d2 a3!? (nach 19...♕xb2 20.♖ae1! ♕xa2 hat Schwarz zwei Bauern gewonnen, aber die Fesselung seines Läufers ist unangenehm, die Stellung höchst unklar) und nun:

C1) 20.b3? (erlaubt dem Gegner eine Serie unangenehmer Züge) 20...♘b4! 21.♕f3 ♕c7! (Doppelangriff auf c3 und h2) 22.♗g3 ♗xg3 23.♖xe8+ ♖xe8 24.hxg3 ♕e5! (der Bauer c3 ist gefesselt wegen des Turmes, während der an die Verteidigung von a2 gebunden ist) 25.♕e3 ♕xe3 26.fxe3 ♘c2 und Schwarz hat großen Vorteil;

C2) Falls 20.bxa3 ♕c5 21.♖ae1 f6 ist der Bauer f2 zunächst gefesselt und Schwarz übt Druck auf die weißen Damenflügelbauern aus, aber dank seiner aktiven Figuren hat Weiß etliche Ressourcen.

18...a4 19.♘d2 ♕b5 20.♗g3

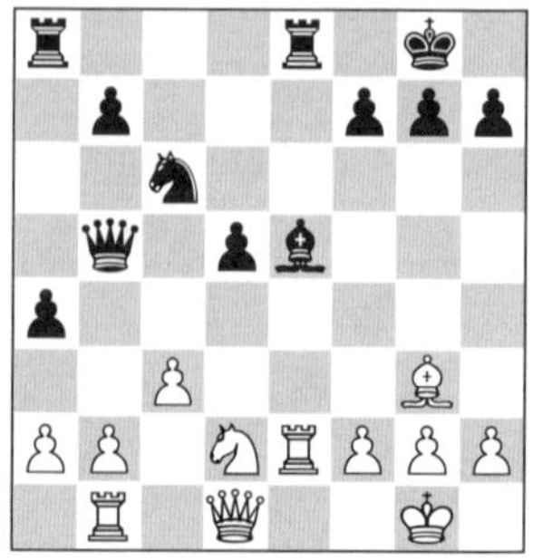

20...♗f6

Das weiße Hauptproblem liegt darin, dass sein Läufer nicht am Spiel im Zentrum teilnimmt, deshalb wendet Portisch Zeit auf, um dem Läufertausch auszuweichen.

20...♗xg3 21.♖xe8+ ♖xe8 22.hxg3 d4! war dennoch interessant, um den Druck zu verstärken, während der weiße Turm passiv auf b1 steht.

21.♖xe8+ ♖xe8 22.♕f1 ♕c5

Schwarz will immer noch 23...a3 spielen.

23.♖e1 ♖d8

Nach 23...♖xe1 24.♕xe1 a3 entkommt Weiß den Problemen mit 25.♕e8+ ♕f8 26.♕xf8+ ♔xf8 27.♗d6+.

24.a3

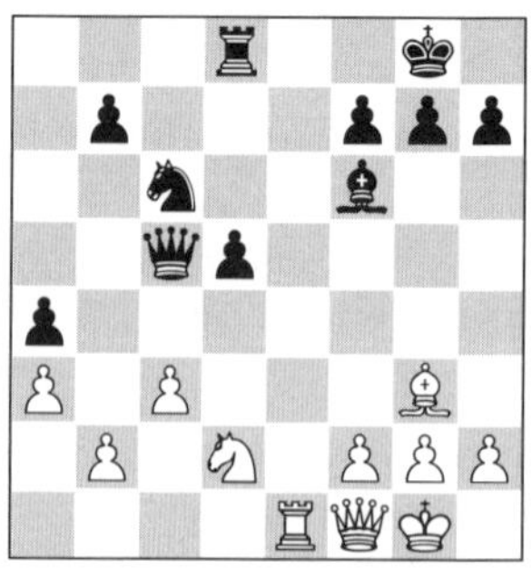

24...h6?!
Der Durchbruch ...d5-d4 steht auf der Tagesordnung, um die Diagonale des Läufers bis nach b2 zu öffnen, aber sofortiges 24...d4?! erlaubt 25.♘e4.
Die Dame hat ihre Schuldigkeit auf c5 getan (erzwang a2-a3) und 24...♕b6! mit der Idee, den d-Bauer vorzuziehen, sicherte Schwarz die Initiative.
25.♕d3?!
25.♗c7! war stark, um der schwarzen Dame den Rückweg nach b6 abzuschneiden und die Bewegungen des schwarzen Springers zu kontrollieren, etwa: 25...♖c8 26.♕d3! (verteidigt indirekt den Läufer) 26...g6 (or 26...♘e7 27.♗e5!) 27.♗f4! (gewinnt ein Tempo auf h6) 27...h5 28.♗e3 und Weiß steht völlig sicher.
25...♕b6! 26.♕c2 ♕b5 27.♗c7!?
A) 27.♗f4? d4! 28.♘e4 (28. cxd4 ♘xd4 29.♕e4 ♕xb2 ist hoffnungslos) 28...♗e5 29.♗xe5 d3! gibt dem Schwarzen großen Vorteil wegen seines Freibauern;
B) Nach 27.♘f3 d4! 28.cxd4 ♘xd4 29.♘xd4 ♖xd4 ist b2 sehr schwach und Schwarz steht ein wenig besser.
27...♖c8 28.♗f4?
28.♗d6 oder 28.h3 (der Läufer c7 hängt nicht) 28...g6 29.♗d6, mit der Idee ♗b4, sollte der Springer ziehen (um b2 zu decken) und um ...d5-d4 mit c3-c4 zu beantworten, verspricht dem Weißen noch eine feste Stellung.

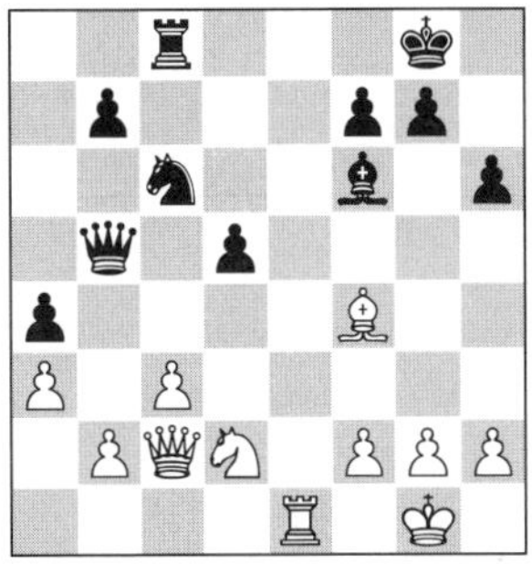

28...♘d4!
Ohne den Turm auf der d-Linie bringt 28...d4 29.♘e4! nichts ein.
29.♕d1
Lässt den b2-Bauern ungedeckt, aber 29.♕b1? ♘e2+ ist schlecht.
29...♘e6 30.♕g4
Fesselt den Springer e6 und bereitet 31.♖xe6 als Antwort auf 30...♕xb2 vor. Im Moment droht Schlagen auf e6 nicht wegen 31...♕d7!.
30...h5 31.♕f5 ♖e8 32.♘f3
32.♖b1 ♘xf4 33.♕xf4 ♖e2 mit der Drohung 34...♕d3 rettet Weiß nicht.
32...♕xb2
Nach dem Fall von b2 sind auch die Bauern a3 und c3 schwach.
33.♗e5 ♗xe5 34.♘xe5

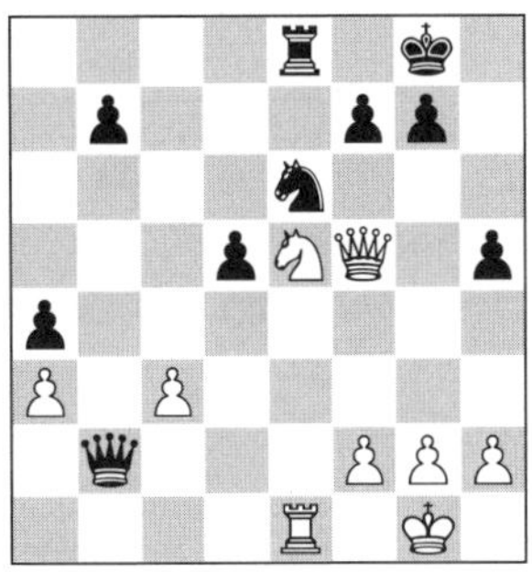

34...♘d8

Ein klarer Gewinnweg lautet 34...♖e7! 35.♘xf7 ♘f8! (Doppelangriff auf Turm und Springer) 36.♘e5 (36.♖xe7? ♕c1+) 36...♕xc3.

35.h3

35.♕d7 ♖xe5! nutzt die Grundreihenschwäche aus.

35...g6

Forciert die folgende Tausch-Kombination.

35...♕xc3 36.♖e3 ♕c1+ 37.♔h2 ♕c7 or 35...♕xa3 36.♕d7 ♖xe5 (wie im Spiel) sind überzeugender.

36.♕d7

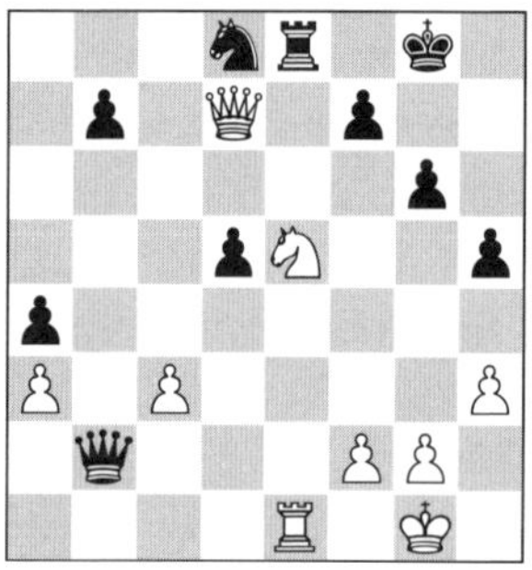

36...♖xe5! 37.♕xd8+ ♔g7 38.♖xe5 ♕c1+ 39.♔h2 ♕f4+ 40.g3 ♕xe5 41.♕a5 h4 42.♕c5 hxg3+ 0-1

Das war wohl die Abbruchstellung, denn 43.fxg3 ist forciert, man muss darüber nicht nachdenken.

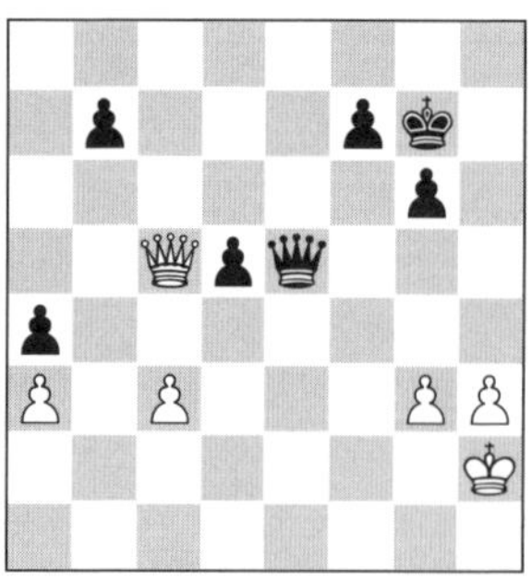

Analysediagramm

Nach 43...b6! muss die weiße Dame ihre ideale Position, von der aus sie a3 und c3 deckt und die Diagonale g1-a7 kontrolliert, verlassen. Danach ist es für Schwarz gewonnen, man sehe:

A) 44.♕xb6 ♕xc3 nebst Vormarsch des d-Bauern;

B) 44.♕b4 ♕e2+ 45.♔g1 ♕e1+ 46.♔h2 (46.♔g2 ♕e4+ tauscht die Damen) 46...♕f2+ und g3 fällt;

C) Nach 44.♕c6 ♕e2+ 45.♔g1 ♕e3+! 46.♔g2 d4! 47.cxd4 ♕xa3 48.d5 ♕b2+ 49.♔f3 a3 zieht der schwarze Bauer zuerst ein und der schwarze König ist sicher vor Schachgeboten.

Lösung 37

Lew Polugajewski

Efim Geller

Tiflis 1959 (19)

1.d4 ♘f6 2.c4 e6 3.♘c3 ♗b4 4.e3 0-0 5.♘f3 b6 6.♗d3 ♗b7 7.0-0 c5 8.♕e2 d5 9.cxd5 exd5 10.a3 ♗xc3 11.bxc3 ♖e8 12.♗b2 ♘c6 13.♘d2 c4 14.♗c2 b5 15.f3 a5 16.e4 b4 17.e5 b3 18.♗b1 a4 19.f4 ♘d7 20.♕h5 g6 21.♕g4 ♗c8 22.♕f3 ♕a5 23.♘xc4 dxc4 24.♕xc6 ♖a7 25.♕f3

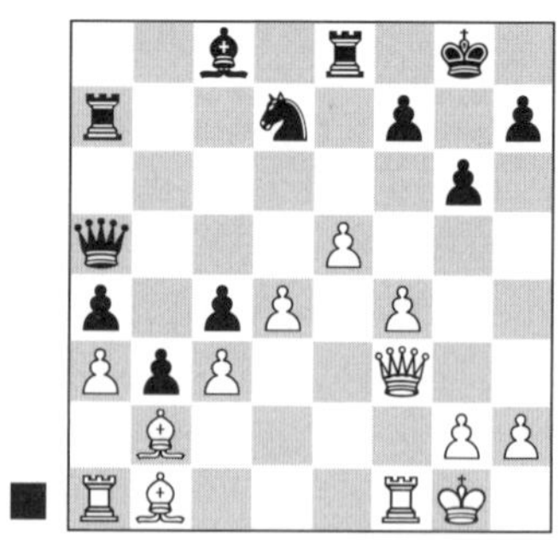

Weiß besitzt einen Mehrbauern und eine mächtige zentrale Bauernkette. Sein passiver und blockierter Läufer b2 stabilisiert immerhin noch den Damenflügel, auf dem es Weiß an Raum mangelt. Der b1-Läufer ist wirkmächtig, kann aber nicht ziehen und macht den Turm a1 unbeweglich. Im Gegenzug kontrolliert Schwarz die weißen Felder und hat den gedeckten Freibauern auf b3.

A) Im Moment ist 26.f5 keine große Drohung, denn nach dem Opfer 26...♘xe5! 27.dxe5 ♕xe5 wäre die Stellung offen und die weißen Figuren auf dem Damenflügel wären außerstande, mitzuspielen;

B) Weiß möchte vor allem 26.♗e4 spielen, aber selbst dann wäre es nach 26...f5! alles andere als klar, zum Beispiel:

B1) 27.exf6? ♘xf6 28.♗c6 (28.♖ae1? ♖ae7 verliert den Läufer) 28...♗g4 29.♕g3 ♖e2 ist ganz schlecht;

B2) 27.♗d5+ ♔g7 28.♗xc4 verdient den Vorzug, aber nach 28...♘b6 29.♗d3 ♗e6 hat Schwarz eine gute Blockadestellung eingenommen. Dann macht es Sinn, mit 30.c4!? einen Bauern zu geben, eventuell auch noch den d-Bauern, und eine sehr komplexe Stellung zu erreichen.

25...f5!

Geller blockiert den weißen Damenflügel. Fortschritte will er weiterhin mit ...♘d7-b6-d5 nebst ...♖a7-g7 erzielen gefolgt von ...g6-g5 im richtigen Moment. Der letzte Zug sollte nicht zu schnell gespielt werden, da nach f4xg5 der f5-Bauer, der den Läufer b1 einmauert, zur Schwäche neigen würde.

26.g4!

Kein Signal zum Angriff, sondern eher ein Versuch, den Würgegriff zu lockern. Schwarz muss den f5-Bauer decken, was die Mobilität seiner Figuren einschränken wird. Nach ruhigeren Zügen ist Weiß einfach im Nachteil, auch wenn er im Hinblick auf die geschlossene Natur der Stellung nichts unternimmt.

Die kritische Variante ist 26.exf6? ♘xf6 27.f5 mit der Wahl:

A) 27...♗xf5 28.♗xf5 gxf5 29.♕xf5 ♕xf5 30.♖xf5 gibt ausgezeichnete Kompensation für den fehlenden Bauern, aber nach 30...♔g7 31.♖af1 oder 30...♖e2 31.♖xf6 ♖xb2 32.♖f2 ist nicht Entscheidendes in Sicht;

B) 27...g5! fixiert den weißen Bauer auf f5. Nun kann z.B. ...♖a7-e7 nebst ...♗c8-b7 folgen, wenn Weiß nicht in der Lage sein wird, die offene Stellung mit dem schlafenden Damenflügel zu meistern.

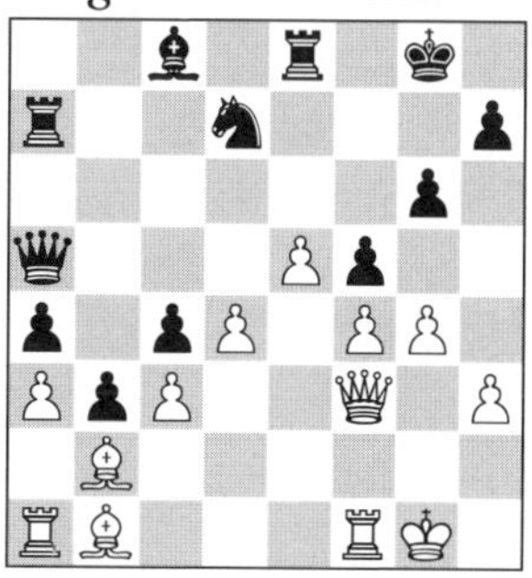

26...♘b6!

26...fxg4? gewinnt den Bauern zurück (27.♕xg4? ♘xe5), aber nach 27.♕e2 ♘b6 28.f5 kommt der

Läufer b1 wieder ins Spiel und die Situation wird komplizierter.

27.h3!

Polugajewski übt weiterhin Druck auf f5 aus, aber ohne dabei die g-Linie zu öffnen. In der illustrativen Zugsequenz 27.gxf5? gxf5 28.♔f2 ♖g7 29.♖g1 ♖xg1 30.♔xg1 ♕d5!? 31.♕xd5+ ♘xd5 erkennen wir einen typischen Gewinnplan, wenn eine oder mehr gegnerische Figuren nicht am Geschehen teilnehmen: tauschen Sie die anderen, aktiven Figuren!

27...♕d5 28.♕g3

Weiß vermeidet den Tausch, verliert aber an Boden.

28...♖g7 29.♔h2

29.g5? schließt nicht ausreichend die Stellung, denn nach 29...♔f7 30.h4 ♖h8 gefolgt von ...h7-h6 wird die h-Linie geöffnet.

29...♗b7 30.♖g1 ♖ee7 31.♕f2 ♖ef7 32.♕e3 ♕e6 33.♕e2 ♗d5 34.♗c1 ♔h8 35.♗d2 ♖f8

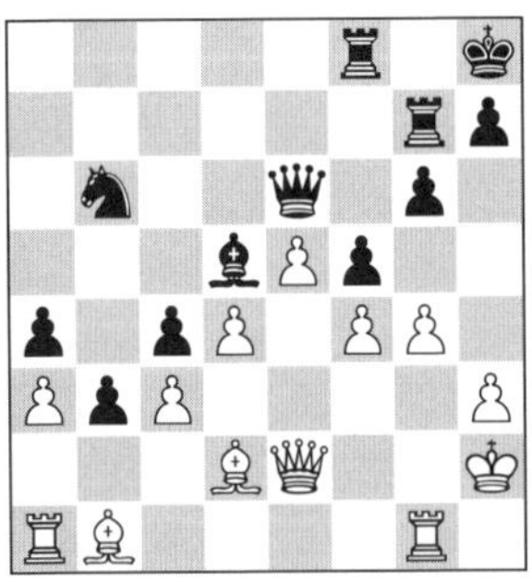

Polugajewski hat sich bislang ausgezeichnet verteidigt, und es fällt Schwarz nicht leicht, das Spiel ohne Komplikationen wegen des Drucks auf f5 zu öffnen. Nun, da Weiß seinen schwarzfeldrigen Läufer vom Wachtposten auf b2 abgezogen hat, um nach aktiveren Einsatzmöglichkeiten Ausschau zu halten, macht es sehr viel Sinn, den Springer nach b5 zu manövrieren, um die Bauern a3 und c3 anzugreifen und erst danach einen Durchbruch am Königsflügel in die Wege zu leiten.

36.gxf5?

Eine lange Verteidigung hinterlässt gern Spuren... die g-Linie öffnet sich und Weiß ist verloren.

36...gxf5 37.♖xg7 ♔xg7 38.♗e1 ♖g8 39.♗h4 ♔f8 40.♗g3 ♕g6 41.♕f2 h5 42.h4 ♕g4 43.♕e3 ♔e7 44.e6 ♖g6 45.♕f2 ♕d1 46.♗e4 ♕xa1 47.♗xd5 ♘xd5 48.♕f3 ♕xc3 0-1

Lösung 38

Eduard Prandstetter 2430

Karel Mokry 2490

Trancianske Teplice 1985 (3)

1.e4 c5 2.♘f3 d6 3.d4 cxd4 4.♘xd4 ♘f6 5.♘c3 a6 6.♗e2 e6 7.0-0 ♘bd7 8.a4 b6 9.f4 ♗b7 10.♗f3 ♕c7 11.♕e2 ♖c8 12.♗e3 h5 13.h3 e5 14.♘b3 ♗e7 15.♖ad1 0-0 16.f5 ♖fe8 17.g4 hxg4 18.hxg4

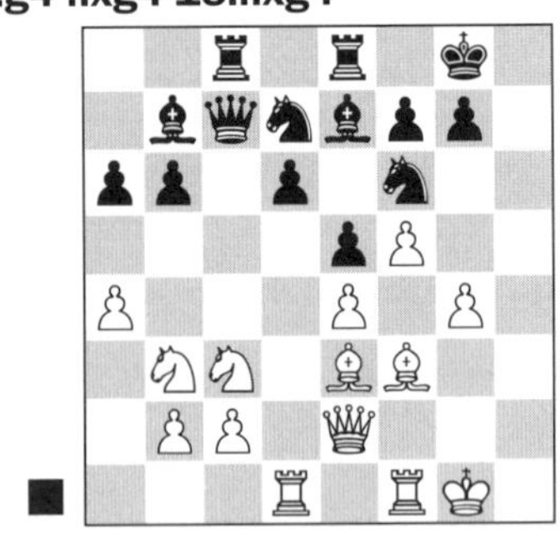

Weiß droht mit 18.g5 den Springer zu dezentralisieren und einen Angriff auf den König zu starten.

Die Verteidigung 17...♘h7!? 18.♕d2 ♕d8 19.♔g2 ist strategisch riskant für Schwarz, der freiwillig das Zentrum vernachlässigt. Aber im Moment steht sein König sicher, und es gibt schwache Punkte im weißen Lager – die Stellung ist ziemlich unklar.

18...d5!

Eine thematische Reaktion auf den Vormarsch des g-Bauern im Sizilianisch, welche öfters ein Bauernopfer involviert. Generell ist die Idee, dass die Öffnung des Zentrums dem weißen Angriff die Basis nimmt bzw. dieser gar nicht erst stattfindet, oder wenn, dann unter schlechteren Umständen. Eine zweite Idee ist es für gewöhnlich, dem Springer f6 eine Lösung anzubieten, g4-g5 mit ...♘f6xe4 beantworten zu können. Das wird sich allerdings in unserer konkreten Position als nicht gut spielbar erweisen.

19.g5

A) 19.♘xd5? ♗xd5 20.exd5 e4 21.♗g2 ♕xc2 ist nicht gut;

B) 19.exd5 e4 (19...♗b4 ist ebenfalls gut) 20.♗g2 ♕g3 21.♗f4 führt zu einem komplizierten Spiel nach 21...♕xg4 oder 21...♕h4.

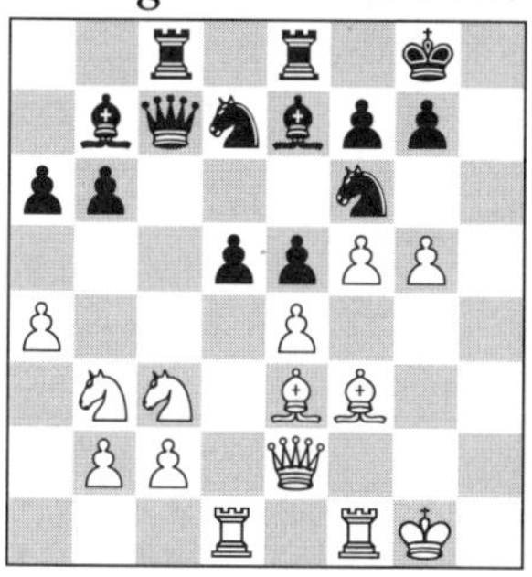

19...d4!

Ein Bauernopfer für positionelle Kompensation, wie wir gleich erkennen werden.

A) Nach 19...♘xe4? 20.♗xe4! dxe4 ist der Läufer auf e3 unverrückbar und blockiert die schwarzen e-Bauern. Das schneidet die schwarze Stellung entzwei, und nach 21.♕h5 mit der Idee, einen Turm auf die h-Linie zu überführen und möglicherweise noch f5-f6 zu spielen, gewinnt Weiß locker. Das Zentrum erscheint geschlossen, wenngleich auf ungewöhnliche Weise;

B) 19...dxe4? 20.♗h1! (räumt die zweite Reihe) 20...♘h7 und nun:

B1) 21.f6!? ist interessant, da 21...gxf6? wegen 22.♕g4! verliert (droht 23.♖xd7 und 23.gxf6+) 22...f5 23.♕xf5 und f7 ist angegriffen;

B2) 21.♕h5 ist einfach und stark. Eine mögliche Fortsetzung ist 21...♘df8 22.♖f2! mit den Ideen 23.♖h2, 23.♖df1 und 23.♘xe4, und es ist zweifelhaft, ob Schwarz sich retten kann. Statt 22.♖f2 sind 22.♘xe4 ♕xc2 und 22.♖d2 ♗b4! weniger klar.

C) 19...♘h7?! erzeugt zurecht Mißbehagen. Nach 20.g6!, was den Schutz des schwarzen Königs zerstört, müssen wir ein paar Varianten rechnen:

C1) 20...♘hf6?! 21.gxf7+ ♔xf7 22.exd5 e4 23.♗h5+ ♘xh5 24.♕xh5+ ♔g8 25.♕h3 verhindert das Schachgebot der schwarzen Dame von g3. Weiß bereitet Züge wie ♘b3-d4 vor und sein Vorteil steht außer Frage;

C2) 20...fxg6 21.fxg6 ♘hf6 22.exd5 e4 und nun verliert 23.♘xe4? wegen 23...♘xe4 24.♗xe4 ♕g3+ 25.♗g2 ♗g5, während 23.♗g2 ♕g3 erlaubt, was den Bauern g6 zurückgewinnt. Aber 23.♗d4!, mit der Idee 24.♘xe4, lässt die Waage zum Weißen ausschlagen, den Umstand ausnutzend, dass 23...exf3? ein Fehler wegen 24.♕e6+ ♔h8 25.♖xf3 wäre. Nach 21...♘hf6 ist 22.♗g4! am besten, was 23.♗e6+ ♔f8 24.♕h2 droht und e4xd5 unter besseren Umständen beabsichtigt.

20.gxf6 ♘xf6

Indem er mit dem Springer zurücknimmt, behält Schwarz den Druck auf e4. 20...♗xf6 21.♘xd4 exd4 22.♗xd4 ♗xd4+ 23.♖xd4 ♘e5 ist aber auch beachtlich und bietet dem Schwarzen eine gute Blockadestellung mit Ideen wie ...♘e5-c4.

21.♘xd4 exd4 22.♗xd4 ♗c5

Das Bauernminus wird kompensiert durch die Schwächung des weißen Königs und des e4-Bauern, sowie durch eine generelle Schwäche auf den schwarzen Feldern.

23.♖f2 ♕f4

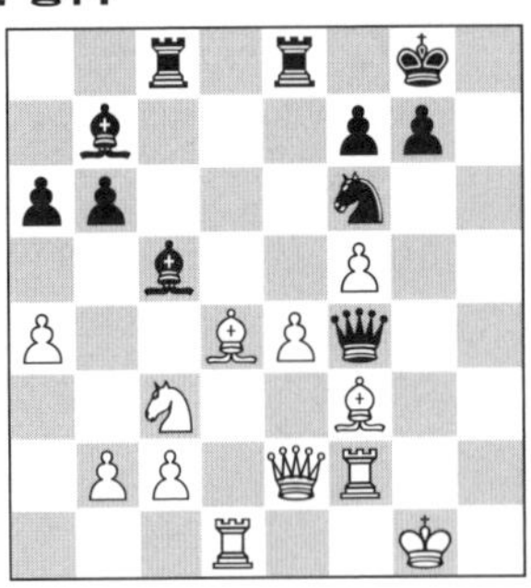

24.♗h1?

Vermutlich wollte Weiß die Züge wiederholen, indem er die schwarze Dame mit seinem Turm auf der zweiten Reihe angreift, antizipierte aber nicht das kommende Schachgebot auf c1.

Eine gute Fortsetzung war 24.♗xc5 ♖xc5 25.♕d3 und nun:

A) 25...♖ce5 führt zum Remis nach 26.♗e2 ♕g5 27.♖g2, usw.;

B) 25...b5!? 26.axb5 axb5 und das Spiel geht mit verteilten Aussichten weiter.

24...♕g5+ 25.♖g2

25.♗g2 ♘xe4 und 25.♔f1 ♘h5 bieten kleine Überlebenschancen.

25...♗xd4+ 26.♖xd4 ♕c1+ 27.♕d1 ♕xb2

Die materielle Bilanz ist wiederhergestellt. Aber mit seinen schwachen Bauern, dem deplatzierten Läufer h1 sowie dem exponierten König, steht Weiß auf Verlust.

28.♘d5 ♗xd5 29.exd5 ♕c3 30.♕d2

Oder 30.♔f1 ♖e5 31.♖f2 ♖ce8 mit schwarzem Gewinn.

30...♖e1+ 31.♔h2 ♕a1

Für den weißen Läufer gibt es kein Entrinnen!

32.♖xg7+ ♔xg7 33.♗g2 ♖h8+ 34.♔g3 ♕c1 0-1

Lösung 39

Igor Bondarewski

Wassili Smyslow

Moskau 1950 (3)

1.d4 ♘f6 2.c4 e6 3.♘c3 ♗b4 4.e3 d5 5.a3 ♗e7 6.♘f3 0-0 7.♗d3 b6 8.0-0

c5 9.♕e2 ♘c6 10.♖d1 cxd4 11.exd4 ♗a6 12.b3 ♖c8 13.♖b1 ♕c7 14.♘b5 ♕b8 15.♗g5 h6 16.♗h4 ♘h5 17.♗xe7 ♘xe7 18.♘e5 ♘f6 19.a4 ♘c6 20.f4 ♘b4 21.f5 ♘xd3 22.♕xd3 exf5 23.♕xf5 ♗b7 24.♖bc1 a6 25.♘c3 ♕d6 26.a5

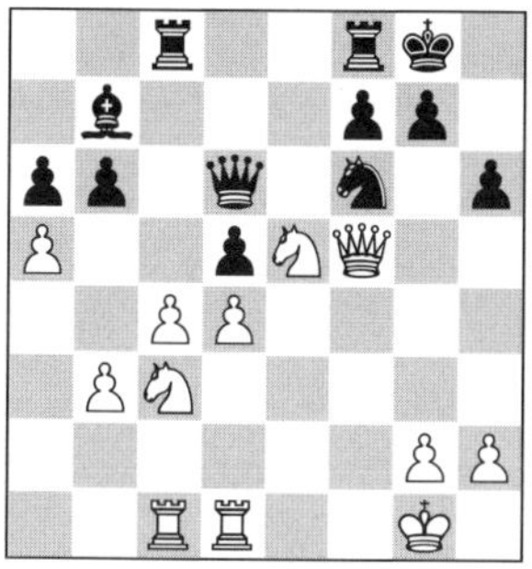

Weiß droht auf b6 zu nehmen und dann c4-c5 zu spielen, was ihm einen gedeckten Freibauern verschaffen und den Läufer b7 einmauern würde.

26...bxa5? 27.c5! gewinnt für den Moment einen Bauer, aber erlaubt es dem Weißen, den eben skizzierten Plan durchzuführen.

26...dxc4! 27.bxc4

Schwarz muss sich von seinem Zentralbauern trennen, doch der Läufer b7 erwacht auf der langen Diagonalen zu Leben und die sich neu ergebenden hängenden Bauern sind gleichzeitig mächtig als auch verletzlich.

Nach 27.♘xc4?! ♕c6 (oder 27...♕b4) kann der Springer nicht auf b6 schlagen.

27...b5!

27...bxa5?! 28.c5 ♕c7 hat im Vergleich zur Partiefortsetzung zwei Nachteile: der freie a5-Bauer ist weniger gefährlich, als er es auf b5 wäre, und c4 wird nicht kontrolliert, was 29.♘c4 mit besserem Spiel für Weiß erlaubt.

28.c5

28.cxb5? axb5 29.♘xb5 ♕d5 sieht ausgezeichnet für Schwarz aus und ist tatsächlich forciert gewonnen: 30.♕f1 ♖xc1! (lenkt den Turm von der Verteidigung des Bauern d4 ab; 30...♗a6 31.♖xc8 ♖xc8 32.♘c7! ♖xc7 33.♕xa6 ist unklar) 31.♖xc1 ♗a6 32.♖c5 ♕b3 33.♘c6 (33.♕d3 ♕xd3 34.♘xd3 ♖b8 gewinnt den Springer) 33...♖e8 34.♘ca7 ♘e4 – die Rettung des Springers b5 hat alle Figuren zum Damenflügel abgezogen – nun ist der weiße König alleingelassen!

28...♕d8

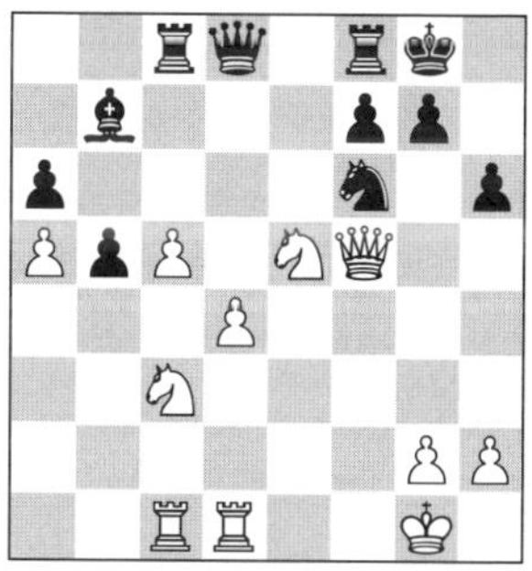

Das große Thema dieser Position ist die Blockade der Zentralbauern. Die weißen Türme sind ideal platziert, um ihren Vorstoß zu unterstützen. 29.♘e2! mit der Drohung 30.c6 (was nebenbei den Bauer a5 indirekt deckt) und der Idee, den Springer nach f4 oder g3 zu überführen, ist die kritische Fortsetzung:

A) 29...♗e4 (das ideale Feld für den Läufer, der die Blockadefelder überwacht und zugleich den Vorstoß des b-Bauern unterstützt) 30.♕f4 b4 31.♘g3 ♗h7 (nun ist es notwendig, sich für eine Diagonale zu entscheiden...) 32.♘c4 ♘d5 und die Stellung ist unklar;

B) Falls 29...♗d5 30.♘f4 (30.♘g3, um e4 zu kontrollieren und eventuell nach f5 zu springen, ist schwer zu beurteilen) 30...♗e4, so hat der Läufer Zeit verloren, jedoch kann er nun dauerhaft auf e4 bleiben. Die Chancen sind verteilt.

29.♖a1?!

Wie wir gesehen haben ist es nicht notwendig, den Bauern a5 zu decken.

29...b4

Ein natürlicher Vorstoß des Freibauern, nichtsdestotrotz hat sein letzter Zug dem Weißen die Dynamik geraubt. Das schlichte 30...♖e8! würde ihn mit der Frage „was nun?" konfrontieren, und ihn in einer unangenehmen Situation zurücklassen.

30.♘e2?!

30.♘a4! war richtig, wie Smyslow angibt. 30...♗e4 31.♕f2 b3 32.♘b6 ♖c7 33.♖ac1! (zurück auf die richtige Linie) 33...♗c2?! 34.♖xc2 bxc2 35.♕xc2 ist für den Schwarzen gefährlich, aber 33...♘d5 mit gleichen Chancen ist möglich, da nach 34.♕b2?! ♗c2! nun das Qualitätsopfer mit einer abschließenden Gabel auf e3 beantwortet werden würde.

29.♖a1 b4 30.♘e2 ♗e4 31.♕h3 ♗c2 32.♖f1 b3

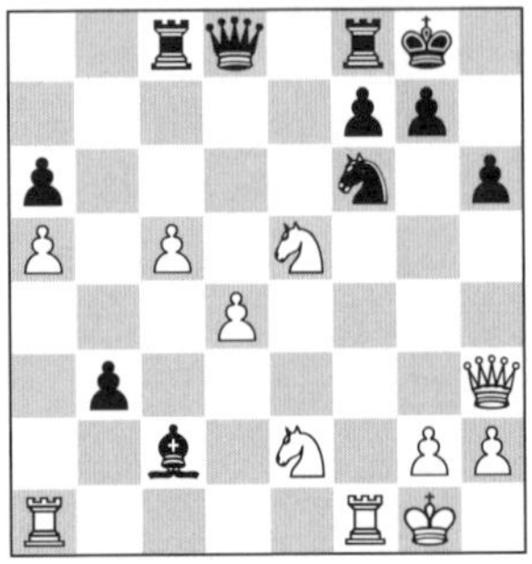

Weiß steht vor einer Vielzahl an Aufgaben, die seine Kräfte überfordern: er muss auf den schwarzen Freibauern achtgeben, den d4-Bauern und viele Felder decken, und nicht zuletzt ist sein König verwundbar. Letztlich konnte er die Schwierigkeiten nicht meistern:

33.♕c3 ♘d5 34.♕b2 ♘e3 35.♖fe1 ♕d5 36.♘f3 ♖fe8 37.♖ac1 ♖c6 38.♘c3 ♕f5 39.♘d1 ♖ce6 40.♘xe3 ♖xe3 41.♖xe3 ♖xe3 42.♔f2 ♕e4 43.♖e1 ♖xe1 44.♘xe1 ♗d1 45.c6 ♕xc6 46.♘d3 ♕c4 47.♔e3 ♗c2 48.♘e1 ♗f5 49.♔d2 ♕b5 50.♔d1 ♗g4+ 51.♔c1 ♕c4+

Weiß gab auf.

Lösung 40

Gideon Stahlberg

José Raul Capablanca

Moskau 1935 (16)

1.d4 d5 2.c4 e6 3.♘f3 ♘f6 4.♘c3 ♗e7 5.♗g5 0-0 6.e3 ♘bd7 7.♕c2 h6 8.♗h4 c5 9.♖d1 ♕a5 10.♗d3 cxd4 11.exd4 dxc4 12.♗xc4 ♘b6 13.♗b3 ♗d7 14.0-0 ♗c6 15.♘e5 ♗d5 16.♘xd5 ♘bxd5 17.♕e2 ♖ad8

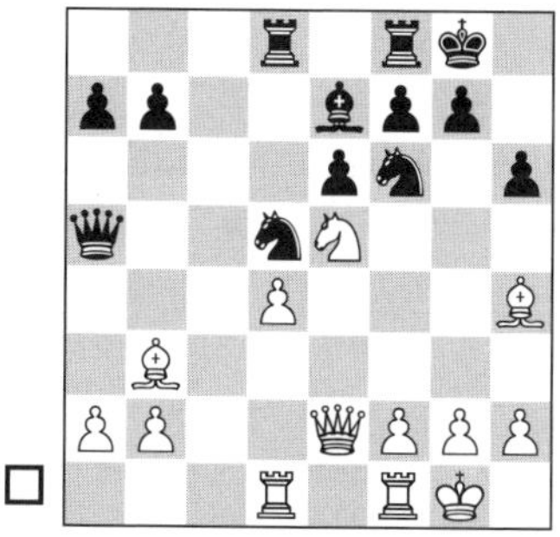

Schwarz hat sich dazu entschlossen, den Isolani zu blockieren, was ihm gelang. Der Springer auf d5 begrenzt nun den Aktionsradius des Läufers b3 und vermeidet so Opferangriffe auf der Diagonalen a2-g8.
Der d4-Bauer und der Vorpostenspringer e5 sind komfortabel befestigt. Weiß hat einen dauerhaften Raumvorteil und das Läuferpaar.

18.f4!

Nur so kann Weiß dem Schwarzen ernsthafte Probleme stellen. Er will mit f4-f5 fortsetzen, um die f-Linie sowie die Diagonale a2-g8 zu öffnen.

18...♘e8?

A) Nach 18...♕b6 19.f5 ♖fe8 20.fxe6 wird Weiß seine Idee realisieren:

A1) 20...fxe6? versucht, das wichtige Feld d5 zu stützen, aber dann hat Schwarz auch noch einen isolierten Bauer zu den anderen Nachteilen seiner Stellung und steht nach 21.♘g6 sehr unbefriedigend;

A2) Nach 20...♕xe6 21.♕f3 erscheint die schwarze Stellung zunächst mal solide, aber sie ist sehr passiv, da der Springer auf d5 bleiben und von anderen Figuren gedeckt werden muss; Weiß hat derweil Zeit zum Umgruppieren und genießt einen angenehmen Vorteil.

B) 18...g6 und es teilt sich auf:

B1) 19.g4 (jeder der Bauern f oder g droht zu marschieren) 19...♕b6 20.f5 (20.♗g3, was den Druck aufrecht hält, is auch stark) 20... exf5 21.gxf5 g5 22.♗g3 – Schwarz hat noch Probleme, doch immerhin konnte er die f-Linie geschlossen halten. Die Schwächung beider Königshäuser ist günstiger für Weiß, da er aktiver steht;

B2) 19.♕d3 (droht 20.♘xg6) 19...♔g7 – Weiß kann nun 20.g4 wie in der vorigen Variante spielen, oder 20.a3, um ♗b3-c2 vorzubereiten und die Opferdrohung auf g6 zu erneuern. Auch hier ist sein Vorteil komfortabel.

19.♗xe7 ♘xe7

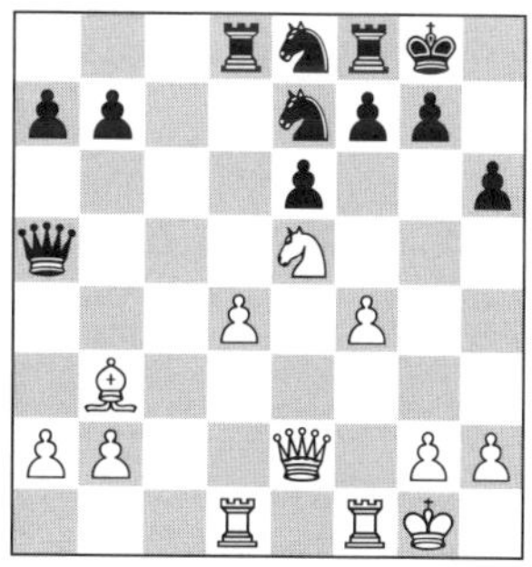

20.f5!

Der Plan wird taktisch ausgeführt – Stahlberg wird entscheidenden Angriff erhalten.
20.♘xf7? ♖xf7 21.♗xe6 (21.♕xe6? ♘d5 schließt die fatale Diagonale)

21...♘f6 22.f5 ♘ed5 ermöglicht es Weiß, Material zurückzugewinnen, aber sein Angriff ist zum Stillstand gekommen, die Chancen sind gleich.

20...♘xf5

Schwarz ist verloren nach 20...exf5? 21.♘xf7 ♖xf7 22.♕xe7 und auch nach 20...♘c7 21.f6!, wenngleich diese Variante komplizierter ist.

21.♘xf7! ♖xf7

21...♘xd4 22.♖xd4 ♖xd4 23.♕xe6 ist hoffnungslos.

22.♕xe6 ♘ed6

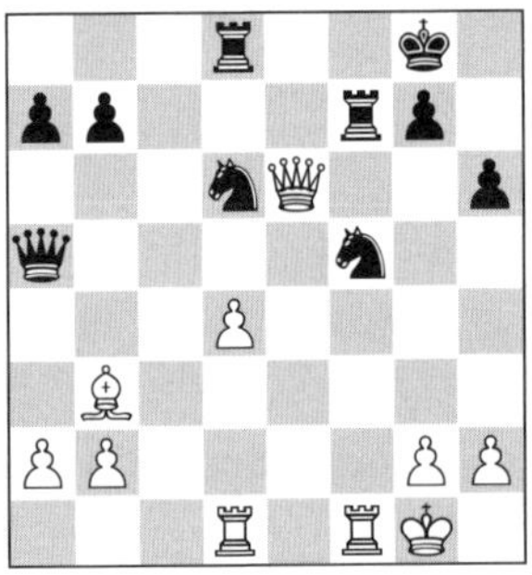

Schwarz hat eine Mehrfigur, doch der Turm f7 und der Springer f5 sind beide gefesselt.

23.g4?

23.♕e5! greift die Dame an und droht g2-g4 sowie den Turm mit dem Läufer zu schlagen. Weder 23...♕b6 24.g4 ♘h4 25.♕e7 noch 23...♕c7 24.♖xf5, was die Fesselung des Springers auf d6 ausnutzt, können die Partie retten.

23...♔h8!

Eine akrobatische Verteidigung. 23...♕c7 24.gxf5 ♔h8 bot auch Widerstand, allerdings in einer schlechteren Version.

24.♕e5! ♕xe5 25.dxe5

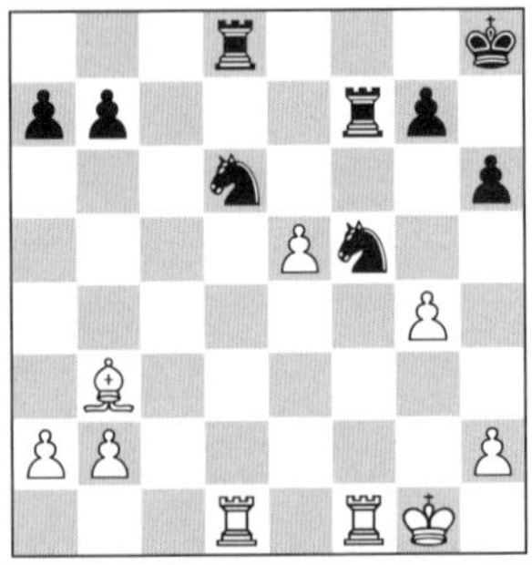

Obgleich alle schwarzen Figuren hängen gibt es einen Ausweg:

25...♘e3! 26.♗xf7

26.♖xf7 ♘xf7 führt zu nichts.

26...♘xd1 27.exd6 ♖xd6

Die Gegner vereinbarten hier Remis, aber Stahlberg hätte mit 28.♗b3 fortsetzen können, denn sein Läufer ist dem Springer klar überlegen.

Zum Beispiel:

A) 28...♘xb2 29.♖f8+ ♔h7 30.♗c2+ g6 31.♖f7+ gefolgt von 32.♖xb7;

B) 28...♘e3 29.♖e1 ♘xg4 (oder 29...♖d3 30.h3 gefolgt von 31.♔f2) 30.♖e8+ ♔h7 31.h3 ♘f6 32.♗c2+ g6 33.♖e7+ und dann 34.♖xb7.

In beiden Fällen bewahrt Weiß Gewinnchancen.

Lösung 41

Carl Schlechter

Friedrich Köhnlein

Hamburg 1910 (10)

1.e4 e5 2.♘f3 ♘c6 3.♗b5 a6 4.♗a4 ♘f6 5.0-0 ♗e7 6.♖e1 b5 7.♗b3 d6 8.c3 ♘a5 9.♗c2 c5 10.d4 ♕c7 11.♘bd2 ♘c6 12.a4 ♖b8 13.axb5 axb5 14.d5 ♘a5 15.♘f1 0-0 16.♗g5

♗d7 17.b3 h6 18.♗d2 ♖a8 19.♘g3 ♖a7 20.♘h4

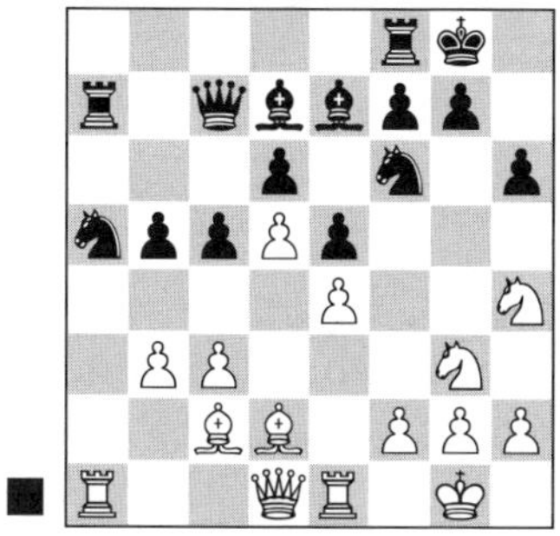

Weiß möchte einen Springer nach f5 setzen und den schwarzen König angreifen. Aus dieser Sicht erscheint das bereits geschehene ...h7-h6 als Schwächung, nach der es Schwarz schwerfällt, ...g7-g6 zu spielen.

A) 20...♘xe4? 21.♖xe4 f5 22.♘g6 fxe4 23.♘xe7+ ♔f7 24.♘ef5 ist hoffnungslos;

B) 20...♘h7!? 21.♘hf5 ♗g5 ist eine sinnvolle Idee, die den Tausch der schwarzfeldrigen Läufer erreicht. Jedoch kann sie Weiß die Kontrolle über f5 nicht streitig machen und gleicht nicht aus;

C) Der beste Plan besteht in 20...♖fa8! 21.♘hf5 ♗f8 mit der Absicht ...♔g8-h7 gefolgt von ...g7-g6, um die Kontrolle über f5 zurückzuerlangen. Falls die weiße Dame ziehen würde, was den Zugriff über b3 vernachlässigt, kommt Schwarz mit ...c5-c4 und bei b3-b4 ...♘a5-b3 zu gutem Gegenspiel (mit der Dame auf d1 würde das ein Bauernopfer verlangen, das aber zuweilen durchaus gut sein kann). Andererseits verringert ...♘a5-b7 die Aussichten des Springers, und falls Schwarz zum Rückzug greift, muss er die Konsequenzen von b3-b4 abwägen, was den Springer lahmlegt; im Gegenzug ergibt sich dafür Spiel auf der a-Linie. Wollen wir ein paar Varianten betrachten:

C1) 22.♕f3 (droht 23.♘xh6+) 22...♕d8 gefolgt von ...♔g8-h7 und ...g7-g6 bringt Weiß nichts;

C2) 22.f4?! erlaubt 22...c4! 23.b4 ♘b3! 24.♖xa7 ♕xa7+, da das Schach den Verlust des Bauern b3 vermeidet;

C3) 22.♗e3 ♔h7 23.f4?! (ein kritischer Zug, in der Hoffnung, die Initiative zu übernehmen, aber er funktioniert nicht so gut: nach 23.♘h5 ♘g8! – 23...♘xh5 24.♕xh5 g6 25.♕h4! ist gefährlich – gefolgt von ...g7-g6 und die schwarzen Felder um den König sind ausreichend verteidigt) 23...g6! (und nicht 23...exf4?! 24.♗xf4 g6 25.e5!) 24.fxe5 dxe5 25.♘h4 ♘g4!, wo Schwarz sehr zufrieden sein kann;

C4) 22.♘h5! (um einen der Verteidiger des schwarzen Königs abzutauschen und die Wirkung der Dame zu erhöhen) 22...♕d8! (22...♘xh5 23.♕xh5 erlaubt Opfer auf h6; 22...♘e8 und 22...♘h7 sind riskant – das ideale Rückzugsfeld für den Springer ist g8, von wo er h6 überdeckt, aber das steht momentan nicht zur Verfügung) 23.♘xf6+ ♕xf6 – Schwarz leidet etwas unter Raumnachteil, ist aber in keiner dringlichen Gefahr und nur leicht im Nachteil.

20...♘xd5?!

Für den König ist diese Idee mit Gefahren verbunden, aber mit einem gewonnenen Bauern erhält Schwarz auch gewisse Verteidigungsressourcen, weil er später Material zurückgeben kann.

21.♘hf5 ♗xf5 22.♘xf5 ♘f6

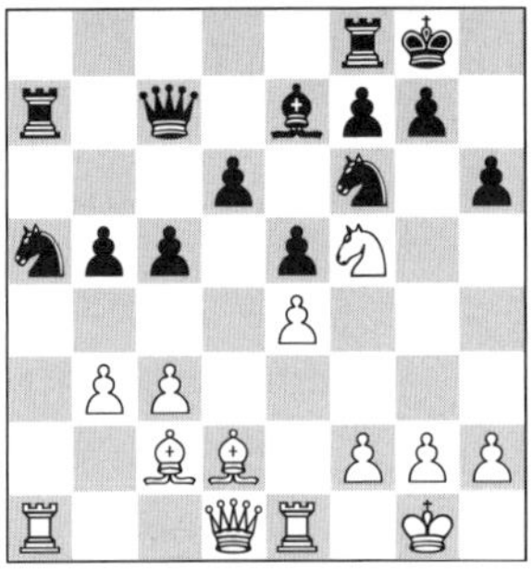

Der weiße Springer steht ausgezeichnet auf f5. Er kann weder abgetauscht, noch vertrieben werden, und der schwarze König ist bedroht.

23.♖e3

Mit der Idee 24.♖g3, um die Bauern g7 und h6 zu bedrohen. Gleich gut ist 24.♕f3, worauf 24...♖fa8! 25.♕g3 g6 die beste Verteidigung ist: h6 als Opfer anbieten, um einen vernünftigen Bauernschutz vor dem König zu bewahren. Da der Bauer auf d5 nicht mehr da ist, kann der Springer a5 wieder ins Zentrum zurückkehren. Schwarz behält Ressourcen, auch wenn sein Nachteil evident bleibt.

23...♔h7?

23...♖fa8! 24.♖g3 g6 25.♘xh6+ ♔f8 ist wiederum die beste Fortsetzung. Der Turm steht auf g3 gut für den Angriff, andererseits steht er vom Schuss, und Schwarz kann versuchen, die Initiative am Damenflügel an sich zu reißen. Hier sind zwei mögliche Fortsetzungen:

A) 26.♘g4?! ♘xg4 27.♖xg4 c4! und die Stellung ist kompliziert nach 28.bxc4 ♘xc4, wobei 28.b4 ♘b3! dem Schwarzen die Initiative lässt, da er den Bauern auf b3 wegen der weißen Grundlinienschwäche hält;

B) 26.h4! gibt dem König ein Luftloch und bereitet 27.h5! vor, und falls 27...♘xh5?, so 28.♕xh5! – die Dame ist tabu wegen Matt auf g8. Weiß ist im Vorteil.

24.♖h3!

Jetzt ist h6 das Ziel, da der schwarze König auf der h-Linie ungeschützt ist. Nach 24.♖g3 ♖g8 nebst 25...♗f8 geht das Spiel weiter.

24...♘g8 25.♘xh6!

25.♘xg7! war ebenfalls entscheidend.

25...gxh6 26.♗xh6

Schwarz gab auf. 26...♘xh6 27.♕h5 verliert Haus und Hof.

Lösung 42

Efim Geller

Haije Kramer

Helsinki Olympiade 1952 (4)

1.d4 ♘f6 2.c4 e6 3.♘f3 b6 4.♘c3 ♗b7 5.e3 ♗b4 6.♗d3 ♘e4 7.0-0 ♗xc3 8.bxc3 0-0 9.♘e1 f5 10.f3 ♘f6 11.a4 ♘c6 12.♖a2 ♘a5 13.♖af2 ♕e7 14.♕e2 d6 15.e4 fxe4 16.fxe4 e5 17.♗g5 ♗c6 18.♘c2 ♗d7 19.♘e3 c6

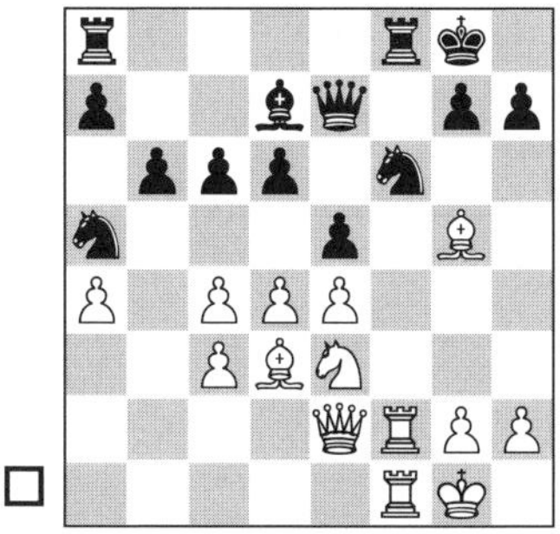

Die weiße Bauernformation ist durch den Doppelbauern beschädigt, doch verschafft dieser ihm eine starke Präsenz im Zentrum. Seine Figuren sind aktiv und er hat das Läuferpaar. Springer f6 ist gefesselt und unter großem Druck, weshalb e4 sicher ist. Der Springer auf e3 kontrolliert die wichtigen Felder g4, f5 und d5 (weshalb der Bauer c6 sich nicht bewegen sollte) und verteidigt c4 – oft der Schwachpunkt in diesem Stellungstyp, was dem schwarzen Randspringer seinen Sinn verleiht. Schwarz dagegen hat eine passive und gedrückte Stellung. Er könnte versuchen, die Fesselung des Springers mit ...h7-h6 loszuwerden. Je nach Umständen kann der Läufer entweder sich auf f6 abtauschen oder nach h4 zurückweichen bzw. nach g3 bei eventuellem ...g7-g5. In beiden Fällen wird die schwarze Bauernstruktur ernsthaft geschwächt.

Der stärkste Plan besteht wohl in 20.d5! c5 (Schwarz muss die Stellung geschlossen halten, denn bei 20...♔h8 21.dxc6 ♘xc6 22.♘d5 oder 21...♗xc6 22.♘g4 ist alles aus) 21.♕e1! mit der Idee ♗d3-e2-g4, um die weißfeldrigen Läufer abzutauschen und die Felder f5 und g4 für den Springer zu erobern. Den Bauern a4 muss man nicht verteidigen, da Läufer d7 diese beiden Felder decken muss. Die weiße Dame will nahe am Königsflügel bleiben (auch 21.♕d1 ist gut in diesem Zusammenhang). Und nun:

A) 21...♖f7 22.♗e2 ♖af8 möchte Schwarz gern spielen, um das Feld f6 so gut wie möglich zu überdecken, aber das hilft nicht, mit 23.♗h5! g6 24.♗g4 hat Weiß schon einen Gewinnweg;

B) 21...h6 22.♗xf6 ♖xf6 23.♖xf6 gxf6 24.♕h4 (auf f6 zu nehmen würde nur den schwarzen Turm ins Spiel bringen) 24...♖f8 25.♗e2! (25.♕xh6? ♕g7 und Schwarz verteidigt sich) 25...♕g7!? (ein genialer Versuch zu verhindern, dass der weiße Läufer nach g4 gelangt: 26.♗g4? ♘xc4! erlaubt Widerstand) 26.♖f3 ♔h7 27.♖g3 ♕e7 28.♗g4 und Weiß gewinnt.

20.c5!

Mit der Idee, den c6-Bauern zu blockieren und dann d4-d5 zu spielen, um die Kontrolle über d5 zu erlangen. Das ist ein ungewöhnlicher Plan, denn in dieser Bauernstruktur beabsichtigt c4-c5 üblicherweise, die Bauernkette auf den entgegengesetzten schwarzen Feldern zu schwächen.

20...bxc5

A) Nach 20...♔h8? ist, wie in der Partie, 21.d5 stark, es gibt aber auch einen direkten Gewinn: 21.cxd6 ♕xd6 22.♘f5 ♗xf5 23.dxe5! (23.♖xf5 ♘d7 erlaubt dem Schwarzen, den Punkt e5 zu halten und Widerstand zu leisten) 23...♕xe5 24.♖xf5 ♕xc3 25.e5 und der Vorstoß des Freibauern entscheidet in Kombination mit Drohungen gegen den König;

B) 20...dxc5 21.d5! mit den Verzweigungen:

B1) 21...♕d6 (entfesselt den Springer, doch die Dame steht exponiert) 22.dxc6 ♘xc6 (22...♗xc6 23.♘f5 ♕d7 24.♘xg7 und 22...♕xc6 23.♗xf6 ♖xf6 24.♖xf6 gxf6 25.♘d5 verlieren beide) 23.♗c4+ ♔h8 24.♖d1! (die Dame muss von ihrem Idealfeld weichen) 24...♕e7 (oder 24...♕c7 25.♕f1 mit der Idee 26.♘d5) 25.♘d5 und Weiß gewinnt;

B2) 21...c4! (Schwarz gibt den Bauern zurück, um den Springer a5 abtauschen zu können) 22.♗xc4 ♘xc4 23.♕xc4 (droht 24.dxc6+) 23...♕c5! (die Pointe des Verteidigungsplanes, der mit 20...dxc5 verbunden ist; Übergang ins Endspiel erlaubt es dem Schwarzen, weiterzuspielen, auch wenn seine Chancen nicht so gut sind) 24.♕xc5 bxc5 25.♗xf6 ♖xf6 26.♖xf6 gxf6 27.d6! (27.♖xf6 cxd5 verspricht weniger) 27...♔f7 (nach 27...♖b8 28.♖xf6 ist der Bauer vom Springer bedroht und Schwarz steht viel schlechter) 28.♖b1! ♔e6 29.♘f5 und trotz der materiellen Ausgewogenheit können wir konstatieren, dass Weiß einen Mehrbauern hat und somit klaren Vorteil, da der Schwarze c-Bauer verdoppelt und isoliert ist.

21.d5! c4!

Um den Randspringer abtauschen zu können und um den c6-Bauer mobil zu bekommen, so dass der weiße Springer nicht das wichtige Feld d5 erobert.

22.♗xc4 ♘xc4 23.♕xc4 c5

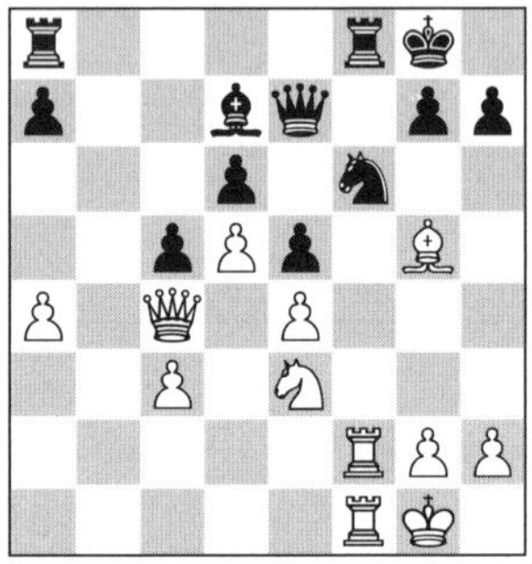

Die Invasionsfelder des weißen Springers sind dauerhaft unter Kontrolle. Allein durch die f-Linie wird Weiß keine Fortschritte erzielen können. Dafür ist nun der schwarze Damenflügel löchrig, und der andauernde Druck auf beiden Flügeln wird Früchte tragen.

24.♕a6 ♗c8 25.♕c6 ♗d7 26.♕c7 ♖fc8 27.♗xf6 gxf6 28.♘f5 ♖xc7 29.♘xe7+ ♔f7 30.♘f5 ♗xf5 31.♖xf5 ♔g7 32.♖xf6

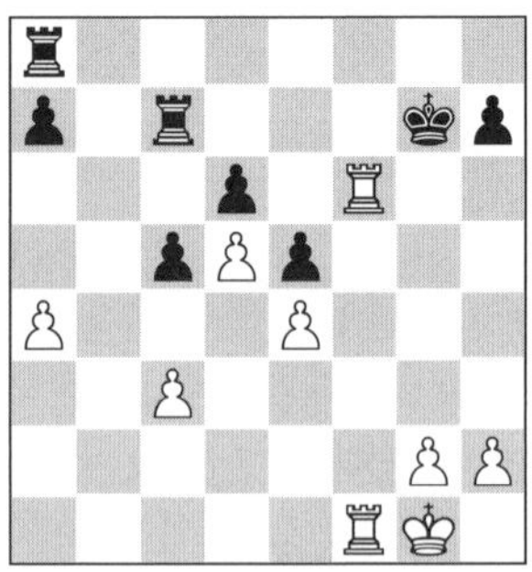

Schwarz hat einen Bauern weniger, und da d6 schwach ist, fehlt es ihm am Gegenspiel. Vermutlich steht er schon auf Verlust.

32...♖d7 33.♖e6 ♖b8 34.h4 h5 35.♖f5 ♖b3 36.♖g5+ ♔h7 37.♖xh5+ ♔g7 38.♖g5+ ♔h7 39.♖gg6 ♖xc3 40.h5 ♖c4 41.♖h6+ ♔g8 42.♖eg6+ ♖g7 43.♖xd6 ♖xa4 44.♖d8+ ♔f7 45.♖hd6 ♖g4 46.♖6d7+ ♔f6 47.♖f8+ ♔g5 48.♖g7+ ♔h4 49.h6 ♖a1+ 50.♔h2 ♖a6 51.h7 1-0

Lösung 43

Vlastimil Hort 2575

Anatoli Karpow 2690

Amsterdam 1981

1.d4 ♘f6 2.♘f3 e6 3.c4 d5 4.♘c3 ♗e7 5.♗g5 h6 6.♗h4 0-0 7.e3 b6 8.♖c1 ♗b7 9.cxd5 exd5 10.♗e2

Eine erstaunlich bescheidene Entwicklung des Läufers, e2 statt d3, die darauf ausgerichtet ist, die d-Linie frei zu lassen und später den Bauern d5 unter Beschuss zu nehmen.

10...♘bd7 11.0-0 c5 12.♕c2

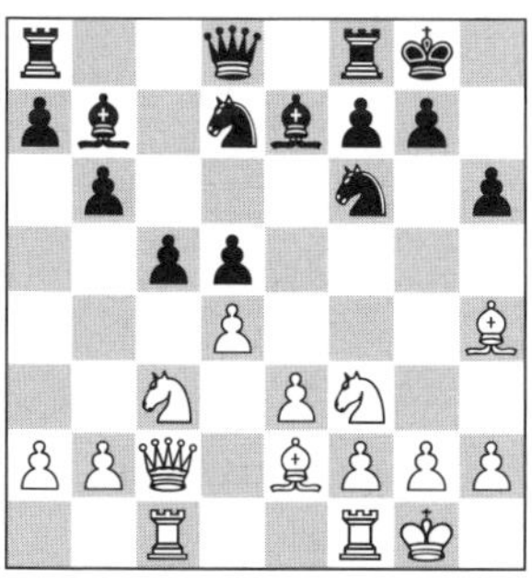

Die Bewertung der schwarzen Stellung hängt von der Stärke des Zentralbauern d5 ab, der das Feld e4 kontrolliert. So gesehen ist der Läufer b7 extrem wichtig, und auch wenn sein Spielraum durch d5 beschränkt ist, verteidigt er diesen Bauern effektiv, und nur deshalb können die restlichen Figuren aktiv werden.

12...a6?!

Bereitet den typischen Plan ...c5-c4 gefolgt von ...b6-b5 vor, um die Majorität zu mobilisieren, aber dies lässt sich noch nicht unter günstigen Voraussetzungen durchführen.

12...♖c8 13.♖fd1 ♘e4 zum Beispiel verschafft dem Schwarzen eine solide Stellung.

13.♖fd1

Der Turm drückt auf d5, was ♘f3-e5 spielbar macht ohne Furcht davor, dass der Springer getauscht wird.

13...c4?!

Wieder war 13...♖c8 sicherer.

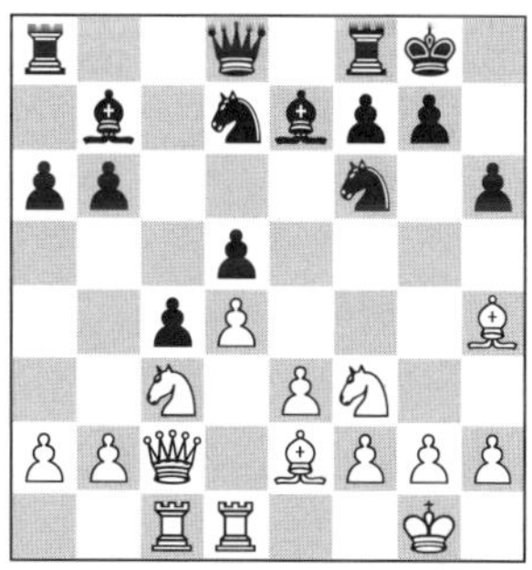

14.a4!

Indem er verhindert, dass der Bauer durch ...b6-b5 gedeckt werden kann, bereitet Hort den Hebel b2-b3 vor, um vorteilhaft den Damenflügel zu öffnen. Druck im Zentrum auszuüben durch ♘f3-e5 nebst ♕c2-f5 und ♗e2-f3 ist ein weiterer vielversprechender Plan. Nach 14.♘e5 b5 hat Schwarz sein Ziel erreicht und hat ein ordentliche Stellung.

14...♗c6?!

Ein folgerichtiger Zug, und der einzige, der auf die Durchsetzung von ...b6-b5 beharrt, doch er hat einen großen Makel...

15.♘e5!

Mit der Absicht, den Läufer zu tauschen, von dem wir sagten, dass er essentiell für die Überdeckung des schwarzen Zentrums wäre.

15...♕c7

15...♘xe5? 16.dxe5 verliert den d-Bauern.

16.♘xc6!

16.♕f5! ist ebenso stark und sichert großen Vorteil.

16...♕xc6 17.♗f3!

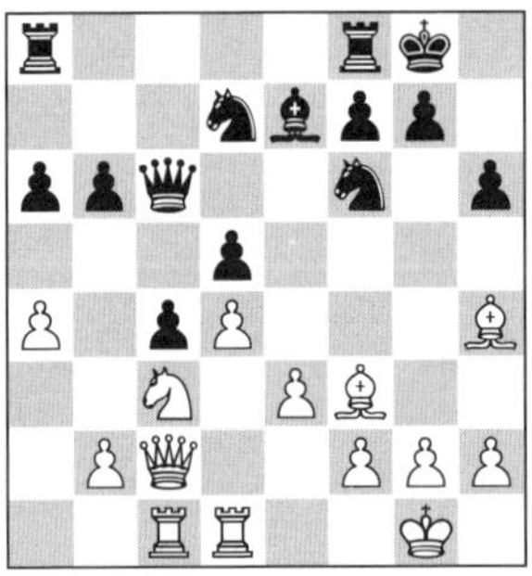

Schwarz hat erreicht, was er wollte, und kann letztlich ...b6-b5 spielen und den Bauern auf c4 halten. Aber ohne seinen Läufer wird seine Stellung auf d5 zusammenbrechen. Das Läuferpaar spielt in den kommenden Komplikationen auch eine Rolle.

A) Die weiße Drohung zeigt sich nach etwa 17...♖ac8: 18.♘xd5! ♘xd5 19.♗xe7 und der gefesselte Springer kann nicht auf e7 zurücknehmen;

B) 17...♖fe8 ist plausibel, um den Läufer e7 zu decken. Wir betrachten zwei Möglichkeiten:

B1) 18.♗xf6 ♘xf6 19.e4 dxe4 20.♘xe4 (hier wurde der Bauer d5 abgetauscht, und ging nicht verloren, aber nun ist c4 schwach, während die Dame auf c6 und der Turm auf a8 sehr ungeschickt in der Diagonale des weißen Läufers stehen) 20...♖ac8 (20...♘d5? 21.♘c3 schließt nicht die weißfeldrige Diagonale) 21.♘xf6+ ♕xf6 22.♗b7 ♖cd8 und Weiß sichert einen Mehrbauern nach 23.♕xc4 oder 23.♗xa6 ♖xd4 24.♗xc4. Trotzdem behält Schwarz Verteidigungsmöglichkeiten durch die ungleichfarbigen Läufer, da Weiß auch keine klare Initiative entwickelt;

B2) 18.♘xd5 ♘xd5 19.♕f5! (und nicht 19.♗xe7? ♖xe7 20.♕f5 ♘7f6) 19...♗xh4 (nach 19...♘7f6? 20.♗xf6 geht der Springer d5 verloren) 20.♗xd5 ♕f6 21.♕xf6 ♗xf6 22.♗xa8 ♖xa8 23.♖xc4 – mit Turm und zwei Bauern für zwei Leichtfiguren hat Weiß einen kleinen Materialvorteil, im Endspiel ungefähr soviel wert wie ein Mehrbauer. Darüberhinaus steht er ausgezeichnet im Zentrum, was ihm, alles zusammengerechnet, einen deutlichen Vorteil gibt.

C) 17...♖ae8 verteidigt wieder den Läufer und zieht den Turm aus der

Diagonale des Läufers f3, so dass es keine Kombinationsmöglichkeiten mehr gibt, aber: 18.b3! b5 19.axb5 axb5 20.bxc4 bxc4 21.♖b1! (die schwarzen Türme sind passiv und es droht 22.♖b5, was den d5-Bauer gewinnt) und nun:

C1) 21...♖b8 erlaubt wieder 22.♘xd5! ♘xd5 23.♗xe7;

C2) 21...g5 22.♗g3 g4 23.♗e2 sichert die Zentralbauern, schwächt aber sehr den Königsflügel, weshalb Weiß deutlichen Vorteil hat.

17...♗b4

Karpov möchte auf c3 tauschen, um die weißen Felder zu sichern.

18.♘xd5! ♘xd5 19.♕f5

Diese Sequenz kennen wir bereits.

19...♕xa4

19...♘7f6 20.♗xf6 verteidigt nichts.

20.♗xd5 ♖ac8

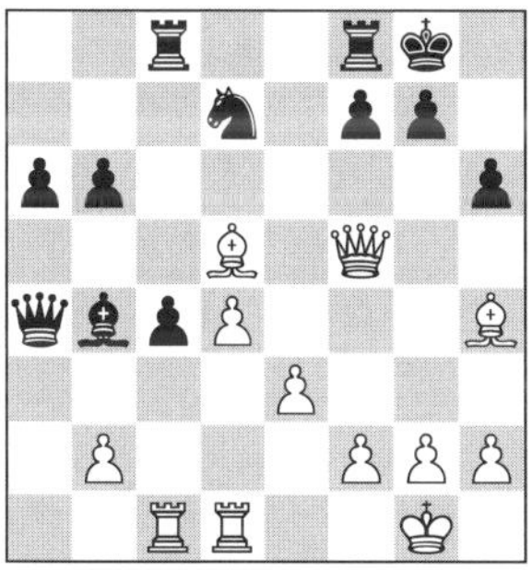

21.b3!

21.♗xc4? erlaubt 21...♖xc4! und der Turm c1 kann nicht zurückschlagen, da sein Kollege auf d1 des Schutzes bedarf.

21...cxb3

21...♕xb3 läßt den Springer d7 ungedeckt.

22.♖xc8 ♖xc8 23.♕xf7+ ♔h8 24.♗xb3 ♕b5 25.♗e6 ♖f8 26.♗xd7

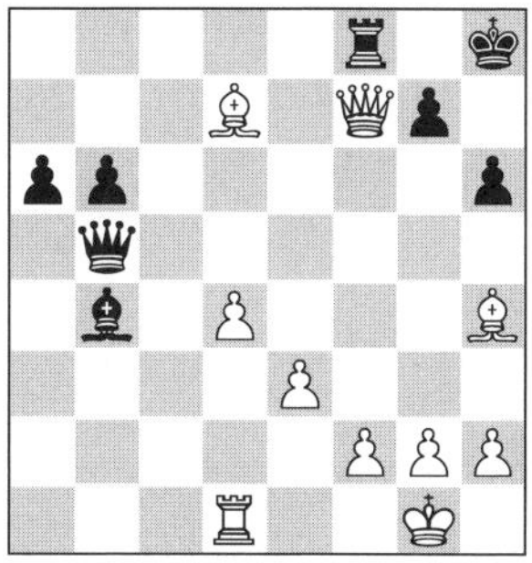

Schwarz gab auf.

Zwei Varianten sind denkbar:

A) 26...♕e2 (greift die weiße Dame und den Turm an) 27.♕b3 ♗e1 (greift an und fesselt f2) 28.♕d3 ♗xf2+ 29.♗xf2 ♕xf2+ 30.♔h1 und es gibt kein Grundlinienmatt;

B) 26...♖xf7 27.♗xb5 axb5 28.♖b1 ♖c7 (verteidigt indirekt den Läufer b4) 29.g4 ♖c4 30.♗d8 und ein zweiter Bauer geht verloren.

Lösung 44

Wladimir Makogonow

Michail Judowitsch

Leningrad 1939 (7)

1.d4 d5 2.c4 e6 3.♘c3 c6 4.e3 ♘f6 5.♘f3 ♘bd7 6.♘e5 ♘xe5 7.dxe5 ♘d7 8.f4 ♗e7 9.cxd5 exd5 10.♗d3 0-0 11.0-0 ♘c5 12.♗c2 f5 13.b3 g6 14.♗b2 b6

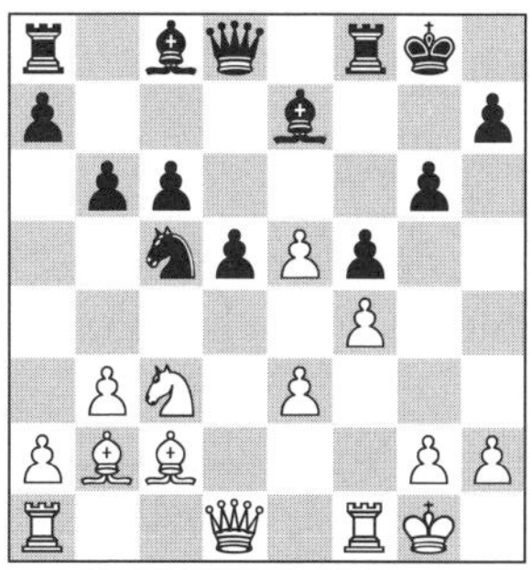

Diverse Formationen sind für beide Seiten denkbar, tendenziell sieht es nach leichtem weißem Vorteil aus. Aber nur ein Plan, unverzüglich durchgeführt, kann dem Schwarzen das Leben erschweren: der Stoß des Bauern b3 nach b5, um dem Bauern d5 die Basis abzubrechen.

15.b4! ♘e4

Oder 15...♘e6 (mit der Absicht ...d5-d4) 16.b5 mit den Verzweigungen:

A) 16...♗b7? (passiv, ohne dabei solide zu sein) 17.bxc6 ♗xc6 18.♗b3 ♘c7 und Weiß hat die Wahl, entweder auf Angriff zu spielen mit 19.e4!? fxe4 20.♘xe4, um nach d6 oder f6 zu springen, oder das Zentrum mittels 19.♕f3 ♕d7 20.♖ad1 ♖ad8 21.♖d2 nebst 22.♖fd1 zu attackieren;

B) 16...d4! 17.♘e2! (ein Bauer soll nach c6; 17.exd4 ♕xd4+ 18.♔h1 ♕xd1 19.♖fxd1 c5 20.♗b3 ♔f7 ist ein wenig besser für Weiß) 17...dxe3 18.bxc6 ♗c5 19.♗b3 – Schwarz hat Probleme in dieser komplexen Stellung. Der Läufer c8 muss den Springer verteidigen, und auf 19...♕c7 ist 20.♕d5 probat, um den Freibauern zu sichern.

16.♗xe4!

Eine wichtige Idee von 15...♘e4 ist es, durch Tausch auf c3, den Bauern d5 zu sichern. Deshalb entschließt sich Weiß, den Springer auf Kosten des Läuferpaares zu bewahren.

16...dxe4

16...fxe4 17.b5! führt zu weißem Vorteil durch den Druck auf d5-Bauer und dem dauerhaften Drohung, die lange Diagonale zu öffnen:

A) 17...♗b7? 18.bxc6 ♗xc6 19.♕b3 ♕d7 und nun ist 20.♘xe4? voreilig wegen 20...♗a4! aber man kann es mit 20.a4! vorbereiten, und falls 20...♔h8, so geht trotzdem 21.♘xe4 (21...dxe4? 22.e6+);

B) 17...♗e6 18.bxc6 ♗c5 19.♕d2 ♕e8 (19...♕c8? erlaubt 20.♘xd5, und falls 20...♖d8, dann 21.♘f6+) 20.♘b5 (20.♘xd5? ♖d8) 20...♕xc6 21.a4 wonach Weiß, je nach Umständen, ♘b5-d6 ohne Furcht vor Bauernverlust spielen wird oder ♗b2-a3, um die schwarzfeldrigen Läufer zu tauschen.

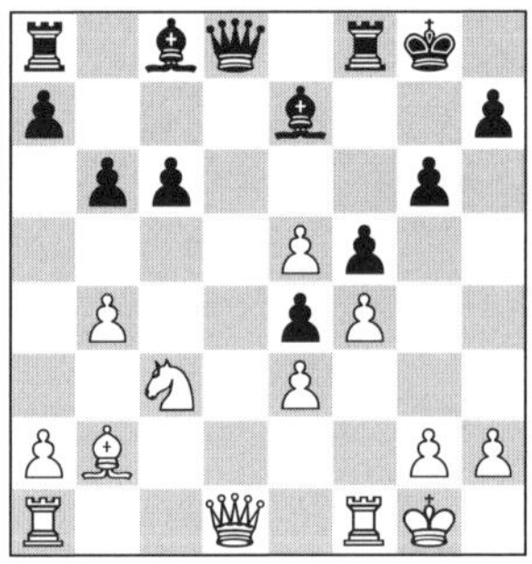

17.♕b3+!

Verhindert den Blockadezug 17...♗e6.

17...♖f7

Nach 17...♔g7 steht der König auf der langen Diagonalen exponiert. Denkbar ist die Fortsetzung 18.♖ad1 ♕c7 (oder 18...♕e8 19.e6 ♗f6 20.♖d6, der e-Bauer ist gedeckt und Weiß steht auf Gewinn) 19.♕c4! (die Drohung, mit dem Springer nach b5 oder d5 zu gehen, lenkt die schwarze Dame von der Kontrolle des Feldes d6 ab; 19.♖d6!?, im Geiste der Partie, ist ebenfalls stark, aber nicht entscheidend) 19...♕b7 20.e6 und nun bleibt weder nach 20...♗f6 21.♖d6 noch nach 20...♔h6 21.g4 fxg4 22.♘xe4 Hoffnung für Schwarz.

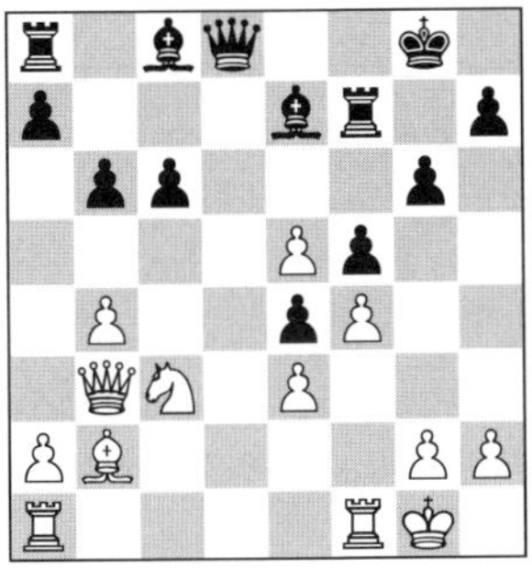

18.♖fd1?

Ein klarer Gewinn war mit 18.e6! ♖f6 (er muss versuchen, den Bauern e6 zu vernichten) 19.♘xe4! fxe4 (19...♖xe6 20.♕c3) 20.♗xf6 ♗xf6 21.e7+ zu haben.

18...♕e8 19.♘e2 ♗f8

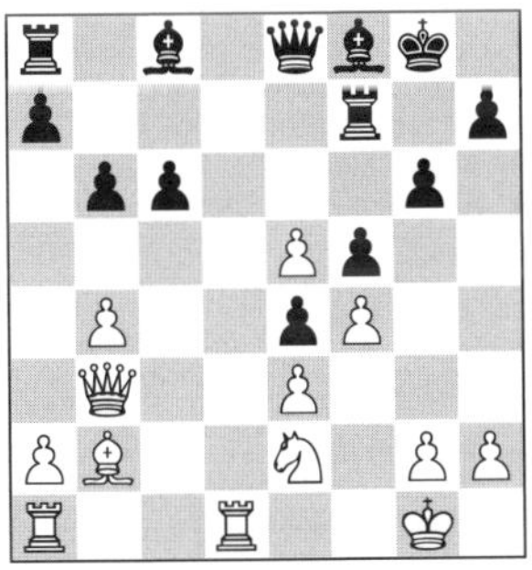

Das Qualitätsopfer ♖d1-d6, jetzt oder später gespielt, ist der Schlüsselzug, wenn Weiß vorankommen will. Es kann mit 20.♕c3 vorbereitet werden (die Dame betritt die lange Diagonale und wirft ein Auge auf c6) 20...♗e6 mit den Möglichkeiten:

A) 21.♖d6 attackiert c6 und e6. Schwarz kann den Turm nicht nehmen und muss sich akkurat verteidigen:

A1) 21...♗d5? 22.e6 ♖g7 23.♖d7 ist vernichtend;

A2) 21...♖c8?! 22.♘d4 ♗d5 (eine bessere Version als zuvor, da der Springer seine eigene Dame-Läufer-Batterie behindert, aber das eröffnet dem Weißen eine Kombinationsmöglichkeit) 23.e6 ♖g7 24.e7! – der Turm auf g7 kann nicht ziehen, der Läufer muss ihn decken, so dass 24...♕xe7 erzwungen ist, doch das erlaubt 25.♖xd5 mit großem weißem Vorteil;

A3) 21...c5! 22.bxc5 bxc5 und der Bauer nimmt dem weißen Springer das Feld d4. Wenn Weiß ihn nimmt, entwickeln die schwarzen Türme eine Menge Aktivität, und zuweilen kann nun die Qualität auf d6 unter günstigen Umständen genommen werden. Betrachten wir einige typische Variationen, die dies illustrieren: 23.♕xc5 (23.♘c1!? gefolgt von 24.♘b3 ist unklar) 23...♖c8 24.♕d4?! ♕b5! 25.♖e1 (25.♖xe6? ♕xe2 verliert wegen der Drohung 26...♖c2) 25...♖c4 26.♕d2 ♗xd6! 27.exd6 ♕d5 – Schwarz hat zunächst die gegnerischen Figuren zurückgeschlagen, bevor er die Qualität nahm, und steht besser.

B) 21.♘d4, wieder mit Druck auf c6 und e6, ist ebenfalls gefährlich:

B1) 21...c5? 22.♘xe6 ♕xe6 23.♖d6! cxb4 24.♕d4 ♗xd6 25.exd6 ♖d7 26.♕h8+ gewinnt den Turm a8;

B2) 21...♗xb4! 22.♕xb4 c5 23.♕a3 cxd4 24.♖xd4 ♖c8 – Schwarz konnte die Stellung geschlossen halten und seine Türme haben gute Aussichten. Die Chancen sind verteilt.

20.♖d6!?

Der Läufer kann nicht nach e6 und Schwarz ist mehr oder weniger verpflichtet, das Opfer anzunehmen. Immerhin ist die Dame-Läufer-Batterie noch nicht installiert.

20...♗xd6 21.exd6 h6 22.♖c1 ♗d7

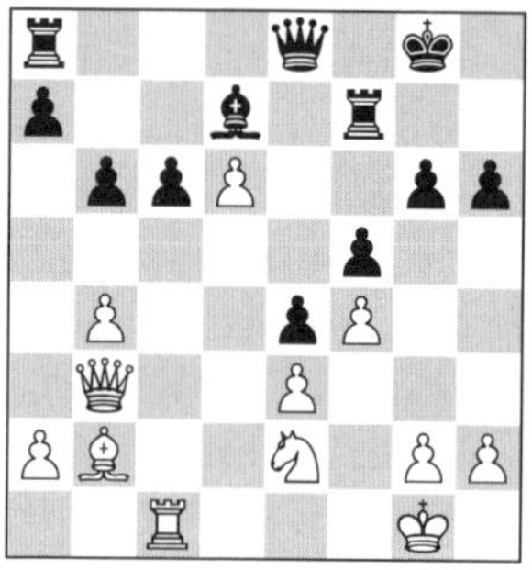

23.♗e5

23.♕c3 ♔h7 ergibt nichts Konkretes, deshalb verstärkt Makogonow einfach seine zentrale Stellung und festigt den Freibauern.

23...♖c8 24.♕a3 ♗e6 25.♘d4 ♕d7

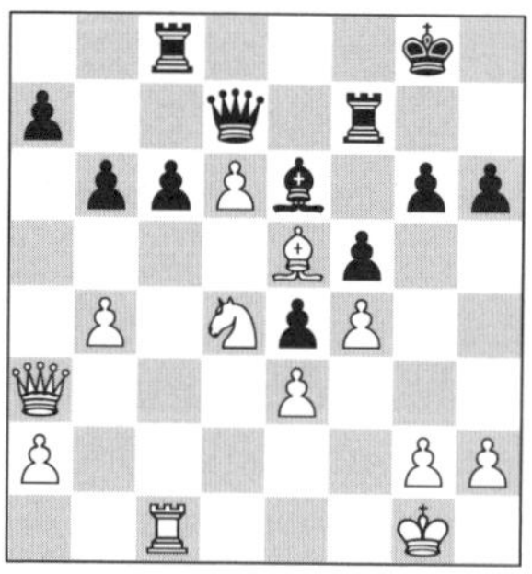

Die beiden weißen Leichtfiguren agieren auf den schwarzen Feldern, was der schwarze Läufer nicht tun kann. Eine solche Kräfteverteilung nach einem Qualitätsopfer verstärkt in der Regel die Kompensation. In unserer Partie kommt Weiß nicht recht voran, aber er hat die schwarzen Felder so gut unter Kontrolle, dass er nichts zu fürchten hat, wenn man die Präsenz des Bauern d6 und die Unsicherheit der schwarzen Königsstellung miteinbezieht.

26.b5?!

Der Wunsch zu gewinnen macht es immer wieder möglich, das Remis zu vermeiden, so oder so...

26...cxb5?

Nach 26...c5! 27.♘c6 kann Schwarz die Qualität für einen Bauern durch 27...♖xc6 28.bxc6 ♕xc6 oder 27...♗d5 28.♘e7+ ♖xe7 29.dxe7 ♕xe7 zurückgeben. In beiden Fällen steht nur er besser.

27.♖c7!

Startet die entscheidende Kombination.

27...♖xc7

Nach 27...♕e8 28.♘xe6 ♕xe6 gewinnt 29.♕b3!.

28.dxc7 a5 29.♘xe6 ♕xe6 30.♕d6! ♕c4

Bei 30...♕c8 nimmt Weiß am einfachsten eine Handvoll Bauern weg: 31.♕xg6+ ♔f8 32.♕xh6+ ♔e8 33.♕xb6.

31.♕xg6+ ♔f8 32.♗d6+ ♔e8 33.♕g8+ ♔d7 34.♕d8+

Schwarz gab auf.

Lösung 45

Efim Geller

Svetozar Gligoric

Belgrad 1970 (1)

1.e4 e5 2.♘f3 ♘c6 3.♗b5 a6 4.♗a4 ♘f6 5.0-0 ♗e7 6.♖e1 b5 7.♗b3 d6 8.c3 0-0 9.h3 h6 10.d4 ♖e8 11.♘bd2 ♗f8 12.♘f1 ♗b7 13.♘g3 ♘a5 14.♗c2 ♘c4 15.b3 ♘b6 16.♗b2 ♘bd7 17.♕d2 c5 18.♖ad1 ♕a5 19.dxc5 dxc5 20.c4 b4 21.a4 ♕c7

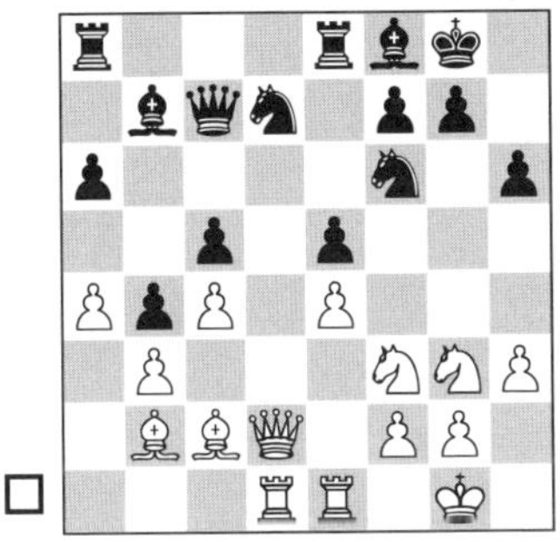

Die symmetrische Bauernstruktur im Zentrum spricht dafür, dass es für beide Seiten ein wichtiger Plan ist, einen Springer nach d4 beziehungsweise d5 zu bekommen. Bis es soweit ist spielt die d-Linie eine große Rolle. Der weiße Druck auf e5 kann nicht direkt ausgebeutet werden, aber er erschwert die schwarze Manövrierfähigkeit. Das trifft ebenso, nur im geringeren Umfang, auf den schwarzen Druck auf e4 zu.

22.♘f5!

Bereitet 23.♘e3 vor, da dann 23...♘xe4? den Springer auf d7 verlieren wurde, sowie das Opfer auf e5 als Antwort auf 22...♘b8, was wir noch im Detail sehen werden. 22.♘f1?!, mit dergleichen Idee, ist zu ängstlich, und nach 22...♘b8! (besser als 22...♖ad8 23.♕c1, da nun 23...♘b8? wegen 24.♖xd8 ♕xd8 25.♘xe5 schlecht wäre) 23.♘e3! ♘c6! (23...♘xe4? 24.♘d5! ♘xd2 25.♘xc7 verliert) 24.♘d5 ♕d8 steht Schwarz solide und muss sich nicht mal beeilen, ...♘c6-d4 zu ziehen.

22...♘b8?

Nach 22...♖ad8 23.♕c1! (aber weder 23.♘e3? ♘xe4 noch 23.♘d6?! ♗xd6 24.♕xd6 ♕a5! – droht, die Dame zu gewinnen – 25.♕d2 ♘b8 und in beiden Fällen steht Schwarz besser) bereitet Weiß ♕c1-b1 vor, um den Bauern e4 zu sichern, gefolgt von ♘f5-e3-d5. Durch den Druck auf e5 fällt Schwarz es schwer, Gegenspiel oder gar seinen Springer nach d4 zu bekommen, und steht schlechter. Zuweilen kann die weiße Dame gar nach a1 gehen.

23.♘xe5! ♖xe5 24.♗xe5 ♕xe5 25.f4

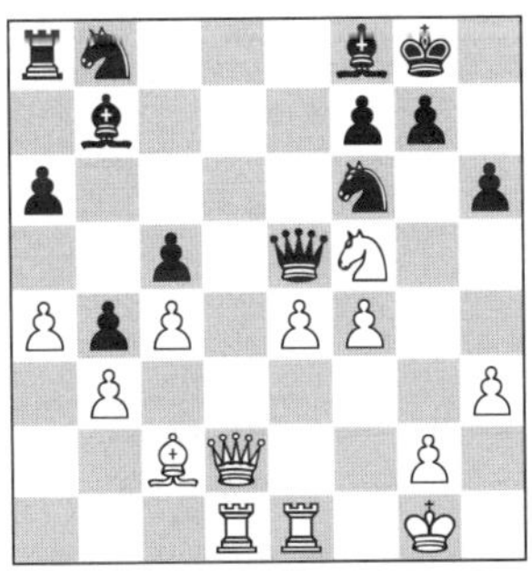

Weiß gab zwei Leichtfiguren für Turm und Bauer, was im Mittelspiel einem Opfer von annähernd einer Bauerneinheit darstellt. Dafür hat er eine zentrale Bauernmacht erhalten, das mit Tempo auf die schwarzen Figuren vorstürmen, dem Weißen einen großen Raumvorteil sowie Angriff auf den schwarzen König verschaffen wird. Außerdem ist der schwarze Damenflügel noch unterentwickelt.

25...♕e6

Nach 25...♕c3 26.♕c1! (droht 27.♖d3) 26...♘fd7 27.e5! wird der schwarzen Dame der Rückzug abgeschnitten, so dass sie bald im weißen Lager verloren geht.

26.e5 ♘e8

Nach 26...♘e4, um die Springer zu tauschen, hat Weiß eine entscheidende Fortsetzung: 27.♗xe4 ♗xe4 28.♘d6! (28.♖xe4? ♕xf5 zeigt die Idee von 26...♘e4; 28.♘xg7 ♗xg7 29.♖xe4 ♘c6 lässt Schwarz einige Rettungschancen) 28...♗xd6 29.♕xd6 ♕xd6 30.♖xd6 ♗b7 (hält den Turm gedeckt; nach 30...♗c2 31.♖d8+ ♔h7 32.♖e3 ist die Fesselung des Springers entscheidend) 31.♖d8+ ♔h7 32.♖f8 ♘c6 (or 32...♔g6 33.f5+ ♔xf5 34.♖xf7+) 33.♖xf7 – Weiß hat einen Turm und mittlerweile zwei vorgerückte Bauern für die beiden schwarzen Leichtfiguren und dominiert.

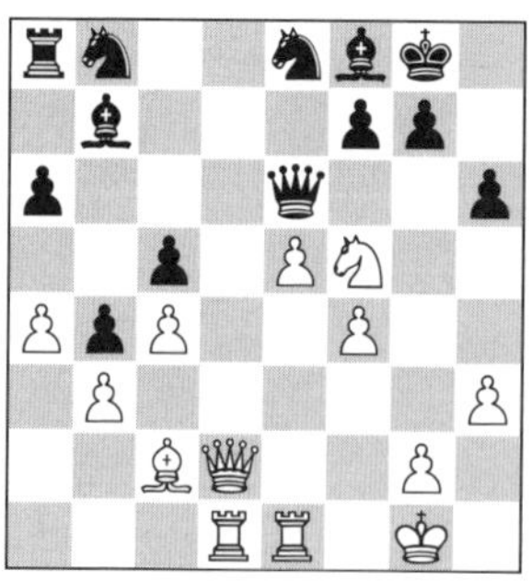

27.♘h4!

Öffnet dem f-Bauern den Weg und räumt die Diagonale b1-h7. 27.♘d6 ♘xd6 28.exd6, mit einem starken Freibauern und Drohungen gegen den König, ist auch gut.

27...♘c6 28.♕d3!

Ein thematischer Zug, der vor der Linienöffnung eine Schwächung erzwingt.

Der sofortige Vorstoß 28.f5? ♕c8 29.e6 (or 29.f6 ♘d4) 29...♘f6 überzeugt nicht.

28...g6 29.f5! gxf5 30.♘xf5

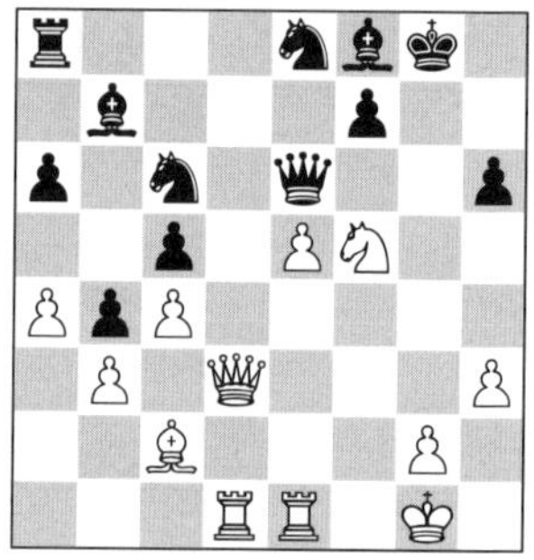

Die Dame-Läufer-Batterie hat endlich ihre offene Diagonale, Weiß gewinnt. Eine Drohung ist 31.♘e7+ ♗xe7 32.♕h7+ ♔f8 33.♕h8#.

30...♕g6 31.♕e2

31.♕d7? ist verführerisch, es droht 32.♕xb7 und 32.♘e7+, aber das erlaubt 31...♗c8! 32.♕xe8 ♗xf5 33.♕xa8 ♗xc2 mit Komplikationen.

31...♕g5?

Nach 31...♕e6 32.♕e4 ♕g6 gibt es einen klaren Gewinn mit 33.♖e3 ♘d8 34.♖d5 (34.♕d3? ♕xg2# ist zu vermeiden!) 34...♘e6 35.♖g3 ♘g5 36.♕f4.

32.h4

Die schwarze Dame ist gefangen.

32...♕f4 33.g3 ♕xe5 34.♕g4+ ♕g7 35.♘xg7 ♘f6 36.♕f4 ♗xg7 37.♕c7 ♖b8 38.♖d6 ♘g4 39.♖xc6 ♗d4+ 40.♔f1

Schwarz gab auf.

Lösung 46

Ratmir Cholmow

Alexei Suetin

Leningrad 1963 (8)

1.e4 c5 2.♘f3 ♘c6 3.d4 cxd4 4.♘xd4 e6 5.♘c3 ♕c7 6.♗e2 a6 7.a3 b5 8.♘xc6 dxc6 9.0-0 e5 10.♕d3 ♘e7 11.a4 b4 12.♘b1 ♘g6 13.♕b3 ♗c5 14.♗c4 0-0 15.♗e3 ♕e7 16.♘d2 a5 17.♖ad1 ♘f4 18.♗xc5 ♕xc5

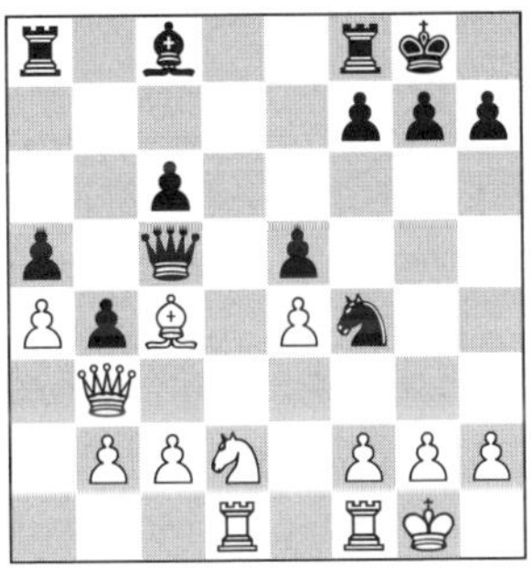

□

Schwarz hat seine Bauern am Damenflügel weit vorgetrieben, was ihm entweder Raumvorteil einbringt oder eine Menge Felder, die es zu kontrollieren gilt. Dieser Doppelaspekt wird in dieser Partie reichlich illustriert.

Der Springer steht auf f4 sehr gut und birgt Gefahren für den weißen König. Der weiße Plan ist es, die schwarzen Schwächen am Damenflügel auszunutzen und währenddessen seine Königssicherheit gewährzuleisten.

19.♕e3!

Macht dem Springer das Feld b3 frei. Von dort soll er a5 und c5 kontrollieren.

19...♕e7!

Nach 19...♕xe3? 20.fxe3 ♘g6 (20...♘e6 21.♘f3!) 21.♘b3 droht Weiß 22.♖d6 und erfreut sich eines deutlichen Vorteils.

20.♘b3

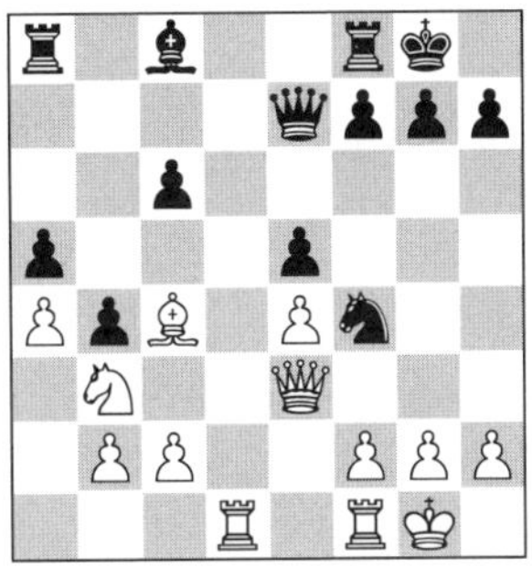

20...♗e6

Indem er Läufer tauscht mindert Schwarz den Druck auf den weißen König, dafür lässt sich der Damenflügel besser stabilisieren.

A) Bei 20...♕g5 21.♕g3 ♕e7!? hätte Weiß nichts Besseres als die Zugwiederholung durch 22.♕e3. Statt 21.♕g3 führt 21.g3 zu gutem Spiel für Schwarz nach 21...♘h3+ 22.♔h1 ♕xe3 23.fxe3 ♗g4 24.♖d6 ♘g5 mit den Ideen 25...♘xe4 und 25...♗f3+, was die Qualität gewinnt;

B) 20...♗g4!? ist beachtlich, die Alternativen sind:

B1) 21.f3? ♗h3! 22.♖f2 (und nicht 22.gxh3? ♕g5+ 23.♔f2 ♕g2+ 24.♔e1 ♕xc2) 22...♕g5 23.g3 (23.♗f1? verliert die Dame nach 23...♗xg2 24.♖xg2 ♘h3+) 23...♗e6! (drohend

24...♘h3+) 24.♔h1! ♗xc4 25.gxf4 exf4 mit schwarzem Vorteil;

B2) Oder 21.♖d2! ♕g5 (droht 22...♗e6) mit einer neuen Verzweigung:

B2a) 22.♕g3 ♘h5 23.♕e3 ♕xe3!? (23...♘f4 wiederholt die Züge) 24.fxe3 ♘f6 ist unklar;

B2b) 22.♖e1!? ♗e6! (nach 22...♗e2?! 23.♕g3 ♕xg3 24.♗xf7+ ♖xf7 25.hxg3 ♗c4 26.gxf4 steht Schwarz schlechter, egal ob er auf b3 tauscht oder den Springer nach c5 läßt) 23.♗f1 führt zu einer komplexen Stellung.

21.♗xe6 ♘xe6

Der Springer bestreicht das wichtige Feld c5.

22.♖d2 c5

Der Druck auf den a-Bauern hindert Schwarz daran, um die d-Linie zu kämpfen. Aber bevor er ...c6-c5 spielt, sollte er ein Turmpaar tauschen, was ihm gutes Spiel verspricht, man sehe: 22...♖fd8! 23.♖fd1 ♖xd2 24.♖xd2 c5! 25.♖d5! (Angriff auf den schwarzen Damenflügel ist stets das Hauptthema) 25...c4! und nun 26.♘d2! ♕c7 hält die Balance, aber nicht 26.♘xa5? ♕c7! oder 26.♘c5?! ♘f4! mit der Idee 27.♖d7? ♖d8! (der Turmtausch hat die weiße Grundlinie geschwächt) 28.♖xd8+ (or 28.♕d2 ♖xd7 29.♘xd7 ♕g5! mit den Drohungen 30...♕xg2 matt und 30...♘h3+ mit Damengewinn) 28...♕xd8 (droht 29...♕d1+) 29.♕e1 ♕d4 30.♘b7 ♕xb2 (30...♕b6? erlaubt 31.♕d2!) und Schwarz gewinnt.

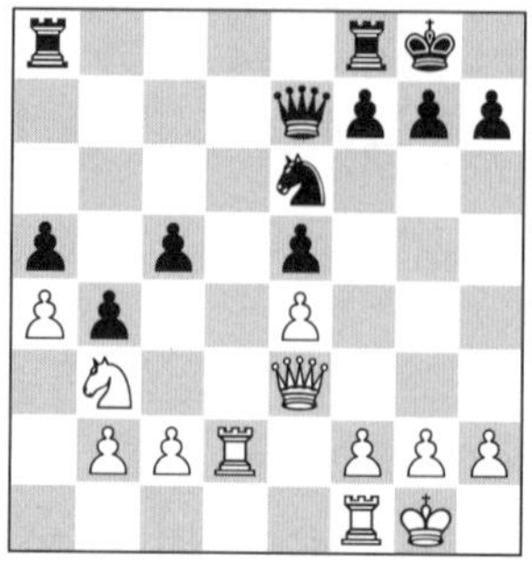

23.♖d5!

Vermeidet die Vertreibung des Springers, die nach 23.♖fd1?! c4! (23...♘d4 ist für ein komfortables Spiel ausreichend) erfolgen würde, da 24.♖d7? ♖fd8! 25.♖xd8+ ♖xd8 26.♖xd8+ ♕xd8 27.♘d2 ♕d7! erlaubt: hier ist der Bauer c4 tabu, und Schwarz nutzt dies aus, um derweil den a4-Bauern zu bedrohen, der nicht ohne ernstliche Zugeständnisse gedeckt werden kann. Eine instruktive Fortsetzung ist 28.♕e2 c3! 29.bxc3 ♕xa4 30.cxb4 ♕xb4 und der entfernte a-Freibauer macht das Rennen.

23...c4 24.♘c5

Weiß gelang es, Vorteil aus den Schwächen am schwarzen Damenflügel zu ziehen, und er ist leicht im Vorteil.

24...♖fc8

A) 24...♘f4 25.♖d7 ♕g5 26.g3 ♖ac8 gibt einiges Gegenspiel. Der Springer c5 benötigt Schutz, und Schwarz kann zuweilen die Qualität opfern, um die weiße Dame abzulenken, so in der Variante 27.♔h1 ♖xc5 28.♕xc5 ♕g4 (greift den Turm an und droht

Matt in zwei) 29.gxf4 ♕f3+ mit Dauerschach. Statt 27.♔h1 verstärkt 27.♖fd1 den Druck, die Stellung bleibt aber auch kompliziert;

B) 24...♘xc5 verdient ebenfalls Beachtung:

B1) 25.♕xc5 ♕xc5 26.♖xc5 c3! 27.bxc3 (27.b3 ♖fd8 bietet Schwarz ausreichend Gegenspiel) 27...♖fc8 28.cxb4 axb4 29.♖xc8+ ♖xc8 30.♖b1 ♖xc2 31.♔f1 ♖c4 32.a5 ♔f8 (32...♖c5? 33.♖xb4 mit Mattdrohung) 33.a6 ♖c6! 34.♖a1 ♖c8! mit der Idee ...b4-b3-b2; der Tausch der a- und b-Bauern ist unvermeidbar und die Partie ist remis;

B2) 25.♖xc5! ♖fc8 26.♖d5 (26.♖b5 c3! 27.b3 ♖d8) verspricht am meisten, auch wenn nach 26...♕e8!? 27.♖a1 dcr Turm für eine Weile an die Verteidigung des Bauern a4 gebunden ist.

(Fortsetzung und Lösung 60 auf Seite 150)

Lösung 47

Gedeon Barcza

Alexandar Zwetkow

Marienbad Zonenturnier 1951 (13)

1.e4 e5 2.♘f3 ♘c6 3.d3 ♘f6 4.c3 d5 5.♕c2 ♗e7 6.♗e2 0-0 7.0-0 ♘e8 8.♘bd2 ♗e6 9.b4 ♘d6 10.a3 a6 11.♗b2 dxe4 12.dxe4 ♗g5 13.c4 ♗xd2 14.♘xd2 f6 15.♗c3 ♕e7 16.a4 ♘f7 17.b5 ♘b8 18.♗b2 ♖c8 19.♗a3 ♕e8 20.c5 axb5 21.axb5 ♘d7 22.♗b4 ♘d8 23.♘c4 ♗xc4 24.♕xc4+ ♔h8 25.♗g4 ♖cb8

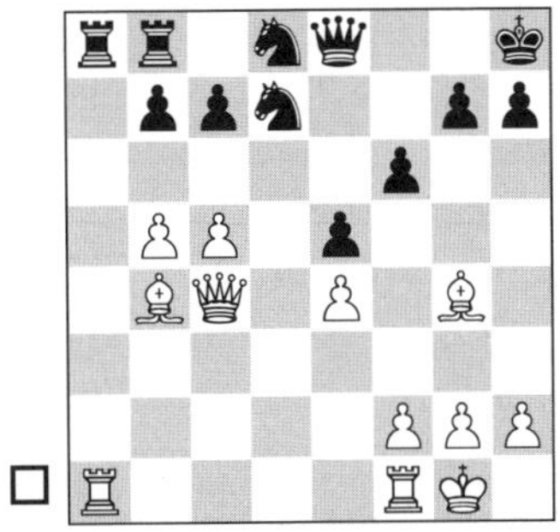

Weiß hat großen Raumvorteil am Damenflügel und ein mächtiges Läuferpaar. Er steht außer Frage besser, und das wird mit eine ruhigen Fortsetzung auch so bleiben. Nichtsdestotrotz ist die schwarze Stellung sehr fest, und er kann mit ...♘d7-f8 gefolgt von ...♘d8-e6 umgruppieren, was ein Auge auf das Feld d4 wirft.

A) 26.c6? ist falsch, denn nach 26... bxc6 27.bxc6 ♘b6 ist der Bauer c6 angegriffen und geht verloren;

B) 26.b6?! ist besser, aber jetzt etwa 26...♖xa1 27.♖xa1 cxb6! (27... c6?! ist solide, aber verpasst eine Ausgleichschance) 28.cxb6

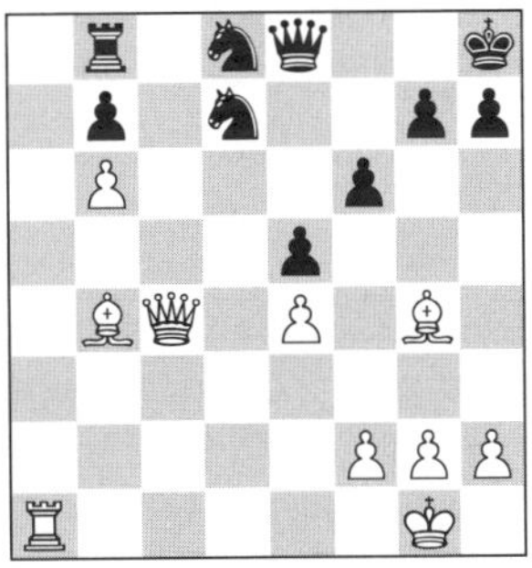

Analysediagramm

28...♘c6! (und nicht 28...♘xb6? 29.♕c7!) mit den Möglichkeiten:

B1) 29.♗d6 ♘xb6 30.♕b5 ♖a8! und der Angriff auf den Turm

rettet den Springer, der auch noch bei 31.♖xa8?! ♕xa8! wegen des Grundlinienmatts noch sicher wäre; Weiß wird wohl den b7-Bauern gewinnen, aber ohne Bauern auf dem Damenflügel wird es kaum möglich sein, den Vorteil in einen Sieg umzumünzen;

B2) 29.♕b5 ♖d8 erlaubt es dem Weißen, den Bauer b6 zu halten, aber mittlerweile sind die schwarzen Figuren viel besser platziert als vorher und b7 ist schwerlich anzugreifen. Nach 30.♗d6 würde 30...♘xb6! 31.♗c7 ♖a8! folgen, was wir schon gesehen haben, und falls 32.♖xa8, ist 32...♘xa8! mit Tempogewinn auf den Läufer in Ordnung, aber nicht mehr 32...♕xa8? 33.♗xb6!, da es hier kein Grundlinienmatt mehr gibt.

26.♗a5!

Es gibt keinen zufriedenstellenden Weg, c7 zu decken, und Schwarz ist verloren. Mit dem Zug konnte Weiß nicht warten, denn nach beispielhaft 26.h4 ♘f8! 27.♗a5 kann Schwarz 27...♘de6 spielen und die Schwächung der Stellung vermeiden.

26...b6

A) Nach 26...♖c8 ist der Springer d7 gefesselt und 27.♖fd1 gewinnt;

B) 26...c6 27.♗c7 ♖c8 28.b6 führt auch zur entscheidenden Fesselung.

27.cxb6 cxb6

Nach 27...♘xb6 28.♗xb6! cxb6 29.♖a6! belagert Weiß den b6-Bauer und bereitet die Turmverdopplung auf der a-Linie vor, den Umstand ausnutzend, dass 29...♖xa6 30.bxa6 ihm einen entscheidenden Freibauern bescheren würde. Der Versuch, mit 29...♘b7 den Springer nach a5 oder c5 zu bringen, erlaubt 30.♖xb6.

28.♗b4

Der Läufer hat seine Schuldigkeit getan, die gegnerische Struktur geschwächt und kehrt auf seinen Posten zurück.

28...♖xa1 29.♖xa1

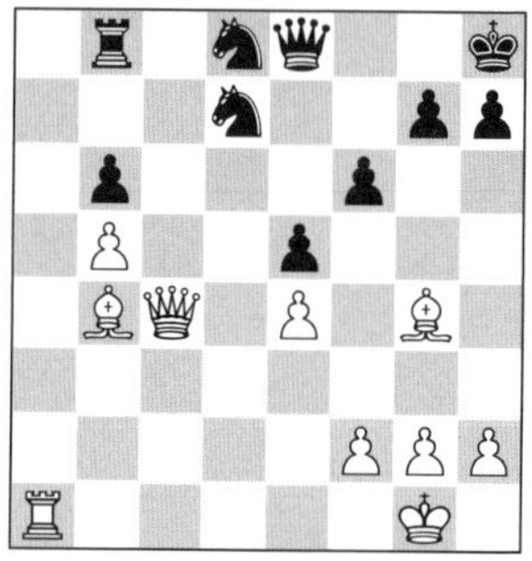

Wir haben nun die gleiche Stellung wie im letzten Diagramm erreicht, nur mit dem einen Unterschied, dass die Damenflügelbauern eine Reihe tiefer stehen. Die allgemeine Regel, die besagt, man solle keine Bauern ziehen in dem bereich, in dem man unter Druck steht, wird hier bestätigt: Der Bauer steht auf b6 viel gefährdeter als er es auf b7 war, und das Feld c5 ist nicht so leicht für einen schwarzen Springer erreichbar, wie es mit c6 der Fall war.

29...♘b7

Mehr Widerstand bot 29...♘c5 (droht die Stellung durch 30...♘db7 zu festigen) 30.♗xc5 bxc5, aber nach 31.♖d1! ist der Bauer b5 durch den Angriff auf den Springer

gesichert, und Weiß steht bereit zu ♗g4-d7, ♖d1-d7 oder auch ♖d1-d5, falls notwendig. Wenn der Bauer c5 fällt, wird der Gewinn durch kombinierten Druck durch den Bauern b5 und der anfälligen schwarzen Königsstellung sichergestellt.
Statt 31.♖d1! ist 31.♕xc5 weniger klar wegen 31...♖xb5 (und nicht 31...♕xb5?? 32.♕f8#) 32.♕c8 ♖b4! 33.g3 ♖d4 hält Schwarz im Spiel.

30.♕c6

Der Springer auf d7 steht viel zu unsicher, um die Stellung zusammenzuhalten.

30...♘bc5 31.♖a7 ♘f8

Oder 31...♖d8 32.g3 (den Bauern b6 zu gewinnen eilt nicht, da Schwarz gar nichts unternehmen kan) 32...h6 33.♗xc5 ♘xc5 34.♕xb6 ♘xe4 und nun ist 35.♕c7 ♕f8 36.b6 normal und ausreichend, noch stärker ist 35.♕b7! ♕g6 36.♗f5!, was den Springer gewinnt.

32.♗xc5 ♕xc6

Bei 32.bxc5 ist das Kürzeste 33.♕c7!.

33.bxc6 bxc5 34.h3 f5 35.c7 1-0

Lösung 48

Lew Polugajewski
Alexander Saizew

Wladimir m 1969 (4)

1.c4 e6 2.g3 d5 3.♗g2 ♘f6 4.♘f3 ♗e7 5.0-0 0-0 6.d4 c6 7.♕c2 ♘bd7 8.b3 b6 9.♗b2 ♗b7 10.♘c3 ♖c8 11.♖ad1 b5 12.c5 b4 13.♘b1 a5 14.♘bd2 ♖a8 15.e4 ♘xe4 16.♘xe4 dxe4 17.♕xe4 ♘f6 18.♕c2 ♘d5 19.♘e5 ♗f6 20.♘c4 ♗a6 21.♖fe1 ♗b5 22.♘d6 ♕b8 23.♗c1 ♗a6 24.♗xd5 exd5 25.♗f4 ♕d8 26.♗e5 ♗c8 27.♖d3 ♗e6 28.♖de3 ♗e7 29.♘f5 ♗f6 30.h4 ♗xe5 31.♖xe5 ♗xf5 32.♕xf5 a4 33.♔g2 axb3 34.axb3 ♖a3 35.♖1e3 ♖a7 36.h5 h6 37.♔h3 ♕a8 38.♕f3 ♕c8+ 39.♔g2 ♖a2 40.♖e7 ♖d2 41.♕f4 ♕b8 42.♖3e5 ♖a2 43.♕e3 ♖a8 44.♕e2 ♕c8 45.♕f3 ♖a1 46.♕e2 ♖c1 47.♖e8 ♕d7 48.♖5e7 ♖xe8 49.♖xe8+ ♔h7

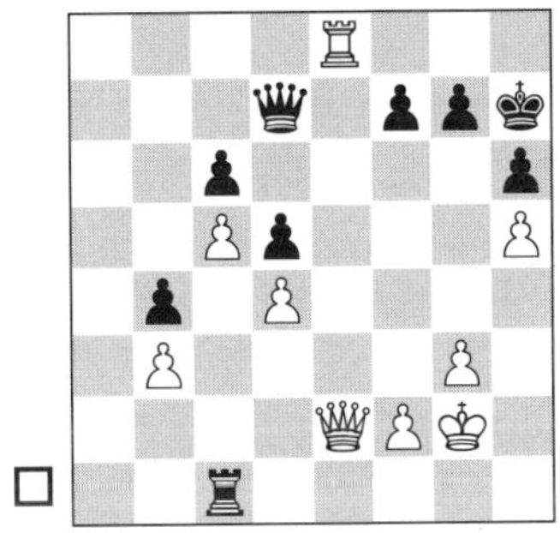

In Positionen, in denen ausschließlich Schwerfiguren auf dem Brett sind, ist Königsangriff meist ein wichtiges Thema, und so ist es auch in unserer Stellung, in der der schwarze König sowohl entblößt als auch eingeengt ist. Der b4-Bauer ist ungedeckt, c6 und f7 sind gleichfalls verletzlich, insbesondere, da die schwarze Dame auf der Suche nach Gegenspiel ziehen sollte.
Eine wichtige Idee für Schwarz ist die Aktivierung ...♕d7-f5. Die Dame kann dann nach b1 und zeigen, dass der weiße König auch nicht völlig sicher steht, zugleich würde sie auf f5 Schachgebote auf der Diagonalen

b1-h7 verhindern und den Bauern h5 attackieren. Denn sollte der fallen, hätte der schwarze König eine Fluchtmöglichkeit über g6 und zugleich würde Schach auf h1 drohen. Die Verletztlichkeit der Bauern b3 und d4 würde besonders im Falle eines Übergangs ins Endspiel eine wichtige Rolle spielen.

A) 50.♕e5? nimmt der schwarzen Dame das Feld f5 und droht 51.♕b8, aber das erlaubt 50...♕g4! mit Angriff auf h5 und d4. Nun verliert 51.♕b8? ♕xh5 genau wie 51.f3? ♖c2+. Besser ist 51.♖f8, doch Schwarz spielt so oder so wieder gut mit, zum Beispiel nach 51...♖d1 ♖xf7 52.♖xd4;

B) 50.♖b8 ♕f5! ist nicht überzeugend:

B1) 51.♕e8? ♕xh5 verliert;

B2) 51.♖xb4 ♕b1! und Weiß kann dem Dauerschach nicht entkommen: 52.♖b7 ♖g1+ 53.♔h3 (53.♔f3? ♖e1 54.♕d2 ♕e4#) 53...♖h1+ 54.♔g4? (54.♔g2 mit Remis) 54...f5+ 55.♔f4 ♖e1 und Schwarz gewinnt;

B3) 51.♖b7! behält ein Auge auf die Bauern b4 und f7, es folgt:

B3a) 51...♕e4+? 52.♕xe4 dxe4 53.♖xb4 und Weiß wird sich noch c6 schnappen und zwei verbundene Freibauern haben;

B3b) 51...♖c3 52.♖xb4! und das schwarze Gegenspiel auf der ersten Reihe kommt zu spät;

B3c) 51...♖a1 52.g4! ♕b1 (die Dame steht somit vor ihrem Turm, und wenn sie Schach bietet, muss sie die Diagonale b1-h7, auf der sie sehr gut steht, wie wir gesehen haben, verlassen) 53.♕f3! ♕h1+ 54.♔g3 – Schwarz darf immer noch nicht die Damen tauschen und steht vor großen Problemen;

B3d) 51...♕b1! 52.♖xf7 ♖g1+ 53.♔h3 ♕d1! (diesmal darf Schwarz ins Endspiel abwickeln, da die weißen Bauern geschlagen werden; 53...♖h1+ 54.♔g4 ist schlecht) 54.♕xd1 ♖xd1 55.♖c7 ♖xd4 56.♖xc6 ♖d3 57.♔g4 ♖xb3. Schwarz steht schlechter, aber hat noch reelle Rettungschancen.

C) 50.♖f8!? mit der Drohung 51.♕d3+ g6 52.♕e3 (mit Tempogewinn auf den Turm) 52...♖c3 53.♕e5, ist eine interessante Idee:

C1) 50...♕f5?, der normale Zug, wird widerlegt durch 51.♕e8! ♕xh5 52.♖h8+ ♔g6 53.♕xc6+ f6 54.♕e8+; wir haben dieses Arrangement mit der Dame hinter dem Turm schon für Schwarz gesehen, hier wendet es Weiß an;

C2) 50...♖c3 51.♖b8! – die Aufgabe der Grundreihe lädt zum Angriff auf b4 ein; Schwarz steckt in Schwierigkeiten, da 51...♖xb3? 52.♕c2+ den Turm verliert;

C3) 50...♕e6! sieht wie die beste Verteidigung aus, um ein Turmendspiel mit Minusbauer zu spielen nach 51.♕xe6 fxe6 52.♖b8.

50.♕d3+!

Der beste Zug, der eine Schwächung des Königsflügels provoziert und die schwarze Dame hindert, nach f5 zu gelangen.

50...f5 51.♕e3!

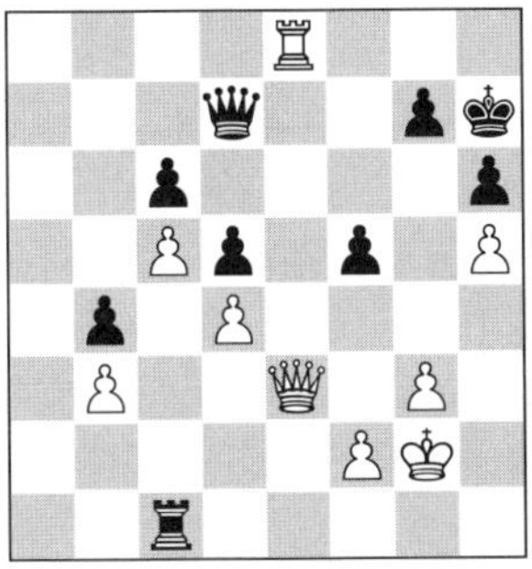

Die Dame zieht auf eine aktive Position zurück und greift zudem den schwarzen Turm an.

51...♖c3?

Nur 51...♕f7!, mit der Absicht, h5 zu schlagen und indirekt den Turm zu decken, bot Widerstand: 52.♖e7! ♕f6! (52...♕xh5? 53.♕xc1) und jetzt:

A) 53.♖e6 ♕f7! (bewacht die Einbruchsfelder auf der e-Linie) 54.♖xc6 ♖c3 55.♕e2 ist ein komplizierter Gewinn;

B) 53.♖c7! – der schwarze Turm hängt nun und eine Idee ist 54.♕e8 mit den Drohungen ♖c7-c8 und ♖c7xc6 gefolgt von ♕e8-g6+, ein Beispiel: 53...♕g5 54.♕e8 ♕g4 55.♖xc6 ♕e4+ 56.♕xe4 fxe4 57.♖b6 und trotz Damentausches besteht kein Zweifel über den Ausgang der Partie.

52.♕e5 f4 53.♕b8 f3+ 54.♔h2 1-0

Lösung 49

Grigory Serper 2420

Jan Sørensen 2335

Tunja WM U20 1989 (8)

1.e4 c5 2.♘f3 ♘c6 3.d4 cxd4 4.♘xd4 g6 5.c4 ♗g7 6.♗e3 ♘f6 7.♘c3 0-0 8.♗e2 d6 9.0-0 ♗d7 10.♖c1 ♘xd4 11.♗xd4 ♗c6 12.f3 a5 13.b3 ♘d7 14.♗e3 ♘c5 15.♕d2 ♕b6 16.♘b5 ♖fc8 17.♖fd1 ♕d8 18.♘d4 ♕f8 19.♖b1 ♗d7 20.♖dc1 h5 21.♗d1 ♔h7 22.♘e2 ♗h6 23.♘f4 ♗c6 24.♘d5 ♗xd5 25.exd5 ♗xe3+ 26.♕xe3

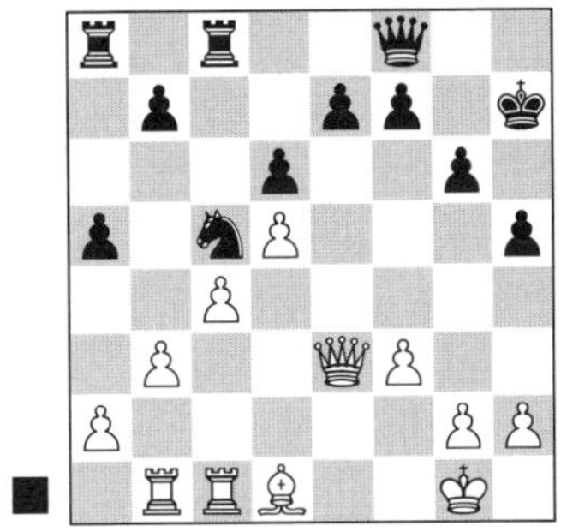

Schwarz hat einen geschwächten Königsflügel, sein Bauer auf e7 ist rückständig und seine Figuren sind am Damenflügel gedrängt, wo er das Spiel nicht öffnen kann. Weiß hat mehr Raum und sein Läufer kann auf beiden Flügeln agieren, was beim schwarzen Springer nicht der Fall ist. Ein natürlicher Plan für Weiß ist ein Angriff auf den schwarzen König durch ♗d1-c2 gefolgt von f3-f4-f5, ein Alternativplan besteht in a2-a3 nebst b3-b4. Der letzte Plan sollte nicht zu schnell durchgeführt werden, da die Spielöffnung am Damenflügel auch die schwarzen Figuren beleben würde.

26...♖e8!

Sørensen möchte seine Türme ins Spiel bringen, indem er die e-Linie öffnet. Dabei nimmt er die Schwächung von d5 und des Bauern auf d6 in Kauf. Sein Springer wird ebenso aktiv, und der Umstand, dass der Läufer und fast alle weiße Bauern nur weiße Felder kontrollieren, sichert Schwarz Spiel auf dem schwarzen Felderkomplex. Wenn man bedenkt, welch' düsteres Bild wir bei rein abstrakter Betrachtung von den schwarzen Aussichten gemalt haben, zweifellos eine ausgezeichnete Entscheidung.

27.♗c2

Der Läufer räumt die Grundreihe für die Türme und nimmt den schwarzen König aufs Korn.

27...e6 28.dxe6 ♖xe6

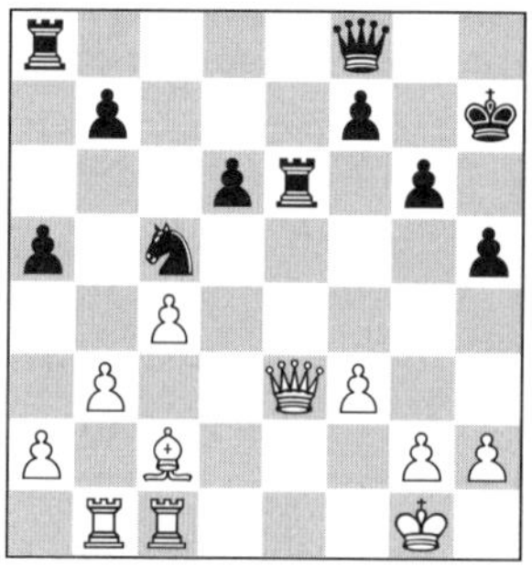

Der Vorstoß f2-f3 hat die Diagonale a7-g1 und die zweite Reihe geschwächt und somit die weiße Königssicherheit, wie wir noch sehen werden. Schwarz hat gutes Figurenspiel.

29.♕d2

Verteidigt e2 und beäugt den Bauern auf a5.

29...b6

Generell ist es sinnvoll, a5 zu decken, doch 29...♖ae8!? ist interessant, da 30.♕xa5? ♖e2 31.♕c3 ♕h6 mit der Hauptdrohung 32...♕g5 viel zu gefährlich für Weiß ist. Angemessen ist 30.♖e1, worauf Schwarz nichts Besseres als 30...b6 hat, was zur Partie führt.

30.♖e1

30.a3 ♖ae8 31.b4, um dem Läufer das Feld e4 zu erobern, ist keine so gute Idee. In diesem Fall ist es vorteilhaft für Schwarz, nicht auf b4 zu tauschen, um einerseits den Bauern a3 auf dem Brett zu behalten (er könnte zur Schwäche werden) und damit der Springer nach c5 zurückkehren kann, wenn Weiß eine Linie mit b4xa5 öffnet, was er in der Regel zu tun wünscht. Nach 31...♖e2 32.♕d1 ♖e1+! (besser als 32...♘d7 33.♗e4) 33.♕xe1 ♖xe1+ 34.♖xe1 ♘e6 (nun, da kein Turm mehr dort steht, kann der Springer nach e6 weichen) 35.♗e4 ♕g7. Der weiße König und die Damenflügelbauern sind anfällig und Schwarz hat die Initiative.

30...♖ae8

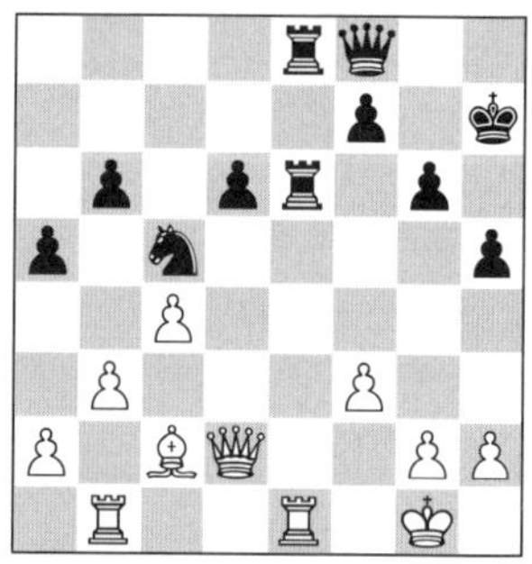

31.a3?

Dieser Zug schwächt die Bauernstruktur, da Weiß keine Zeit zu b3-b4 finden wird.

A) 31.f4! mit der Idee f4-f5 vergrößert die Perspektiven des Läufers und hält die Stellung in der Schwebe;

B) 31.♖xe6 ♖xe6 32.a3 ♕e7 33.♔f1 ist auch angängig.
(Fortsetzung und Lösung 61 auf Seite 153)

Lösung 50

Klaus-Uwe Müller

Jan Smejkal

Halle 1974 (12)

1.d4 ♘f6 2.♘c3 d5 3.♗g5 ♘bd7 4.♘f3 g6 5.e4 ♘xe4 6.♘xe4 dxe4 7.♘d2 ♘f6 8.c3 ♗g7 9.♗c4 0-0 10.0-0 ♗f5 11.♖e1 ♕d7 12.♗xf6 ♗xf6 13.♘xe4 ♗xe4 14.♖xe4

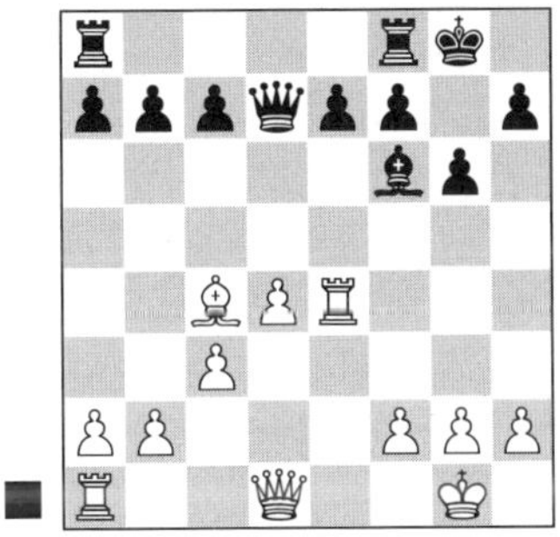

Weiß hat den aktiveren Läufer und Raumvorteil. Er hat gute Aussichten, die Initiative zu ergreifen – falls Schwarz passiv spielt – indem er seinen h-Bauer marschieren lässt, nachdem er seine Entwicklung beendet hat. Die Bauern c3 und d4 kontrollieren das Zentrum und beschränken den Aktionsradius des Läufers f6, aber sie sind auch in gewissem Maße blockiert, da ein Zug eines jeden Bauern die schwarzen Felder schwächen und die Bewegungsfreiheit des weißen Läufers einschränken würde.

14...b5!?

Der schwarze Plan sieht vor, auf die schwarzen Felder zu drücken, etwa durch ...b5-b4 im richtigen Moment, gefolgt vom Abtausch auf c3 und ...c7-c5, was einen schwachen Bauern und schwache Felder in der weißen Stellung erzeugen würde. Es ist ein Versuch, das Spiel zu komplizieren.
14...c5 ist ebenfalls eine gute Option, nach 15.dxc5 ♕c7 bewegt sich die Stellung im Gleichgewicht.

15.♗b3 a5 16.a3

16.♕e2 b4 17.cxb4 axb4 18.d5! gibt Weiß einigen Druck in der c-Linie und gegen den Bauern b4, allerdings ist b2 ebenso schutzbedürftig und es ist nicht klar, ob Weiß nach, sagen wir mal, 18...♖fb8, Vorteil erlangen kann. Statt 16...b4 kann Schwarz die Öffnung des Spieles auch mit 16...c6 oder 16...♖fb8 verzögern, mit unklarer Stellung. 16...a4 17.♗c2 ist eher passiv, da 17...a3?! mit 18.b4 beantwortet wird, was den Damenflügel unter günstigen Umständen für Weiß abriegelt.

16...b4

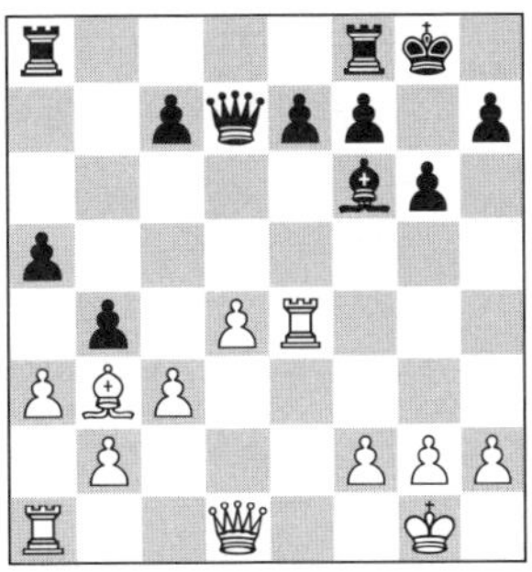

17.♕e2?!

Das passt ganz und gar nicht zum vorhergegangenen Zug. Nach dem Tausch auf c3 zeigt es sich, dass Weiß ein Tempo verloren hat mit dem kleinen Zug des a-Bauern auf ein Feld, auf dem er wacklig steht.

A) 17.axb4?! ist möglich, um die Zahl der Bauern zu reduzieren und auf Remis zu spielen, aber die Linien am Damenflügel öffnen sich für die schwarzen Türme. Nach 17... axb4 erhält Schwarz die besseren Aussichten, ein Beispiel: 18.♖xa8 ♖xa8 19.♖e1 (die Grundlinie ist ungeschützt) 19...bxc3 20.bxc3 ♖a3! (der Druck auf den Läufer und den Bauern c3 zwingen Weiß in die Passivität) 21.♕c2 c5! 22.dxc5 (22. d5? ♕b5! 23.♖b1 erlaubt 23...c4 mit Gewinn der Bauern d5 und c3) 22...♕b5 23.♖b1 ♕xc5 24.c4 ♗d4.

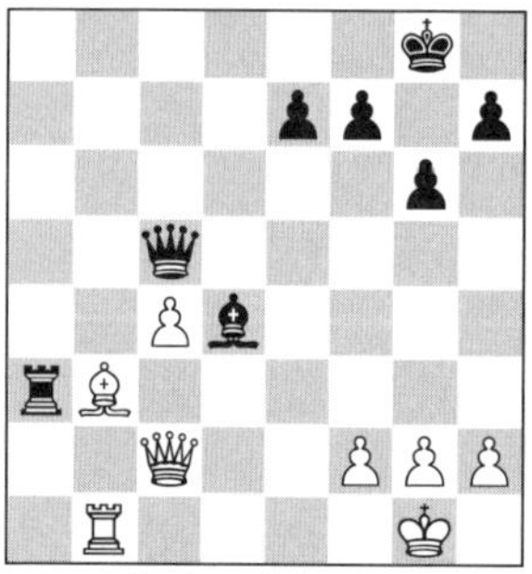

Analysediagramm

Der generelle schwarze Plan lautet Druck auf f2, um die weißen Figuren an die Verteidigung zu binden. Anschließend eine Schwächung der weißen Königsstellung durch Vormarsch der Bauern auf dem Königsflügel erzwingen.

Der Vorteil ist klar, aber schwer zu bewerten. Die Partie Boleslawski-Sterner, Stockholm 1954 (Lösung 10), zeigt in einer ganz ähnlichen Stellung, wie man es spielen muss;

B) 17.cxb4! axb4 18.a4 rechtfertigt 16.a3 voll und ganz und kreiert einen Freibauern, der den schwachen Bauern d4 kompensiert, ein Beispiel: 18...e6 19.♕e2 ♕d6 (oder 19...♗xd4 20.♖xe6 ♖fe8) 20.♖d1 mit verteilten Chancen.

17...bxc3 18.bxc3 ♖ab8 19.♗c4 c5 20.h4

A) Nach 20.dxc5? gewinnt Schwarz den c5-Bauern bald mit ausgezeichnetem Spiel am Damenflügel zurück;

B) 20.d5 ♖b6 21.♕e3 ♕d6 gibt Schwarz die Initiative. Statt 20...♖b6 führt 20...♗xc3!? zu einer instruktiven Variante, die das wechselseitige Spiel in einer Stellung mit ungleichfarbigen Läufern verdeutlicht: 21.♖xe7 ♕d6 22.♖f1 (der f2-Bauer muss gedeckt werden) 22...♖b2 23.♕e4 ♗d4 (der schwarze Läufer ist aktiver als sein Gegenpart) 24.♖a7! – Weiß bedroht den a-Bauern und bereitet ♖a7-a6 vor, um die Blockade des d-Bauern zu brechen. Die Stellung ist unklar.

20...cxd4 21.cxd4

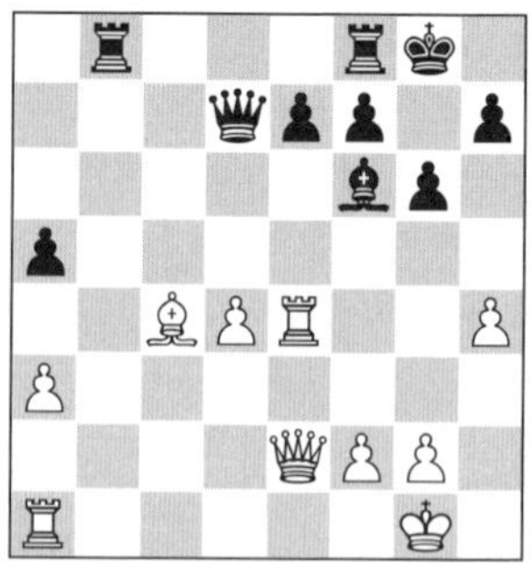

21...♖b6!

Ein Mehrzweckzug, der Spiel auf der b- oder d-Linie erlaubt (durch ...♖f8-b8 oder ...♖b6-d6) und eventuell ...e7-e6 vorbereitet. 21...♗xd4?! 22.♖d1! (und nicht 22.♖xe7? ♕f5, mit der Idee 23...♖b2 und schwarzem Vorteil, da Weiß nicht in der d-Linie opponieren kann mit 23.♖d1 ♖b2 24.♖d2? wegen ...♕xf2+! 25.♕xf2 ♖xd2) 22... e5 23.♖xe5 ♕a7 24.♖e4 und die Chancen sind gleich.

22.♖e1?!

Hier steht der Turm nutzlos im Falle von 22...e6!. Präziser sind 22.h5 und 22.♖d1, aber in beiden Fällen bleibt Schwarz ein wenig im Vorteil, da ein fundamentales Problem der weißen Stellung bestehen bleibt: der Bauer d4 ist schwach, und wenn er vorginge würde er dem eigenen Läufer im Wege stehen.

22...♗xd4?

Nach diesem Zug, der die Bauern d4 gegen e7 tauscht, wird die Stellung in Grunde symmetrisch, beide Seiten drücken auf den f-Bauern des Gegners! Eine konkrete Variantenberechnung ist notwendig, um die Stellung bewerten zu können.

A) 22...♖d8 belässt die Initiative bei Schwarz, wie andere Züge auch, die die Bauernstruktur intakt halten;

B) Nach 22...e6! 23.♕d2 (droht 24.d5 und bedroht den Bauern a5) 23...♖d8 (dafür kann d4 nicht länger gehalten werden) 24.♕xa5 ♗xd4 hat Schwarz einen klaren Vorteil durch den besseren Schutz seines Königs.

23.♖xe7?

23.♖d1!, um den schwarzen Turm vom Feld b2 fern zu halten, ist die beste Verteidigung, zum Beispiel: 23...e5 (oder 23...♖d6 24.♖xe7 mit Ausgleich) 24.♖xe5 ♖d6 (24...♖b2?! 25.♕xb2) 25.♖e7 und die Stellung bewegt sich im Gleichgewicht.

23...♕f5

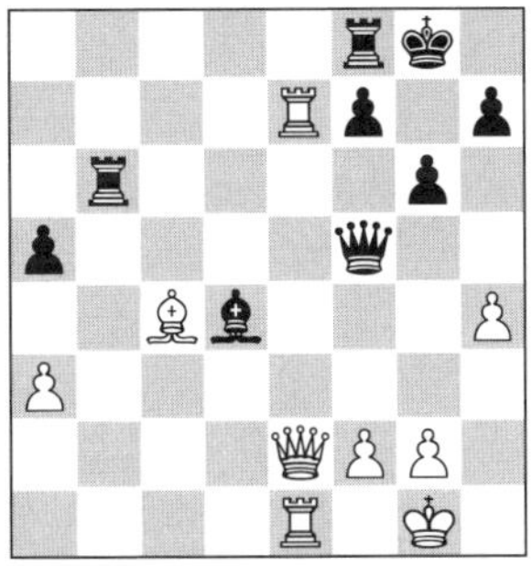

24.g4?

Das schwächt zu sehr.

A) 24.♕f3 erzwingt den Damentausch, aber nach 24...♕xf3 25.gxf3 ♗c5! gewinnt Schwarz den a3-Bauern (26.♖7e5 ♗xa3 27.♖xa5? scheitert an 27...♗b4) und behält deutlichen Vorteil wegen der geschwächten weißen Bauernstruktur am Königsflügel;

B) 24.♕d2! ♕f6 25.h5! ist eine amüsante Ressource, nach der 25...♖b2?! harmlos ist wegen 26.♖xf7! ♖xd2! (26...♖xf7? 27.♖e8+ ♔g7 28.h6# – die beiden Züge 24.♕d2 und 25.h5 waren sehr nützlich!) 27.♖xf6+ ♔g7 28.♖xf8 ♔xf8 29.♖e2 ♖xe2 30.♗xe2 und die Stellung ist remis. Statt 25...♖b2 erneuert 25...♗c5! die Drohung 26...♖b2, greift den Turm e7 an und gewinnt a3 mit Vorteil.

24...♕f6

Der König und alle weiße Bauern sind exponiert. Schwarz gewinnt.
25.g5 ♕f5 26.♖d1 ♖b2 27.♖xd4
Bei 27.♖d2 ist das einfachste 27...♕xf2+! 28.♕xf2 ♖xd2.
27...♖xe2 28.♗xe2 ♕c5 29.♖dd7 ♕xa3 30.♔g2 ♕b4 31.♔g3 a4 32.♗f3 ♕b8+ 33.♔g2 a3 34.♗d5 ♕f4 35.♖e4 ♕f5 36.♖d6 a2 37.♖a4 ♕e5
Weiß gab auf.

Lösung 51
Leonid Stein
Lajos Portisch
Stockholm Interzonenturnier 1962 (12)

1.e4 c5 2.♘f3 e6 3.d4 cxd4 4.♘xd4 a6 5.♗d3 ♘f6 6.0-0 ♕c7 7.♘d2 ♘c6 8.♘xc6 bxc6 9.f4 ♗c5+ 10.♔h1 d6 11.♘f3 e5 12.fxe5 dxe5 13.♘h4 0-0 14.♘f5 ♗e6

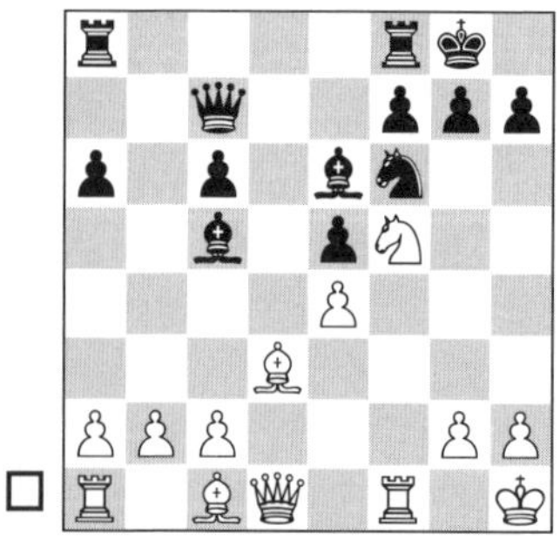

Die schwarze Damenflügelstruktur ist durch zwei Isolani beschädigt, wohingegen der isolierte e4-Bauer weniger significant ist, auch wenn wir später sehen werden, dass dies ebenfalls eine Rolle spielt. Dank des Springers auf f5 und des Läufers c1, die von der Dame und dem Turm auf f1 unterstützt werden, übt Weiß starken Druck auf die schwarzen Felder um den gegnerischen König aus. Nichtsdestotrotz kann Schwarz dieses Problem jederzeit in den Griff kriegen, indem er den Springer abtauscht oder mittels ...♘f6-e8 (deckt den g7-Bauern und geht, falls notwendig, nach d6) gefolgt von ...f7-f6. In beiden Fällen werden allerdings die weißen Felder nachhaltig geschwächt.

A) 15.♗g5 (ein natürlicher Zug, aber der Läufer wird ein Tempo nach ...f7-f6 verlieren) 15...♘e8! (15...♘d7 16.♕g4! ist gefährlich) 16.♕e2 f6 17.♗h4 ist eine kritische Variante, die Akkuratesse von Schwarz verlangt, zum Beispiel:

A1) 17...a5 18.♗c4 ♕f7 wäre vernünftig, wäre da nicht 19.♕g4! (drohend 20.♘h6+) 19...♔h8 20.♘h6! ♕g6 21.♗xe6 ♕xh6 mit deutlichem weißem Vorteil;

A2) 17...♔h8 18.♗xa6 ♕b6 19.♗c4 ♗xf5 20.exf5 ♕xb2 gefolgt von ...♘e8-d6 or ...♘e8-c7-d5. Die Zentralisation der schwarzen Figuren entschädigt für die Aufgabe des Läuferpaars.

B) Es gibt auch einen taktischen Weg zum Vorteil: 15.♕e1!? (droht 16.♘xg7! ♔xg7 17.♖xf6! ♔xf6 18.♕h4+ mit schnellem Matt) 15...♘e8 16.♕c3! und Schwarz muss sich in die schlechtere Stellung fügen nach 16...♗xf5 17.♕xc5, da 16...♗b6? 17.♕xc6! einen Bauern verliert.

15.♕e2!
Gewinnt zunächst ein Tempo auf den a-Bauern.

15...a5 16.♗c4!

Die Ergänzung des vorigen Zuges. Stein spielt auf den weißen Feldern, die Verteidigungsmanöver, die wir gesehen haben, antizipierend, wie ...♗e6xf5 und ...♘f6-e8 gefolgt von ...f7-f6. Angriff auf den schwarzen Feldern ist erst mal vertagt, wird aber unter günstigeren Bedingungen noch schwerer für Schwarz abzuwehren sein.

Diese Vorbereitung für ein Spiel auf „beiden Farben“ ist ein Weg, wie man das Läuferpaar einsetzen kann. Dem Verteidiger bleibt dann oft nur die Wahl, auf welchem Felderkomplex er „leiden“ will!

16...♔h8

Der schwarze König tritt aus der verletzlichen Diagonalen a2-g8.

A) 16...♘e8? erlaubt 17.♗xe6 fxe6 18.♕c4, was mindestens einen Bauern gewinnt;

B) 16...♗xc4? 17.♕xc4 ♘d7 räumt der weißen Dame und dem weißen Springer dominante Posten ein. 18.♗g5 ♔h8 19.♖ad1 sieht aussichtsreich aus, und 18.♖f3! mit der Idee 19.♖g3 könnte schon entscheidend sein;

C) 16...♘d7!? 17.♕g4 g6? 18.♗xe6 fxe6 19.♘h6+ ist nicht schön für Schwarz, aber 17...♗xf5! 18.♖xf5 ♔h8 erlaubt ihm Widerstand in einer nachteiligen Stellung. 19.♗xf7?! gewinnt keinen Bauern wegen 19...♘f6, und nach 20.♖xf6 gxf6 21.♗e6 hat Weiß Kompensation für den Bauern, aber nicht mehr.

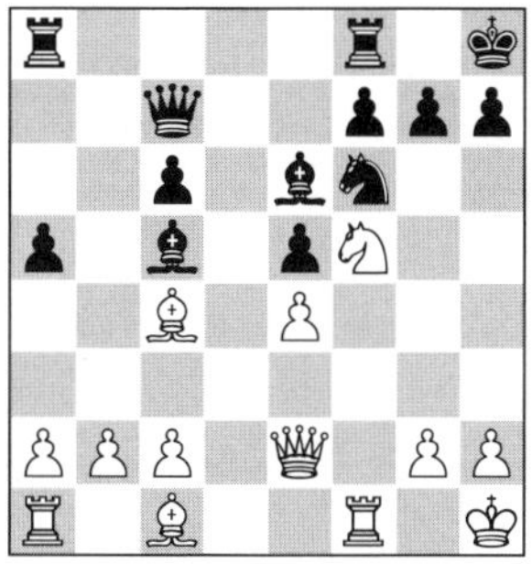

17.♗g5

17.♗xe6?! fxe6 verspricht nichts, da nach 18.♘g3 (auf 18.♘h4 oder 18.♘e3 ist 18...♘xe4 möglich) der weiße Springer perspektivlos steht, während die aktiven schwarzen Figuren die Defekte seiner Bauernstellung ausgleichen.

17...♘d7

17...♘e8?! kontrolliert das Feld g7, aber der Springer steht sehr passiv, Weiß ist klar besser nach 18.♗xe6 fxe6 19.♘h4 (oder 19.♕c4).

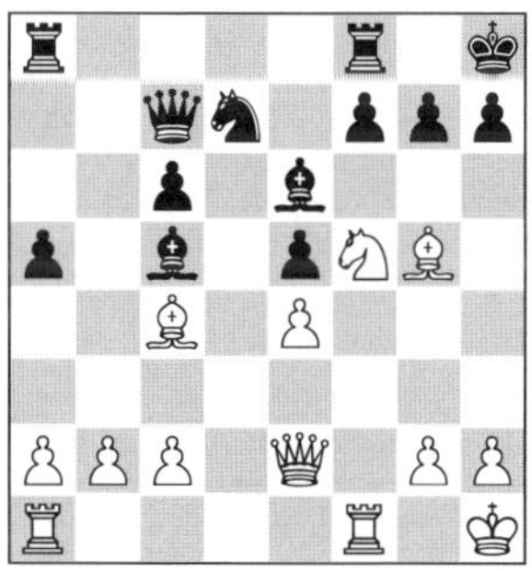

18.♖ad1!

Indem er seine letzte Figur ins Spiel führt, setzt Stein den Springer d7 unter Druck, der den Läufer c5 sowie f6 deckt, ein wichtiges Verteidigungsfeld für den schwarzen König.

18...♘b6?

Schwarz kämpft um die Diagonale a2-g8, gibt aber die Kontrolle über f6 auf und erlaubt eine Gewinnkombination.

A) Nach 18...♗xc4?! 19.♕xc4 f6 20.♗h4 steht Weiß deutlich besser;

B) Das war die letzte Chance für 18...♗xf5!, was es übersichtlicher gestaltet und den weißen Vorteil begrenzt:

B1) 19.♖xf5 ist nun schwächer als vorher, da der Läufer nach 19...♘b6 seine Lieblingsdiagonale verlassen muss (20.♗b3?! a4);

B2) 19.exf5! f6 (19...♘b6? 20.f6 g6 21.♗e3 ♗xe3 22.♕xe3 ist viel zu gefährlich, aber 19...♘f6!? 20.♗xf6 gxf6 ist beachtlich) 20.♗c1 und der weißfeldrige Läufer findet auf e6 ein phantastisches Feld auf der Diagonalen a2-g8 vor, was den schwarzen König auf Gedeih und Verderben im Eck hält.

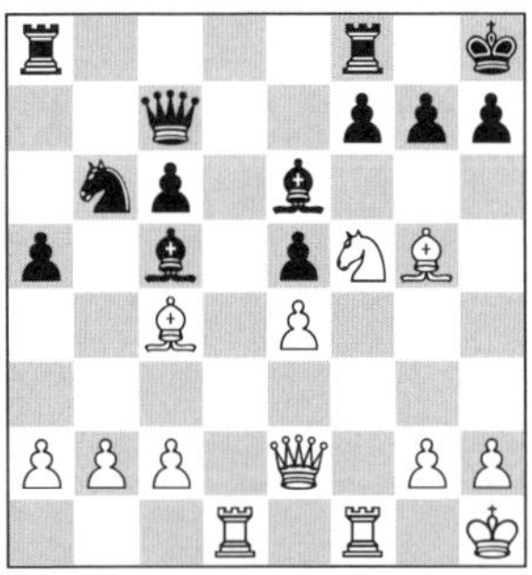

Solange der Springer f5 nicht abgetauscht ist, sind die schwarzen Felder um den schwarzen König zerbrechlich...

19.♘xg7! ♗xc4

Nach 19...♔xg7 20.♗f6+ gibt es keine Verteidigung mehr.

20.♗f6!

Blockiert den f-Bauern und fängt den schwarzen König im Mattnetz. 20.♕h5? verliert nach 20...f5!, wonach die Dame und der Turm f8 mitspielen.

20...♗e7

Oder 20...♗xe2 21.♘f5+ ♔g8 22.♘h6#.

21.♕f3

Schwarz gab auf.

Lösung 52

Alexander Aljechin

Harry Golombek

Margate 1938 (3)

1.d4 ♘f6 2.c4 e6 3.♘c3 ♗b4 4.g3 d5 5.♗g2 0-0 6.♘f3 c5 7.cxd5 ♘xd5 8.♗d2 ♘c6 9.a3 ♘xc3 10.bxc3 ♗a5 11.0-0 cxd4 12.cxd4 ♗xd2 13.♕xd2 ♕e7

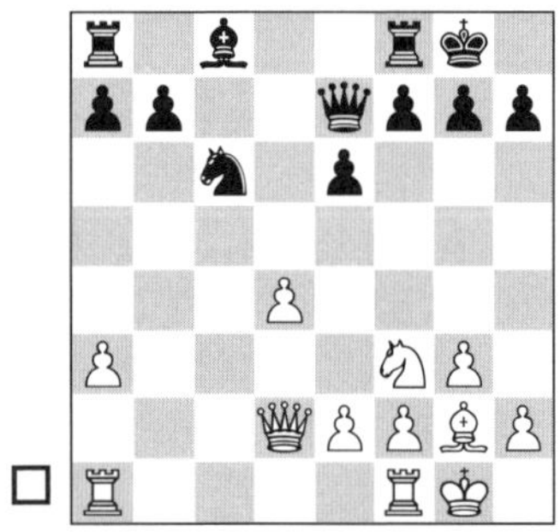

Weiß hat Raumvorteil und übt dank seines Läufers auf g2 starken Druck auf den Damenflügel aus, was die gegnerische Entwicklung erschwert. Er ist im Vorteil und hat mehrere gut aussehende Züge zur Auswahl. Er kann im Prinzip zwischen drei Spielweisen wählen: direkter Druck auf der langen

Diagonalen (14.♘e5), Bauernspiel im Zentrum (14.e4) oder weitere Entwicklung, bei der die lange Diagonale offen gelassen wird (14.♕b2, der Zug, der tatsächlich in der Partie gespielt wurde).
Wir wollen diese Pläne in Aktion betrachten:

A) 14.♘e5 ♗d7 (14...♘xe5? 15.dxe5 ♖d8 16.♕e3! löst nicht die Entwicklungsprobleme am Damenflügel) und nun:

A1) 15.♘xd7?! ♕xd7 16.e3 ist nichts Besonderes;

A2) 15.♘xc6 ♗xc6 16.♗xc6 bxc6 17.♖fc1 stabilisiert den Vorteil in einen strukturellen mit dem isolierten c6-Bauern auf der offenen Linie. Schwarz muss versuchen, auf der b- oder der d-Linie sowie gegen den Bauern auf a3 gegenspiel zu erlangen, und steht nur etwas schlechter;

A3) 15.♖ab1 ♖ab8 16.♖fc1 bewahrt die Initiative und hält sich die Option eines Generalabtausches auf c6 offen. Auch hier hat Weiß leichten Vorteil.

B) 14.e4 vergrößert die weiße Zentralkontrolle und arbeitet auf einen Freibauern durch d4-d5 hin, verstellt aber auch den Fianchettoläufer und schwächt d4. 14...b6?! wird möglich, ist indes keine gute Idee, da Weiß nach 15.d5 exd5 16.exd5 eine starke Initiative entwickelt, und insbesondere den Plan verfolgen kann, den Springer nach c6 zu bringen.
Der beste Zug ist 14...♖d8! mit Druck auf den Bauern d4 und einer lästigen Gegenüberstellung der weißen Dame durch den Turm:

B1) 15.♖fd1 e5! (15...♘xd4? verliert nach 16.♘xd4 e5 17.♘c6!) 16.d5 ♗g4! gefolgt von ...♗g4xf3 und ...♘c6-d4 mit gutem Spiel für Schwarz;

B2) 15.d5 exd5 16.exd5 ♘e5!? 17.♘xe5 (nach 17.♘d4 – bei Raumvorteil ist es in der Regel besser, Abtausch zu meiden – 17...♘c4 kommt der schwarze Springer nach d6, was Schwarz eine solide Stellung verspricht) 17...♕xe5 18.♖fe1 ♕d6 19.♕b4 mit Druck auf die Punkte e7 und b7 und den direkten Drohungen 20.♕xd6 und 20.♖e8+. Weiß steht etwas besser;

B3) 15.♕c3!? (verhindert beides, ...b7-b6 und ...♘c6-a5, was bei 15.♕b2 nicht der Fall wäre) 15...♕f6!? (greift den Bauer d4 an und fesselt ihn, damit der Läufer entwickelt werden kann; bei 15...♗d7? 16.d5! muss der Springer nach b8 zurückkehren) 16.e5 (16.♖fd1 behält leichten Vorteil) 16...♕e7 17.♖fd1 und nun verstellt 17...♗d7?! die d-Linie, so dass 18.♘d2 geht, um den Spinger nach d6 zu überführen. Deswegen kommt 17...h6 in Frage, was dauerhaft dem weißen Springer das Feld g5 nimmt und mit Ideen wie ...♕e7-d7 oder ...♖d8-d7 gefolgt von ...♕e7-d8, je nach Umständen, verbunden ist. Der Springer auf c6 kann nach e7 gehen. Weiß ist wieder ein wenig besser.

14.♕b2

Behält die lange Diagonale offen und attackiert den b7-Bauer, so dass weder 14...♗d7 noch 14...b6 (wegen 15.♘e5) möglich sind. Zudem vermeidet die Dame mögliche Vis-à-Vis mit dem schwarzen Turm in der d-Linie.

14...♖d8

Schwarz spielt einen nützlichen zentralen Zug, um auf 15.e4 mit 15...b6 seine Entwicklung vernünftig nachzuholen. Doch Weiß kann seine Stellung verstärken, ohne die lange weißfeldrige Diagonale zu blockieren – und somit die Entwicklung des Läufers c8 erschweren. 14...♖b8 war eine Option, was den Turm vorerst passiv stellt, aber die weitere Entwicklung vorantreibt.

15.♖fc1?!

Weiß möchte seine Türme auf b1 und c1 platzieren und beabsichtigt, seinen Zentralbauern mit e2-e3 zu stützen. Das ist eine exzellente strategische Idee, doch zugleich ein taktischer Fehler, der 15...♗d7! erlaubt.

15.♖ac1! bewahrt mehr Flexibilität zwischen dem Spiel auf dem Damenflügel und dem Zentrum und hätte die Läuferentwicklung unterbunden.

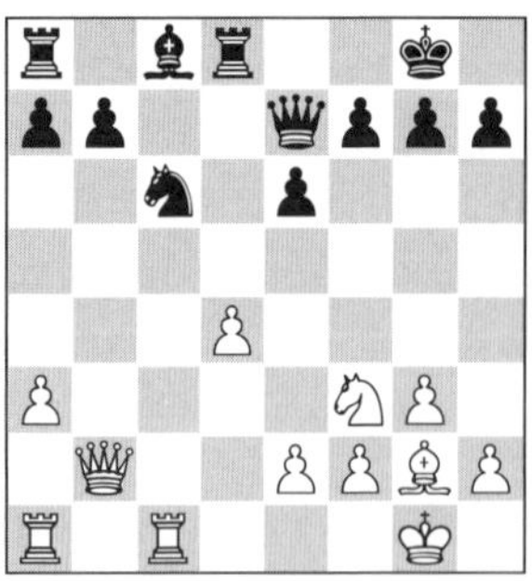

15...♕d6?

Bereitet ...♖a8-b8 vor, was im Moment nicht möglich war (15...♖b8? 16.♖xc6), gefolgt von ...b7-b6 oder ...♗c8-d7, aber dieses Manöver exponiert die Dame und vergeudet Zeit.

Nach 15...♗d7! 16.♕xb7? ♘a5! hat Schwarz Gegenspiel wegen der potentiellen Gabel auf b3, die Stellung wäre unklar. 16.e3! ist besser, als auf b7 zu schlagen, und führt zu leichtem weißem Vorteil nach 16...♗e8.

16.e3 ♖b8

(Fortsetzung und Lösung 62 auf Seite 154)

Lösung 53

Paul van der Sterren 2475

Viktor Kortschnoi 2635

Wijk aan Zee 1984 (13)

1.e4 e6 2.d4 d5 3.♘c3 ♘f6 4.♗g5 ♗e7 5.e5 ♘fd7 6.♗xe7 ♕xe7 7.f4 0-0 8.♘f3 c5 9.dxc5 ♕xc5 10.♕d2 ♘b6 11.♘b5 ♘c6 12.c3 f6 13.exf6 ♖xf6 14.♗d3 ♘c4 15.♗xc4 ♕xc4 16.♘bd4 ♗d7

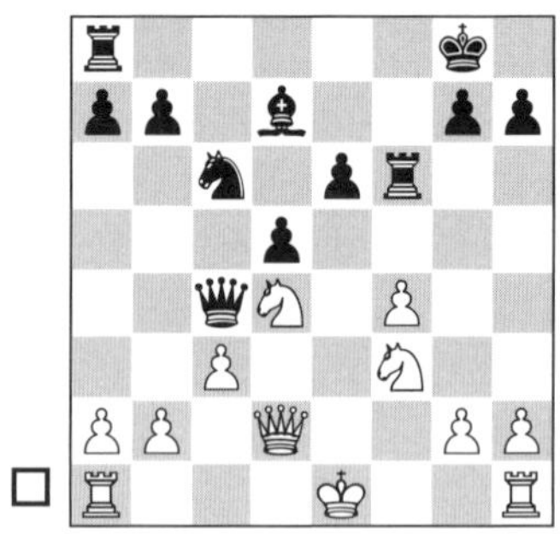

Die Bauern e6 und d5 sind auf weißen Feldern fixiert. Wir sprechen davon, dass der Läufer d7 „schlecht“ ist, da er in seiner Beweglichkeit beschränkt ist und die geschwächten schwarzen Felder nicht kontrollieren kann. Der Läufer hat aber auch seine Vorteile. Um die Bauern e6 und d5 zu blockieren, hat Weiß seine eigenen Bauern auf schwarze Felder gestellt (c3, f4 und bald g3), was zu Schwächen der weißen Felderkomplexes führt und indirekt dem Läufer d7 wieder Potentiale einräumt.

Je näher man dem Endspiel kommt (wir wollen uns die Diagrammstellung mit jeweils nur einer Figur vorstellen: der schwarze Läufer gegen einen weißen Springer) wird der Läufer zumeist eine schlechte Figur, die keine gegnerischen Bauern angreifen und ihre Nachteile nicht mehr durch die Zusammenarbeit mit anderen Figuren ausgleichen kann. Schwarz kann einige Abtäusche verkraften, muss aber aufmerksam bleiben und die Stellung stets vom dynamischen Standpunkt aus betrachten.

Zurück zum Spiel: Weiß hat gewisse Entwicklungsprobleme, da er weder in die eine, noch in die andere Richtung rochieren kann, und der wünschenswerte Zug 17.♕e2 den Bauern f4 verliert. Die Bauernstruktur ist nachteilig für Schwarz mit dem rückständigen Bauern e6 und schwachen Feldern, die als Basis für die weißen Figuren dienen können, wie d4 oder e5. Sein Hauptplan ist es, seinen Läufer zu aktivieren, und nach Möglichkeit die f-Linie zu öffnen. Ein typisches Manöver ist ...♗d7-e8-g6 (oder h5). Die Durchbrüche ...g7-g5 und ...e6-e5 (einer davon oder beide, normalerweise in der Reihenfolge) spielen auch eine wichtige Rolle.

A) 17.♘e5?! ♘xe5 18.fxe5 ♖f7 19.♕e2 ♖af8 erlaubt es dem Weißen, mit einem guten Springer gegen einen schlechten Läufer zu spielen, und eventuell die Damen zu tauschen. Doch die f-Linie gehört den schwarzen Türmen, zum Beispiel:

A1) 20.♘f3? ♕xe2+ 21.♔xe2 ♖f5, mit der Idee ...♗d7-e8-h5, führt zu schwarzem Vorteil wegen des Drucks auf den e5-Bauer. Falls nun 22.h3 ♗e8 23.♖hf1?, um 23...♗h5 mit 24.g4 beantworten zu können, so gewinnt 23...♗b5+ die Qualität;

A2) 20.♕xc4! dxc4 21.0-0-0 (21.♘f3 ♗c6) 21...♖f2 und nun kann Weiß nicht um die zweite Reihe kämpfen mit 22.♖d2? wegen 22...♖xd2 23.♔xd2 ♖f2+, weshalb es notwendig ist, mit 22.♖hg1 passiv zu verteidigen, allerdings bei einer festen Stellung.

B) 17.g3 ist ein natürlicher Zug, der ♕d2-e2 vorbereitet und die f-Linie möglichst lange geschlossen hält. Schwarz hat nun 17...♗e8, 17...♖af8 und 17...e5 zur Auswahl:

B1) 17...♗e8 gleicht nicht völlig aus nach 18.♕e2 ♕xe2+ 19.♔xe2 ♗h5 (oder 19...♗g6, um nach e4 zu gelangen) 20.♔e3 ♖af8, auch wenn die schwarze Stellung völlig spielbar ist;

B2) 17...♖af8! (generell ein nützlicher Zug und offensichtlich das beste) 18.♕e2

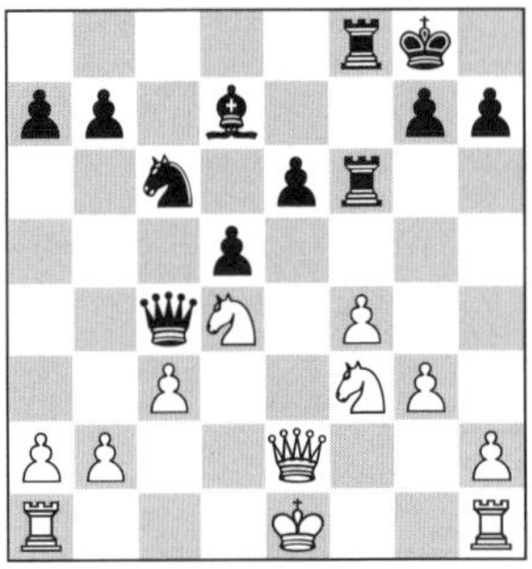

Analysediagramm

Und jetzt:

B2a) 18...g5! (im gleichen Geist ist auch 18...♕xe2+ 19.♔xe2 g5!? interessant) 19.♕xc4 dxc4 20.♘xg5! (20.fxg5? ♘xd4 21.♘xd4 ♖f2 begünstigt Schwarz, nach 22.0-0-0 e5 23.♘c2 bietet die positionelle Linie 23...♗f5 24.♘e3 ♗d3 ausreichend Kompensation für den Bauern, wohingegen 23...♗a4! die Qualität gewinnt) 20...e5! (das doppelte Opfer der g- und e-Bauern ist typisch und instruktiv) 21.fxe5 ♘xe5 22.♘e4 – Schwarz hat sehr gute Kompensation für den Bauern, etwa nach 22...♖b6 23.b4 (23.0-0-0 ♘d3+) 23...♘d3+ 24.♔d2 ♗h3, was f1 kontrolliert;

B2b) 18...♘xd4 19.cxd4 (nach 19.♘xd4, was die Kontrolle über g5 aufweicht, führt 19...♕xe2+ 20.♘xe2 g5! zu gutem schwarzem Spiel) 19...♗e8 (nach 19...♕xe2+? 20.♔xe2 ♗e8 21.♔e3! – und nicht 21.♘e5? g5! – 21...♗h5 22.♘e5 steht Weiß besser, da 22...g5 nach 23.♘d7 die Qualität verliert) 20.♕xc4 dxc4 21.0-0! (21.♘e5 erlaubt 21...g5!) 21...♗h5 (21...♗c6 22.♘e5 ♗d5? wäre gut, wenn Weiß nicht 23.♘d7! hätte) 22.♘e5 ♖d8 23.♘xc4 ♖xd4 mit leichtem weißem Vorteil.

B3) 17...e5!? mit den folgenden Fortsetzungen:

B3a) 18.b3 (um auf c6 tauschen zu können, muss die Dame zuerst vertrieben werden, weil 18.♘xc6? bxc6 19.♘xe5? 19...♕e4+ erlaubt) 18...♕a6 19.♘xc6 und jetzt hat Weiß nach entweder 19...♗xc6 20.♘xe5 d4! oder 19...bxc6 20.♘xe5 ♗f5 einen Bauern mehr, und einen sehr guten Springer auf e5. Er hat jetzt die besseren Chancen, aber sein König ist langfristig exponiert und die Stellung ist scharf;

B3b) 18.♘xe5 ♘xe5 19.fxe5 (eine ruhige Fortsetzung, die einen sicheren, leichten Vorteil erreichen will) 19...♖f7! (nach 19...♖e8 20.0-0-0 ♖xe5 21.b3 ♕c5 22.♖he1 hat Weiß seinen König in Sicherheit gebracht und hat dauerhaften Vorteil) 20.b3 (20.0-0-0 vermeidet die Schwächung der Bauernstruktur, aber lädt zum Remis ein nach 20...♕xa2 21.e6 ♗xe6 22.♘xe6 ♕a1+ 23.♔c2 ♕a4+ 24.♔b1 ♕e4+ 25.♔c1 ♕xe6 26.♕xd5) und 20...♕a6! kontrolliert die Felder a2 und f1. Schwarz steht gut nach 21.0-0-0 ♖af8 oder 21.♕e2 ♕a5.

17.b3

Van der Sterren will schnell zum Damenflügel hin rochieren (die Dame deckt nun a2), aber der Zug schwächt und exponiert besonders die f-Linie.

17...♕a6 18.0-0-0?!

18.g3 ist wieder das Sicherste. Es kann 18...♗e8 oder 18...♖af8 folgen, wie es bei 17.g3 der Fall gewesen wäre, oder auch 18...♖c8!? mit Druck auf der c-Linie.

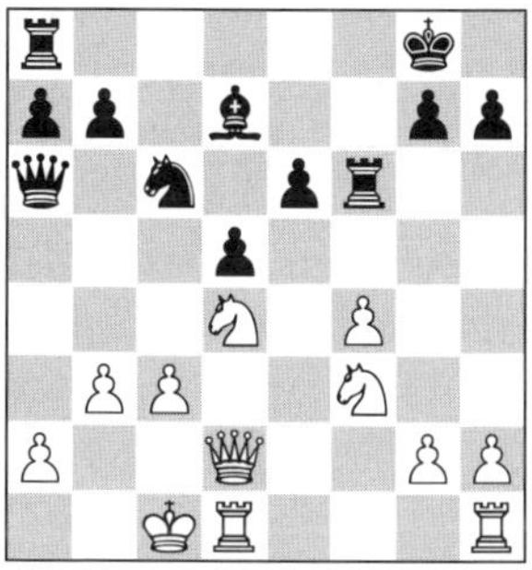

18...♘xd4!

Kortschnoi plant, mit ...e6-e5 die f-Linie zu öffnen und Läufer d7 mit Tempo ins Spiel zu bringen. Er zieht Vorteil daraus, dass jetzt 19.♘xd4 erzwungen ist: 19.cxd4? ist schlecht wegen 19...♖xf4! 20.♘e5 (20.♕xf4 ♕xa2 21.♖df1 ♖c8+ 22.♔d1 ♗b5 23.♕e5 – deckt das Feld e2 – 23...♕a1+ 24.♔d2 ♕c3+ 25.♔d1 ♕c1#) 20...♖af8 21.♘xd7 ♕c6+ mit großem Vorteil.

19.♘xd4 ♖af8! 20.g3?

20.♘e2 ist passiv, hält aber noch einigermaßen die Stellung zusammen nach:

A) 20...e5!? 21.♕xd5+ ♗e6 22.♕d2 ♗g4 23.♖he1 exf4 mit der Idee 24...f3, um die f-Linie zu öffnen, behält den Druck bei;

B) 20...♗e8 mit den Ideen 21...♗h5 oder 21...♗g6 je nach Umständen führt auch zu leichtem schwarzem Vorteil.

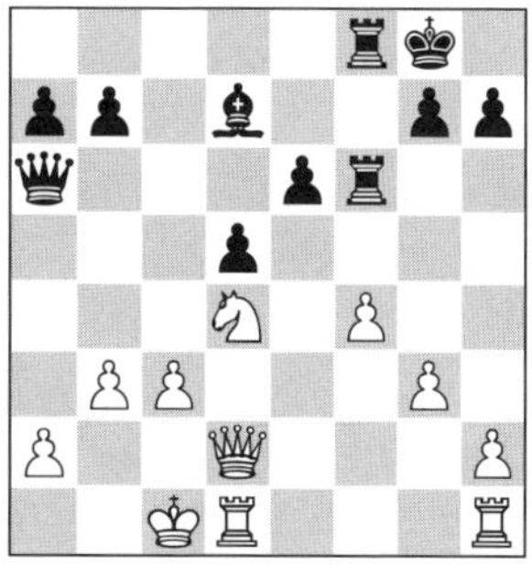

20...e5! 21.♘e2

Um die f-Linie geschlossen zu halten, doch andere Linien werden sich öffnen und der f6-Turm kann auch über die sechste Reihe schwenken.

21.fxe5? ♖f2 verliert sogleich.

21...d4!

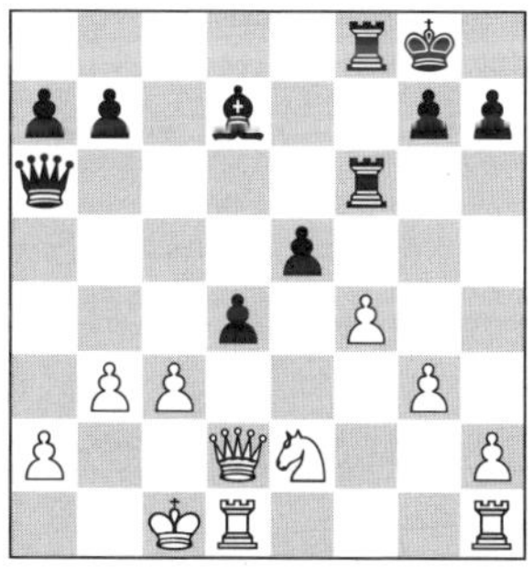

Die Bauern auf c3, f4 und g3 sollten die Bauern e6 und d5 fixieren und den Läufer „schlecht" machen, aber die weißen Felder wurden dadurch auch vernachlässigt.

Jetzt kann der schwarze Läufer auf verschiedenen Diagonalen agieren und sich aktiv am Königsangriff einbringen. Wir wussten dies bereits – jetzt können wir es sehen!

22.cxd4

Weiß kann nicht alle Linien geschlossen halten, so entscheidet er sich zumindest Material mitzunehmen.

Bei 22.c4 ist eine Möglichkeit 22... b5 mit Öffnung der c-Linie.

22...♗g4!

Fesselt den Springer und bindet den weißen Turm an seine Verteidigung. Die unmittelbare Attacke auf das Feld c2 durch 22...♖c6+ 23.♔b2 ♖fc8 führt zu nichts nach 24.♖c1.

23.♖de1

Der Springer ist damit gedeckt und entfesselt, aber nun kann der Turm nicht mehr auf der c-Linie Paroli bieten.

23.♖he1 verliert die Qualität nach 23...exf4 24.gxf4 ♖e6.

23...♖c6+ 24.♔b2 ♖fc8 25.♘c1

25.dxe5 ♖c2+ 26.♕xc2 ♖xc2+ 27.♔xc2 ♗xe2 mit zwei verbundenen Bauern für die Figur, aber das ist zu wenig, um die Partie zu retten.

25...♗f5 26.♕b4 ♖b6 27.♕e7 ♕a5 28.a4 ♕xa4

Weiß gab auf.

Lösung 54

Bruno Parma 2515

Jan Smejkal 2615

Banja Luka 1976 (15)

1.e4 c6 2.d4 d5 3.♘d2 g6 4.♘gf3 ♗g7 5.c3 ♘h6 6.♗d3 0-0 7.0-0 f6 8.c4 ♘f7 9.♖e1 ♘a6 10.b3 ♖e8 11.♗b2

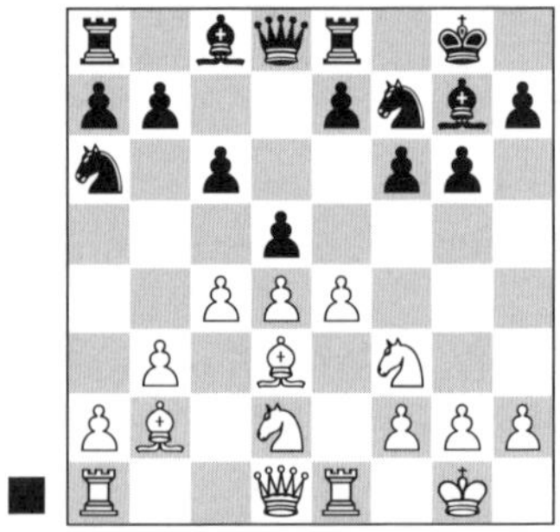

Schwarz hat Raumnachteil, doch ein attraktiver Plan steht ihm zur Verfügung: ...d5xe4 gefolgt von ...f6-f5 (fesselt den Bauern d4), ...c6-c5xd4 spielen und danach seine Zentrumsmajorität in Bewegung setzen. Zuweilen kann auch ...e7-e5 statt ...c6-c5 gespielt werden. Schauen wir uns die Details an:

11...dxe4! 12.♘xe4 ♗g4!?

Auch gut ist sogleich 12...f5 13.♘c3! (entfesselt den d-Bauern; bei 13.♘g3?! c5 steht der Springer perspektivlos auf g3 und Schwarz steht schon besser) und nun:

A) 13...♗xd4 14.♘xd4 ♕xd4 bietet Weiß ausgezeichnete Kompensation für den Bauern;

B) 13...e5 14.dxe5 ♘xe5 15.♘xe5 ♖xe5 16.♖xe5 ♗xe5 17.♕e2 ♗f6 mit guten Chancen für Schwarz, seine Entwicklung zu beenden und auszugleichen, wenngleich es noch nicht soweit ist;

C) 13...c5! 14.d5 e5! 15.dxe6 (sonst ist die schwarze Majorität gefährlich) 15...♗xe6 und die Stellung ist in der Balance, der f7-Springer steht gut und deckt die

Felder, die durch den Vormarsch des f-Bauern entstanden sind. Durch 12...♗g4 erhöht Schwarz den Druck auf den Bauern d4. Er will nur dann ...c6-c5 ziehen, wenn dies auch zum Tausch des c-Bauern gegen den d-Bauer führt.

13.♘ed2

Der Springer, der auf e4 unsicher stand, überdeckt seinen Kollegen auf f3, um den Mittelbauern d4 zu sichern.

13.h3? ♗xf3 14.♕xf3 verliert einen Bauern nach 14...f5 gefolgt von 15...♗xd4.

13...f5 14.h3

A) 14.♕c1?! entfesselt den Springer f3 und teilweise auch den d4-Bauern. Nach 14...c5?! 15.d5! erkennen wir den Nachteil des Läufers auf g4: er ist abgeschnitten von e6, weshalb es nun schwer ist, ...e7-e5 durchzusetzen. Andrerseits gibt das sofortige 14...e5! dem Schwarzen ein ausgezeichnetes Spiel wegen der ungedeckten Stellung des Läufers auf d3;

B) 14.♕b1!? mit derselben Idee ist starker, weil es zugleich den Läufer d3 deckt:

B1) 14...e5 15.dxe5 ♕c7 16.e6 ♘d8 sollte zu ungefährem Ausgleich führen;

B2) 14...e6!? (mit der Idee 15...c5, und falls 16.d5, dann 16...e5) 15.c5!? ♘xc5!? (15...♘b4 16.♗c4 ♘d5 ist unklar) 16.dxc5 ♗xb2 17.♕xb2 ♕xd3 18.♘e5 ♘xe5 19.♖xe5 gibt dem Weißen ausreichend Kompensation für den Bauern.

14...♗xf3 15.♘xf3 c5! 16.♗f1 cxd4

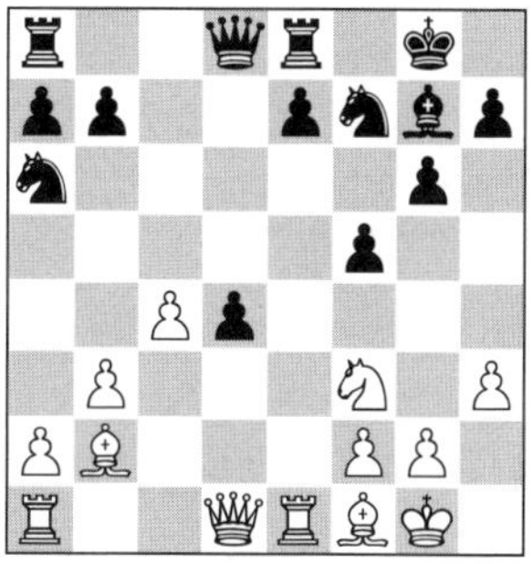

17.♗xd4

Der e-Bauer wird nun mit Angriff auf den Läufer und den Springer f3 vorpreschen und Schwarz steht besser. 17.♘xd4 ist der Zug, den Weiß spielen sollte:

A) 17...e5 18.♘b5 e4! (18...♘c5?! 19.b4 ♘e6 20.c5 ist schlecht; der Springer sollte auf a6 bleiben, und warten, bis Weiß a2-a3 spielt, um b3-b4 vorzubereiten) 19.♗xg7 ♔xg7 20.a3 ♘c5 21.b4 ♘e6 – beider Majoritäten schreiten voran, die Chancen sind verteilt;

B) 17...♕b6 (droht 18...♖ad8 den Springer zu fesseln und nochmal anzugreifen – es ist sehr wahrscheinlich, dass dieser Zug und dessen Komplikationen Parma davon abhielten, 17.♘xd4 zu spielen) 18.♖e6! ♕c5 19.♖xa6! ♖ad8 (19...bxa6? verliert nach 20.♘e6) 20.♖e6! ♗xd4 führt nur zu Ausgleich. Statt 18...♕c5 ist 18...♘d6! ebenfalls kompliziert, aber offensichtlich vielversprechend: die d-Linie ist verstellt, doch Weiß wird nach dem folgenden ...♘a6-c5 Schwierigkeiten bekommen, da der Turm exponiert auf e6 steht (Weiß mag an ein Qualitätsopfer denken, aber Schwarz hat es gar nicht eilig, diese dann zu nehmen).

17...e5 18.♗b2 e4 19.♗xg7 ♔xg7 20.♘d4 ♕f6 21.♘b5 ♖ad8

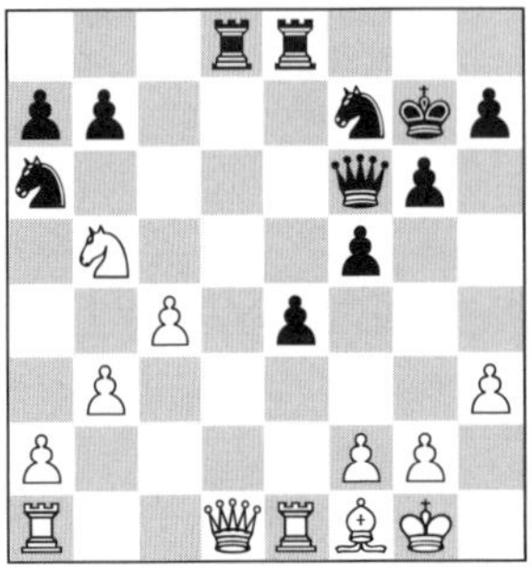

Schwarz hat seinen Plan erfolgreich verwirklicht: seine Majorität im Zentrum ist wichtiger als die gegnerische am Damenflügel und er übt starken Druck über die d-Linie aus.

22.♕c1 ♘b4

Zielt auf d3 und überdeckt d5, wohin der weiße Springer möchte.

23.♘c7

A) 23.♘c3 ♘e5 führt zu großem schwarzem Vorteil;

B) 23.a3 ♘d3 24.♗xd3 ♖xd3! (hübsch wäre 24...exd3? 25.♖xe8 d2!? (25...♖xe8 26.♕c3! bringt nichts ein) und nun verliert 26.♕d1? nach 26...♖xe8, aber 26.♕c3! ♖xe8 27.♔f1 hält die Stellung) 25.♘c7? (die Idee von 23.a3 ist es, einen Springer nach d5 zu bekommen, aber das funktioniert nicht; bei anderen Zügen ist Schwarz einfach besser) 25...♖c8! und 26.♘d5 verliert eine Figur nach 26...♖xd5.

23...♖e7 24.a3 ♘d3 25.♗xd3 ♖xc7!

Die aktivste weiße Figur wird abgetauscht und Schwarz ist deutlich im Vorteil.

26.♗f1 ♖cd7 27.♕e3 a6 28.♖ac1 ♘e5 29.c5

Sucht nach Gegenspiel am Damenflügel.

29...♖d4

Verteidigt e4, was ...f5-f4 vorbereitet.

30.♕c3

Der Blockadezug 30.f4 erlaubt 30...♘d3 (und nicht 30... exf3? 31.♕xe5) 31.♗xd3 ♖xd3 und Schwarz gewinnt durch die Kontrolle der d-Linie in Verbindung mit dem Freibauern und der Schwächen am weißen Damenflügel.

30...f4 31.♕c2

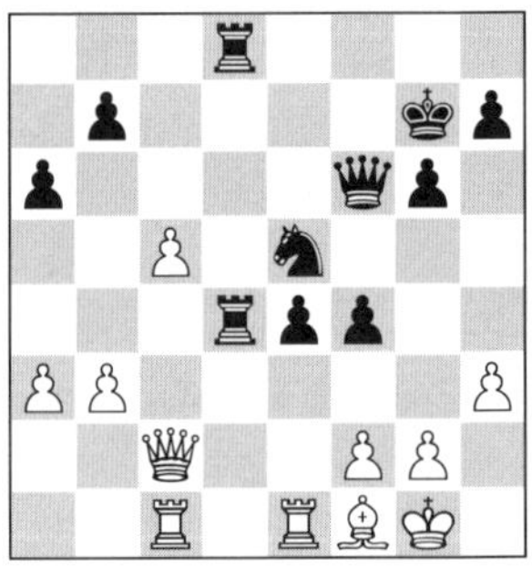

31...e3!

Dieser thematische Angriff (...e4-e3 mit der Idee, f2xe3 durch ...f4-f3 zu beantworten) öffnet die zweite Reihe, schließt die e-Linie und versetzt die Bauern f2 und g2, die den weißen König verteidigen. Nach 31...♕c6 32.b4 ♕d5 steht Schwarz besser, doch da er den Bauern e4 verteidigen muss, ist es schwer, Fortschritte zu erzielen.

32.fxe3

32.♖cd1 ♖d2 oder 32.♖e2 ♘d3! verlieren ebenso.

32...♖d2 33.♕e4 f3! 34.♔h1

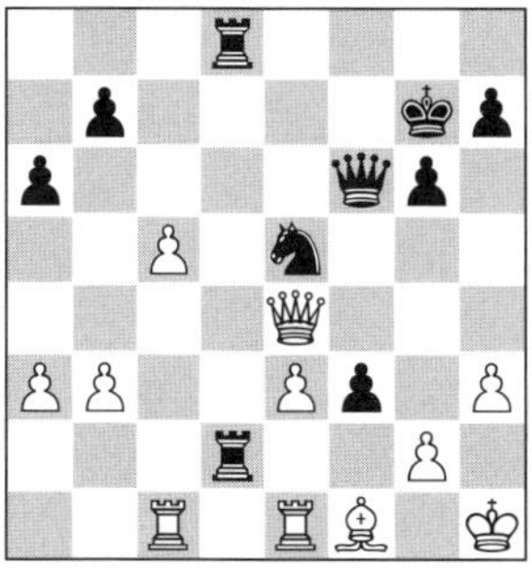

34...♖f2?
Schwarz hat offensichtlich ausgezeichnete Kompensation für den Bauern und zumindest einen eindeutigen Gewinnweg: 34...♕g5! (droht 35...♖xg2) 35.g4 (35.♖c2 ♕g3! 36.♖ec1 fxg2+ 37.♗xg2 ♖d1+ 38.♗f1 ♕xh3+) 35...h5 36.♕f4! ♘xg4! (oder auch 36...♕xf4 37.exf4 hxg4! 38.♖xe5 g3) 37.hxg4 (37.♕xg5 ♖h2+ 38.♔g1 f2#) 37...♕h4+ 38.♔g1 f2+.
35.♖ed1 ♕g5 36.g4 ♖fd2 37.♖xd2 ♖xd2
Die Lage hat sich eindeutig verbessert für Weiß.
38.♕f4 ♕xf4 39.exf4 ♘c6 40.♖c3 ♘d4 41.♖d3 ♖xd3 42.♗xd3 ♘xb3 43.c6 bxc6 44.♗xa6 c5 45.♔g1 ♘d2 46.a4 c4 47.a5 c3 48.♗d3 f2+ 49.♔xf2 ♘b3 50.♔e3 ♘xa5 51.♔d4 ♘b7 52.♔xc3 ♘c5 53.♔d4 ♘d7
Remis.

Lösung 55
Andor Lilienthal
Wassili Smyslow
Pärnu 1947 (7)

1.d4 ♘f6 2.c4 e6 3.♘c3 ♗b4 4.e3 c5 5.a3 ♗xc3+ 6.bxc3 ♘c6 7.♗d3 b6 8.♘e2 d6 9.e4 ♘d7 10.0-0 e5 11.f4 ♕e7 12.fxe5 dxe5 13.dxe5 ♘dxe5 14.♘f4 ♗g4 15.♗e2 ♗xe2 16.♕xe2 f6 17.♘d5 ♕f7

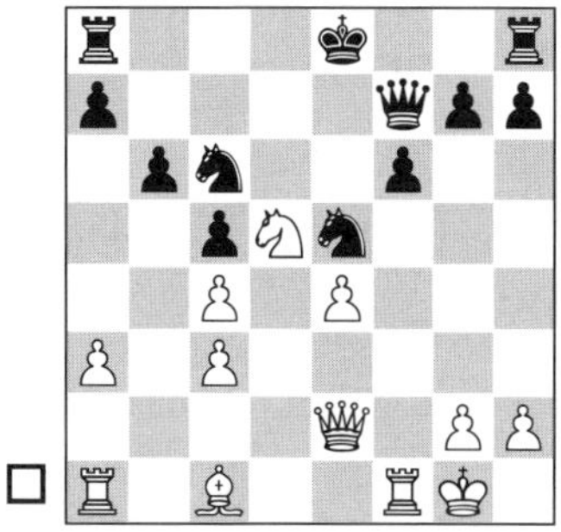

Die weiße Bauernstruktur ist sehr beschädigt, insbesondere der Bauer c4 ist schwach, zumal er nicht vom Läufer c1 gedeckt werden kann. Seine Gegenchancen liegen in der etwas besseren Entwicklung und der dominanten Position seines Springers. Er muss die Stellung öffnen, und dazu stehen ihm nur die Hebel a2-a4-a5 oder eventuell e4-e5 zur Verfügung. Wichtig sind daher die Blockadefelder a5 und e5.
18.♗f4!
Sogleich 18.a4? wäre falsch, denn nach 18...0-0 19.♗f4 ♖ae8! verteidigt der Turm den Springer e5, weshalb der Springer c6 auf seinem Feld bleiben und den Vormarsch des a-Bauern stoppen kann.
Statt 18...0-0 ist 18...♘a5?, um c4 zu gewinnen, falsch, da Schwarz unterentwickelt ist: 19.♗f4! ♘axc4 (19...♘exc4? 20.♘c7+) 20.♗xe5! ♘xe5 21.♕b5+ ♔f8 (Schwarz kann nicht auf d7 dazwischengehen wegen der Gabel auf c7) 22.a5 mit weißer Initiative, die mehr als den

Bauern wert ist – der Turm h8 ist noch lange außer Spiel.

18...0-0 19.♗xe5!

Abtausch ist allgemein gesehen nicht empfehlenswert für Weiß, aber er hat eine präzise Idee im Kopf: der Vorstoß des a- oder des e-Bauern.

Auf 19.a4? ♖ae8 haben wir schon hingewiesen.

19...♘xe5

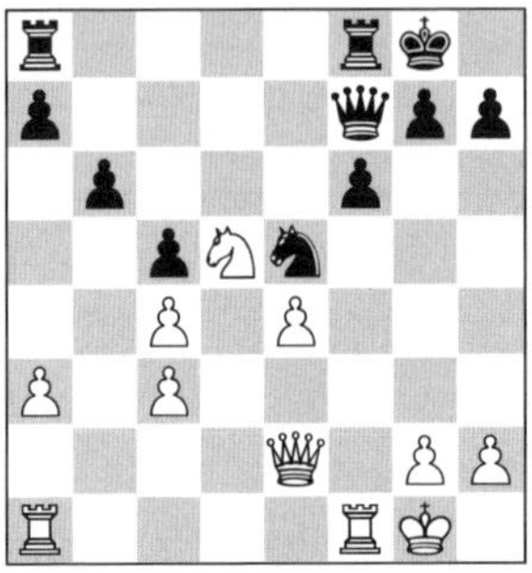

20.a4!

Droht 21.a5 mit Initiative am Damenflügel.

20...♘c6

Von hier aus kontrolliert er die neuralgischen Hebelfelder. Dafür ist er mehr oder minder immobil und das Thema der Überlastung (der Springer kann die Bauern a4 und e4 vom Vorgehen abhalten, aber nicht beide gleichzeitig!) kann man vorausahnen.

21.♕g4

Droht 22.♘xf6+. Die Idee ist, die Dame aus der e-Linie zu nehmen, damit man e4-e5 spielen kann ohne ein Vis-à-Vis mit einem schwarzen Turm fürchten zu müssen.

21.a5! ist die passendere Zugreihenfolge:

A) Nach 21...bxa5 22.♕f2 wird der c5-Bauer sogleich angegriffen und die Aussichten sind verteilt, während eine ähnliche Stellung, die sich in der Partie hätte ergeben können, leicht den Schwarzen favorisiert;

B) 21...♘xa5 22.♕g4 (und nicht 22.e5? ♖ae8!) 22...♔h8 23.e5! führt zur Partie, ohne dabei eine Zugwiederholung zu erlauben.

21...♔h8!

Schwarz steht bereit, sich mit 22...♖ae8 zu konsolidieren.

21...♘e5 22.♕e2 ♘c6 23.♕g4 führt zur Zugwiederholung.

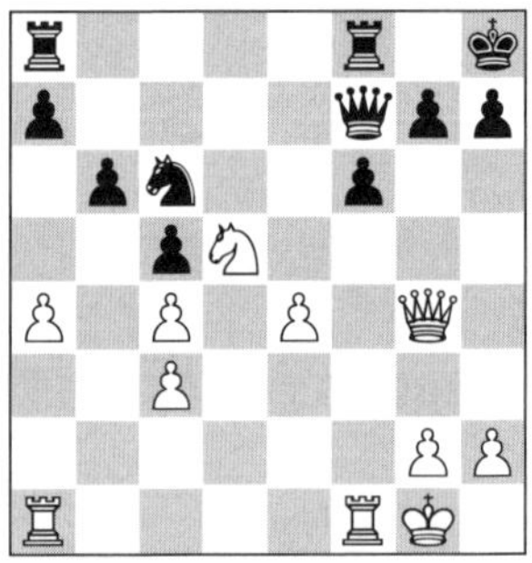

22.a5! ♘xa5?!

Schwarz möchte beides: Materialvorteil und eine hübsche Bauernstruktur, aber die Dezentralisierung seines Springers wird ihm Ungemach bereiten.

Richtig war 22...bxa5! mit zwei Möglichkeiten:

A) 23.♖fb1, um die b-Linie zu kontrollieren und eventuell von b5 aus den Bauern c5 anzugreifen, sieht sehr gut aus. Doch Schwarz steht eine hübsche Riposte zur Verfügung: 23...♖ab8 24.♖b5?! (der logische Zug, sonst steht Weiß etwas schlechter) 24...a6! 25.♖xc5? ♕a7! – der Turm ist gefesselt und perdue!;

B) 23.♕g3 (strebt nach d6 oder e3, um den Bauern c5 angreifen zu können) 23...♖ac8 24.♕e3 (24.♕d6 ♘e5! verteidigt den Bauern mit einem Gegenangriff auf c4. Nach 25.♕a6 ♘c6 ist Schwarz leicht im Vorteil) 24...♖fe8 (24...♘e5 25.♕e2 ist weniger überzeugend) 25.♕xc5 ♕g6! gibt Schwarz den Vorteil, da der e4-Bauer schwach ist; 25...♖xe4 statt 25...♕g6 erlaubt 26.♖xa5!, die Fesselung des Springers ausnutzend.

23.e5!

Das Ende der mit 19.♗xe5 eingeleiteten Operation.

(Fortsetzung und Lösung 63 auf Seite 156)

Lösung 56

Lajos Portisch 2625

Viktor Kortschnoi 2630

Montpellier Kandidatenturnier 1985 (4)

1.d4 ♘f6 2.c4 e6 3.♘f3 b6 4.a3 ♗b7 5.♘c3 d5 6.cxd5 ♘xd5 7.♕c2 c5 8.e4 ♘xc3 9.bxc3 ♘d7 10.♗f4 cxd4 11.cxd4 ♖c8 12.♕b3! ♗e7 13.♗d3 0-0 14.0-0

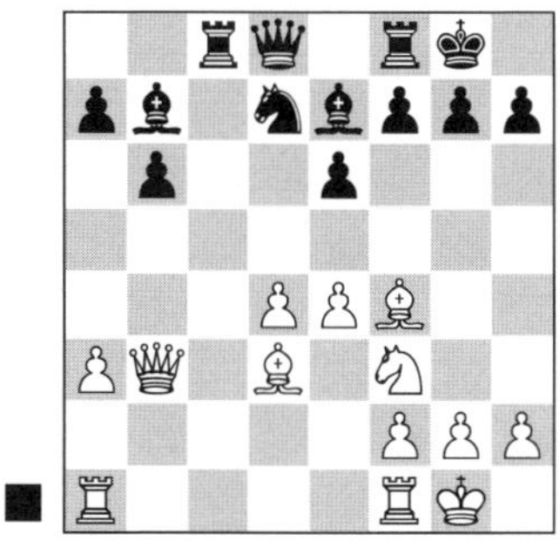

Dank seines starken Bauernzentrums hat Weiß überall auf dem Brett aussichtsreiche Perspektiven. Er kann einen Angriff auf den König erwägen, einen Freibauern bilden oder einen Minoritätsangriff auf dem Damenflügel starten. Wegen seines Raumvorteils sollte er Figurentäusche prinzipiell vermeiden.

14...♘b8!

Ein Mehrzweckzug, der sowohl ...♗e7-d6 als auch ...♗b7-a6 vorbereitet, um Figurentausch zu suchen, oder ...♘b8-c6-a5, um Spiel am Damenflügel zu bekommen und den weißen Minoritätsangriff zu unterbinden. 14...♘f6 15.♖fe1 bringt das weiße Zentrum nicht wirklich ins Schwitzen, falls dann 15...♘h5 16.♗d2 ♕c7 wäre 17.g3 möglich, aber etwas schwächend. Somit ist 17.a4! ♘f4 18.♗f1 am einfachsten, was Schwarzes Gegenspiel austrocknet.

15.♖ad1! ♗d6?!

Um den Läufer f4 aus seiner dominanten Position zu vertreiben, aber das macht die schwarze Lage passiv.

A) Nach 15...♗a6?! 16.♗xa6 ♘xa6 17.♕a4 ♘c7 18.♕xa7? ♘b5 19.♕a6 ♘c3 20.♖de1 b5 hat Schwarz Gegenspiel gegen die Bauern a3 und e4. Statt 18.♕xa7? ergibt 18.♘e5 oder 18.♖c1 klaren weißen Vorteil;

B) 15...♘c6! 16.d5! (16.♖fe1 ♘a5 17.♕a2 ♖c3 ist im Gleichgewicht) 16...♘a5 ist die beste Verteidigung, die weiße Dame verliert ähnlich viel Zeit, um wieder ins Spiel zu finden, wie der schwarze Springer. Die folgenden Varianten haben nur illustrierenden Wert, da die Stellung zu vielschichtig ist:

B1) 17.♕a2 (behält die Bauern a3 und d5 im Auge) 17...♖c3 18.a4 (nach 18.d6 ♗xd6 19.e5 ♗xf3 20.gxf3 ♗xa3 21.♗xh7+ ♔xh7 22.♖xd8 ♖xd8 bekommt Schwarz genügend Kompensation für die Dame) 18... exd5 19.exd5 ♗d6! (blockiert den d-Bauern; 19...♗xd5? 20.♗xh7+ ♔xh7 21.♖xd5 ♕c8 22.♖h5+ ♔g8 23.♘e5! mit der Drohung 24.♘g6! gefolgt von 25.♖h8# ist bitter) 20.♗xd6 ♕xd6 gibt Schwarz ein gutes Spiel, etwa: 21.♘g5 ♖xd3 22.♖xd3 ♗a6 23.♕b1 ♕g6! mit gleichen Aussichten;

B2) 17.♕b1!? (schielt nach h7) 17...♗xa3! (schnappt sich den Bauern als „Kompensation“ für die aktiven weißen Figuren) 18.d6 (18.dxe6 fxe6 19.e5 ist ebenfalls nicht klar) 18...♖c3 ist schwer zu beurteilen; der Vorstoß e4-e5, der den weißen Angriff einleitet, aktiviert auch den Läufer b7.

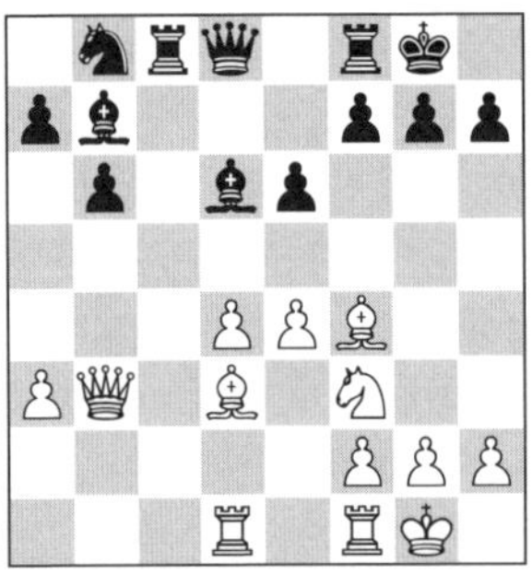

16.♗d2!

Portisch vermeidet Abtausch und zieht seinen Läufer auf ein exzellentes Feld zurück, wo er das Manöver ...♘b8-c6-a5 verhindert.

16...♖c7

Bereitet 17...♗a6 18.♗xa6 ♘xa6 19.♕a4 ♕c8! mit gutem Spiel für Schwarz vor.

A) Beim sofortigen 16...♗a6? übt Weiß nach 17.♗xa6 ♘xa6 18.♕a4 ♘c7 19.♖c1 (aber nicht 19.♕xa7? ♘b5 gefolgt von 20...♘xa3) starken Druck am Damenflügel aus;

B) Nach 16...♘c6 17.♖fe1 fehlt dem Schwarzen a5 für seinen Springer und seine Stellung bleibt passiv.

17.♖fe1!

Um den weißfeldrigen Läufer zu bewahren.

17...♗a6 18.♗b1

Schwarz mangelt es an Gegenspiel und sein König sieht sich einem starken Angriff ausgesetzt.

18...♖e8 19.h4!

Ein typischer Zug für diese Bauernstruktur: Weiß nutzt seine Kontrolle über das Zentrum, um seine Aktien am Königsflügel zu verbessern (der Vorstoß des h-Bauern soll die schwarze Königsstellung schwächen und den weißen Figuren das Stützfeld g5 sichern). 19.♘g5!, mit der Idee 19... h6 20.e5, ist ebenfalls stark.

19...♘d7

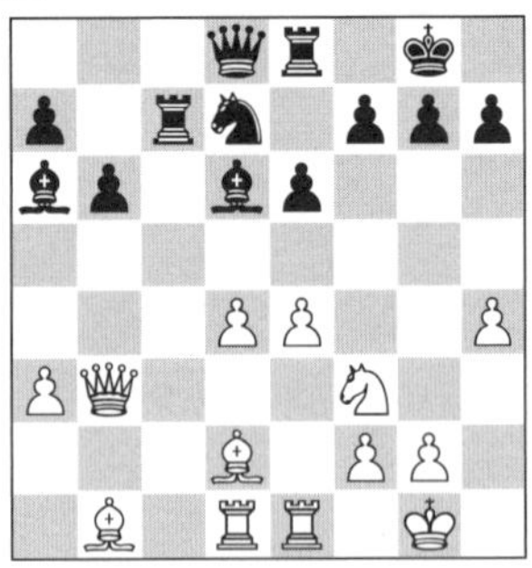

Droht 20...e5.

20.♘g5?
Verhindert 20...e5 und will die weiße Dame zum Königsflügel überführen. Eine exzellente Idee, doch in der Ausführung hapert's. 20.e5! ♗e7 21.♘g5!, ganz ähnlich der Partie, führt zu großem weißem Vorteil.
20...♘f8?
A) Schwarz verliert nach 20...h6? 21.e5! ♗e7 (or 21...hxg5 22.exd6) 22.♗h7+! ♔f8 23.♘xe6+! fxe6 24.♕xe6;
B) Es ist schwer, sich vorzustellen, dass der Läufer a6 seinen König verteidigen könnte, aber nach 20...♗c4! 21.♕f3 e5! ist der Bauer f7 verteidigt, e4-e5 ist verhindert und die Stellung erscheint plötzlich unklar.
21.e5 ♗e7 22.♕f3 ♗xg5
22...f5 23.exf6 ♗xf6 bot mehr Widerstand, weil dadurch die Kommunikation unter den schwarzen Figuren verbessert wird – das geht auf Kosten der Schwächung der Bauernstruktur, Schwarz bleibt im Nachteil.
23.♗xg5

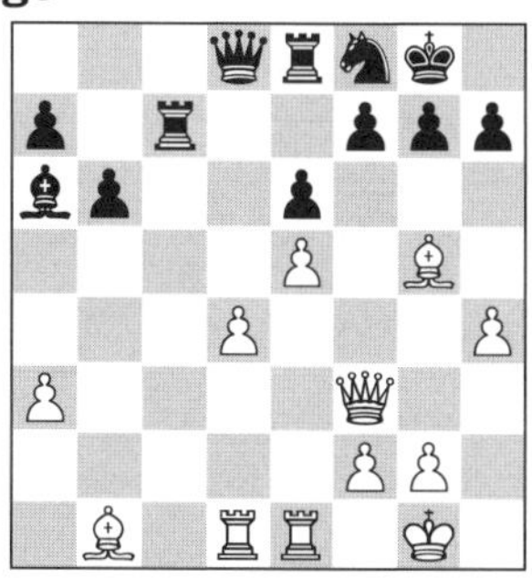

Mit so vielen Figuren im Angriff und dem h-Bauern in der Hinterhand muss Weiß gewinnen.

23...♕a8 24.♕g4 ♔h8 25.♖e3 ♘d7 26.♕f4 ♕c8 27.♖g3 ♖g8 28.h5 ♗e2?
Ein Einsteller, aber zu retten war ohnehin nicht mehr viel.
29.♕e4 1-0

Lösung 57
Efim Geller
Mario Bertok
Belgrad 1961 (3)

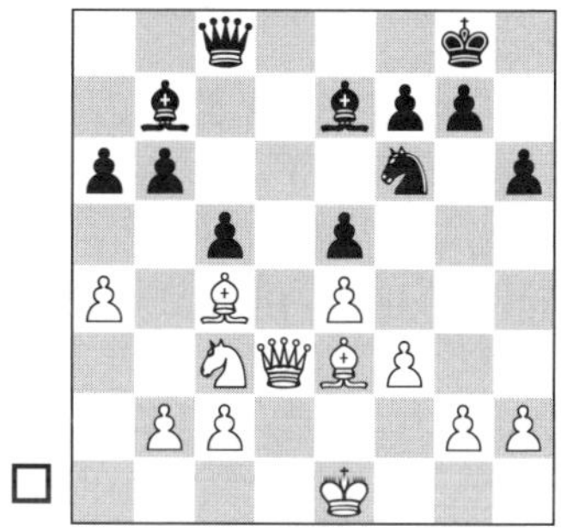

Direkte Aktion mit 24.♘d5 ♘xd5 25.♗xd5 (oder 25.exd5 ♗d6) 25...♕c7 26.♗c4 a5 bietet Weiß nur einen leichten Vorteil, denn jetzt fehlt der Springer, der die Löcher in der schwarzen Bauernstruktur ausnutzen könnte.
24.♗f2!
Bis auf diesen Läufer sind alle weißen Figuren optimal platziert. Der Angriff auf e5 wird weitere Konzessionen erzwingen.
24...♔f8
Oder 24...♗d8 (um mit dem Läufer von c7 aus den Bauer e5 zu decken) 25.♗h4! (25.♗g3 ♗c7 ist unkomfortabel, aber haltbar nach 26.♘d5 ♘xd5 27.♗xd5 ♗xd5 und jetzt 28.♕xd5 ♕b8 oder etwa

28.exd5 ♗d6) und Schwarz tut sich schwer, einen sinnvollen Zug zu finden:

A) 25...♔f8 26.♕d6+ und 25...♔h8 26.♗xf7 verliert einen Bauern. Außerdem ist der schwarze König eingesperrt;

B) 25...g5 schwächt den Königsflügel, was nach 26.♗g3 ♗c7 27.♘d1! gefolgt von 28.♘e3 sichtbar wird;

C) 25...♘d7 26.♗xd8! (noch stärker als 26.♗g3) 26...♕xd8 27.♕d6! (27.♗xa6 ♗xa6 28.♕xa6 erlaubt 28...♕h4+ 29.♔f1 ♕xh2) – der Springer d7 ist gefesselt und die schwarze Dame ist an die Verteidigung der Felder c7 und e7 gebunden;

D) 25...♗e7 26.♗g3! und Schwarz muss mit 26...♘d7 die Kontrolle über das Feld d5 aufgeben, mit den gleichen Problemen wie in der Partie.

25.♗g3 ♘d7 26.♘d5

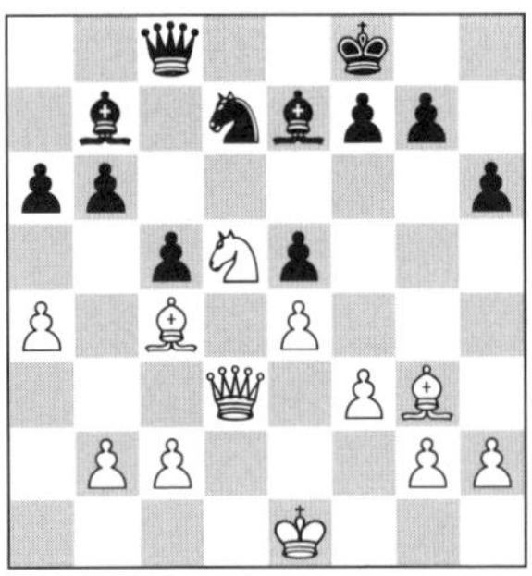

Die weiße Dame droht nach b3 zu gehen mit einem Doppelangriff auf die verletzlichen Bauern b6 und f7. Weiß steht vermutlich schon auf Gewinn.

26...♗g5 27.♗f2

27.♘xb6 ♘xb6 28.♕d6+ ♔g8 29.♕xb6 gewinnt einen Bauern unter Beibehaltung der Positionsvorteile nach 29...♕d7 30.♗d3 c4 31.♗xc4 ♕d2+ 32.♔f1, da Schwarz kein wirkliches Gegenspiel erhält. Gellers Wahl ist pragmatischer.

27...♗d8 28.♘e3 ♗c7 29.♘f5 ♗b8

Der einzige Zug mit einer Figur, der nicht sofort Material verliert. Bei 29...♘f6 zum Beispiel tauscht 30.♘d6 einen der schwarzen Läufer ab und gewinnt zumindest einen Bauern.

30.♗h4!

Der Druck auf den e5-Bauer macht sich bezahlt: der Läufer nimmt nun am Königsangriff teil.

30...♕c6

30...f6 schließt die Diagonale des einen Läufers diagonal, öffnet aber dem anderen die Diagonale a2-g8. 31.♘d6 gewinnt leicht, aber am akkuratesten und zugleich elegantesten ist 31.♗e6! (zieht den gegnerischen Läufer nach c6, um das Opfer ...c5-c4, welches den Angriff verlangsamen würde, zu verhindern) 31...♗c6 32.♗a2! b5 33.♕b3! c4 34.♕b4+ und das Spiel ist aus.

31.♗d5 ♕c8

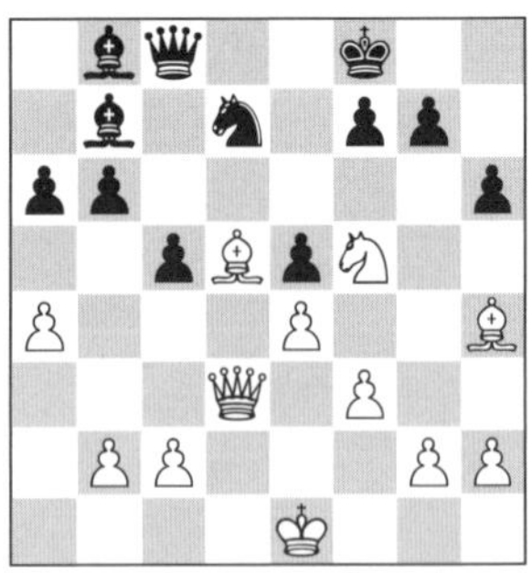

32.♗xf7! g5

32...♔xf7 verliert nach 33.♕c4+ ♔f8 (33...♔g6 34.♘e7+) 34.♗e7+.

33.♕c4 ♘f6

33...gxh4 34.♗g6 ist kein Deut besser.

34.♗f2 ♕c6 35.♗g6 ♕d7 36.a5 ♗a7 37.axb6 ♗xb6 38.♗xc5+ ♗xc5 39.♕xc5+ ♔g8 40.♕xe5 1-0

Lösung 58

Wassili Smyslow

Thomas Ernst

Subotica Interzonenturnier 1987 (10)

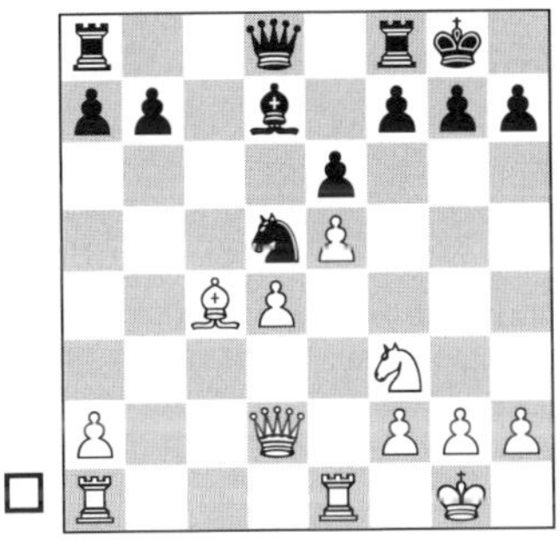

Mit dem Vorstoß seines e-Bauern hat Weiß sein zentrales Duo aufgegeben, um am Königsflügel Raumvorteil zu gewinnen, was ihm Aussichten auf Königsangriff einräumt. Dafür ist seine Bauernstruktur nun löchrig, der Bauer d4 ist rückständig und das Blockadefeld d5 in der Hand des Gegners.

Nach 15.♗d3 ♗c6 wird Schwarz den Springer über e7 je nach Erfordernissen nach g6 oder f5 umgruppieren. Das verteidigt seinen König und drückt auf d4. Der Läufer kann sich auf f3 tauschen, die Stellung ist unklar. Die Besetzung des Feldes d6 mit 16.♘g5 h6 17.♘e4 ♘e7 18.♘d6 bringt nichts ein nach 18...♘c8.

15.♗xd5! exd5

Smyslow schwächt die schwarze Struktur. Nun kann er zwei Pläne miteinander verknüpfen: den König angreifen sowie die neu entstandene Majorität am Königsflügel mobilisieren durch den Vormarsch seines f-Bauern. Der d7-Läufer ist ein weißfeldtiger, wie der Bauer d5, der seinen Wirkungsbereich mindert und die schwarzen Felder etwas schwach werden lässt. Deshalb wird Weiß künftig nicht das letzte Leichtfigurenpaar tauschen.

16.♖ab1!

Mit der Idee, den Turm über die dritte Reihe zum Angriff auf den König herüber zu schwenken. Nichtsdestotrotz ist dieser Zug nicht dringlich und scheint 16...b5 zu erlauben, was in den schwarzen Plan zu passen scheint. Doch tatsächlich würde 16...b5 das Feld c5 schwächen, was dem Weißen erlaubt, am Damenflügel einzudringen: 17.♖ec1! ♖c8 18.♖c5! mit großem Vorteil. Da Schwarz somit nicht ...b7-b5 spielen kann, gewinnt 16.♖ab1! ein Tempo mit Angriff auf b7, und ist somit ein ausgezeichneter Zug. Und dennoch muss man sagen, dass der Zug, der sich in der Partie gut auswirkt, für den generellen Plan, den Smyslow mit 17.h3 in die Wege leiten wird, nicht notwendig ist.

16...b6

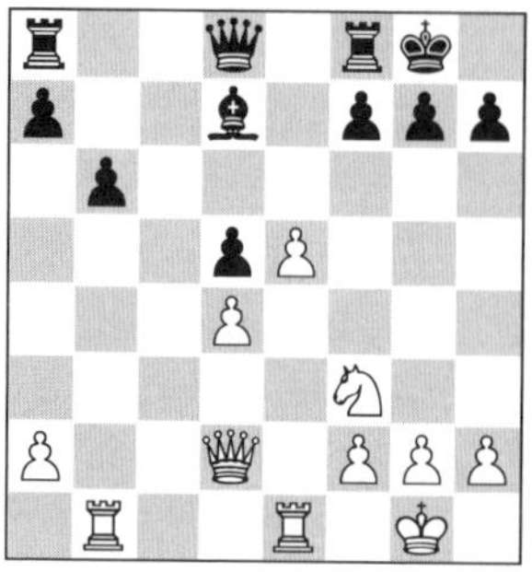

17.h3!

Pariert die positionelle Drohung 17...♗g4, um den Läufer für den Springer zu tauschen, und bereitet ♘f3-h2 vor mit neuen Perspektiven für den Springer, der im Idealfall nach e3, über f1, wandern will, von wo aus er Druck auf d5 ausübt und den Vorstoß des f-Bauern unterstützt.

17...♖c8 18.♘h2

Unter dem Aspekt der Möglichkeit 18...♖c4, die sich im nächsten Zug ergibt, wäre 18.♖bc1 ♖c4 19.♖xc4 dxc4 20.d5 eine Alternative. Doch das ergibt nur eine ziemlich komplexe Position.

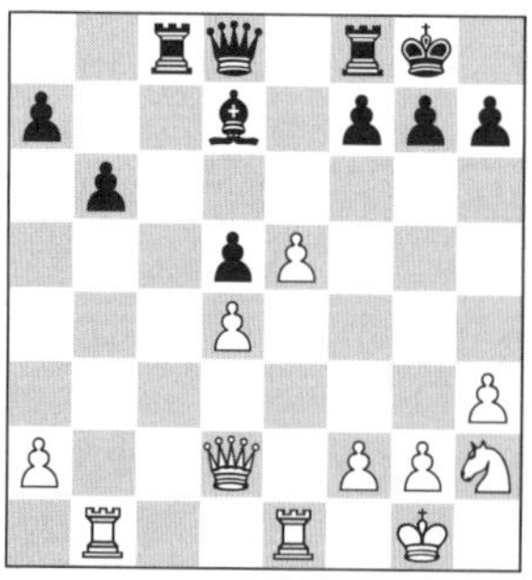

18...♗a4

Auf der Suche nach Gegenspiel am Damenflügel gibt der Läufer die Kontrolle über g4 auf, wohin der Springer gern ziehen möchte.

A) Nach 18...♗f5 muss der Turm ziehen, aber der Läufer wird seinerseits bald wieder vom Springer angegriffen, ein Beispiel: 19.♖bc1 ♕e7 20.♘f1 ♖xc1 21.♖xc1 ♖c8 22.♖xc8+ ♗xc8 23.♘e3, der Springer besetzt das ideale Feld, von dem wir sprachen, so dass Schwarz sich in dauerhaften Problemen wiederfinden wird;

B) 18...♖c4! (ein unerwarteter Zug, bei dem sich der Turm dem bald erfolgenden Angriff des Springers aussetzt, nur um einen leicht zu verteidigenden Bauern anzugreifen?!) 19.♘f1 ♕h4! 20.f4 (droht 21.♘e3, und falls dann 21...♕xf4?, so verteidigt 22.♘xc4 die Dame) 20...♖a4! – verhindert, dass der Springer nach e3 gelagt, und bereitet ...♖f8-c8-c4 oder ...g7-g5, vor, um den Bauern d4 unter Beschuss zu nehmen. Statt 20.f4 ist 20.♖bd1! ♗a4! 21.♘e3 ♗xd1 22.♘xc4 dxc4 23.♕xd1 eine gute Fortsetzung mit einer zweischneidigen Position. Das erzeugt eine wiederkehrende problematische Frage: ein Plan, der für gewöhnlich in einem bestimmten Positionstyp Vorteil sichert, der aber in der speziellen Stellung, die wir betrachten, aufgrund einer taktischen Nuance nicht funktioniert – wie sollen wir solche Stellungen bewerten?

19.♖bc1 ♗b5

Der Läufer geht nach c4, wonach Schwarz bereit steht, seine

Majorität voranzutreiben. Eine probate Verteidigungsidee, wenn mein König angegriffen wird, ist Figurentausch: 19...♕d7 20.♘g4 ♖xc1 21.♖xc1 ♖c8 22.♖xc8+ ♕xc8, aber nach 23.♕g5 (Smyslows Variante) sind die Drohungen ♘g4-f6+ und ♘g4-e3 sehr gefährlich. Die Kraft des Duos Dame und Springer im Angriff ist berüchtigt, und diese Stellung ist ein passendes Beispiel dafür.

20.♘g4 ♗c4 21.♖c3

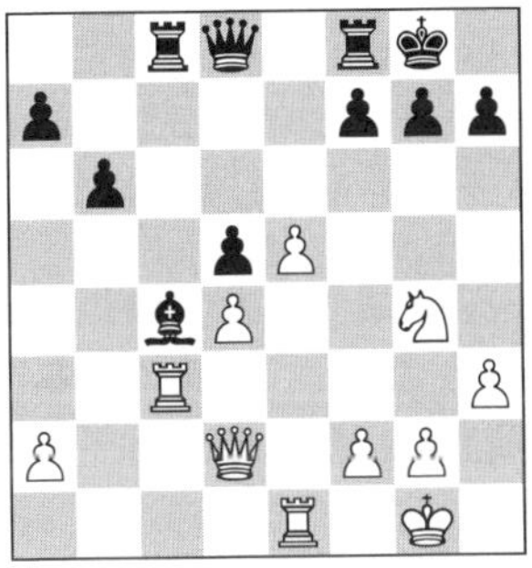

Hier erkennen wir sehr gut, wie sehr der schwarze Läufer vom Bauern d5 eingeschränkt ist: um Gegenspiel zu erzeugen ging er nach c4, wo er nun von der Verteidigung seines Königs abgeschnittten ist. Schwarz steht sehr kritisch.

21...b5 22.♖g3 ♔h8 23.f4 a5

„Auf 23...♕h4 würde 24.♔h2 h5 25.♘e3 folgen, wonach 25...♕xf4 wegen 26.♘xc4 nicht gut wäre." (Smyslow)

24.f5 b4 25.f6 ♖g8 26.♕f4 ♗xa2 27.e6 fxe6 28.♘e5

Schwarz gab auf.

28...♖c7 erlaubt 29.♘g6+ hxg6 30.♕h4#.

Lösung 59

Lew Polugajewski

Peter Biyiasas

Petropolis Interzonenturnier 1973 (4)

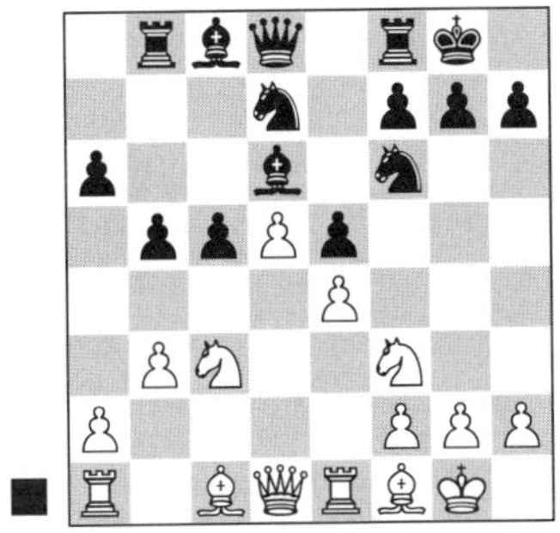

Schwarz steht schlechter und seine beste Rettungsaussicht besteht darin, das Duo b5 und c5 nebeneinander zu halten mit 14...♘e8! 15.a4 ♘c7. Nach 16.axb5 ergeben sich zwei Möglichkeiten:

A) 16...♘xb5 (droht nach d4 weiter zu hüpfen, und zwingt Weiß beinahe, das Duo wiederherzustellen; Tausch nutzt generell der Seite, die weniger Raum hat) 17.♘xb5 axb5. Nun sieht die schwarze Stellung ganz akzeptabel aus, allein verfügt Weiß über einen sehr starken Plan mit 18.♗d2! und der Idee ♖a1-a5, wonach der Druck auf b5 ihm die deutlich bessere Stellung verschafft, ein Beispiel: 18...♕b6 19.♖a5 ♗a6? (Schwarz sollte sich zum Zugeständnis 19...b4 durchringen) 20.♕a1 ♖a8 21.♗xb5! mit entscheidendem Vorteil;

B) 16...axb5! 17.♗e3! (ein ausgezeichneter Entwicklungszug, der die Türme verbindet und den Bauern c5 angreift) 17...♘f6! (lässt c5 kurz im Stich, aber es war notwendig, das Feld d7 für den Läufer zu räumen, um die schwarzen Türme zu verbinden. Sonst bleibt Schwarz zu gedrückt) 18.♕c2 ♗d7 19.♘e2 ♕e7 20.♖ec1 ♖fc8! 21.♘g3 (21.♗xc5?! ♗xc5 22.♕xc5 ♕xc5 23.♖xc5 ♘xe4 führt nirgendwo hin) 21...♖a8 22.♖xa8 ♘xa8, Schwarz ist auf beiden Flügeln unter Druck und hat viel Ärger. Dennoch wäre dies das geringere Übel gewesen.

14...♖e8? 15.a4!

Jetzt kann der Bauer nicht mehr länger auf b5 gehalten werden.

15...b4

Nach 15...c4? 16.axb5 axb5 17.bxc4 b4 18.♘b5 schließt der Springer die b-Linie und attackiert den Läufer d6; Schwarz ist deutlich im Nachteil.

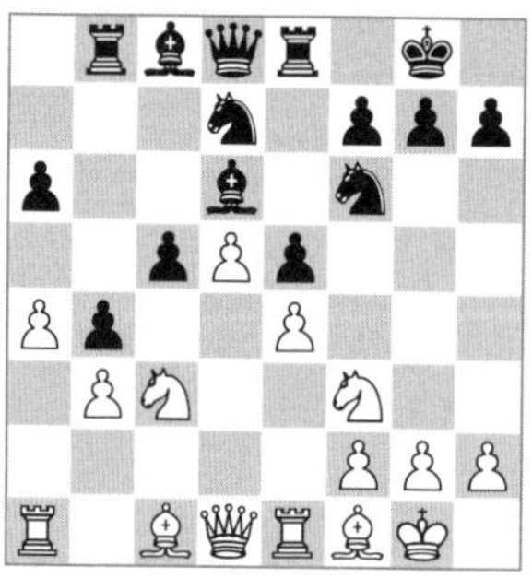

16.♘b1!

Strebt nach c4!

16...♘b6

16...a5 war interessant, um zu vermeiden, dass der Springer auf b6 vom a-Bauern attackiert werden kann, aber das würde die weißen Felder schwächen und 17.♗b5 mit sehr großem Vorteil für Weiß erlauben.

17.♘bd2

Nach 17.a5?! ♘bxd5! 18.exd5 e4! 19.♘g5 hat Schwarz nur einen Bauern für die Figur, steht aber sehr zentral und wirft begehrliche Blicke auf den weißen König. Es ist sehr unklar, ob er ausreichend Kompensation besitzt, aber seine Situation hätte sich augenscheinlich verbessert.

Statt 19.♘g5 verliert 19.♘d2? wegen des klassischen Läuferopfers 19...♗xh2+ 20.♔xh2 ♘g4+, zum Beispiel: 21.♔g3 (21.♔g1 ♕h4 zwingt den Weißen, die Dame auf g4 zu geben) 21...♕d6+! 22.f4 exf3+ 23.♔xf3 ♕f6+ 24.♔g3 ♕f2+.

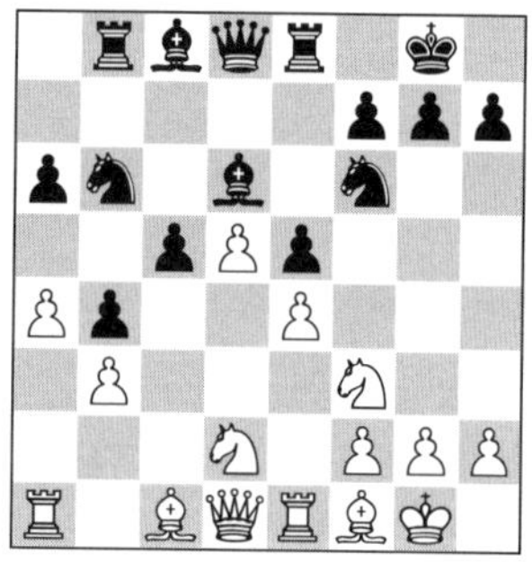

17...♖e7?

Nach 17...a5 18.♘c4 ♘xc4 19.♗xc4 erkennen wir zwei typische Blockadefiguren: der d6-Läufer verteidigt seine Bauern c5 und e5 (und blockiert e4), der c4-Läufer dagegen übt zusätzlich starken Druck auf die ungedeckten weißen Felder am Damenflügel aus. Das war jedenfalls noch die beste Chance für Schwarz.

18.♗b2

Entwickelt sich weiter und konzentriert sich auf e5.

Polugajewski gibt an, dass die Fortsetzung 18.a5! ♘a8 19.♘c4 ♘c7 20.♗g5 besser war. Der Blockadespringer auf c4 ist noch starker, als es der Läufer in der vorigen Anmerkung war, insbesondere da er jeden Moment droht, den Läufer d6 zu schlagen, der, wenngleich hoffnungslos passiv, doch eine wichtige Stütze der schwarzen Stellung ist. Zudem steht der Läufer auf g5 sehr stark.

18...♘e8

Um den Zentralbauern e5 durch ...f7-f6 stützen zu können, und um dem Läufer d6 zu Hilfe zu kommen. Wir werden aber sehen, dass der Springer, berühmt für seine Blockadequalitäten, weniger effizient als der Läufer auf d6 wirken wird, da er keinen der Bauern c5 und e5 deckt.

19.♖c1

Neuralgische Punkte wie c4 oder c5 liegen auf der c-Linie.

19...f6 20.a5 ♘a8

Der Springer möchte nach c7, dann nach b5 und schließlich d4, nebenbei bleibt a6 gedeckt und er verstellt nicht den Weg für den Läufer c8.

20...♘d7 21.♘c4 war etwas besser, sollte es aber auch nicht mehr retten können.

21.♘c4 ♖c7

Verteidigt den c5-Bauern, der nach 21...♘c7 22.♘xd6 ♕xd6 23.♕c2 verloren wäre. Aber nun findet der Eckspringer nicht mehr ins Spiel zurück.

22.♘fd2 ♗d7

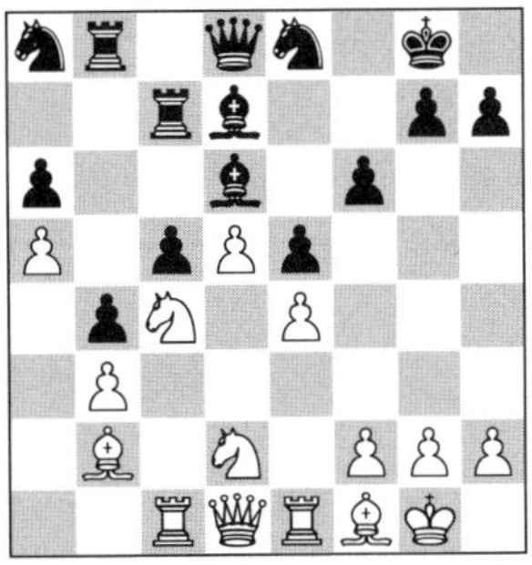

23.f4!

Das Feld e5, gleich ob mit oder ohne Bauern, ist sehr wichtig, und es wird bald in die Hände des Weißen fallen.

23....♕e7

Nach 23...exf4 schlägt Polugajewski unter verschiedenen Gewinnen 24.e5 fxe5 25.♘e4 vor. Der Blockadeläufer ist ein weiteres Mal angegriffen, und das wird entscheidend sein, zum Beispiel: 25...♗f5 26.♘cxd6 ♘xd6 27.♘xd6 ♕xd6 28.♗xe5, Weiß gewinnt Material und übernimmt die Dominanz im Zentrum.

24.fxe5 fxe5 25.♘xd6

Tauscht die wichtigste schwarze Defensivfigur ab und macht Platz für den nächsten Springer.

25...♘xd6 26.♘c4 ♘xc4

Oder etwa 26...♘f7 27.d6.

27.♗xc4

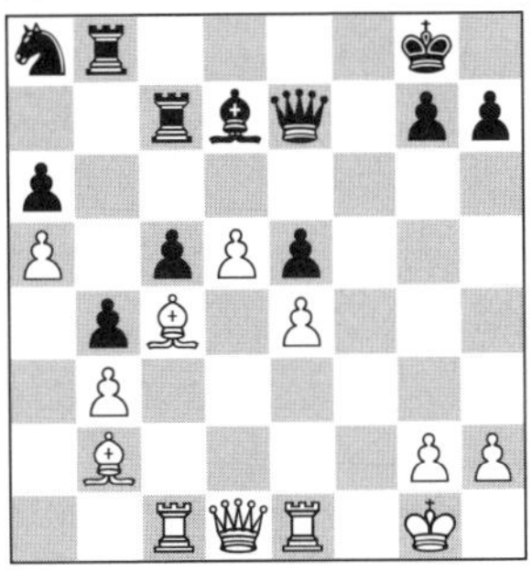

Schwarz gab auf.
Die Drohung ist 28.d6+. Bei 27...♕d6 gewinnt Weiß thematisch mit 28.♗xe5!, was den Bauern d5 entblockt, oder auch durch 28.♕h5 ♖e8 29.♖f1, was die Abseitsstellung der schwarzen Figuren am Damenflügel ausnutzt und zum Angriff auf e5 und den Königsflügel bläst.

Lösung 60
Ratmir Cholmow
Alexei Suetin
Leningrad 1963 (8)

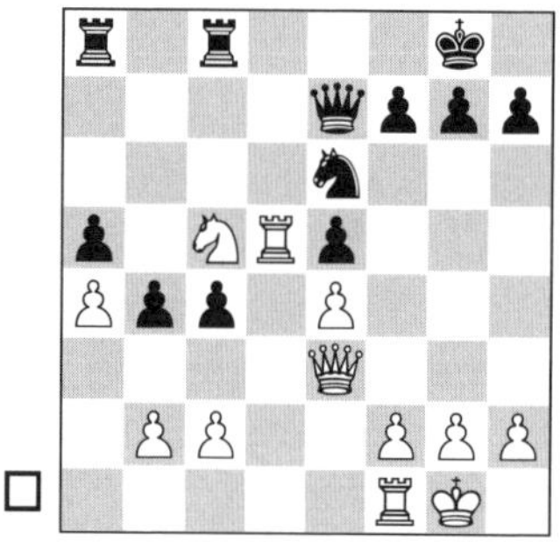

Weiß besitzt die Initiative dank der Kontrolle der d-Linie und dem Druck auf die Bauern a5 und e5. Der Turm d5 ist somit ideal platziert.

25.♘xe6 ♕xe6?

25...fxe6! war sehr stark. Nach 26.♖xe5 hat Schwarz einen Bauern weniger und strukturelle Schäden, aber er kann Weiß die d-Linie streitig machen: 26...c3! (nicht 26...♖d8? 27.♖c5!) und Schwarz erhält ausgezeichnetes Gegenspiel.

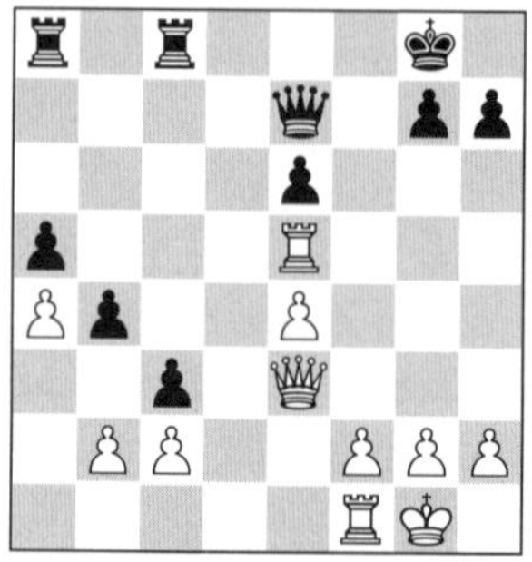

Analysediagramm

27.bxc3 öffnet die c-Linie und schwächt c2, während 27.b3 die Invasion eines Turmes auf d2 erlaubt, beispielhaft:

A) 27.bxc3 ♖xc3 28.♕b6! (nach 28.♕e2? ♕d6 29.♖b5 ♕c6 mit der Idee 30.♖c1 b3! hat Weiß sichtlich Probleme) 28...♖xc2 29.♖xa5! (um einen Freibauern zu bilden; 29.♕xe6+? ♕xe6 30.♖xe6 verliert nach 30...♖b8! 31.♖d6 b3 32.♖dd1 b2 33.♖b1 ♖b4, aber 29.♖xe6 ♕c5 30.♕xc5 ♖xc5 31.♖b6! ist möglich, wenngleich Schwarz nach 31...♖d8, um die Aktivierung des Turms f1 zu verhindern, Vorteil besitzt) 29...♖xa5 30.♕xa5 b3 31.♕b5 b2 32.a5! (der weiße Freibauer rettet den Tag) 32...h6 (32...♕a3 33.♕e8+ ♕f8 34.♕b5 macht keinen Fortschritt) 33.a6 ♕a3 34.♕b8+ ♔h7 35.a7 ♖c1 36.a8♕ ♖xf1+ 37.♔xf1 ♕xa8 38.♕xa8 b1♕+ 39.♔e2 – jetzt steht Weiß besser, aber es ist nicht genug – 39...♕c2+ 40.♔f3 ♕d3+ 41.♔g4 ♕d2!, was den Bauern f2 angreift und Schach auf g5 droht, ergibt ein klares Remis;

B) 27.b3 ♖d8! 28.♕b6 und nun gibt 28...♖d2 29.♖xe6 ♕d8 30.♕c5 ♖xc2 ausgezeichnete Kompensation für den Bauern, aber auch 28...♖d6 29.♕c5 ♕d7 30.♕c4 ist gut spielbar, allerdings sind in dem Fall die Bauern e6 und a5 unter Druck, was den Schwarzen vorerst davon abhält, mit seinem Turm auf d2 einzudringen.

26.♖fd1

Jetzt hat Weiß die Kontrolle über die d-Linie gesichert, er kann die Öffnung des Damenflügels unterbinden und hat klaren Vorteil.

26...♕c6

Der Angriff auf den a4-Bauern wird den Tausch eines Turmpaars erzwingen.

27.♖b5!

27.b3? cxb3 28.cxb3 überlässt dem Schwarzen die c-Linie.

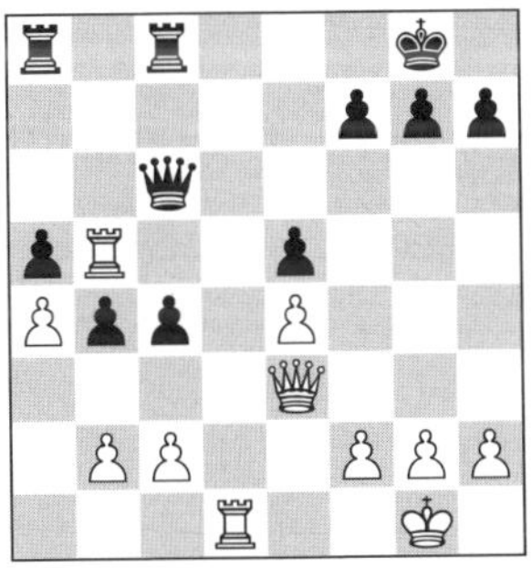

27...c3

Schwarz gibt den Druck auf a4 auf und macht somit den Turm b5 wieder beweglich, dafür sichert er seinen c-Bauern und verschafft sich das potentielle Einbruchsfeld auf d2. Nach 27...♖d8 gibt es mit 28.♖dd5 einen klaren Weg, schwarzes Gegenspiel auf der d-Linie zu unterbinden und zugleich den Druck auf a4 zu erhöhen.

28.b3 ♖d8 29.♖bd5

29.♖xd8+! ♖xd8 30.♕d3! ♕a8 (30...♕f6 31.♖xe5! kostet einen Bauern) 31.♖d5 ♖xd5 32.exd5 ♔f8 33.d6! mit einem starken Freibauern scheint entscheidend zu sein (es droht Damengewinn mit 34.♕xh7). Nach dem weiteren 33...♕d8 34.♕d5 f6 35.♔f1 besteht der Plan darin, den König auf den Damenflügel zu bringen, während Schwarz dasselbe nicht tun kann (35...♔e8 36.♕e6+). 33...f6 bewahrt Kontrolle über d5, aber greift nicht den Freibauern an. 34.♕c4 sieht dann überzeugend aus.

29...♖xd5

29...♕c7? verliert nach 30.♕a7!.

30.♖xd5 ♕f6 31.g3 h6 32.♕d3 ♔h7

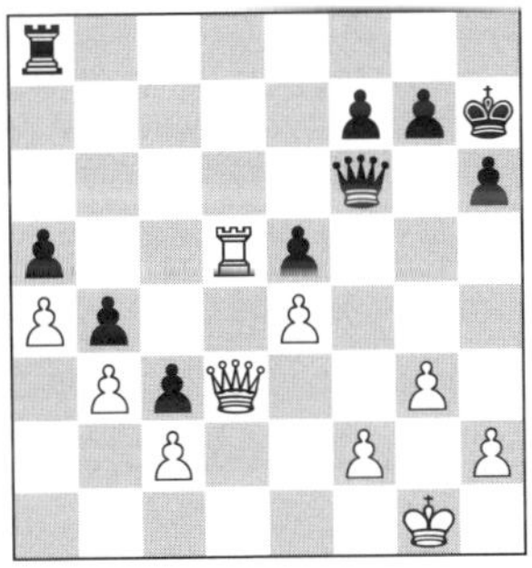

Der weiße Plan sieht vor, Drohungen gegen den schwarzen König zu erzeugen, während er die gegnerischen Figuren an die Verteidigung von e5 und a5 bindet.

33.h4 ♕e6 34.♔g2 f6

Verteidigt e5, aber schwächt die königlichen Gemächer.

35.♖d6 ♕f7 36.♕f3 h5

Suetin möchte ein für alle Mal h4-h5 unterbinden, seinem

König mehr Platz sichern und die Kontrolle über die weißen Felder stärken. Doch das stellt eine weitere Schwächung seiner Königsstellung dar.

37.♕d3 ♖a7 38.♖d8 ♕g6 39.♕d5 ♕f7 40.♕d3 ♕e6 41.♕d1 ♕f7 42.♕d6 ♔g6 43.f4!

Weiß exponiert nun auch seinen eigenen König, um dem Angriff neuen Schwung zu verleihen.

43...exf4 44.gxf4 ♔h7

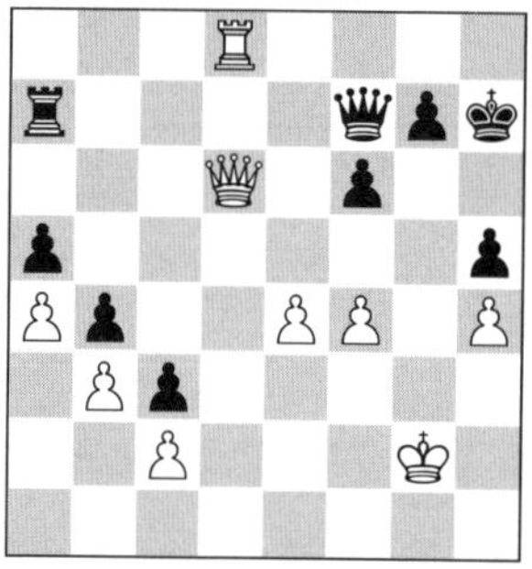

45.♔f2!

„Verhindert 45...♕g6, wonach folgen würde 46.♕e6! ♖f7 47.♕e8 und Weiß gewinnt.“ (Cholmow)

45...♖e7 46.♔f3!

Verteidigt den Bauern e4. „Nun, da die Dame den Turm verteidigen muss, kommt dieser Zug gerade zur rechten Zeit.“ (Cholmow)

46...f5

Suetin akzeptiert die Bildung eines Freibauern, um seinem König das Feld g6 zu sichern.

A) Nach 46...♖b7 (sichert b8) 47.f5 wird Schwarz stranguliert – 47...g6 erlaubt 48.♖f8;

B) 46...g6! schützt den König vor einem schnellen Mattt, aber er bleibt gefährdet, wie auch die Bauern f6 und a5. Das ist das geringere Übel, aber die Stellung bleibt ziemlich schlecht.

47.e5 ♖e6 48.♕b8!

Hält die schwarze Dame davon ab, nach g6 zu gehen.

48...♔g6 49.♕a8 ♕e7 50.♕c8 ♖b6 51.♖f8

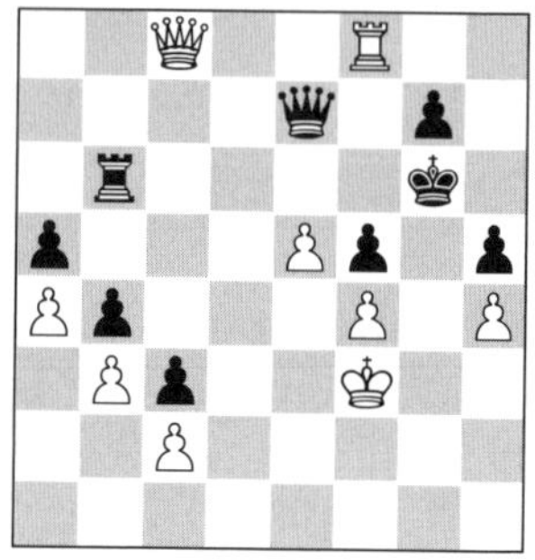

51...♖e6

Damentausch nach 51...♕b7+ 52.♕xb7 ♖xb7 rettet die Partie nicht, da mit 53.♖a8 ein klarer Gewinn erreicht wird:

A) 53...♖d7 54.♖a6+! ♔h7 (der König wird an den Rand gedrängt, da 54...♔f7? 55.e6+ gestattet) 55.♖xa5 ♖d2 56.e6 und der Bauer c2 kann nicht genommen werden;

B) 53...♔f7 54.♖xa5 ♖d7 55.♖b5 ♖d2 56.♖xb4 ♖xc2 57.♖c4 und der schwarze Turm ist passiv an die Verteidigung des c-Bauern gebunden.

52.♔g2 ♔h7 53.♔h3

Weder die schwarze Dame noch der Turm können ziehen, weshalb sich Cholmow die Zeit nimmt, seinen König vor Schachgeboten zu schützen, während er die g-Linie und die Diagonale d1-h5 für seine Dame befreit.

53.♖h8+ ♔g6 54.♕g8, mit der Drohung 55.♕h7+ ♔f7 56.♕xf5+, hätte sofort gewonnen.

53...♔g6 54.♖h8 ♕f7

Verhindert 55.♕g8, aber engt den König noch mehr ein.

55.♕d8 ♖e7 56.♕d1

Schwarz verlor auf Zeit. Er konnte das Matt auf h5 aber auch nicht mehr verhindern.

Lösung 61

Grigory Serper

Jan Sørensen

Tunja WM U20 1989 (8)

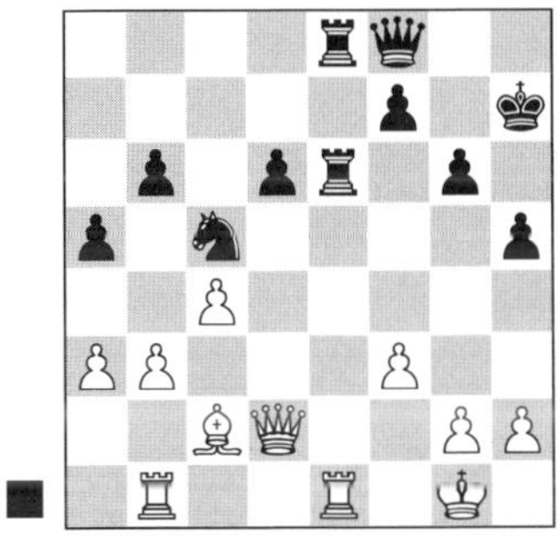

31...♖xe1+!

Auf den ersten Blick eine überraschende Idee, allerdings die einzige, die zu Vorteil führt. Schwarz braucht aktives Spiel, das seine beschädigte Bauernstruktur kompensiert, und entscheidet sich nichtsdestotrotz, alle Türme abzutauschen und damit seine Dominanz in der e-Linie herzugeben.

31...♕e7 ist natürlicher und ausreichend, um die Balance in einer komplizierten Stellung zu halten nach 32.♖xe6 ♕xe6 (32...♘xe6!?).

32.♖xe1 ♖xe1+ 33.♕xe1 ♕g7

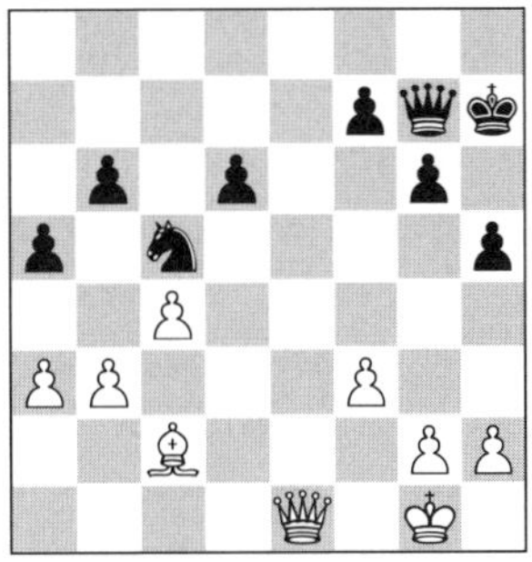

Der Tausch der Türme hat die ersten beiden Reihen und insgesamt die schwarzen Felder im weißen Lager geschwächt. In naher Zukuft würde Weiß gerne die Felder a1, b2, c3 und d4 kontrollieren, aber das ist unmöglich, weshalb die schwarze Dame ins weiße Hinterland eindringen wird. Schwarz ist im Vorteil.

34.h4

Nimmt Grundreihenmat aus der Stellung und bemüht sich, dem Schwarzen die Hoheit über den schwarzen Felderkomplex ein klein wenig streitig zu machen, was bei 34.h3 nicht der Fall wäre. Allerdings ist nun der h-Bauer verletztlich.

A) Nach 34.b4 ♘e6! (aber nicht 34...axb4, was Weiß aller Sorgen, die den Bauer auf a3 betreffen, entledigt, und auch nicht 34...♕d4+, was zu Damentausch führt nach 35.♕f2) muss Weiß seinen Bauer c4 verteidigen, und falls 35.bxa5 bxa5 36.♕xa5?, gewinnt 36...♕d4+ 37.♔f1 ♕xc4+ den Läufer;

B) 34.f4, um dem Läufer zu mehr Aktivität zu verhelfen, war der natürliche Zug mit Türmen auf dem Brett, ist nun aber zweischneidig, da der Bauer anfällig ist: 34...♕d4+ 35.♕f2 ♕a1+ 36.♕f1 ♕c3! (36...♕xa3? 37.f5 gibt Weiß Spiel) 37.♕d1 ♕e3+ 38.♔h1 und jetzt sind 38...f5 und 38...♘e4 gute Züge, aber auch 38...♕xf4, was kein Bauerngewinn ist (39.♕xh5+), aber den Vormarsch des weißen f-Bauern verhindert;

C) 34.♕d1 ist ein Abwartezug: 34...♕b2? greift direkt a3 an, aber stellt die Dame ins Abseits und erlaubt 35.f4! mit Gegenspiel. Am besten ist 34...♕c3!, um 35.f4 mit 35...♕e3+ zu kontern, was zur Variante führt, die wir gerade betrachtet haben. Schwarz wird mit ...♘c5-e6-d4 fortsetzen, wonach seine Figuren ausgezeichnet zentralisiert sind.

34...♕b2 35.♕d1 ♕xa3 36.f4

Mit die Ideen f4-f5 und ♕d1xh5+. 36.♕xd6 ♕c1+ 37.♕d1 ♕e3+ 38.♔f1 sind etwas besser.

36...♘e6

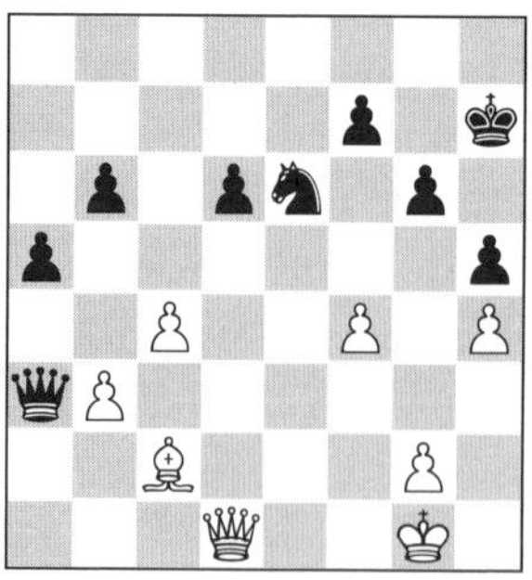

37.♕xh5+

37.f5 ♕c5+ 38.♔f1 ♘d4 39.fxg6+ fxg6 schafft es endlich, die Diagonale des Läufers zu verlängern, doch Schwarz sollte mit seinem Mehrbauern gewinnen. Die Dame deckt nun h5.

37...♔g7 38.♕d1 ♕c5+ 39.♔f1 ♘xf4

Der Vorteil ist entscheidend.

40.♕f3 ♕e5 41.g3 ♘e6 42.♗d1 ♘d4 43.♕d3 ♘f5 44.♔f2 ♕c5+

Weiß gab auf. Auf 45.♔f1, um der schwarzen Dame das Feld g1 zu verwehren, könnte 45...♕e3! 46.♕xe3 ♘xe3+ 47.♔e2 ♘xd1 48.♔xd1 ♔f6 folgen mit einem gewonnenen Bauernendspiel.

Lösung 62

Alexander Aljechin

Harry Golombek

Margate 1938 (3)

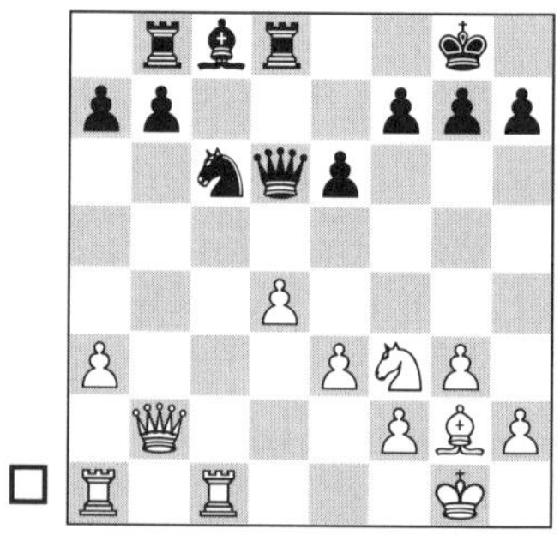

Weiß will seinen Springer verbessern und die Initiative beibehalten, etwa mit 17.♘d2 (um 17...b6 zu verhindern) 17...♗d7 18.♘e4 ♕e7 19.♘c5 mit unangenehmem Druck, auch wenn nichts Entscheidendes in Sicht ist nach 19...♗e8.

17.♘g5!

Aljechin bemerkt, dass der schwarze König alleingelassen ist, und spielt auf zwei Flügeln. Die Drohung (wir werden es erleben) besteht darin, die schwarze Königsstellung durch 18.♕c2 zu schwächen. Falls Schwarz dies mit 17...h6 verhindern würde, hätte der weiße Springer ein Tempo auf seinem Weg zum Damenflügel gewonnen: 18.♘e4 ♕c7 (18...♕e7? 19.♖xc6) 19.♖ab1 ♗d7 (bei 19...b6? gewinnt 20.♖xc6 ♕xc6 21.♘f6+ die Dame) 20.♘c5 und es gibt keinen befriedigenden Weg, b7 zu decken.

17...♗d7 18.♕c2! f5

Um dem Springer das Feld e4 zu nehmen. Nach 18...g6 19.♘e4 ♕e7 20.♕b2! (mit der Drohung 21.d5 gefolgt von 22.♘f6+) 20...f5 21.♘c5 können wir zum Druck am Damenflügel noch die Schwäche von e6 und des Königsflügels allgemein konstatieren.

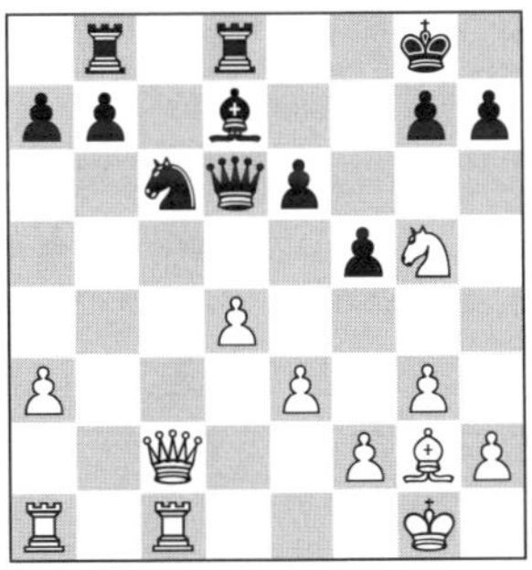

19.d5!

Weiß will die Diagonale a2-g8 öffnen.

19.♕a2? h6 20.♘f3 wäre gut, wenn es nicht eine ausgezeichnete Gelegenheit verpassen würde...

19...♘e7

19...exd5 20.♗xd5+! ♕xd5 21.♖d1! (vertreibt die Dame von der Diagonalen) 21...♕e5! (21...♕a5 22.♕a2+ ♔h8 23.♘f7+ führt zu ersticktem Matt) 22.♕a2+ ♗e6 23.♘xe6 ♖xd1+ 24.♖xd1 ♔h8 25.♖d7 ist hoffnungslos für Schwarz.

20.dxe6 ♗xe6 21.♖d1 ♕e5 22.♗xb7!

Gewinnt elegant einen Bauern. Auch andere Züge sind gut.

22...h6

22...♖xd1+ 23.♖xd1 ♖xb7? allows 24.♖d8#.

23.♘xe6 ♕xe6 24.♕c7 ♖xd1+ 25.♖xd1 ♖e8 26.♗f3 a6 27.♖d6 ♕e5 28.♕c4+ ♔h7 29.♖xa6 ♖c8

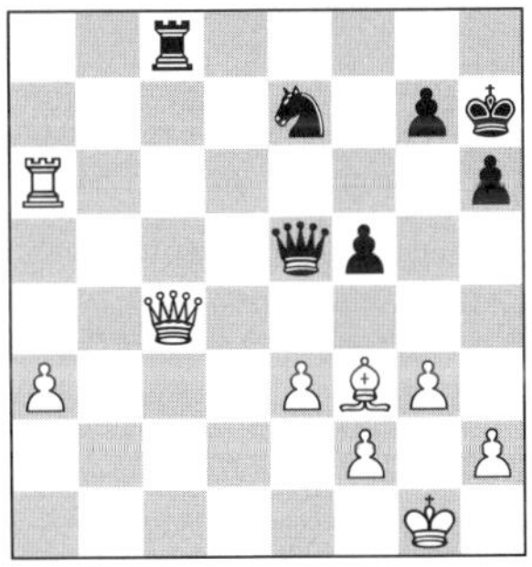

30.♕f7!

Aljechin spielte oft scharf, um einen entscheidenden Vorteil in einen Gewinn zu verwandeln. Generell erhöht dies das Risiko eines Rechenfehlers, aber minimiert die Probleme, die bei einem lang andauernden Kampf auftreten können.

30...♖c1+ 31.♔g2

Schwarz gab auf. Bei 31...♕b5, was den Turm angreift und Matt droht, hat Weiß das hübsche 32.♖xh6+! ♔xh6 33.♕h5#.

Lösung 63

Andor Lilienthal

Wassili Smyslow

Pärnu 1947 (7)

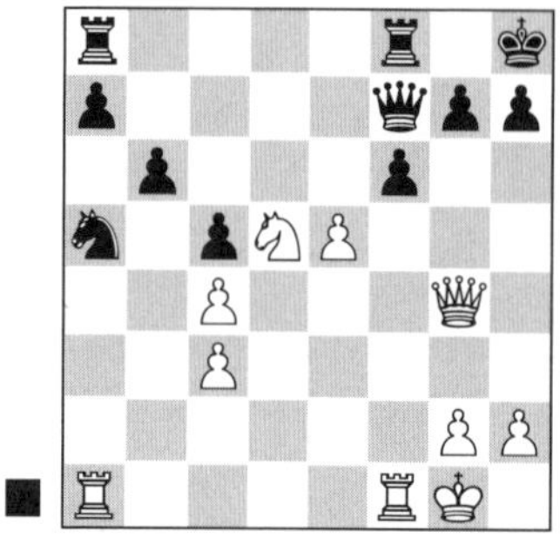

Schwarz hat einen Mehrbauern, aber die Stellung droht sich um seinen König herum zu öffnen und es gibt einen großen Unterschied in der Wirkung der beiden Springer.

A) Nach 23...♕g6 24.♕f4! (fesselt den f-Bauern und droht 25.e6; 24.♕xg6 hxg6 25.e6 ist interessant) 24...♖ae8 25.♘c7! (25.exf6 gxf6 26.♘xf6? erlaubt 26...♖e6) 25...♖e7 26.e6 hat Weiß die Initiative. Auf 26...♖c8 würde 27.♖ad1! folgen, was den Springer indirekt deckt;

B) Eine weitere Möglichkeit ist 23...♖ae8 24.exf6 gxf6 und dann:

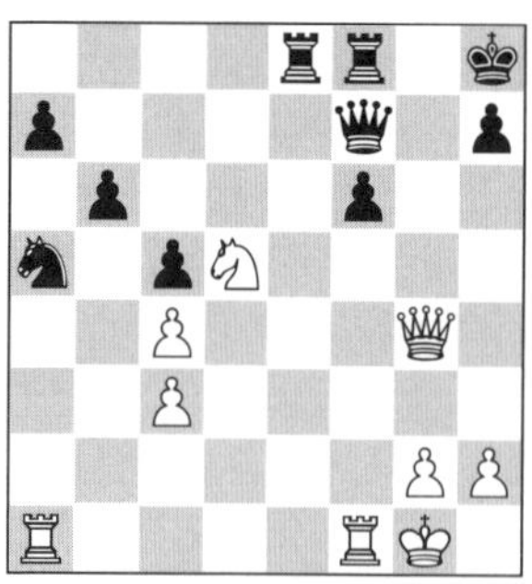

Analysediagramm

B1) 25.♘xf6 ♘xc4! gibt Weiß gute Kompensation für den Bauern, aber er darf den Turm nicht schlagen, denn 26.♘xe8? ♕xf1+! 27.♖xf1 ♖xf1+ 28.♔xf1 ♘e3+ 29.♔e2 ♘xg4 führt zu schwarzem Vorteil;

B2) 25.♖xf6 ♕g7 26.♖xf8+ ♖xf8 27.♕e4 und Weiß steht etwas besser, da seine Figuren zentralisiert sind und der schwarze König offen steht – nichtsdestotrotz dürfen die schwarzen langfristigen Aussichten nicht unterschätzt werden (freier a-Bauer, bessere Bauernstruktur).

23...f5!?

Um die Partie so geschlossen wie möglich zu halten, doch das geht auf Kosten von...

24.♕e2

Weiß hat nur einen sinnvollen Plan, Vormarsch seines zentralen Freibauern. Doch der ist so stark, dass Schwarz alle Kräfte aufbieten muss, um da gegenzusteuern.

24...♖ae8 25.♖ae1

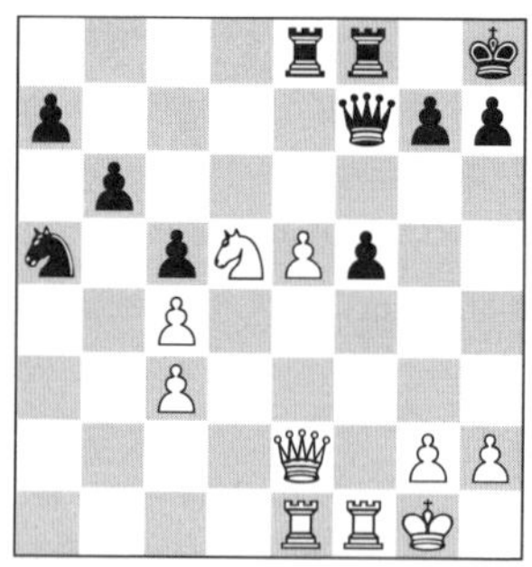

25...♖e6!

Dieser Blockadezug impliziert ein Qualitätsopfer und ist die logische Folge von 23...f5.

Der Versuch, den Randspringer ins Spiel zurück zu bringen, und dem e-Bauern freie Hand zu lassen, ist unbefriedigend: 25...Sc6? 26.e6 Dg6 (26...Db7 kontrolliert nicht e6, und das ist fatal nach 27.e7 Tf7 28.De6) 27.e7 Tf7 28.De6! (der richtige Zug, auch wenn er Damentausch erlaubt; die Dame droht nach d7 zu gehen) 28...Dxe6 29.Txe6 – der Freibauer ist zu stark, Weiß gewinnt, da 29...Sxe7 nach 30.Tfe1 den Springer verliert.

26.Sf4

26.g4 ist verlockend, aber nach 26...Sc6 27.Txf5 Dg8 droht Schwarz, auf f5 zu nehmen und danach auf e5, mit einem guten Spiel.

26...Tfe8

Smyslow übt sogleich Druck auf e5 aus. Andere Züge sind gleichfalls möglich.

27.Sxe6 Dxe6

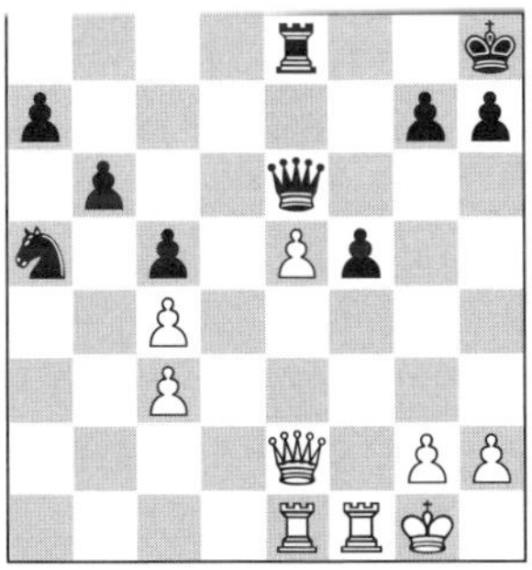

Schwarz hat einen Bauer für die Qualität, die bessere Bauernstruktur und Druck auf c4 und e5. Dies sollte ihm eigentlich gute Aussichten auf Ausgleich einräumen, aber sein Springer steht noch im Abseits, was Weiß mit aktivem Spiel ausnutzen kann (und muss). Weiß steht besser.

28.Dd3!

Lilienthal platziert die Dame auf die d-file mit Tempogewinn auf den Bauern f5. Die kommende Schwächung von f6 suggeriert den Plan, die f-Linie durch g4 zu öffnen.

28...g6 29.Tf4?!

Verteidigt zunächst c4. Die sofortige Aktion mit 29.g4! sieht effektiver aus. Verschiedene Möglichkeiten sind denkbar:

A) 29...Dxc4? 30.Dd7! Dxg4+ 31.Kh1 – Schwarz gehen die Schachgebote aus und er kann den e-Bauern nicht mehr stoppen;

B) 29...fxg4? 30.Tf6 De7 (30...Dxc4 31.Dd7 verliert wie in der letzten Variante) 31.Dd5 – der Springer wird dominiert, und Weiß gewinnt;

C) 29...Sxc4 (der Springer stürzt sich mit Bauerngewinn zurück ins Spiel, aber das kostet den f-Bauern und öffnet Linien für die Türme) 30.gxf5 gxf5 31.Dxf5! (31.Txf5 Tg8+ 32.Kh1 Dg6 bietet Schwarz Gegenspiel auf der g-Linie und der langen weißfeldrigen Diagonalen) 31...Sxe5 32.Dxe6 Txe6 33.Kh1! (33.Tf5? Sf3+) 33...Te7! (erlaubt dem Springer zurückzukehren und den Turm zu decken) 34.Tf5 Sg6 35.Txe7 Sxe7 und jetzt bietet 36.Te5! gute Gewinnchancen (nimmt dem Springer das Feld d5) 36...Sc6 37.Te6 Sa5 38.Te7 und Weiß gewinnt den a-Bauern nach 38...a6 39.Ta7 oder 38...Sc6 39.Tc7.

29...♘c6 30.♕d5

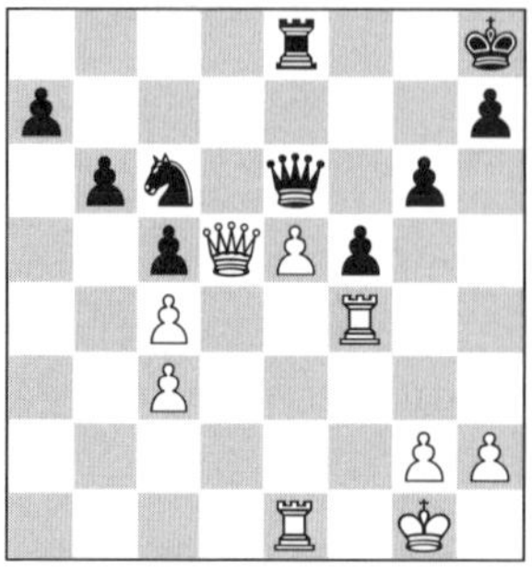

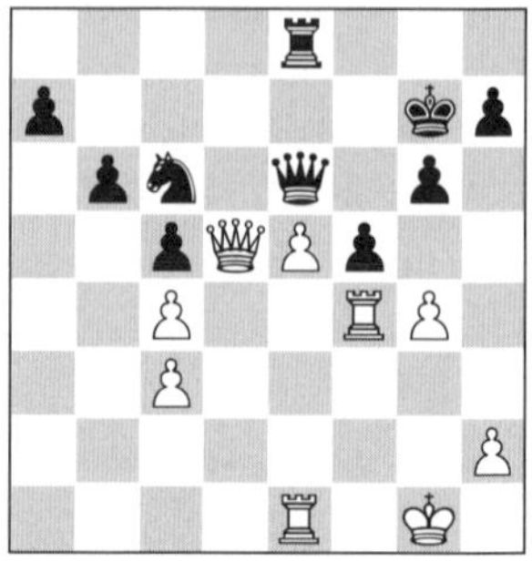

Analysediagramm

Weiß steht bereit zu g2-g4 und Schwarz möchte zu gern den Bauern e5 nehmen, trotz der Gefahren, die das auf der e-Linie mit sich bringt. Um diese Möglichkeiten zu bewerten, müssen wir berechnen:

A) 30...♕xd5? 31.cxd5 ♘xe5? 32.♔f1! (vermeidet ein Schachgebot auf f3) 32...♔g7 33.♖f2! (nach 33.d6? ♔f6 ist der schwarze Turm von der Deckungsaufgabe befreit und kann nach d8 gehen) 33...♔f6 34.♖fe2 – die schwarzen Figuren sind völlig unbeweglich, der Vormasch des d-Bauern wird die Entscheidung bringen. Statt 31...♘xe5? erlaubt 31...♖xe5! mehr Widerstand: 32.♖xe5 ♘xe5 33.d6 ♔g7 34.♖f1 ♔f6 35.♖e1 ♘d7 (35...♔e6? 36.♖xe5+) 36.♖e7 ♘f8 und Weiß hat gute Gewinnchancen, indem er seinen König zentralisiert, bevor er sich den Bauern am Damenflügel zuwendet;

B) 30...♔g7 (der König bereitet sich darauf vor, den Springer zu decken, nachdem der auf e5 genommen hat) 31.g4! und nun:

B1) 31...♘xe5 (droht 32...♘f3+) 32.♔h1 gibt Weiß großen Vorteil, da man nicht gut auf g4 nehmen kann: 32...fxg4? 33.♖fe4 ♔f6 (33...♕xd5 34.cxd5 ♔f6 35.d6 ist hoffnungslos) 34.♕d2! (droht auf e5 zu nehmen) 34...♕c6 (fesselt den Turm und droht 35...♘f7) 35.♕h6! – verhindert 35...♘f7 wegen 36.♖f1 matt, und bereitet ♔h1-g2-g3 vor mit entscheidendem Angriff, wenn der Turm entfesselt sein wird;

B2) 31...fxg4, wonach 32.♖f6? verliert wegen 32...♕xd5 33.cxd5 ♘xe5 mit der Doppeldrohung, auf f6 zu nehmen und auf f3 Schach zu bieten. Anstatt 32.♖f6? ist 32.♔g2 vielversprechend. Hier können wir eine hübsche und akrobatische Umgruppierung beobachten mit 32...♘d8! 33.♖f6 ♕e7 34.♖d6 ♘e6!, wo das drohende Schach auf f4 für Schwarz ein wichtiges Tempo und dadurch einige Rettungschancen gewinnt.

C) 30...h5! 31.h3 ♔g7 32.g4 hxg4 33.hxg4 ♘xe5 34.♔f1 – der Abtausch der h-Bauern ist nachteilig für Weiß, dessen König nicht länger sicher steht, jedoch behält Weiß einige Gewinnchancen.

30...♘xe5? 31.♔f1

Vermeidet das Schachgebot auf f3 und bereitet ♖f4-f2-e2 mit einer entscheidenden Fesselung des Springers vor.

31...♔g7 32.♖f2 ♔f6 33.♖fe2 h5

Nach 33...♕xd5 34.cxd5 sind die schwarzen Figuren gebunden und Weiß gewinnt mit dem Vormarsch des d-Bauern.

34.♖xe5 ♕xe5 35.♖xe5 ♖xe5 36.♕d6+ ♖e6 37.♕f8+ ♔e5 38.♕b8+ ♔f6 39.♕xa7 ♔g5 40.♕d7 ♖e4 41.♕d8+ ♔h6 42.h4 ♔g7 43.♕c7+ ♔h6 44.♕xb6

Schwarz gab auf.

KAPITEL 3

Endspielaufgaben

Übung 64

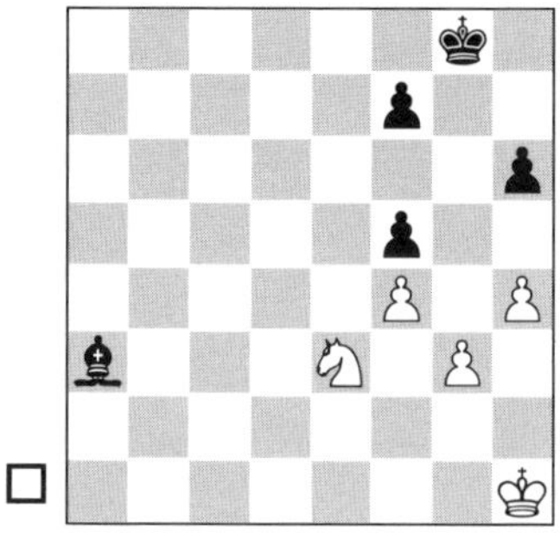

Wie kann Weiß gewinnen?
(Lösung auf Seite 169)

Übung 65

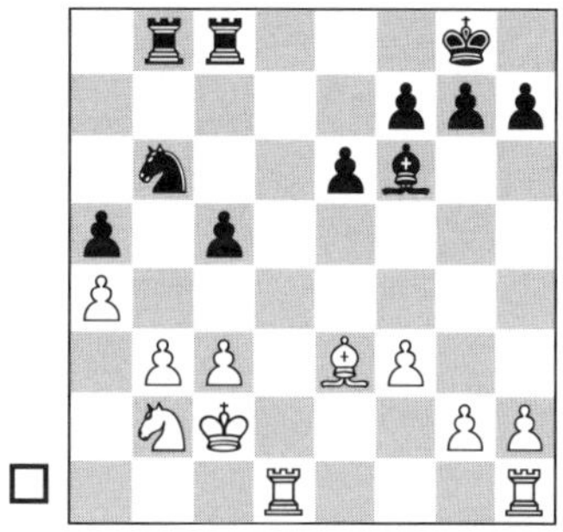

Welcher Plan führt zu leichtem weißem Vorteil?
(Lösung auf Seite 170)

Übung 66

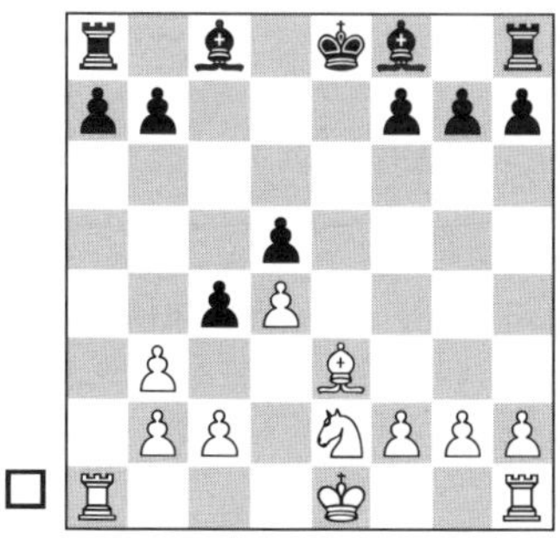

Wie kann Weiß in Vorteil kommen?
(Lösung auf Seite 172)

Übung 67

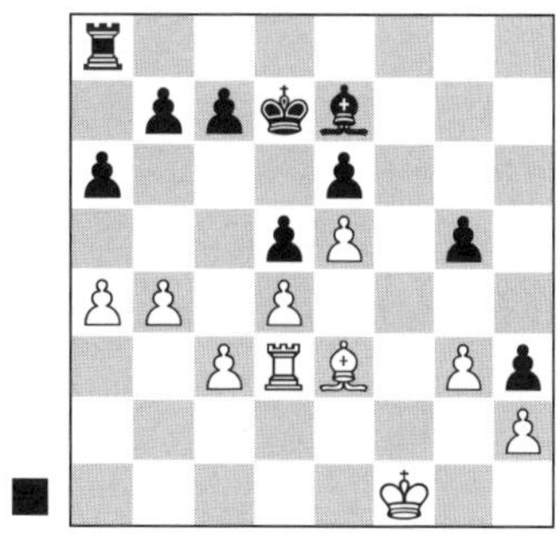

Welcher Plan verschafft Schwarz einen klaren Vorteil?
(Lösung auf Seite 173)

Übung 68

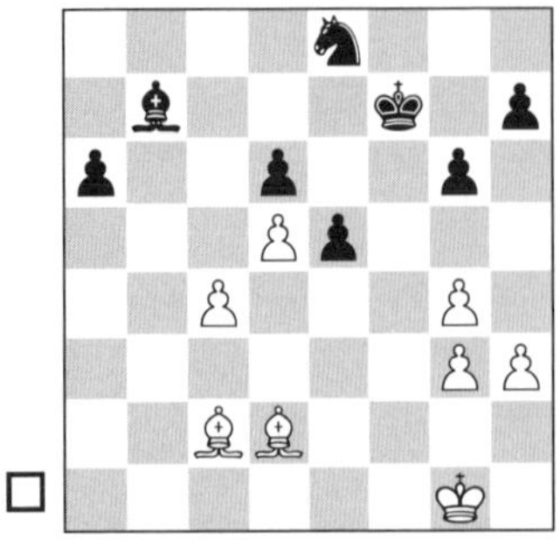

Wie kann Weiß einen deutlichen Vorteil erreichen, und was ist die beste Verteidigung für Schwarz?
(Lösung auf Seite 175)

Übung 69

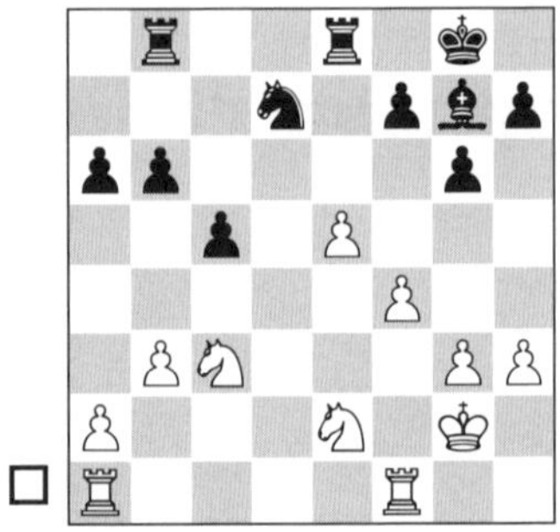

Was sind die Ziele von beiden Seiten?
(Lösung auf Seite 177)

Übung 70

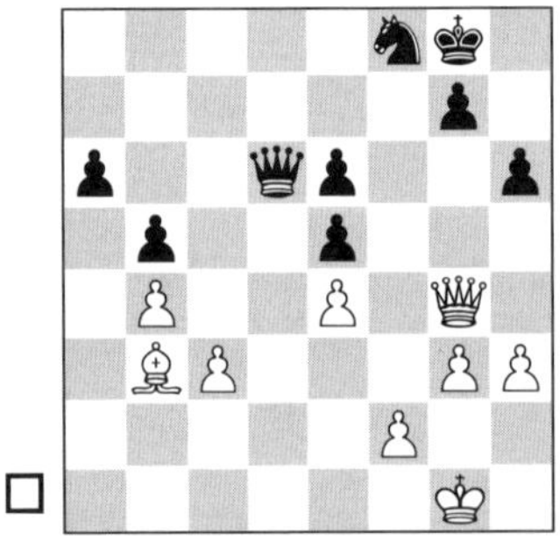

Welcher Plan bringt Weiß großen Vorteil ein?
(Lösung auf Seite 179)

Übung 71

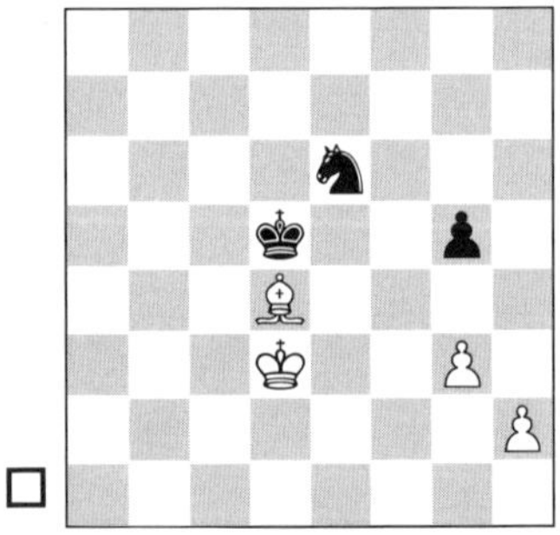

Worin besteht der generelle Plan für Weiß? Finden Sie den Gewinnweg.
(Lösung auf Seite 181)

Übung 72

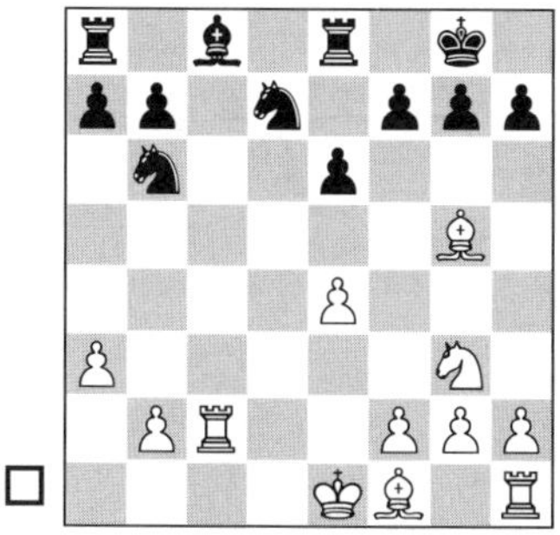

Wie kann Weiß in deutlichen Vorteil kommen?
(Lösung auf Seite 184)

Übung 73

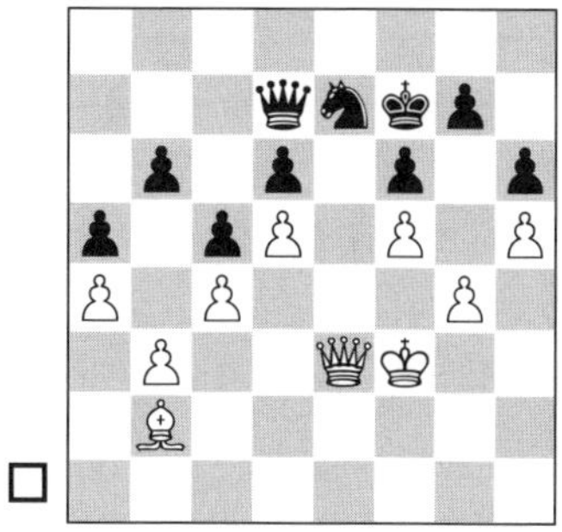

Welche Gewinnwege gibt es für Weiß?
(Lösung auf Seite 185)

Übung 74

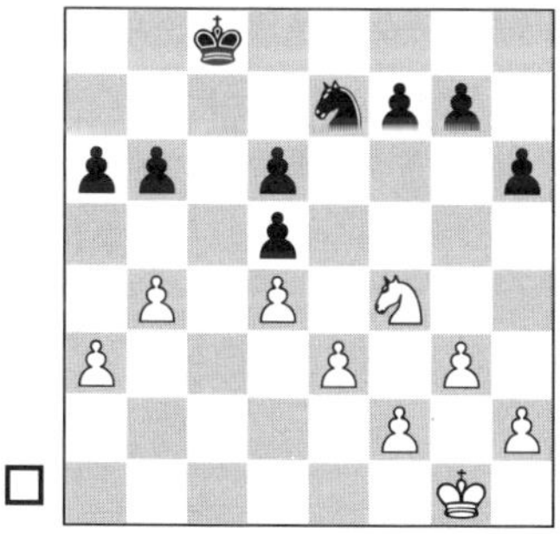

Wie kann Weiß deutlichen Vorteil sichern?
(Lösung auf Seite 187)

Übung 75

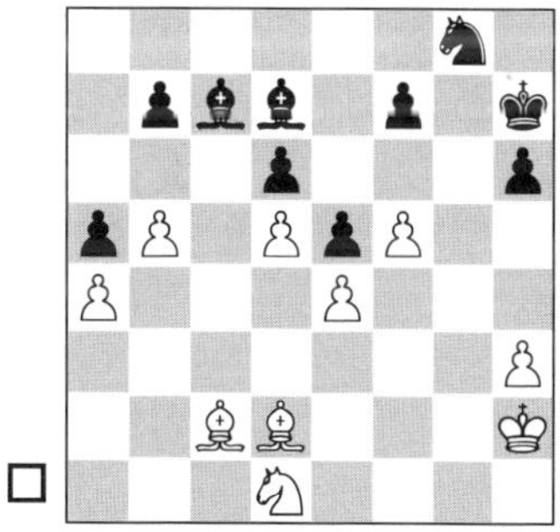

Finden Sie den Gewinn für Weiß.
(Lösung auf Seite 189)

Übung 76

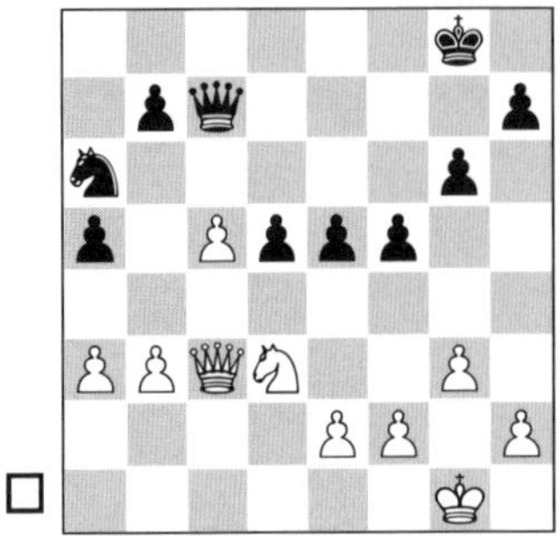

Was halten Sie von 27.Dxe5 oder 27.Sxe5 ? Und nach 27.b4 axb4 28.axb4, wie bewerten Sie 28...d4 28.Dc4+ und 28...e4 28.Sf4 ?
(Lösung auf Seite 192)

Übung 77

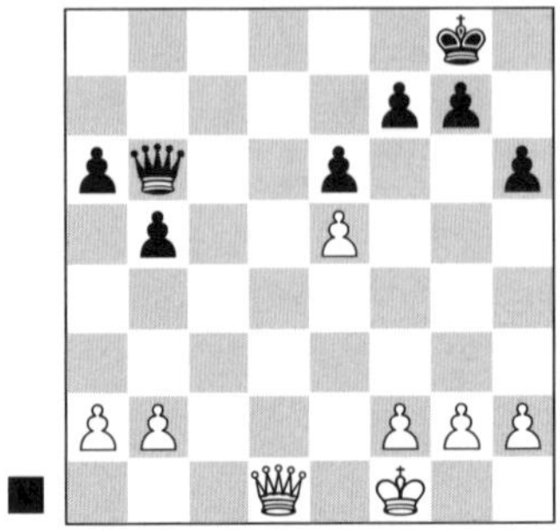

Wie ist diese Stellung einzuschätzen? Worin besteht der beste Plan für Schwarz? Geben Sie die Varianten an, die Sie für wesentlich halten!
(Lösung auf Seite 194)

Übung 78

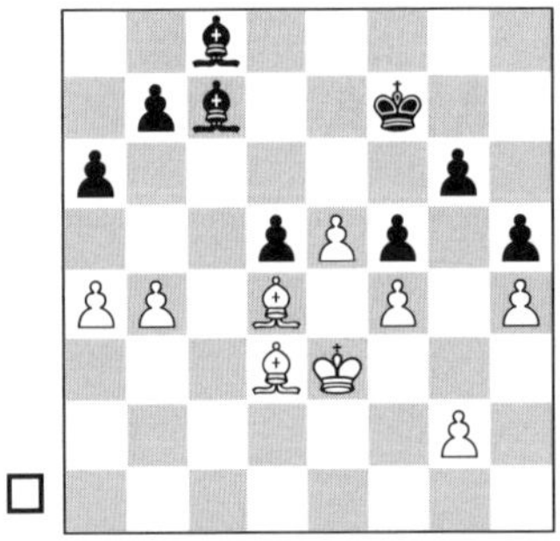

Können Sie den Gewinn für Weiß finden?
(Lösung auf Seite 197)

Übung 79

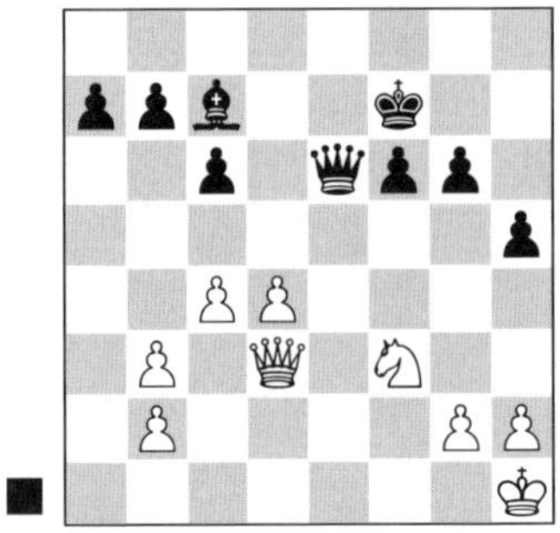

Mit welchem Plan erhält Schwarz klaren Vorteil?
(Lösung auf Seite 200)

Übung 80

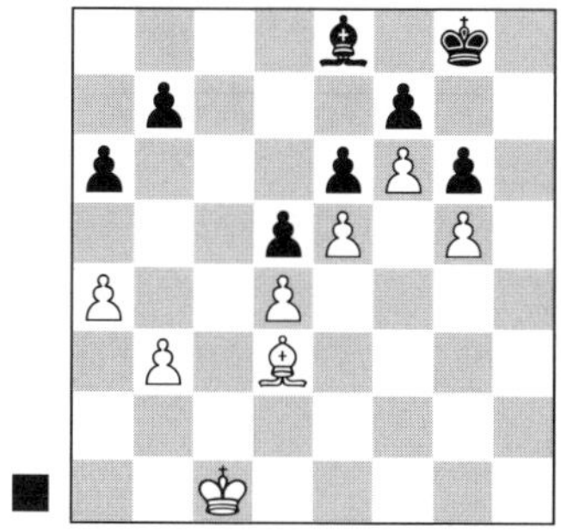

Wie gewinnt Weiß nach 28...♔f8 ?
Und wie nach 28...a5 ?
(Lösung auf Seite 202)

Übung 81

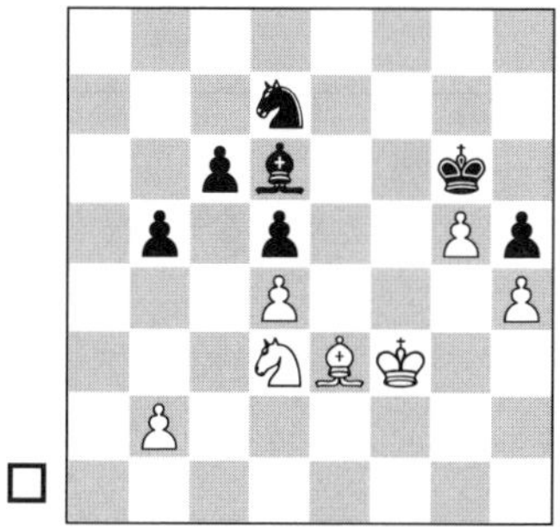

Wie beurteilen Sie die Alternativen 39.♘f4+ und 39.♗f4 ?
(Lösung auf Seite 205)

Übung 82

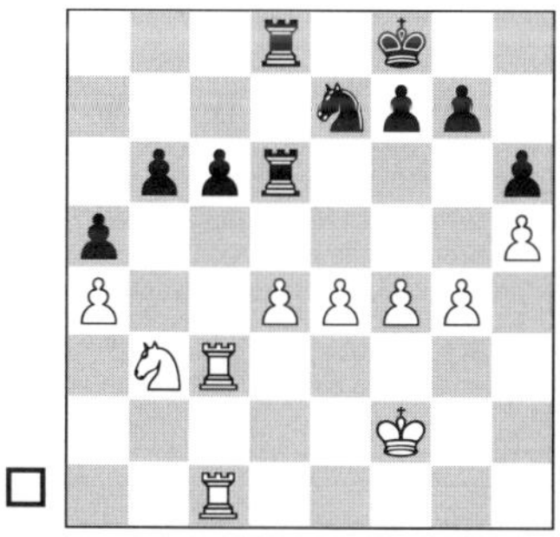

Welcher Plan gibt Weiß einen riesigen Vorteil, wenn nicht gar schon den Sieg?
(Lösung auf Seite 208)

Übung 83

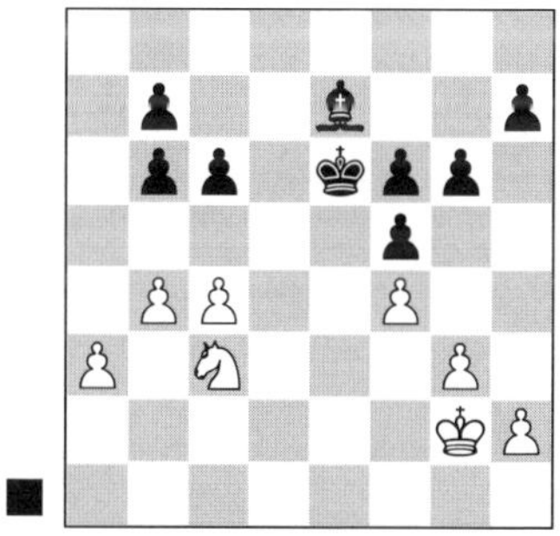

Mit welchem Plan kann Schwarz seinen Vorteil vergrößern?
(Lösung auf Seite 209)

Übung 84

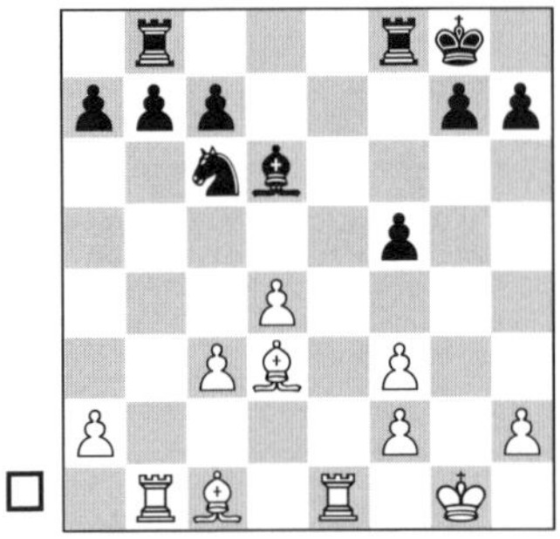

Welche Pointe hat 17.♖b5 ? Wie beurteilen Sie die verschiedenen schwarzen Antworten darauf?
(*Lösung auf Seite 212*)

Übung 85

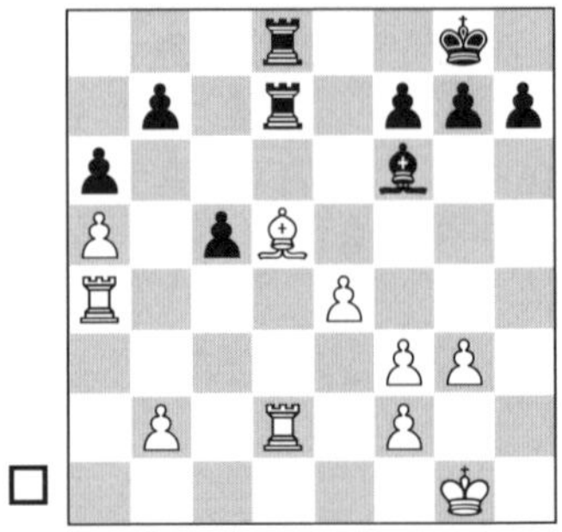

Welchen generellen Plan sehen Sie für Weiß und wie würden Sie diesen durchführen?
(*Lösung auf Seite 214*)

Übung 86

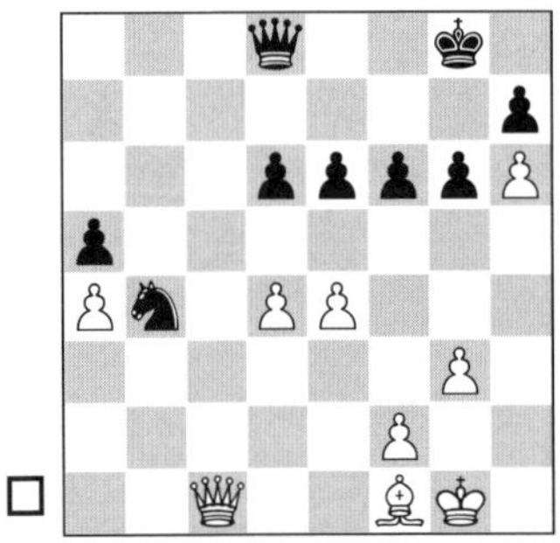

Was halten Sie von 35.d5, und was von 35.e5 ?
(*Lösung auf Seite 216*)

Übung 87

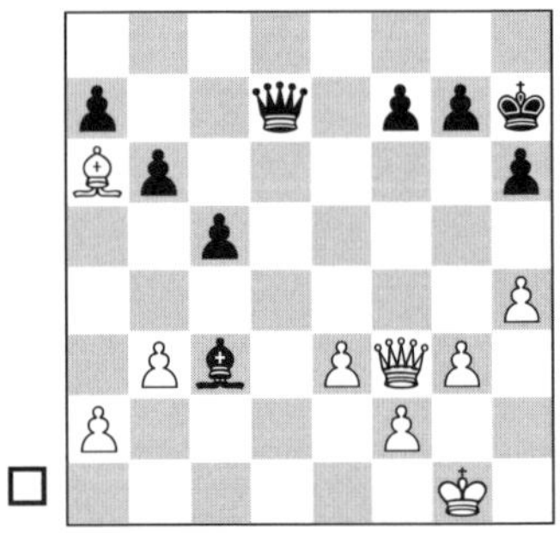

Wie beurteilen Sie diese Stellung? Was ist der beste weiße Zug? Was kann man über die schwarzen Verteidigungsideen sagen?
(*Lösung auf Seite 219*)

Übung 88

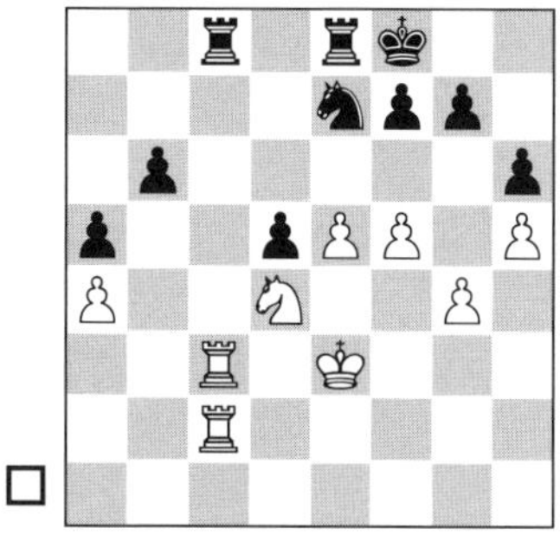

Wie kann Weiß gewinnen?
(Lösung auf Seite 224)

Übung 89

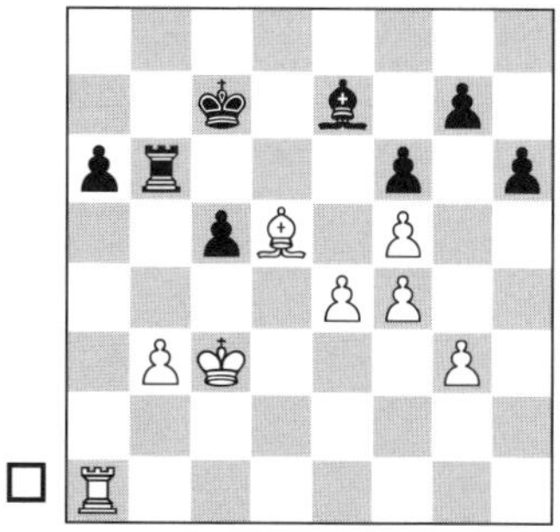

Abgesehen vom Durchbruch e4-e5: welche weiteren Pläne hat Weiß, um Fortschritte zu erzielen?
(Lösung auf Seite 225)

Übung 90

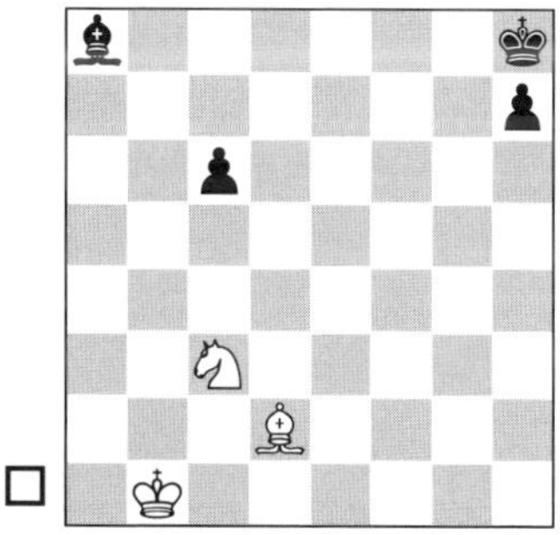

Weiß am Zug gewinnt in dieser Studie.
Welche strategischen Themen spielen bei der Lösung eine Rolle?
Auf Wunsch können Sie die Studie auch ganz lösen...
(Lösung auf Seite 227)

KAPITEL 4

Lösungen der Endspielaufgaben

Lösung 64

Cenek Kottnauer

Jan Smejkal

Hastings 1968/69 (4)

1.e4 c5 2.♘f3 d6 3.d4 cxd4 4.♘xd4 ♘f6 5.f3 e5 6.♘b3 d5 7.♗g5 ♗e6 8.exd5 ♕xd5 9.♘c3 ♗b4 10.♗d2 ♕d8 11.♗d3 0-0 12.0-0 ♘bd7 13.♕e1 ♖e8 14.♕h4 ♗e7 15.♔h1 ♕c7 16.♖ad1 a6 17.♖fe1 ♖ad8 18.♗e3 h6 19.♕f2 ♖c8 20.♖e2 b5 21.♗d2 ♗c4 22.♗e3 ♗xd3 23.♖xd3 b4 24.♘d5 ♘xd5 25.♖xd5 ♗f8 26.♖d1 ♘f6 27.♖ed2 ♕c4 28.♕f1 ♕e6 29.♖e1 ♖c7 30.♗f2 ♖ec8 31.♗g3 ♖xc2 32.♖xc2 ♖xc2 33.♗xe5 ♕c4 34.♕xc4 ♖xc4 35.♗xf6 gxf6 36.♖c1 ♖h4 37.♖c6 a5 38.♘xa5 ♖d4 39.♖c1 ♖d2 40.♘c4 ♖e2 41.h4 ♗c5 42.a4 bxa3 43.bxa3 ♖a2 44.♖c3 f5 45.f4 ♖f2 46.g3 ♖a2 47.♘e3 ♖xa3 48.♖xa3 ♗xa3

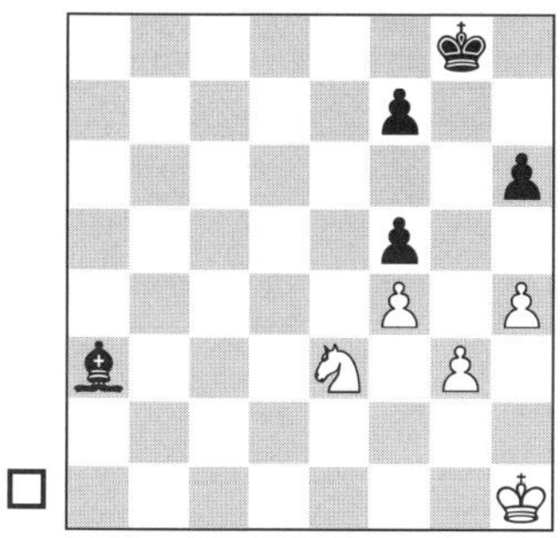

Weiß wird den Bauern f5 gewinnen und zugleich einen ausgezeichneten Vorposten für seinen Springer. Der Fall eines zweiten Bauern wäre entscheidend.

49.♘xf5? ist falsch wegen 49... h5!, was die Bauern g3 und h4 auf schwarzen Feldern festlegt. Später können sie vom schwarzen Läufer angegriffen werden, eine Figur wäre stets mit deren Deckung beschäftigt. Die generelle Regel besagt, dass man seine Bauern auf die entgegengesetzte Farbe seines Läufers stellen sollte, aber das führt gern mal dazu, dass die Bauern dann schwach sind und verloren gehen. Doch hier ist das nicht der Fall. Die Möglichkeit, einen Freibauern mit g3-g4 zu schaffen, würde zu weiterem Bauerntausch führen – und da das Material bereits so stark reduziert ist, käme das Schwarz sehr entgegen. Weiter kann es gehen mit 50.♔g2 ♔h7 51.♔f3 ♔g6 und nun:

A) 52.g4 hxg4+ 53.♔xg4 ♗b4 54.h5+ ♔f6 55.♘g3 ♗a3 56.♘e4+ ♔g7 57.♔g5 ♗e7+ und Weiß kommt nicht mehr weiter voran;

B) 52.♔e4 ♗b4 53.♘d4 ♗e1 54.f5+ ♔h6 55.♘e2 ♗f2 56.♔e5 ♔g7 und wieder ist Schwarz aus der Gefahr.

49.h5!

Vom sicheren Ausguck f5 aus wird der Springer den Bauern h6 angreifen, während er den Bauern g3 deckt, der wiederum f4 schützt. Diese ideale Rollenverteilung erlaubt es dem weißen Monarchen, ungeniert bis ins schwarze Lager vorzueilen. Schwarz dagegen steht sehr gedrückt, und die Figur, die h6 schützt, wird nicht mehr ziehen können, was auch das Motiv des Zugzwangs ins Spiel bringt. Im Falle eines Figurentausches wäre das Bauernendspiel hoffnungslos.

49...♔g7

Die andere Verteidigung wäre mit dem Läufer auf f8 verbunden, um den König zentralisieren zu können, ein Beispiel: 49...f6 50.♘xf5 ♗f8 51.♔g2 ♔f7 52.♔f3 ♔e8!? (nach 52...♔e6 entscheidet sofort 53.♔e4 mit Zugzwang) 53.♔e4 ♔d8 54.♔d5 ♔d7 55.g4! – die Schwächung von f4 hat mittlerweile keine Konsequenzen mehr, der weiße König wird sich durch Zugzwang Zugang ins schwarze Lager verschaffen.

50.♘xf5+ ♔h7 51.♔g2 ♗f8 52.♔f3

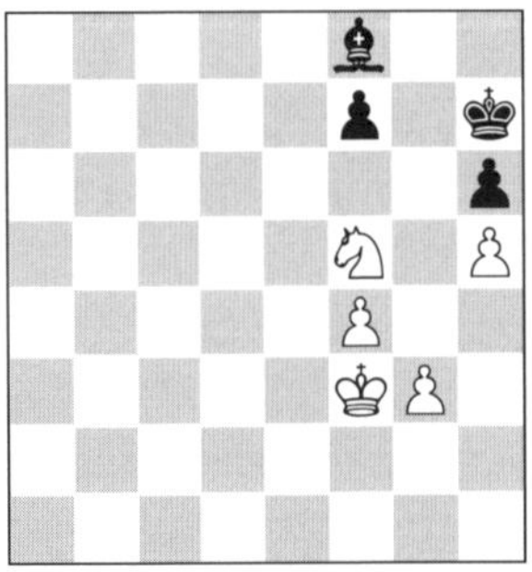

Der Läufer kann frei ziehen, so dass im Moment Zugzwang kein Thema ist. Der Gewinnplan besteht darin, zunächst den Bauern f7 anzugreifen und eine Konzession zu erzwingen.

52...♔g8

Die Freiheit des Königs ist relative beschränkt, er wird im nächsten Zug wieder nach h7 zurückkehren müssen. Nach 52...♗a3 53.♔e4 ♗b4 54.♔e5 ♗c3+ (so gelingt es Schwarz, noch das Feld f6 zu halten, es reicht aber trotzdem nicht aus) 55.♔d6 ♗b4+ 56.♔d7 ♗f8 (oder 56...♗c3 57.♔e8 f6 58.♔f7 und der Bauer fällt) 57.♔e8 ♔g8 58.g4 mit einem weiteren Zugzwang.

53.♔e4 ♔h7 54.♔e5 ♗g7+

54...♔h8 55.♔f6 ♔g8 56.g4 hält auch nicht.

55.♘xg7 ♔xg7 56.♔f5 ♔f8 57.♔f6

Schwarz gab auf. Es könnte folgen 57...♔g8 58.♔e7 ♔g7 59.f5 ♔g8 60.f6.

Lösung 65

Jan Foltys

Carlos Skalicka

Podiebrad 1936 (3)

1.e4 c5 2.♘f3 ♘c6 3.d4 cxd4 4.♘xd4 d5 5.♘xc6 bxc6 6.exd5 ♕xd5 7.♘c3 ♕xd1+ 8.♘xd1 ♘f6 9.♗e2 ♗f5 10.♗f3 ♗e4 11.♗xe4 ♘xe4 12.♗e3 e6 13.f3 ♘f6 14.♘f2 ♘d5 15.♗d2 ♗c5 16.♘d3 ♗d4 17.0-0-0 0-0 18.c3 ♗f6 19.♔c2 a5 20.a4 ♖fc8 21.b3 c5 22.♘b2 ♘b6 23.♗e3 ♖ab8

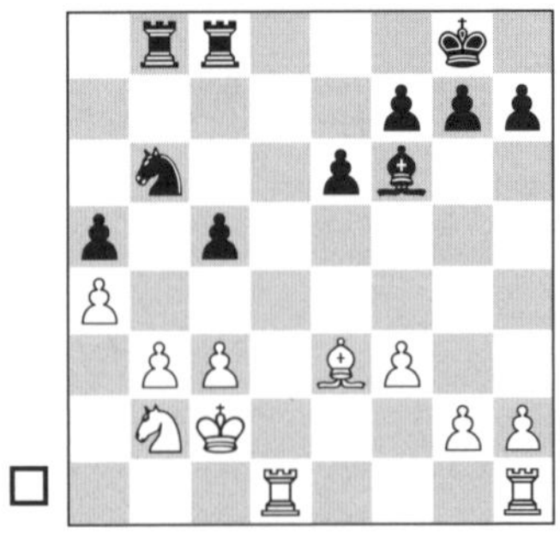

Die schwarzen Figuren sind aktiv, der Bauer c5 droht vorzugehen, wonach sich Linien öffnen und Weiß eine geschwächte Königsstellung und schwache Bauern bekommen würde.
Wir nehmen auch zur Kenntnis, dass die Bauern a5 und c5 auf schwarzen Feldern isoliert sind, der Farbe des weißen Läufers.

A) 24.c4? macht strategisch gesprochen Sinn, da der b3-Bauer, wenngleich rückständig auf einer offenen Linie, seine Kollegen auf a4 und c4 unterstützt, die jeweils einen schwarzen Bauern blockieren. Zudem wird dem schwarzen Springer das Feld d5 genommen, was Spiel auf der d-Linie ermöglichen würde. Weiß hätte etwas Vorteil – wenn, ja wenn nur nicht 24...♗xb2! 25.♔xb2 ♘xc4+ wäre, was eine Figur gewinnt!;

B) Eine interessante Idee ist 24.♖b1!?, um die Öffnung der b-Linie zu antizipieren. 24...c4? wäre dann ein Fehler, da nach 25.♘xc4 ♘xc4 26.bxc4 ♖xb1 27.♖xb1 Schwarz wegen des Grundlinienmatts nicht auf c4 schlagen könnte. Allerdings ist es schwierig, den Turm auf b1 in einen aktiven Plan einzubeziehen.

24.♘c4!

Damit ist c5 blockiert und a5 angegriffen.

24...♘xc4?!

24...♘d5 ist die alternative Verteidigung, und die ist wohl besser. Weiß spielt dann 25.♖d3!, um c3 zu decken und den Turm aktiv zu halten (deshalb sollte Weiß nicht 24.♖b1 spielen, bevor er den Springer nach c4 stellt). Durch den Druck auf die schwarzen Damenflügelbauern kann er profitieren und seine Stellung ausbauen, indem er langsam Raum am Königsflügel einnimmt. Weiß steht etwas besser.

25.bxc4

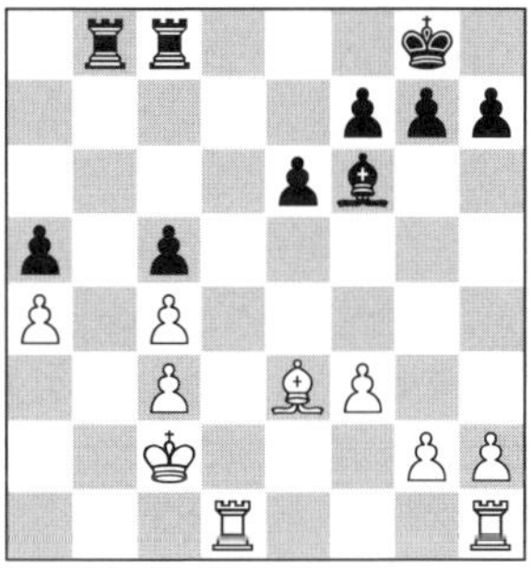

Alle Damenflügelbauern sind isoliert. Am schwächsten sehen die Bauern c3 und c4 aus, die auch noch verdoppelt sind. Aber die Struktur ist bei näherer Betrachtung günstig für Weiß, da er den Vorposten b5 für seinen Turm hat (der schwarze Läufer bestreicht das weiße Feld nicht). Dagegen ist das Feld b4 für die schwarzen Türme unzugänglich. Der andauernde Druck auf die Bauern a5 und c5 macht es für Schwarz unangenehm und hindert ihn, seine Majorität am Königsflügel effizient zu mobilisieren.

25...♖b6 26.♖b1 ♖bc6 27.♖hd1 ♗e5 28.h3 ♗c7 29.♖b5 ♗b6 30.♖db1

♗d8 31.♖b8 ♔f8 32.♖xc8 ♖xc8 33.♖b5

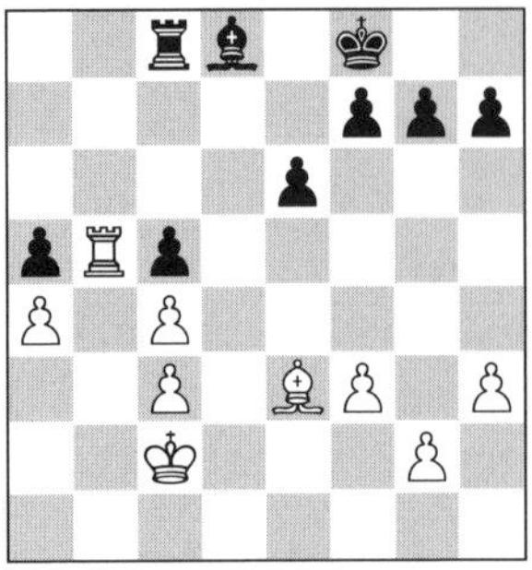

Foltys hat die ideale Aufstellung erreicht und seinen Plan umgesetzt, und jetzt wird er einen Bauern gewinnen.

33...♔e8 34.♗xc5 ♖c6 35.♔d3 ♔d7 36.♗f8 g6 37.c5 ♗c7 38.♔c4 ♖a6 39.♖b1 ♖a8 40.♗d6 ♗xd6 41.♖d1 ♖b8 42.♖xd6+ ♔c7 43.♖a6 ♖b2 44.♖a7+ ♔c6 45.g4 ♖h2 46.♖xf7 ♖a2 47.♔b3 ♖f2 48.♖xh7 ♖xf3 49.♖h6 ♔d5 50.♖xg6 ♖xh3 51.g5 ♖h8 52.♖f6 ♖b8+ 53.♔c2 ♖g8 54.g6 ♔e5 55.♖f7 ♖xg6 56.♖d7 ♔f5 57.♔b3 ♖g8 58.♔c4 ♖c8 59.♔b5 e5 60.c6 ♔e6 61.♔b6 ♖b8+ 62.♔xa5 e4 63.♖d4 ♖c8 64.♔b6 e3 65.c7 ♔e5 66.♖d8 1-0

Lösung 66

Geza Maroczy

Salo Landau

Zandvoort 1936 (2)

1.e4 ♘f6 2.♘c3 d5 3.exd5 ♘xd5 4.♗c4 ♘b6 5.♗b3 c5 6.♕h5 e6 7.d3 ♘c6 8.♗e3 ♘d4 9.♘ge2 ♘xb3 10.axb3 ♘d5 11.♘xd5 ♕xd5 12.♕xd5 exd5 13.d4 c4

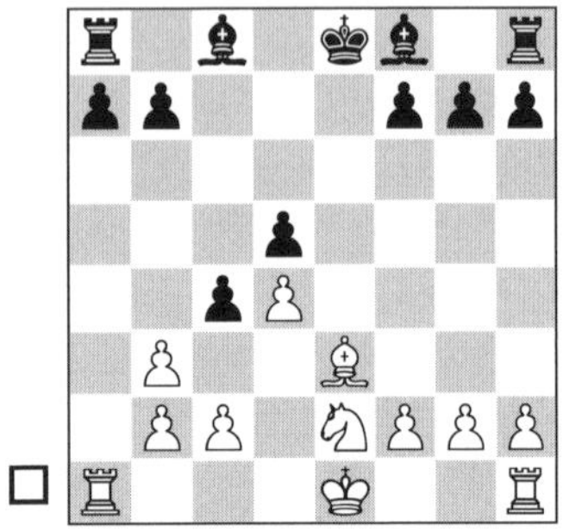

Dank seines Läuferpaars hat Schwarz ausgezeichnete langfristige Chancen. Jedoch ist er im Moment unterentwickelt, was die Verteidigung der vorgepreschten Bauern auf d5 und c4 schwierig gestaltet. Der Weiße muss deshalb energisch vorgehen.

A) 14.♘c3 bringt nichts wegen 14...♗b4!, und nach einem wahrscheinlichen Tausch auf c3 entsteht ein ausgeglichenes Endspiel mit ungleichfarbigen Läufern;

B) 14.bxc4 dxc4 setzt auf den entstandenen d-Freibauern, aber löst eine der schwarzen Bauernschwächen auf, wobei der, der auf c4 übrigbleibt, ziemlich gut zu überdecken ist. Eine mögliche Fortsetzung ist 15.d5 (greift a7 an) 15...a6 16.♗b6 (blockiert b7 und kontrolliert d8) 16...♗f5 17.0-0-0 ♗d6 18.♖he1 ♔d7. Der Läufer d6 ist eine aktive Blockadefigur, der König steht auf d7 ausgezeichnet im Zentrum und Schwarz kann insgesamt zufrieden sein.

14.♘f4!

Um das schwarze Läuferpaar zu halbieren, bevor er sich dem Bauern c4 zuwendet.

14...♗e6

Nach 14...cxb3 15.♘xd5 ♗d6 hat Weiß die Wahl und etwas Vorteil, die beste Fortsetzung scheint 16.♘b6 ♖b8 17.♘xc8 ♖xc8 18.♖xa7 bxc2 (18...♖xc2? 18.♖a8+) 19.♔d2 zu sein. Einer der Bauern b7 oder c2 geht verloren, wonach Schwarz schlechter steht.

15.bxc4 dxc4 16.♘xe6

16.d5 ♗f5 17.♖xa7 ♖xa7 18.♗xa7 ♗xc2 (18...♗d6 ist auch gut) 19.♔d2 ♗a4 (schließt die a-Linie, solange der Königsflügel unterentwickelt ist) 20.♗d4 ♔d7 führt zu einiger weißer Initiative, doch Schwarz behält die langfristigen Vorteil seines Läuferpaars und der Damenflügelmajorität, und somit bleibt es unklar.

16...fxe6

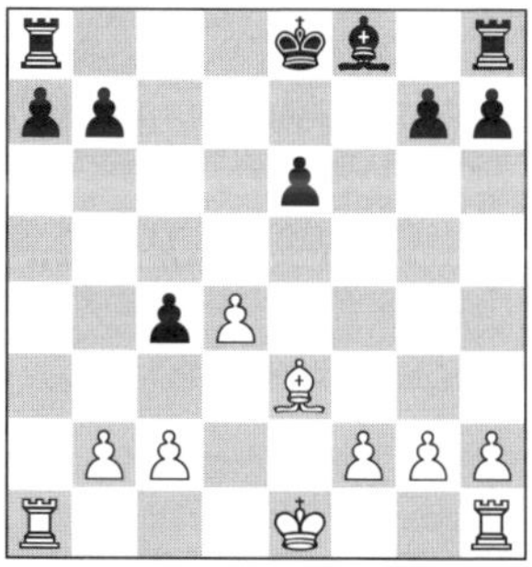

Wie zuvor: Schwarz hätte eine zufriedenstellende Stellung, wenn er seine Entwicklung beenden und den Bauern c4 sichern könnte, aber das wird ihm nicht gelingen.

17.♖a4!

Ich wiederhole: Weiß muss aktiv bleiben und drohen, wenn er seinen Entwicklungsvorsprung ausnutzen will.

17...b5

17...a5! 18.♖xc4 ♗d6 rettet den Bauern nicht, leistet aber mehr Widerstand.

18.♖a6 ♔d7 19.♔e2

Der Bauer a7 ist das nächste Ziel.

19...♗d6 20.♖ha1 ♗c7

Falls 20...♗b8, so 21.♖1a5.

21.♖xa7 ♖xa7 22.♖xa7 ♔c6 23.f4 ♖f8 24.g3 ♖f5 25.♖a8 ♖f7 26.h4 g6 27.♔f3 ♔d5 28.♖a6 ♖f8 29.♖a7 ♔c6 30.♔e4 ♖f5 31.♖a6+ ♔d7 32.♗d2 ♖d5 33.♗a5 ♗xa5 34.♖xa5 ♖h5 35.♖a6 ♔e7 36.♖c6 ♔f6 37.♖c5 h6 38.♖xh5 gxh5 39.c3 1-0

Lösung 67

Georgi Lissizyn

Nikolai Rjumin

Moskau 1931 (1)

1.♘f3 f5 2.e4 fxe4 3.♘g5 ♘f6 4.d3 e3 5.♗xe3 ♘c6 6.d4 d5 7.♗d3 ♗g4 8.f3 ♗c8 9.0-0 g6 10.f4 ♗g4 11.♕e1 ♕d7 12.c3 e6 13.♘d2 ♗f5 14.♗b5 a6 15.♗e2 h6 16.♘gf3 ♘g4 17.♗f2 g5 18.♘e5 ♘cxe5 19.fxe5 h5 20.♗xg4 ♗xg4 21.♗e3 ♕g7 22.♘f3 ♗e7 23.♕d2 ♖g8 24.b4 ♗f5 25.♖fd1 ♕g6 26.a4 h4 27.♘e1 h3 28.g3 ♖f8 29.♘d3 ♗xd3 30.♕xd3 ♕xd3 31.♖xd3 ♔d7 32.♖f1 ♖xf1+ 33.♔xf1

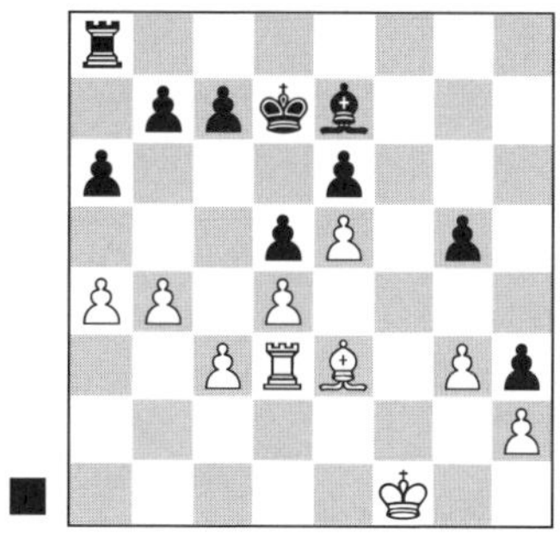

Weiß hat Raumvorteil im Zentrum und einige Bauern, die auf schwarzen Feldern festgelegt sind, was einen potentiell schlechten Läufer suggeriert.
Die vorgeschobenen Bauern am Damenflügel sind nicht ideal von den Figuren unterstützt und bieten dem Schwarzen eine willkommene Gelegenheit, das Spiel auf diesem Brettabschnitt zu öffnen. Auch wenn Weiß nicht am Zuge ist, wollen wir seine Möglichkeiten betrachten – zwei Pläne stehen ihm vor allem zur Verfügung:

1) g3-g4, um den schwarzen Bauern g5 auf einem schwarzen Feld festzulegen, den h3-Bauern zu gewinnen, um dann mit dem Turm nach h7 oder h5 zu gehen mit aktivem Spiel. Würde Schwarz den h-Bauern mit dem Turm von h8 aus verteidigen, könnte er nicht um Vorteil kämpfen.

2) Defensiv ♖d3-d1, um mit dem Turm am Damenflügel zu spielen, wohlwissend, dass nur Schwarz das Spiel hier auf Wunsch öffnen kann.

Schwarz möchte die Initiative übernehmen mit ...a6-a5 oder ...b7-b6 gefolgt von ...c7-c5. Das konsolidierende ...g5-g4 kommt auch in Betracht. Ein genauerer Blick:

A) Sofortiges 33...g4 wäre zu langsam nach 34.♖d1 b6 (or 34...a5 35.b5 c6 36.♖b1) 35.♖b1 mit der Idee 35...c5 36.bxc5 bxc5 37.♖b7+. Weiß steht sehr fest;

B) 33...b6 wäre auch nicht überzeugend: 34.g4 (oder 34.♖d1 c5 35.bxc5 bxc5 36.♖b1) 34...c5 35.bxc5 bxc5 36.dxc5 ♖b8 37.♗d2 behält ein Auge auf g5 und gibt Weiß ein komfortables Spiel.

33...a5! 34.b5

34.bxa5 bietet mehr Widerstand, etwa:

A) 34...♖xa5? 35.g4! ♖xa4 36.♗f2! c5 37.♖xh3 – der Läufer ging nach f2 zurück, um d4 zu decken bzw. c5, falls Weiß dort schlägt. Weiß ist unter leichtem Druck, doch seine Verteidigungsressourcen sind intakt;

B) 34...g4! (ein wichtiger Zug, selbstredend, aber man muss erkennen, dass man beide weiße Bauern, a5 und a4, noch bekommt, auch wenn man ein Tempo am Königsflügel aufwendet) 35.♖d2 ♖xa5 36.♖f2 (36.♖a2 b5 ist schlecht) 36...♖xa4 und Schwarz hat einen Mehrbauern, zudem sind c3 und h2 anfällig. Er steht vermutlich auf Gewinn.

34...c6!

Erzwingt die Bildung eines Freibauern am Damenflügel. Hier würde 34...g4? die Konsolidierung 35.♖d1 c6 36.♖b1 erlauben.

35.bxc6+

Nach 35.♖d1 cxb5 36.axb5 a4 37.♔e2 a3 (hier ist der Bauer zugleich weit vorgedrungen, als auch sicher) 38.♔d3 ♔c7 und b5 wird fallen; bei 39.c4 ist 39...a2! 40.♖a1 ♖a3+ 41.♔e2 dxc4 am klarsten.

35...♔xc6 36.♖d2

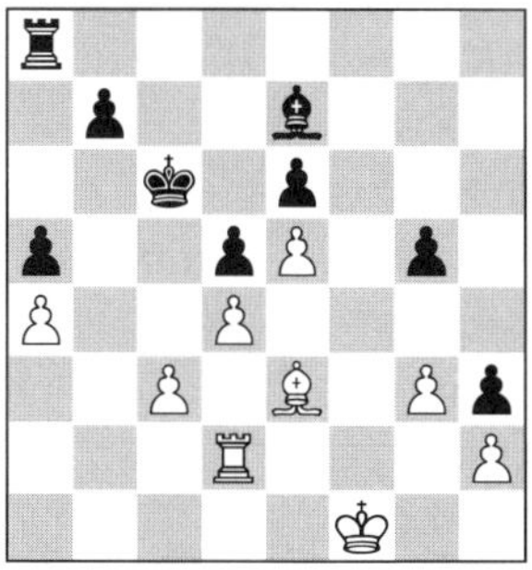

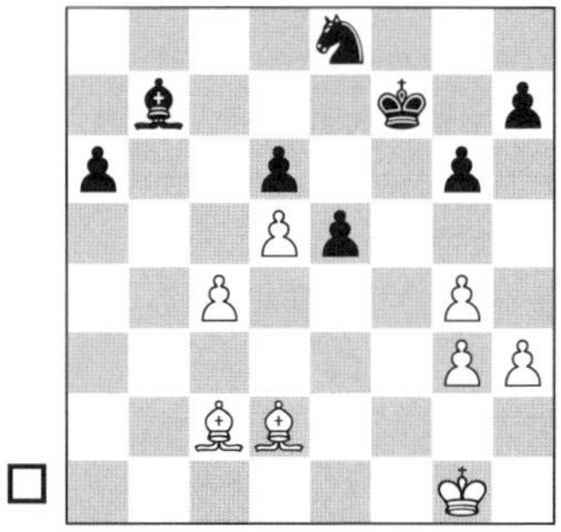

36...b5!
Das letzte Glied im Manöver, das mit 33...a5 begonnen wurde, und nun zu einem Freibauern und entscheidenden Vorteil führt.
37.♔e2
Opfert einen Bauern, um den schwarzen König nicht nach c4 zu lassen nach 37.axb5+ ♔xb5 38.♔e2.
37...bxa4 38.♔d3 a3 39.c4 dxc4+ 40.♔xc4 ♖b8 41.d5+ exd5+ 42.♔d3
42.♖xd5? ♖b4+ verliert den Turm.
42...♖b3+ 43.♔e2 ♖b2 44.♗d4 ♖xd2+ 45.♔xd2 ♗c5 46.♗a1 d4 0-1

Lösung 68
Vlastimil Hort
Victor Ciocaltea
Budapest 1973 (6)

1.d4 ♘f6 2.c4 c5 3.d5 e5 4.♘c3 d6 5.e4 ♗e7 6.g3 0-0 7.♗g2 a6 8.a4 ♘e8 9.♘ge2 ♘d7 10.0-0 g6 11.♗h6 ♘g7 12.♕d2 f5 13.h3 ♖f7 14.a5 ♖b8 15.b3 b6 16.axb6 ♖xb6 17.♖ab1 ♘f6 18.♖b2 ♘xe4 19.♘xe4 fxe4 20.g4 ♗f6 21.♗xe4 ♖fb7 22.♖fb1 ♘e8 23.♗e3 ♗e7 24.♘g3 ♗h4 25.b4 ♖xb4 26.♖xb4 cxb4 27.♖xb4 ♕a5 28.♖xb7 ♕xd2 29.♗xd2 ♗xb7 30.♗c2 ♗xg3 31.fxg3 ♔f7

Schwarz hat die bessere Bauernstruktur mit zwei Freibauern auf a6 und e5, wohingegen Weiß seine Majorität nicht ausnutzen kann.
Weiß hingegen verfügt über Raumvorteil und das Läuferpaar. Der schwarzfeldrige Läufer ist dabei besonders wirkungsvoll, da er keinen Gegenspieler hat, den Bauern d6 angreifen und den Bauern a6 blockieren kann.
Der entscheidende Faktor bei der Beurteilung der Stellung ist die armselige Platzierung der schwarzen Figuren, die sich bald dominiert wiederfinden werden. Wäre Schwarz am Zug, könnte er seinen Springer nach f6 spielen und hätte keine nennenswerten Probleme.
32.g5!
Der erste Schritt dabei, den Springer einzuschränken. Auf dem Königsflügel hat er nun keine Zukunft mehr, denn 32...♘g7 wird mit 33.g4! beantwortet.
Wir werden erkennen, dass passive Verteidigung hoffnungslos ist. Somit war es interessant, 32...♘c7! hier auszuprobieren mit der Idee,

...a6-a5 gefolgt von ...♘c7-a6 zu spielen, oder gar den Springer auf d5 für zwei Bauern zu opfern. Weiß kann nicht beide Ideen verhindern und muss zwischen 33.♗b3 a5! (und nicht 33...♘a8? 34.♗a5) 34.♗xa5 ♘a6 sowie 33.♗a5 ♘xd5! 34.cxd5 ♗xd5 entscheiden. In beiden Fällen ist es nicht klar, ob der weiße Vorteil zum Gewinn reicht.

32...♗c8 33.g4! ♗d7

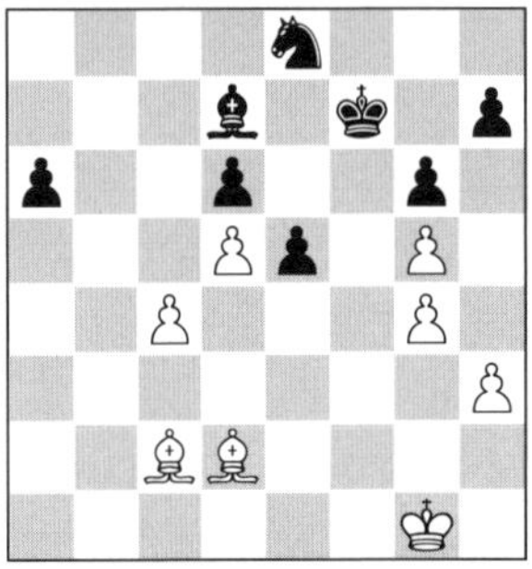

Der weiße Plan sieht nun vor, c4-c5 zu spielen, um sich einen Freibauern auf d5 zu verschaffen und den Bauern e5 zu gewinnen. Die schwarzen Figuren können sich frei bewegen, aber dabei nichts unternehmen. Die Standardmethode in solchen Situationen sieht es vor, die Stellung so gut es geht zu verbessern, und erst dann das Spiel zu öffnen. Und genau dies wird Hort tun.

34.♔f2 ♔e7 35.♗a5 ♗c8 36.♔e3 ♗d7 37.♗b6!

Der Läufer unterstützt hier den Vorstoß des c-Bauern und hält zugleich den Springer von c7 ab.

37...♗c8 38.♔e4

Der König steht bereit, den Bauern e5 zu schlagen, sobald er die Stütze verloren haben wird.

38...♗d7 39.♗b3!

Sobald die weißen Bauern vorrücken und den Weg freimachen, will der Läufer nach g8 einfliegen.

39...♗c8 40.c5

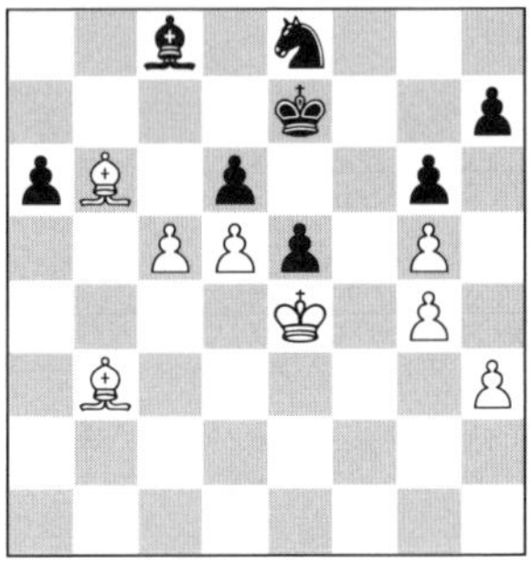

Die weißen Figuren sind ideal platziert – Zeit, die Dinge zu forcieren. Weiß steht auf Gewinn.

40...♗d7

Oder 40...dxc5 41.♗xc5+ ♔d8 (41...♘d6? verliert den Springer nach 42.♔xe5) 42.♔xe5 und weder 42...♘c7 43.♔f6 noch 42...♗d7 43.d6 gefolgt von 44.♗g8 wird die Stellung retten.

41.c6!

41.cxd6+? kompliziert es und lässt den Gewinn aus:

A) 41...♔xd6? verteidigt e5 nur scheinbar, und nach 42.♗a5 gefolgt von 43.♗b4+ gewinnt Weiß;

B) 41...♘xd6+! 42.♔xe5 ♘f7+ 43.♔f4 – der Bauer g5 benötigt Deckung, doch nach 43...♔d6 spielen die schwarzen Figuren mit, was ihm Remischancen verschafft.

41...♗c8 42.♗c4 ♘g7 43.♔d3 ♘e8 44.♔c3

Schwarz gab auf. Der weiße König läuft nach a5, um den Bauern a6 zu gewinnen. Dadurch werden die weißfeldrigen Läufer getauscht und der Freibauer marschiert.

Lösung 69

Michail Botwinnik

Wassili Smyslow

Moskau WM m 1954 (16)

1.d4 ♘f6 2.c4 g6 3.g3 ♗g7 4.♗g2 0-0 5.♘c3 d6 6.e3 ♘bd7 7.♘ge2 e5 8.b3 ♖e8 9.♗a3 ♖b8 10.0-0 a6 11.dxe5 ♘xe5 12.c5 dxc5 13.♗xc5 b6 14.♕xd8 ♖xd8 15.♗d4 ♖e8 16.e4 ♗b7 17.f4 ♘eg4 18.h3 c5 19.♗xf6 ♘xf6 20.e5 ♗xg2 21.♔xg2 ♘d7

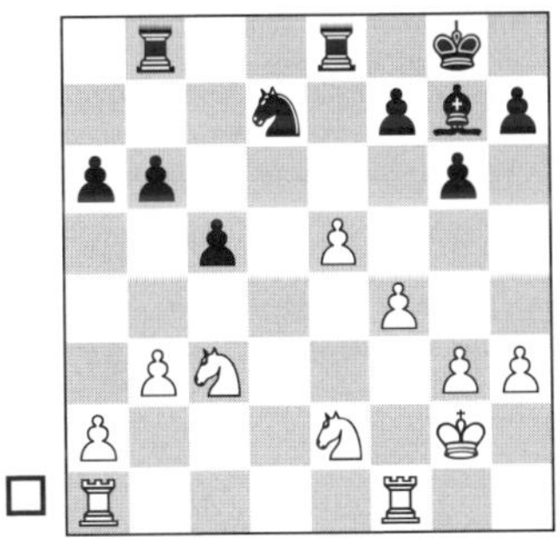

Jede Seite hat seine Bauernmajorität. White besitzt deutlichen Raumvorteil im Zentrum dank seines sicher befestigten Vorpostens e5, der auch die Verwertung der schwarzen Damenflügelmajorität behindert. Schwarz muss versuchen, e5 mit dem Hebel ...f7-f6 zu attackieren und zum Abtausch zu bewegen. Gelingt ihm dies unter günstigen Bedingungen, hat er gute Aussichten auf eine zufriedenstellende Position. Deshalb hat es auch Priorität für Weiß, diesen Befreiungsplan zu verhindern, und dafür muss er die d-Linie kontrollieren und den ♘c3 nach d5 oder e4 spielen, je nach Entwicklung der Dinge. Langfristig setzt er auf seine Majorität am Königsflügel.

22.♖ad1!

Der Turm will nach d6 und gewinnt ein Tempo auf den Springer. Der Vorstoß des schwarzen c-Bauern hat die Felder d6 und d5 geschwächt.

22...♘f8

Leider muss Schwarz etwas die Kontrolle über das wichtige Feld f6 einbüßen. Die Alternativen waren allesamt schwächer:

A) 22...♖bd8 23.♖d6 mit der Idee ♖f1-d1;

B) 22...♖b7 23.♘e4 und die Drohung der Gabel auf d6 gewinnt ein Tempo;

C) 22...♖e7 23.♖d6 nebst ♘c3-d5.

23.♖d6!

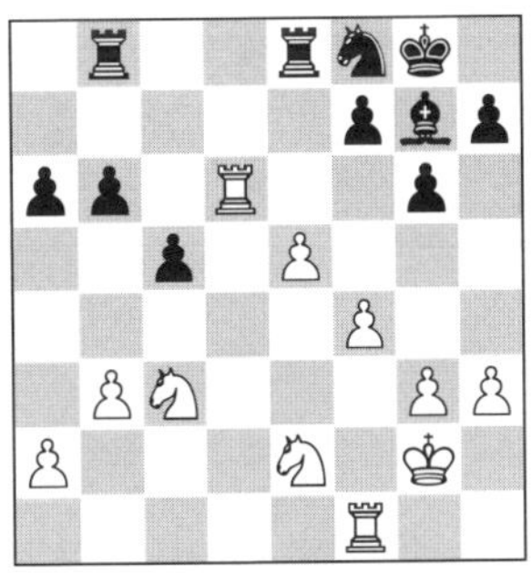

Verhindert 23...f6, bereitet die Turmverdopplung auf der d-Linie vor und übt Druck auf die Damenflügelbauern aus.

23...♘e6

23...♖e6!? versucht, den f-Bauern mobil zu machen. Die Bedingungen sind alles andere als optimal, und es wird schwierig nach 24.♖fd1:

A) 24...f6 25.♖xe6 ♘xe6 26.♖d6 ♔f7 27.exf6 ♗xf6 28.♖d7+! (28.♘d5? ist verlockend, aber 28...♖d8! forciert den Tausch der Türme und löst alle Probleme) 28...♔g8 29.♘d5 und wenn Schwarz versucht, Bauernverlust nach 29...♗g7 30.♖d6 zu verhindern, muss er das passive 29...♗d8 mit einer unangenehmen Stellung wählen;

B) 24...♖be8 lässt die Wahl:

B1) 25.♘a4 f6 26.♘xb6 fxe5 27.♘c4 exf4 28.♘xf4 ♖xd6 29.♖xd6 und Schwarz hat sich ein wenig befreit, doch sein a-Bauer ist anfällig, zum Beispiel: 29...g5 30.♘d3 ♖e2+ 31.♔f3 ♖xa2 32.♘xc5 und trotz der vielen Abtäusche behält Weiß einigen Vorteil mit seinen aktiven Figuren und der Aussicht, einen Bauern zu gewinnen;

B2) 25.♘e4! f6

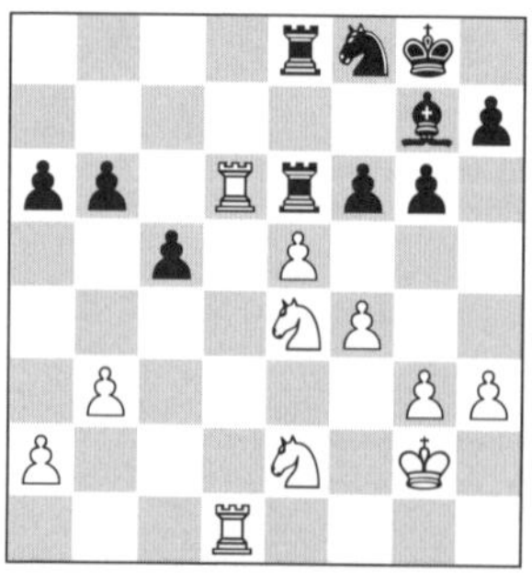

Analysediagramm

26.g4! (das Opfer des Freibauernkandidaten, um einer Majorität Energie zu verleihen, ist thematisch, und hier ist es besonders gefährlich) 26...fxe5 (oder 26...g5 27.♘2c3 mit der Drohung 28.exf6) 27.f5! gxf5 28.gxf5 ♖xd6 29.♖xd6 ♖b8 30.♘2c3 und Weiß wird es nicht schwer haben, den geopferten Bauern zurückzugewinnen. Der Großteil seines beträchtlichen Vorteil liegt indes in der Dominanz der schwarzen Leichtfiguren. Es mag im schwarzen Interesse sein, nach 25.♘e4 zeitweise die Idee ...f7-f6 aufzugeben, und lieber etwa 25...♖xd6 26.♖xd6 ♖e6 zu spielen, aber da steht er deutlich schlechter.

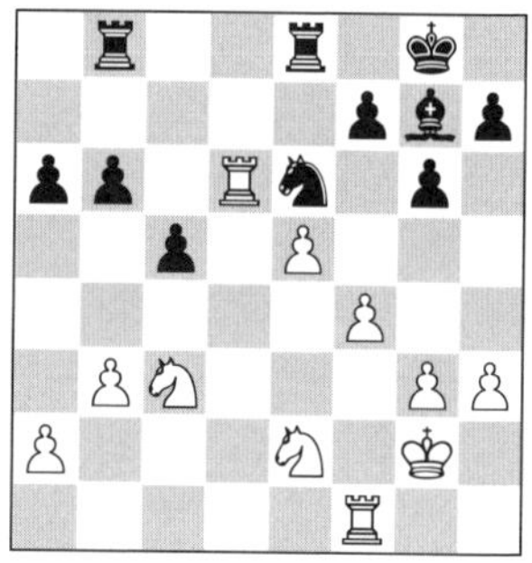

24.♘e4!

Verhindert dauerhaft ...f7-f6. Somit hat Weiß einen stabilen Vorteil. Nach 24.♘d5 ♖ed8! 25.♖xd8+ (mit dem Springer auf d5 kann man den Turm auf d6 nicht mit 25.♖fd1 unterstützen) 25...♖xd8 26.♘xb6 (26.♖d1 ♔f8 27.♘ec3 würde etwas Druck bewahren) 26...♖d2 27.♔f3 ♖xa2 hat Schwarz seine Stellung verbessert, aber noch nicht ausgeglichen.

24...♖ed8 25.♖fd1 ♗f8 26.♖xd8 ♖xd8 27.♖xd8 ♘xd8 28.♘f6+ ♔g7

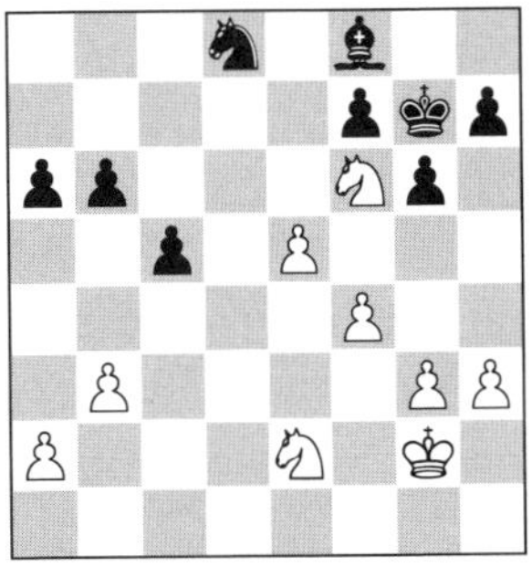

29.♘d5

Botwinnik spielt auf Bauerngewinn. Er konnte auch die Aktivität seiner Figuren verbessern mit 29.♔f3.

29...b5 30.♘c7

Bald wird Weiß bei besserer Stellung einen Mehrbauern besitzen, und erwartungsgemäß die Partie gewinnen.

30...g5 31.♔f3 gxf4 32.gxf4 c4 33.bxc4 bxc4 34.♘xa6 f6 35.♘c7 fxe5 36.fxe5 ♔g6 37.♔e4 ♔g5 38.a4 ♔h4 39.a5 ♘c6 40.a6 ♔xh3 41.♘b5 c3 42.♘bxc3 ♔g4 43.♘d4 ♘a7 44.♘d5 h5 45.♘f6+ 1-0

Lösung 70

Samuel Reschewski

Wassili Smyslow

Belgrad 1970 (3)

1.e4 e5 2.♘f3 ♘c6 3.♗b5 a6 4.♗a4 ♘f6 5.0-0 ♗e7 6.♖e1 b5 7.♗b3 d6 8.c3 0-0 9.h3 ♘a5 10.♗c2 c5 11.d4 ♘c6 12.♘bd2 ♕c7 13.dxc5 dxc5 14.♘f1 ♗e6 15.♘e3 ♖ad8 16.♕e2 c4 17.♘f5 ♖fe8 18.♗g5 ♘d7 19.♗xe7 ♘xe7 20.♘g5 ♘g6 21.g3 h6 22.♘xe6 fxe6 23.♘e3 ♘c5 24.♖ad1 ♖xd1 25.♖xd1 ♖d8 26.b4 cxb3 27.♖xd8+ ♕xd8 28.axb3 ♕d6

29.b4 ♘d7 30.♗b3 ♘f6 31.♘g4 ♘xg4 32.♕xg4 ♘f8

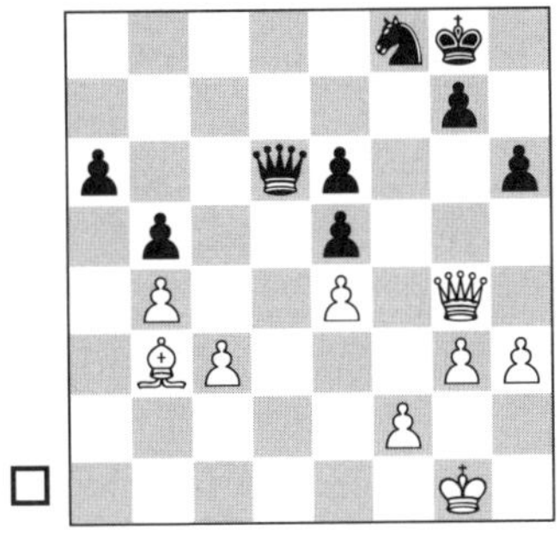

Der isolierte Doppelbauer e5 und e6 muss von den Figuren gedeckt werden. Ein typischer Plan in dieser Art von Stellung ist es, die Schwäche zu attackieren und dadurch die Bewegungsfähigkeit der gegnerischen Figuren einzuschränken. Dann kann ein genereller Plan des Vorankommens geschmiedet werden.

33.♕f5!

Reschewski nutzt die Fesselung des Bauern aus, um Dame und Springer des Schwarzen an e6 zu binden. Da auch die Bauern nicht ziehen können (33...g6 34.♕f6 hilft nicht), bleiben nur noch Züge mit dem König. Andere weißen Züge hätten einen Großteil des Vorteils weggeworfen.

Wollen wir zunächst die kritische Fortsetzung 33...♔h8 betrachten, und danach 33...♕c7, Smyslows Wahl in der Partie.

33...♔h8 34.♕f7! Der König kann nur zwischen h8 und h7 pendeln. Das bedeutet, dass Weiß es sich aussuchen kann, auf welchem Feld der schwarze König stehen soll, wenn er forcierte Aktionen beginnt. Das Thema Zugzwang spielt hier eine Rolle. So gut das klingt, einen Plan zu formulieren, der effektiv ist und kein Gegenspiel zulässt, ist gar nicht einfach. Aber zumindest ein sehr starkes Manöver hat Weiß zur Verfügung: **34...♔h7 35.h4 ♔h8** 35...♕d3!? hätte Weiß verhindern können, indem er den König aus dem grundreihenschach gezogen hätte. Indes führt es zu einem Damenendspiel nach 36.♕xf8 ♕b1+ 37.♔g2 ♕xb3 38.♕c5! mit klarem Vorteil nach 39.♕xe5. Wir werden noch erkennen, dass sich Weiß durchaus schwer tut, überhaupt so ein günstiges Endspiel zu erreichen! **36.♔h2! ♔h7 37.♔g2! ♔h8**

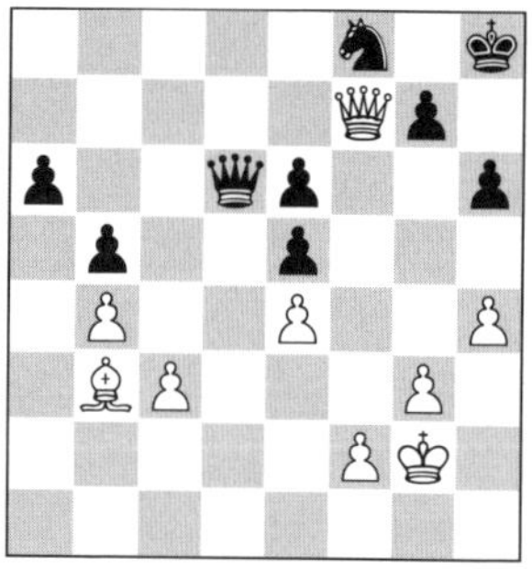

Analysediagramm

Weiß hat ein Tempo „verloren", um diese Königsaufstellung zu erhalten, die die Überführung seines Läufers auf den Königsflügel erlaubt. Sein König steht so sicher wie nur möglich, während der schwarze im Schach stünde, falls Weiß den Springer schlagen könnte. **38.♗d1! ♔h7** Zwar ist e6 gerade einmal weniger angegriffen, aber das befreit nicht wirklich den Springer, denn nach 38...♘d7 39.♕e8+ ♔h7 40.♗h5, drohend 41.♗g6#, muss er nach f8 zurückkehren; und nach 38...♕xd1 39.♕xf8+ ♔h7 40.♕c5, mit der Idee 40...♕h5 41.♕d6, wird die Dame mit einigem Vorteil den Bauern e5 gewinnen. **39.♗h5**

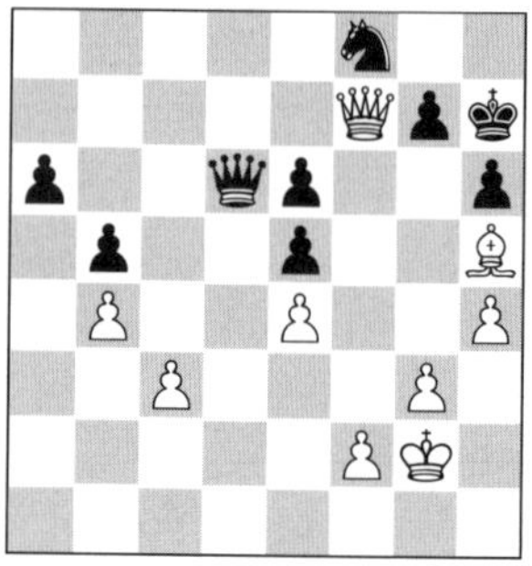

Analysediagramm

39...♕d8 Passive Verteidigung hilft nun nicht mehr: 39...♔h8 40.♕e8 ♔h7 41.♗f7 ♔h8 (41...g6 42.♗xg6+! ♘xg6 43.♕f7+) 42.h5 ♔h7 43.♔h2 ♔h8 (43...♕d2 44.♗g6+ ♘xg6 45.hxg6#) 44.♗xe6 ♕xe6 45.♕xf8+ ♔h7 46.♕f5+ und das Bauernendspiel ist für Weiß leicht gewonnen. **40.♕e8** 40.♕b7 ist auch gut. Eine Motivation, die Damen auf dem Brett zu halten, ist es, die unsichere schwarze Königsstellung auszunutzen. **40...♕xe8** 40...♕d6 führt zu einer Variante, die wir schon betrachtet haben. **41.♗xe8 ♔g8 42.♔f3!** Diese preventive Deckung des Bauern e4 sichert den Gewinn. **42...♘h7 43.♗d7!** Besser als 43.♗c6?, was 43...♘f6 44.♗b7 ♘e8 45.♗xa6 ♘c7 erlaubt mit einigem schwarzem Widerstand. **43...♔f7 44.♗c8** Die Bauern a6 und b5 fallen, Schwarz verliert.

Kehren wir zur Partie zurück nach 33.♕f5!:

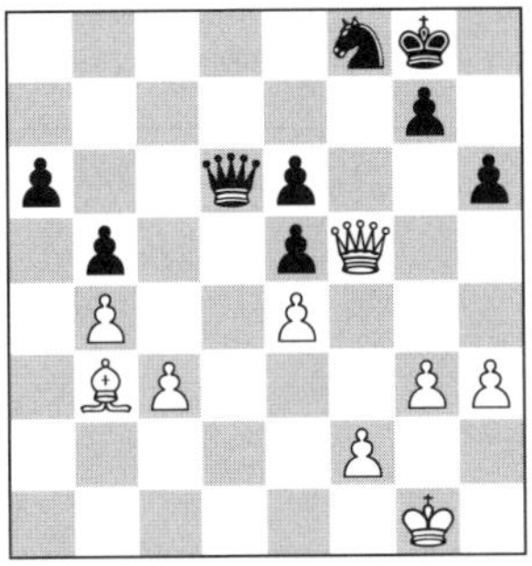

33...♕c7

Zuweilen ist es besser, lieber gleich einen Bauern zu geben, als ihn zu verteidigen, was gewisse Zugeständnisse erzwingt, und ihn später dann doch unter schlechteren Bedingungen zu verlieren. Leider wissen wir nicht, ob Smyslow eher „allgemein" die Passivität der Stellung nach 33...♔h8 34.♕f7 fürchtete, oder ob er eine konkrete Variante im Sinn hatte. So weit ich weiß, hat Reschewski sich auch nicht näher geäußert, im *Schach Informator* meinte er nur, 33.♕f5 wäre sehr stark und würde zu weißem Gewinn führen.

34.♗xe6+ ♘xe6 35.♕xe6+ ♔f8 36.♕xa6 ♕xc3 37.♕xb5 ♕e1+ 38.♔g2 ♕xe4+ 39.♔h2

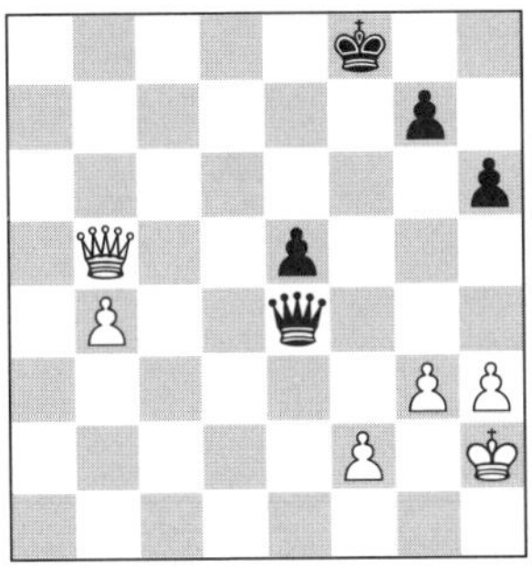

Weiß besitzt einen entfernten Freibauern, während sein König sicher vor Schachgeboten steht. Gute Technik ist zum Gewinn ausreichend.

39...♔e7 40.♕c5+ ♔e6 41.♕c8+ ♔f7 42.♕d7+ ♔g8 43.b5 ♕c2 44.♕d5+ ♔h7 45.♔g2 e4 46.♕d4 ♔g8 47.b6 ♕b3 48.♕c5 ♕b2 49.♕c6 ♔f7 50.h4 g6 51.♕c7+ ♔e6 52.♕h7 ♕f6 53.♕xh6 ♕f3+ 54.♔g1

Schwarz gab auf.

Lösung 71

Mark Taimanow

Roland Ekström

Stockholm 1983 (3)

1.d4 d5 2.c4 e6 3.♘f3 c5 4.cxd5 exd5 5.g3 ♘c6 6.♗g2 ♘f6 7.0-0 ♗e7 8.♘c3 0-0 9.♗e3 cxd4 10.♘xd4 ♖e8 11.♖c1 h6 12.♘xc6 bxc6 13.♘a4 ♗d7 14.♘c5 ♗xc5 15.♗xc5 ♕a5 16.♗d4 ♘e4 17.a3 ♖ac8 18.f3 ♘g5 19.♕d3 ♗h3 20.b4 ♕d8 21.♗xa7 ♕e7 22.♗f2 ♕xe2 23.♕xe2 ♖xe2 24.a4 ♖b8 25.♖b1 ♖a2 26.a5 ♗xg2 27.♔xg2 ♘e6 28.♖a1 ♖xa1 29.♖xa1 d4 30.a6 ♖a8 31.a7 ♔f8 32.f4 f5 33.♔f3 ♔e7 34.♔e2 ♔d6 35.♔d3 c5 36.♔c4 cxb4 37.♖a6+ ♔d7 38.♔xb4 g5 39.fxg5 hxg5 40.♖a5 ♘d8 41.♖xf5 ♖xa7 42.♔b3 ♖b7+ 43.♔c2 ♘e6 44.♖f7+ ♔c6 45.♖xb7 ♔xb7 46.♔d3 ♔c6 47.♗xd4 ♔d5

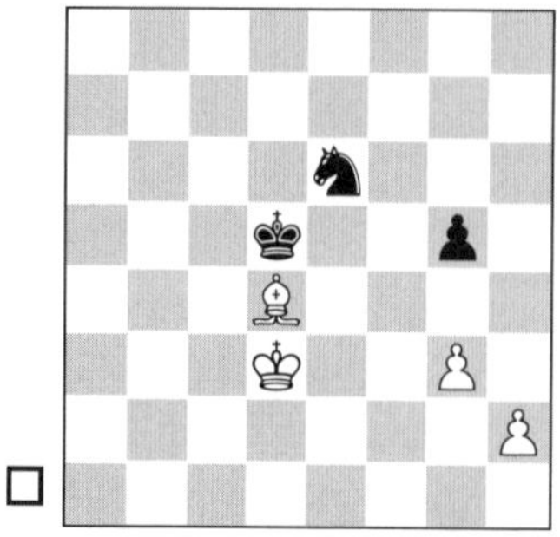

Weiß hat einen Mehrbauern, aber das Material ist stark reduziert und es würde dem Schwarzen zum Remis genügen, seinen König ins Eck am Königsflügel zu bekommen. Deshalb muss der angegriffene Läufer ziehen und die Kontrolle über e5 bewahren. Davon abgesehen besteht der allgemeine Gewinnplan, typisch für den Kampf zwischen Läufer und Springer, darin, den schwarzen Figuren Aufgaben aufzuzwingen (wie einen Bauern decken oder Einbruchsfelder überdecken) und dann mit Zugzwang zu arbeiten.

48.♗f6!

Der Angriff auf den Bauern schränkt den Springer stark ein, zudem wird eine Barriere zwischen dem schwarzen König uns seinem Bauern geschaffen.

48.♗b2? ♘d8 49.♔e3 ist nicht gut:

A) 49...♘f7? 50.♔f3 ♔e6 51.♔g4 – jetzt ist der Springer an die Verteidigung des Bauern gebunden, der schwarze König kann nicht die Kontrolle über f5 halten, denn es existiert Zugzwang: nach 51...♔e7 52.♔f5 ♔f8 53.♗f6 geht der Bauer verloren;

B) 49...♔e6! und die Drohung 50...♔f5 hält den weißen König von g4 ab, wonach der Bauer g5 sicher ist und Weiß keine Fortschritte mehr erzielen kann.

48...♘c5+

Nach 48...g4? 49.♔e3 ist Schwarz in Zugzwang und wird dem weißen König den Weg nach e4 oder f4 freigeben müssen.

49.♔e3 ♘e4!

Der Springer ist zentralisiert und sucht nach Gegenspiel. 49...♘e6? verliert den Bauern g5 nach 50.♔f3.

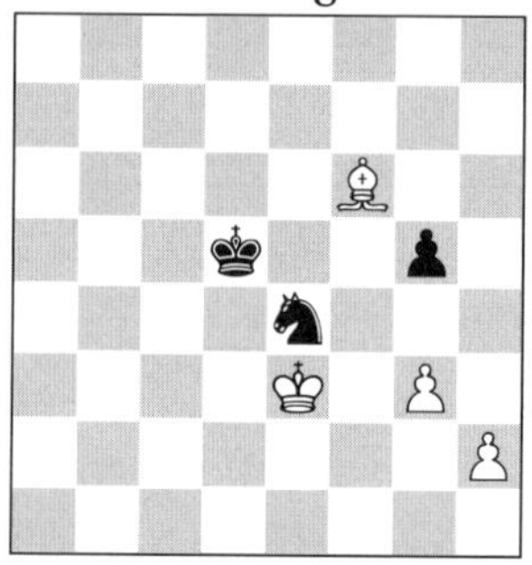

Eine logische Idee ist es, den Läufer entlang der langen Diagonalen zurückzuziehen, um weiterhin e5 zu kontrollieren, zum Beispiel 50.♗b2 ♘d6 (der König kann gerade nicht ziehen) 51.♔f3 ♔e6 52.♔g4 ♘f7? 53.♗g7 und gewinnt durch Zugzwang, aber statt 52...♘f7? gibt 52...♘c4! Spiel gegen die weißen Bauern.

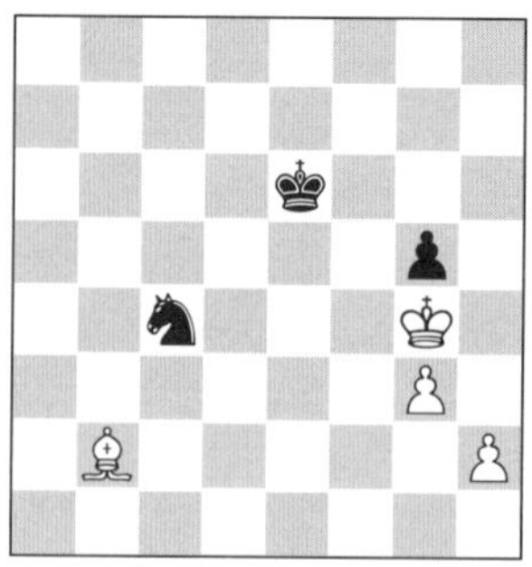

Analysediagramm

A) 53.♗c3? erlaubt 53...♘e3+ 54.♔xg5 ♘f1 mit Bauerngewinn;

B) 53.♗c1? ♘e5+ 54.♔h5 (54.♔xg5 ♘f3+) 54...g4! 55.♗f4 ♘f3 55.♔xg4 ♘xh2+ halt auch remis.

Diese zwei Varianten zeigen uns, dass der Springer vorteilhaft nach e3 oder e5 kommt, deshalb ist richtig:

C) 53.♗d4! ♘d2! (der Springer möchte nach f1 oder f3, was wie gesehen gut für ihn ist, oder er kehrt nach e4 zurück) 54.♗c3 ♘e4 (nach 54...♘f1 55.h3 ♔f7 56.♔f3! ♔g6 57.♔f2 wird der Springer gefangen) 55.♗b2 (Schwarz befindet sich im Zugzwang) 55...♔f7 56.♔f5 ♘d2 57.h3! und der schwarze Bauer fällt.

50.♗d8!? ♔e5 51.♗c7+!

Die Rechtfertigung des vorigen Zuges. Taimanow benutzt eine taktische Finesse, um den schwarzen König zum Rückzug zu zwingen. Nach 51.g4? besetzt der Bauer das Feld, das der weiße König braucht, und die Gewinnchancen lösen sich in Wohlgefallen auf.

52...♔d5

Aber nicht 51...♔f5? 52.g4+!, was den Springer verliert.

52.♗d8 ♔e5 53.♗c7+ ♔d5

Eine Zugwiederholung, um Bedenkzeit zu gewinnen.

54.♔f3 ♘d2+!

Nach 54...♘f6 55.♗d8 ♔e5 56.♗xf6+ ♔xf6 57.♔g4 ♔g6 58.h3 muss der schwarze König Raum geben und der Bauer g5 geht bald verloren.

55.♔g4 ♔e4 56.h3 ♘f3

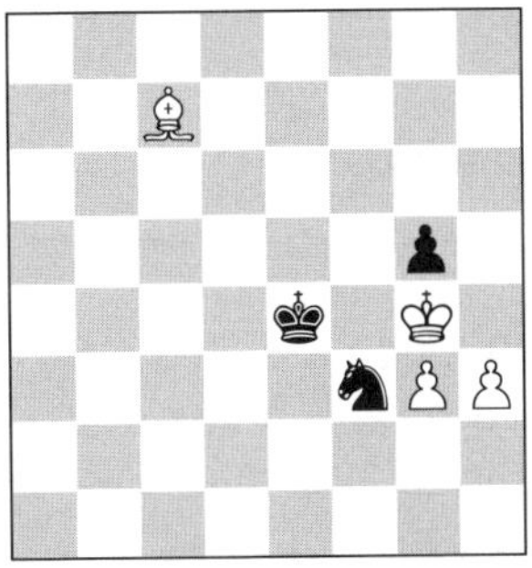

Schwarz hat das Maximum aus seiner Stellung herausgeholt, und Gegenspiel erreicht, während sein Bauer im Moment geschützt ist. Weiß hat mehrere Gewinnfortsetzungen, jedoch nicht 57.♗d8? wegen 57...♘e5+! 58.♔h5 (58.♔xg5 ♘f7+) 58...♔f3 und das Remis ist unvermeidbar:

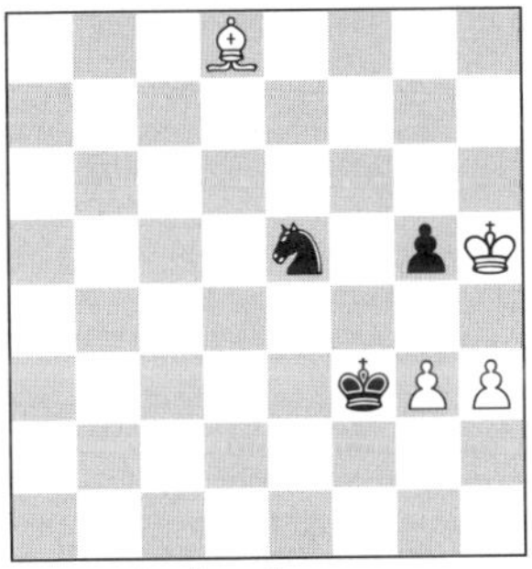

Analysediagramm

A) 59.♗c7 ♔xg3 60.♗xe5+ ♔xh3;

B) 59.♗xg5 ♔xg3 60.h4 ♘f3;

C) 59.g4 ♔g2 (und nicht 59...♔g3? 60.♗e5) 60.♗c7 ♘f3.

57.♗b6!

Am einfachsten, den schwarzen Figuren werden die Felder e3 und g1 verwehrt.

57...♘e5+ 58.♔xg5 ♔f3 59.♗c7

Schwarz gab auf. Nach 59...♔xg3 wird der Bauer erst durch 60.h4 gesichert und danach der gefesselte Springer genommen.

Lösung 72

Salo Flohr

Reginald Michell

Hastings 1933/34 (6)

1.d4 ♘f6 2.c4 e6 3.♘c3 ♗b4 4.♕c2 d5 5.cxd5 ♕xd5 6.e3 0-0 7.♘ge2 c5 8.♗d2 ♕c6 9.a3 ♗xc3 10.♗xc3 ♘bd7 11.dxc5 ♕xc5 12.♖c1 ♖e8 13.♘g3 ♘d5 14.♗d2 ♕xc2 15.♖xc2 ♘7f6 16.e4 ♘b6 17.♗g5 ♘fd7

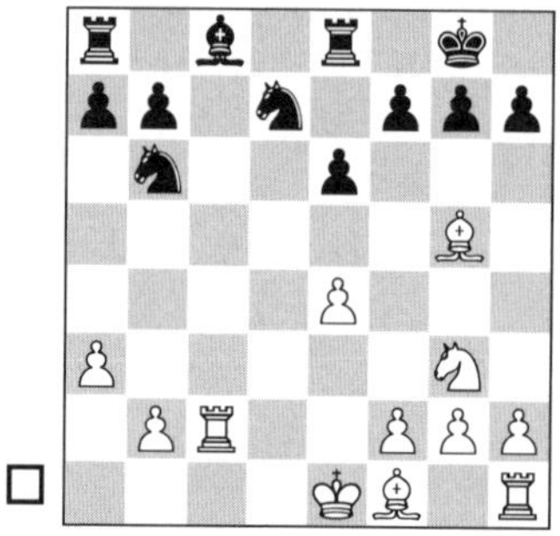

Dank seines Läuferpaares kann Weiß auf langanhaltenden Vorteil hoffen. Etwa, indem er ruhig weiterentwickelt mit 18.♗e2 ♘f8 (um 19.♖c7 mit 19...e5 gefolgt von 20...♘e6 zu beantworten) 19.0-0 ♗d7, aber es gibt was Besseres...

18.♗b5!

Der Läufer steht sicher gut hier. Er fesselt den Springer d7 und paralysiert die schwarze Entwicklung, allein, er wird sogleich wieder verjagt. Die Frage wird sein, wie die Konsequenzen des Zuges ...a7-a6 zu bewerten sind.

18...a6

18...h6 19.♗e3 verschafft dem Turm e8 etwas Luft, aber er hat keine guten Felder:

A) 19...♖d8 20.♖d2! – die Fesselung des Springers ist erneuert, 20...a6? scheitert an 21.♗xb6;

B) 19...♖e7 20.♖c7! a6 21.♗e2 – diesmal gelang es Schwarz, den Läufer b5 zu vertreiben, aber beide Springer sind unbeweglich, da 21...♘a4 nach 22.b3 verliert (22...♘b6? 23.♗xb6);

C) 19...♖f8 20.0-0 – endlich kann der Springer d7 ziehen, aber Zeit ging verloren, und er steht klar schlechter.

19.♗e2 ♘f8

Nach 19...♘e5 würde 20.♗e3! folgen mit derselben Idee wie in der Partie.

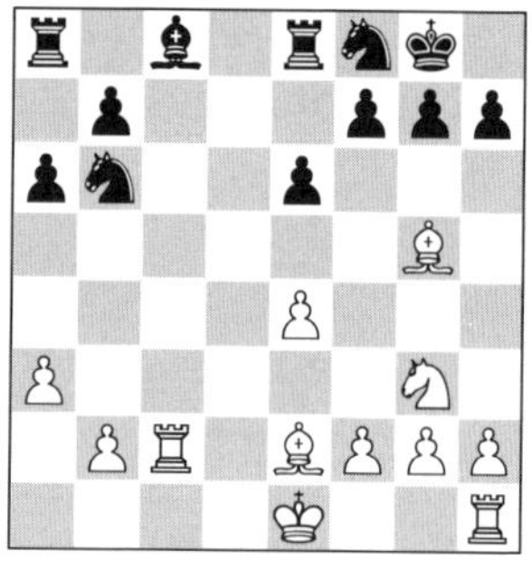

20.♗e3!

Die Pointe des Manövers mit 18.♗b5. Der Springer auf b6 ist jetzt ungedeckt und muss nach d7 zurückweichen, was die schwarze Entwicklung weiter verzögert.

20...♘bd7 21.0-0 ♘b8

21...e5, um Raum zu gewinnen, ist das kleinere Übel. Eine Idee unter anderen ist dann 22.♘f5 ♘f6 (22...♘e6? 23.♘d6 ♖d8 24.♖fc1 verliert den Läufer) 23.♘d6 ♖d8 24.♖fc1 ♖xd6 25.♖xc8 ♖d8 26.♖xa8 ♖xa8 27.f3. Weiß hat seine Initiative eingetauscht gegen einen weiteren Läufer und steht klar besser.

22.e5 ♘c6 23.f4 ♘g6 24.♘e4

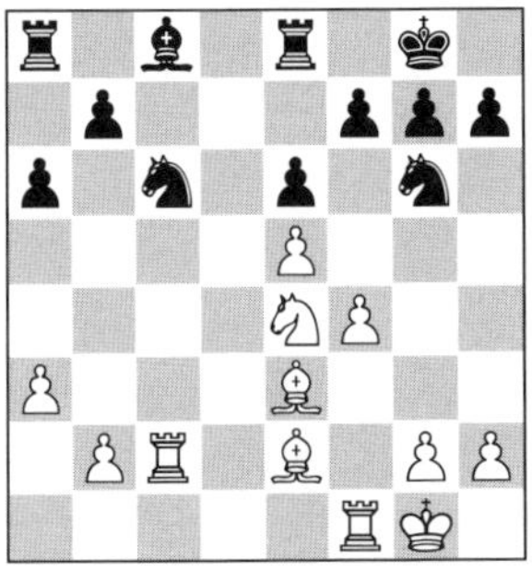

Mit seinem Raumvorteil, dem Läuferpaar und den deutlich aktiveren Figuren steht Weiß schon fast auf Gewinn.

24...♘ge7 25.♘d6 ♘f5 26.♘xe8 ♘xe3 27.♖c3 ♘xf1 28.♔xf1 ♗d7 29.♘d6 ♖b8 30.♗f3 ♔f8 31.♘xb7 ♖xb7 32.♗xc6 ♗xc6 33.♖xc6 ♖xb2 34.♖xa6 g6 35.a4 ♖b4 36.g3 ♖b2 37.♔g1 h5 38.a5 ♖a2 39.♖a7 ♖a1+ 40.♔g2 ♖a2+ 41.♔h3 ♔g7 42.a6 ♔g8 43.g4 hxg4+ 44.♔xg4 ♖xh2 45.♖b7 ♖a2 46.a7 ♔g7 47.♔f3 ♖a3+ 48.♔e2 g5 49.f5 ♔h6 50.♖xf7 exf5 51.e6 ♔g6 52.♖b7 ♔f6 53.e7 ♔f7 54.e8♕+ 1-0

Lösung 73

Dawid Janowski

Carl Schlechter

Wien 1898

1.e4 e5 2.♘f3 ♘f6 3.♘c3 ♘c6 4.♗e2 ♗b4 5.0-0 ♗xc3 6.dxc3 ♘xe4 7.♘xe5 ♘xe5 8.♕d5 0-0 9.♕xe4 ♖e8 10.♖e1 d6 11.♕f4 ♗g4 12.f3 ♗h5 13.♗d2 ♗g6 14.♖ac1 ♕d7 15.b3 ♖e7 16.c4 ♖ae8 17.♗c3 ♘c6 18.♗d3 ♖xe1+ 19.♖xe1 ♖xe1+ 20.♗xe1 ♕e6 21.♗c3 h6 22.h4 ♗xd3 23.cxd3 f6 24.h5 ♘e7 25.♔f2 ♔f7 26.g4 b6 27.d4 c6 28.♗b4 c5 29.d5 ♕d7 30.♗c3 ♘c8 31.a4 a5 32.♕e4 ♔g8 33.♔g3 ♘e7 34.♕e3 ♔f7 35.♗b2 ♔g8 36.f4 ♔f7 37.f5 ♔e8 38.♔f3 ♔f7

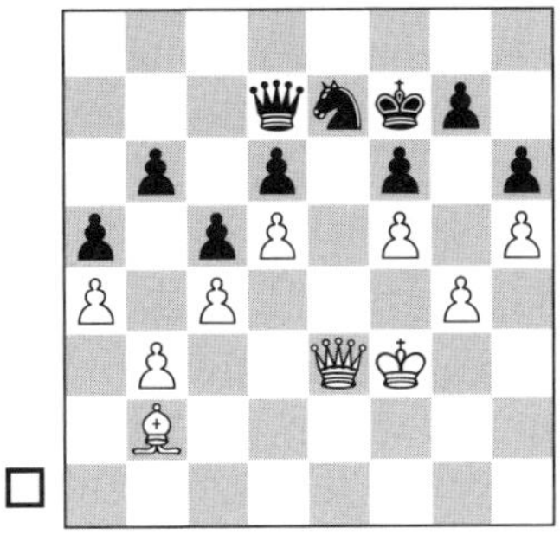

Weiß verfügt über einen riesigen Raumvorteil und einen ausgezeichneten Läufer auf der Farbe, auf dem alle schwarzen Bauern stehen. Schwarz dagegen hat einen Springer, dem gerade mal vier Felder zur Verfügung stehen und der absolut keine Perspektiven hat. Nichtsdestotrotz ist die Stellung sehr geschlossen, und Weiß wird Material opfern müssen, wenn er durchbrechen will. Die Hauptidee ist der Durchbruch g4-g5, der einige Vorbereitung benötigt.

39.♕e6+!

Notwendig, um überhaupt Fortschritte zu erreichen.

39...♕xe6

39...♔e8 40.♔e4 ♔d8 vermeidet den Freibauern auf e6, doch dann steht die weiße Dame sehr dominant auf e6. Nach 41.g5! hxg5 sehen wir den thematischen Durchbruch und die zwei eindeutigen Pläne, die ihn erlauben:

A) 42.h6! gxh6 43.♗xf6 ♔e8 44.♗g7, um f5 vorzubereiten und den Bauern h6 anzugreifen, was die Partie beendet, etwa: 44...♕xe6+ 45.dxe6 h5 46.f6 ♘g6 47.♔f5 ♘f8 48.f7+ ♔e7 49.♗f6#;

B) 42.♗xf6! gxf6 43.♕xd7+! (43. h6? ♕e8! gewinnt noch nicht) 43...♔xd7 44.h6 und der Bauer promoviert.

40.dxe6+!

Das Ziel ist, mindestens einen Freibauern am Königsflügel zu schaffen. Das andere Schlagen wäre weniger angemessen. Zudem gibt es für den weißen König nun ein Einbruchsfeld auf d5, was den schwarzen Figuren eine zusätzliche Verteidigungsaufgabe abverlangt.

40...♔e8 41.♔e4 ♔d8

41...♔f8 ist ein wichtiger Zug, der einen weißen Durchbruch am Königsflügel unterbindet. Aber nachdem der schwarze König sich von seinem d-Bauern entfernt hat, ist es dessen Schwäche und die von d5, die sich entscheidend auswirken wird: 42.♗c1 ♔e8 43.♗f4 ♘c8 44.♔d5 ♔e7 45.♔c6 und Weiß gewinnt.

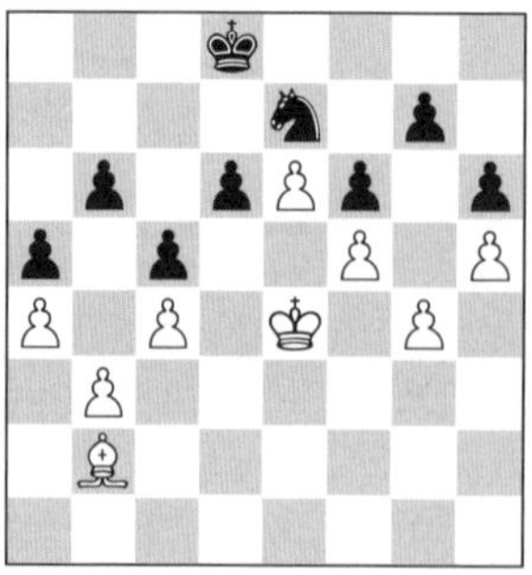

42.g5!

Nachdem der schwarze König sich mehr auf den Damenflügel orientiert hat, um d6 zu verteidigen, ist wieder dieser Durchbruch möglich.

42...♘g8!

Die hartnäckigste Verteidigung, die aber das Feld d5 ungeschützt lässt. Nach 42...hxg5 sind die beiden Themen von Bedeutung, die wir bereits vorgestellt haben: 43.h6 (oder 43.♗xf6 gxf6 44.h6) 43... gxh6 44.♗xf6 ♔e8 45.♗g7 nebst Vormarsch des f-Bauern.

43.gxf6 gxf6

Verlockend ist 43...♘xf6+, um die Leichtfiguren zu tauschen, aber das verliert trivial nach 44.♗xf6+ (sonst kann der König nicht eindringen) 44...gxf6 45.♔d5 ♔c7 46.e7 ♔d7 47.e8♕+ ♔xe8 48.♔xd6.

44.♗c1 ♔c7 45.♗d2 ♔c6 46.♗f4

Der Springer ist an die Verteidigung von h6 gebunden, d6 ist nun auch unter Druck.

46...♔c7

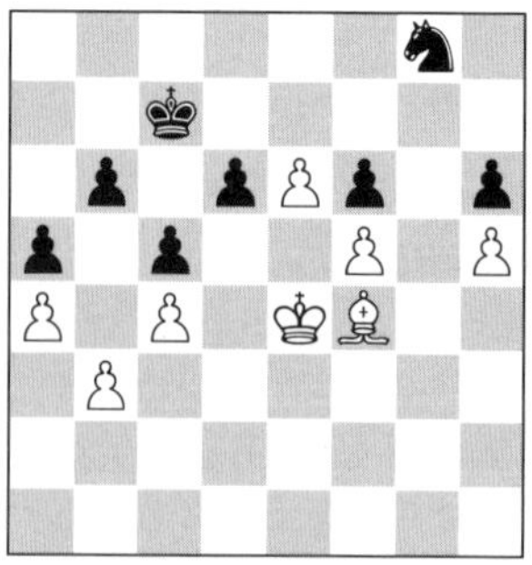

47.e7!

Ein weiterer entscheidender Durchbruch. 47.♔d5 ♘e7+ vergeudet nur Zeit.

47...♔d7

47...♘xe7 48.♗xh6 ♔d7 49.♗g7 ♘g8 50.h6 verliert ebenso.

48.e8♕+ ♔xe8 49.♔d5 ♘e7+

Oder ansonsten 49...♔d7 50.♗xd6 ♘e7+ 51.♗xe7 ♔xe7 52.♔c6.

50.♔e6

Schwarz gab auf.

Lösung 74

Jan Smejkal

Kick Langeweg

Wijk aan Zee 1975 (14)

1.c4 ♘f6 2.♘f3 e6 3.d4 d5 4.♗g5 ♗b4+ 5.♘c3 h6 6.♗xf6 ♕xf6 7.cxd5 exd5 8.♕a4+ ♘c6 9.e3 0-0 10.♗e2 a6 11.0-0 ♗e6 12.♖fc1 ♗d6 13.♕d1 ♘e7 14.♘a4 b6 15.a3 ♗c8 16.b4 ♗b7 17.♘c5 ♗c8 18.♘d3 ♘g6 19.♖c3 ♗f5 20.♖ac1 ♖fe8 21.g3 ♗g4 22.♘de1 ♕f5 23.♘h4 ♗xe2 24.♘xf5 ♗xd1 25.♘xd6 cxd6 26.♖xd1 ♖ec8 27.♖dc1 ♘e7 28.♖c7 ♔f8 29.♘d3 ♔e8 30.♘f4 ♔d8 31.♖xc8+ ♖xc8 32.♖xc8+ ♔xc8

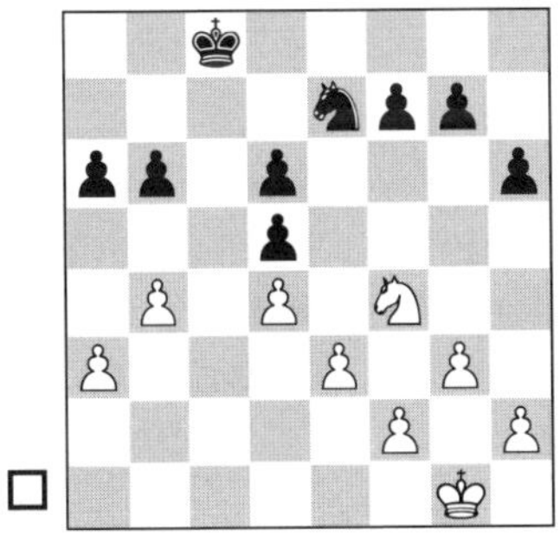

Weiß hat die bessere Bauernstruktur und Vorteil, aber es ist nicht leicht für ihn, in die gegnerische Stellung einzudringen. Das schwarze Hauptproblem ist der Bauer d5, der Schutz benötigt und die Beweglichkeit der eigenen Figuren einschränkt.

33.♘h5!

33.♔g2? g6 büßt einen Großteil des Vorteils ein.

33...g6!

Nach 33...g5? 34.♘f6 ♔c7 35.♔g2 ♔c6 36.a4! kann Schwarz mit seinem König nicht die weiße Stellung unterwandern, während er die Bauern am Königsflügel nicht lange halten kann.

34.♘f6

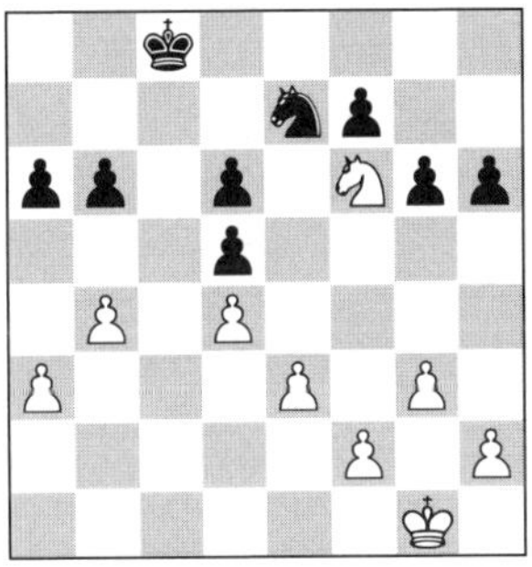

Weiß hat seine Idee vollendet: der schwarze Springer ist an den Bauern d5 gebunden und der weiße Springer verhindert, dass der schwarze König zum Königsflügel wandern kann, wo Weiß Drohungen aufstellen will. Die Schwächung der Struktur durch ...g7-g6 wird sich auswirken.

34...b5!

Ermöglicht das Manöver ...♔c8-c7-c6 gefolgt von ...♘e7-c8-b6-c4 mit ein wenig Konterspiel. Weiß will mit g3-g4 fortsetzen, um den Bauern h6 als Schwäche festzulegen, was wir noch über die ganze restliche Partie thematisieren werden. Zwar kann man 34...h5 in Betracht ziehen, aber das erlaubt f2-f3 gefolgt von h2-h4 and g3-g4, um einen Freibauern auf der h-Linie zu bilden.

35.♔f1

35.g4 war direkter.

35...♔c7 36.g4 ♔c6

Nach 36...g5 (um h2-h4 abzuhalten) 37.♔g2 ♔c6 38.♔g3 ♔c7 (38...♘g6 39.♘g8) 39.h4 gewinnt Weiß.

37.h4

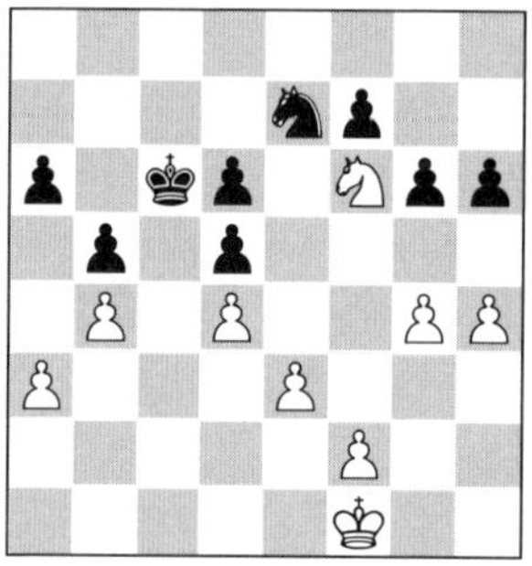

37...♔b6?!

Die Entscheidung, ob man weiterhin passiv verteidigen oder lieber etwas opfern soll, um Gegenspiel zu erhalten, ist eine äußerst schwierige. Nachdem er die notwendigen Vorbereitungszüge gemacht hat, konnte Langeweg 37...♘c8! 38.♘g8 ♔d7 39.♘xh6 ♔e6 spielen mit der Idee ...♘c8-b6-c4 mit einigen Rettungschancen.

38.♔e1 a5 39.♔d1 axb4 40.axb4 ♔c6 41.♔e2 ♔c7 42.♔f3 ♔c6 43.h5! gxh5!

Nach 43...♔c7 44.g5! oder 43...g5 44.♔g3 nebst 45.f4 bekommt Weiß einen Freibauern auf der h-Linie und gewinnt leicht.

44.gxh5 ♔c7 45.♔f4 ♔c6?!

Mehr Widerstand bot 45...♔d8, um näher am Königsflügel zu bleiben, und nun: 46.f3 (46.♘g4!? ♘g8 47.♘xh6! ♘xh6 48.♔g5 gewinnt auch, aber auf kompliziertere Weise) 46...♔c7 47.e4 (der Abtausch des Bauern d5, der dem Schwarzen viel Kopfzerbrechen bereitete, ist nun gerechtfertigt, weil es dem weißen König Zugangswege öffnet) 47... dxe4 (47...♔c6 48.e5 dxe5 49.♔xe5 hält auch nicht mehr, da Schwarz in Zugzwang gerät und d5 verliert) 48.fxe4 und jetzt...

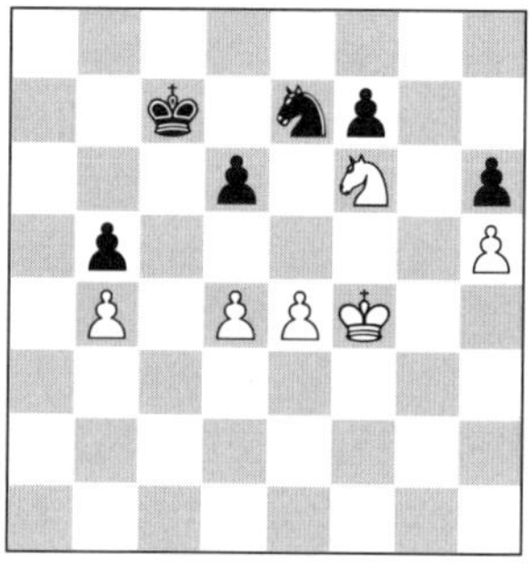

Analysediagramm

... Schwarz kann nach Gegenspiel Ausschau halten oder abwarten:

A) 48...♔d8 49.d5 ♔c7 50.e5 (der schwarze König kann sich nicht bewegen und der Springer muss das Feld g8 überwachen, somit kann der weiße König nicht am Vordringen gehindert werden) 50... dxe5+ 51.♔xe5 ♔d8 52.♔d6 – Weiß gewinnt den Bauern b5 und damit die Partie;

B) 48...♘c6 49.♘g4 ♘xb4 50.♘xh6 (beide Seiten haben einen Freibauern, aber der weiße Raumvorteil sorgt dafür, dass der seinige der „schnellere" sein wird) 50...♘c6 51.♘f5! b4 52.♔e3 ♘d8 53.h6 f6 54.h7 ♘f7 55.♔d3 – der weiße Springer attackiert d6, so dass der schwarze König nicht so leicht den h-Freibauern erreichen kann; der schwarze b-Bauer wird fallen und Weiß gewinnen.

46.♘g4! ♘g8

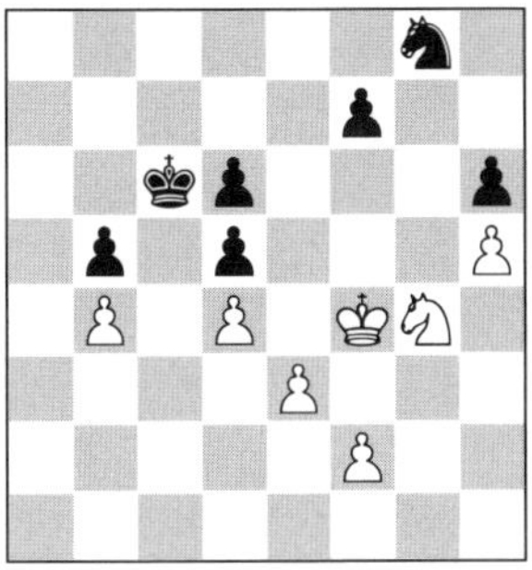

47.♘xh6!

Schwarz gab auf.

Es könnte folgen: 47...♘xh6 48.♔g5 ♘g8 49.h6 ♘xh6 50.♔xh6 ♔d7 51.♔g7 ♔e7 52.f3! ♔e6 53.f4 f6 (falls 53...♔e7, so 54.f5) 54.♔g6 ♔c7 55.f5 und der Bauer f6 geht verloren.

Lösung 75

Semjon Alapin

Curt von Bardeleben

Wien 1908 (5)

1.e4 e5 2.♘f3 ♘c6 3.♗b5 a6 4.♗a4 ♘f6 5.♕e2 ♗e7 6.c3 d6 7.h3 0-0 8.0-0 ♗d7 9.♗c2 ♖e8 10.d4 h6 11.d5 ♘b8 12.c4 ♗c8 13.♘c3 ♘bd7 14.♗e3 ♘f8 15.♔h2 g5 16.♘g1 ♘g6 17.g3 ♔h7 18.f4 gxf4 19.gxf4 ♖g8 20.f5 ♘h4 21.♖f2 ♗f8 22.♖d1 ♗d7 23.b4 ♕e7 24.a3 ♗g7 25.♘f3 ♘xf3+ 26.♕xf3 ♗e8 27.c5 a5 28.cxd6 cxd6 29.b5 ♕c7 30.♗d2 ♕c5 31.a4 ♗d7 32.♖g2 ♗h8 33.♖dg1 ♖ac8 34.♖xg8 ♖xg8 35.♖xg8 ♘xg8 36.♕e3 ♕c4 37.♕d3 ♕c7 38.♘d1 ♗f6 39.♕c3 ♗d8 40.♕xc7 ♗xc7

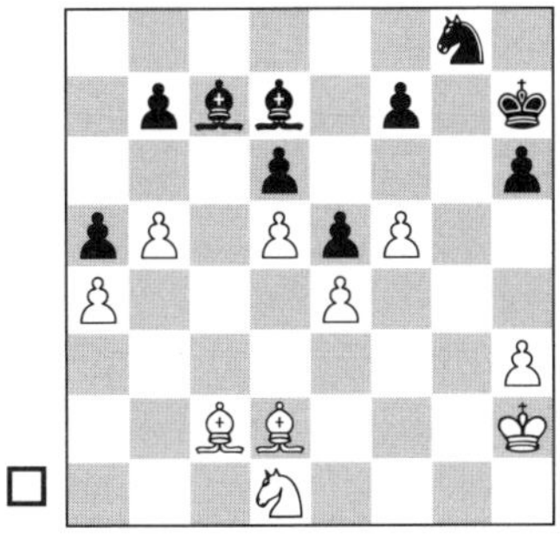

Schwarz steht sehr beengt und muss einige Schwächen verteidigen: die Bauern a5, d6 und h6. Nichtsdestotrotz ist die Stellung sehr geschlossen, und Schwarz kann darauf hoffen, eine Festung zu errichten. Der weiße Standardplan in solchen Stellungen besteht darin, die schwarzen Figuren passiv an die Verteidigung der zahlreichen Schwächen zu binden, und dann erst einen aktiven Plan zu entwickeln.

41.♘b2 ♘e7 42.♘c4 b6

Jetzt sind die Bauern b6 und d6 am Damenflügel exponiert.

43.♗e3!

Bei weit vorgeeilten Bauern ergeben sich oft Möglichkeiten, diese durch ein Figurenopfer näher zur Umwandlung zu bringen. So verdient hier die Fortsetzung 43.♗xa5 bxa5 44.b6 Beachtung – auch wenn sie im Moment ungenügend ist – mit den folgenden Möglichkeiten:

A) 44...♗xb6 45.♘xb6 ♗e8 46.♘c4 ♘c8 47.♘xa5 ♘b6 48.♘c6! und Weiß, der seinen entfernten Freibauern auf a4 behält, gewinnt ohne Probleme;

B) 44...♗b8 45.♘xa5 ♔g7 46.♘c4 ♔f8 47.a5 ♗c8 – im Moment sind die Freibauern blockiert, aber der Läufer b8 ist völlig eingemauert, so dass Weiß vermutlich auf Gewinn steht;

C) 44...♗d8! (bindet den Springer an die Verteidigung von b6) 45.b7 ♗c7 46.♘xa5 ♔g7 – zwar gelang dem Weißen, den Bauern a5 zu gewinnen, doch der Läufer c7 hat gewisse Freiheiten und Schwarz hält sich.

43...♘c8

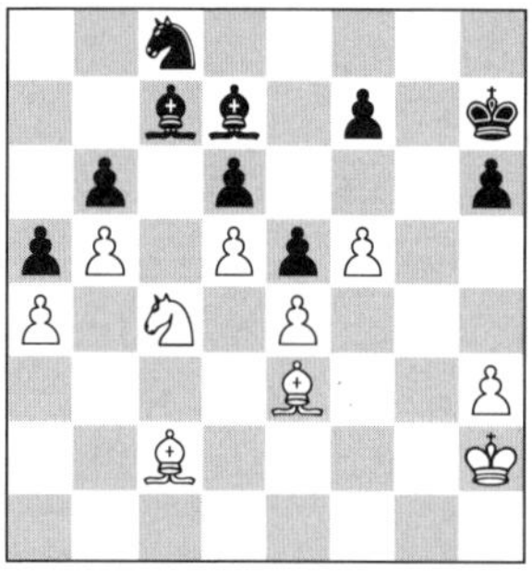

Alapin hat das Maximum aus seinem Angriff auf die Damenflügelbauern herausgeholt. Der Springer steht auf c8 völlig tot, die restlichen Figuren können zwar ziehen, sind aber unfähig, Aktivität zu entwickeln. Besonders stark ist der Läufer auf e3, der gleichzeitig die Zielscheiben b6 und h6 attackiert. Die logische Fortsetzung für Weiß wäre es nun, den Bauern h6 mit seinem vordringenden König anzugreifen, zum Beispiel 44.♔g3 ♔g7 45.♔h4 ♔h7 46.♔h5 und nun:

A) 46...f6 verteidigt indirekt den Bauern, da 47.♗xh6? den Läufer nach 47...♗e8+ verlieren würde. Doch der Zug des f-Bauern schwächt, Weiß gewinnt, wie wir es in der Partie noch sehen werden;

B) 46...♗e8 verteidigt den Bauern h6 ebenfalls indirekt, aber nach 47.♗d1 ♗d8 48.f6! (oder auch 48.♗g4 mit der Idee 49.f6 und Schwarz muss seinen f-Bauern erzwungenermaßen ziehen) 48...♗d7 49.♗g4 ♗xg4 50.hxg4 ♗xf6 51.♘xb6 und Weiß gewinnt leicht.

Alapin hat ein taktisches Motiv entdeckt, mit dem er seinen weißfeldrigen Läufer einsetzen kann, bevor er seinen König ins Spiel bringt.

44.♗d1 ♔g7 45.♗g4!

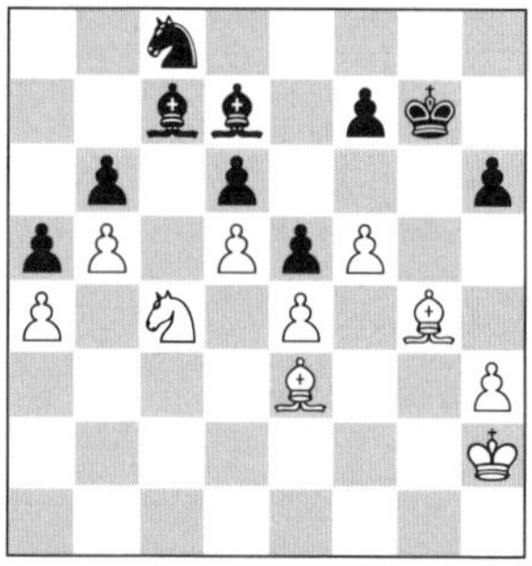

Die Drohung ist 46.f6+ um den Läufer oder den Springer zu gewinnen (nach 45...♗e8). Blockiert er den Bauern f5 mit dem König, so verliert er h6, und 45...f6 schwächt g6, was dem Weißen einen klaren Gewinnplan gibt: 46.♗h5 ♗d8 47.♔g3 ♗c7 48.♔h4 ♗d8 49.♗g6

♗c7 50.♔h5. Jetzt schützt der Läufer auf g6 den weißen König vor Schachgeboten, so dass der Bauer h6 rettungslos verloren geht.

45...♔h7

Nur so kann der sofortige Verlust abgewendet werden, aber es wird immer schwieriger, und der Läufer d7 kann, genauso wie der König, nicht mehr ziehen wegen der Gefahr f5-f6. Als einziger Figur ist noch der Läufer c7 beweglich, und der kann nur noch zwischen c7 und d8 pendeln. Der weiße König möchte nun gern nach h4, und dies konnte einfach durch 46.♔g2! ♗d8 47.♔g3 ♗c7 48.♔h4 erreicht werden. Das Manöver in der Partie dauert etwas länger, vergibt aber keineswegs den Gewinn.

46.♔g3 ♗d8 47.♔f3 ♗c7 48.♔f2 ♗d8 49.♔g3 ♗c7 50.♔h4 ♗d8+ 51.♔h5 f6

Von Bardeleben hat diesen schwächenden Zug so lange wie möglich hinausgezögert, aber nun ist dies die einzige Möglichkeit, h6 zu verteidigen (52.♗xh6? ♗e8+).

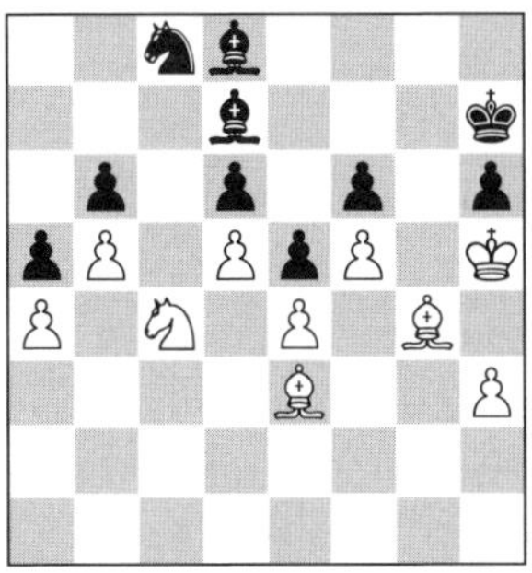

52.♔h4

Wie wir schon gesehen haben besteht der Plan darin, den weißfeldrigen Läufer nach g6 zu bringen und daraufhin den König nach h5.

52...♗e8

Der Bauer h6 kann nicht auf Dauer gehalten werden, so möchte Schwarz wenigstens noch Figuren tauschen, um seine beengte Stellung zu entlasten.

53.♗h5 ♗xh5 54.♔xh5 ♔g7 55.♗xh6+ ♔f7 56.♗e3!

Zurück nach e3, um den Bauern b6 anzugreifen.

56...♔g7 57.h4 ♗c7 58.♔g4 ♔h7 59.h5 ♗d8 60.h6 ♗c7 61.♔h5 ♗d8

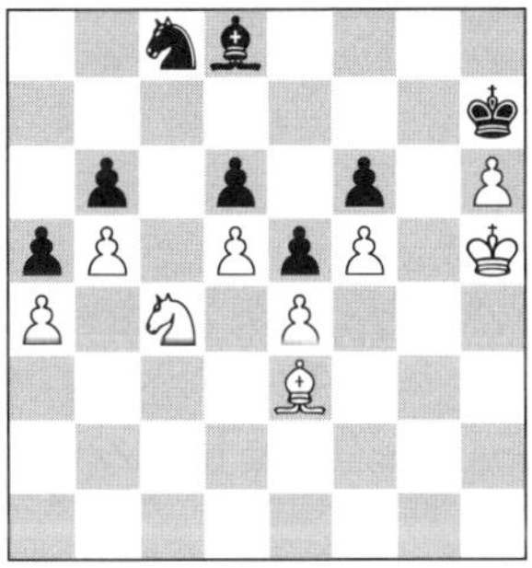

Weiß besitzt einen Mehrbauern und der schwarze König ist unbeweglich, aber immer noch muss ein Durchbruch gefunden werden. Die nächste Planstufe besteht darin, den Bauern f6 mit Läufer und Springer anzugreifen.

62.♗f2 ♗c7 63.♗h4 ♗d8 64.♘e3 ♔g8

Zwar muss der schwarze Springer nicht mehr b6 decken, aber 64...♘e7 würde 65.♗xf6! erlauben.

65.♘g4!

65.♔g6 ist ebenfalls ausreichend, aber komplizierter: 65...♘e7+ 66.♔xf6 ♘xd5+ 67.♔e6 (67.♔g6?

♘f4#) 67...♘f4+ 68.♔xd6 ♗xh4 69.♘c4 und Weiß gewinnt.

65...♔f7

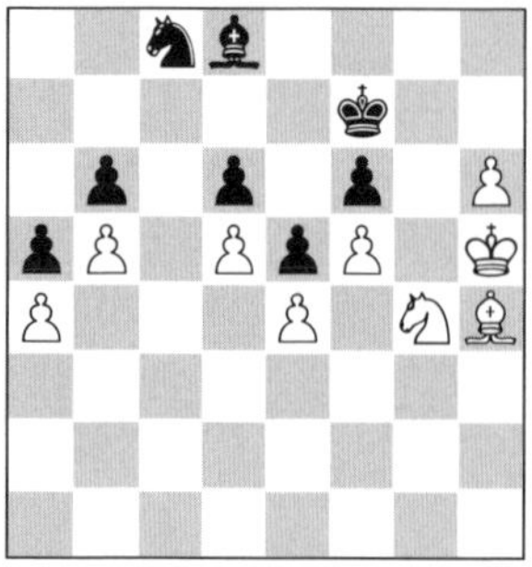

66.h7!

Opfert den Freibauern, um an den Bauern f6 ranzukommen und in die gegnerische Stellung einzubrechen.

66...♔g7 67.♗xf6+! ♗xf6 68.♘xf6 ♔h8

68...♘e7 69.♘e8+ ♔xh7 70.♘xd6 ist hoffnungslos.

69.♔h6 ♘e7 70.♘e8 ♘g6!?

Ein letzter Witz: wird der Springer genommen, so ist Schwarz patt.

71.♘xd6

72.♘f7# kann nicht verhindert werden, deshalb gab Schwarz auf.

Lösung 76

Lajos Portisch

Wolfgang Uhlmann

Stockholm Interzonenturnier 1962 (19)

1.c4 f5 2.d4 ♘f6 3.g3 g6 4.♗g2 ♗g7 5.♘f3 0-0 6.b3 d6 7.♗b2 a5 8.0-0 c6 9.♕c2 ♘a6 10.a3 ♕c7 11.♘bd2 ♗d7 12.c5 ♔h8 13.♖ac1 ♖ae8 14.♘c4 ♗e6 15.♖fd1 ♘e4 16.♘fd2 ♘xd2 17.♕xd2 dxc5 18.dxc5 ♗xb2 19.♕xb2+ ♔g8 20.♘e5 ♖d8 21.♕c3 ♖xd1+ 22.♖xd1 ♖d8 23.♖d3 ♗d5 24.♗xd5+ ♖xd5 25.♖xd5 cxd5

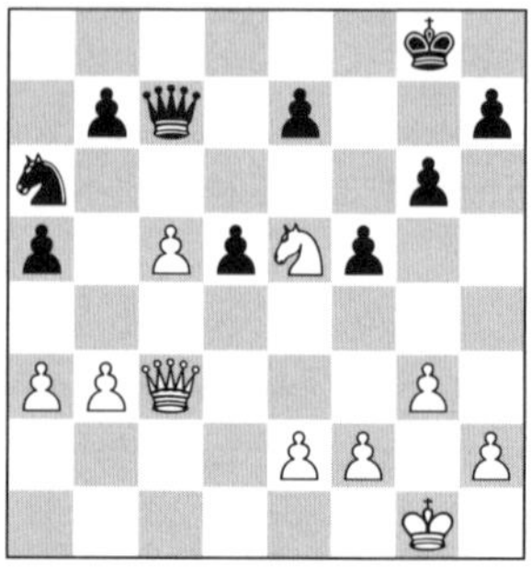

Die schwarze Bauernmasse im Zentrum ist blockiert, und Weiß hat gewisse Angriffschancen auf den schwarzen König, insbesondere durch den Vormarsch seines h-Bauern. Zudem ist seine Majorität am Damenflügel beweglich.Die kombinierte Ausnutzung dieser beiden Vorteile bietet ihm ausgezeichnete Gewinnchancen, doch zunächst muss der Bauer c5 verteidigt werden, was zu taktischen Komplikationen führt. Nach 26.b4? axb4 27.axb4 gibt es nur einen Weg für Schwarz, die Einschnürung zu verhindern: 27...♘xb4!, und nach 28.♕xb4 ♕xe5 29.♕xb7 gibt es zwei Möglichkeiten:

A) 29...♔f7 30.♕b5 gibt dem Weißen einen gefährlichen Freibauern, aber es ist nicht einfach, seinen Vorstoß zu unterstützen, ohne dabei Dauerschach zuzulassen. Sein Vorteil ist nicht allzu groß;

B) 29...♕xe2! 30.♕xd5+ und nach 30...♔g7? 31.c6 wäre Schwarz in großer Gefahr, da der Freibauer vorrückt, während die weiße Dame ihren König vor Schachgeboten schützt. Indessen ist 30...e6! 31.♕a8+ ♔f7 ausgezeichnet, denn sobald Weiß c5-c6 spielt, ist die lange Diagonale geschlossen und Dauerschach hängt in der Luft. Schwarz hat beste Rettungsaussichten.

26.♘d3! e5!

Eine logische praktische Entscheidung, um zu versuchen, das Ruder herumzureißen. Weiß steht wahrscheinlich auf Gewinn nach diesem Zug, aber er muss exakt spielen. Passive Verteidigung war mit Sicherheit nicht besser: 26...♕d8 (um die Bauern a5 und d5 zu decken) 27.b4 axb4 28.axb4 ♘c7 29.♕e5 ♕d7 (die weiße Majorität ist blockiert) 30.h4!, mit den Ideen ♘d3-f4 und h4-h5, gefolgt vom Tausch auf g6 oder dem weiteren Vorstoß nach h6, je nachdem. Es ist ziemlich unwahrscheinlich, dass Schwarz sich hier retten könnte.

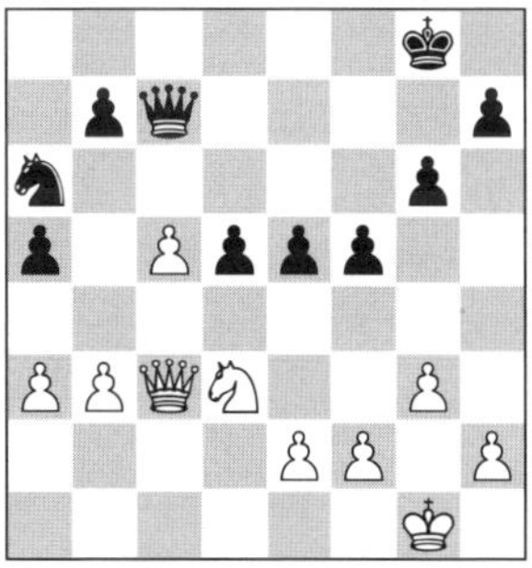

27.b4!

Da er richtig beurteilt, dass das schwarze Zentrum fragil sein wird, zerstört Portisch es nicht sogleich.

A) 27.♕xe5? ♕xe5 28.♘xe5 ♘xc5 führt zum Ausgleich. Weiß hat seine Majorität aufgegeben und zugleich, mit dem Damentausch, seinen potentiellen Angriff auf den schwarzen König. Der neu entstandene Isolani auf d5 ist nicht so schlimm, dass Schwarz das Endspiel fürchten müsste;

B) 27.♘xe5 ♕xc5! (indem er den Damentausch anbietet, gewinnt Schwarz Zeit zur Umgruppierung; 27...♘xc5 28.♘d3 läßt die weißen Figuren nach 28...b6 29.♘f4 oder 28...♘e6 29.♕f6 sehr aktiv werden) 28.♕d2! ♘c7 29.♕g5 ♕d6 30.♘f3 – Weiß hat nichts Konkretes gewonnen, bewahrt aber Druck auf den gegnerischen König. Er steht ein wenig besser.

27...axb4 28.axb4

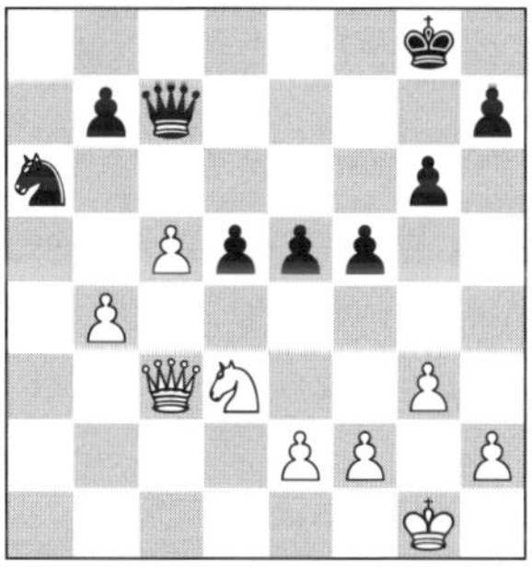

Die Hauptdrohung ist 29.b5, weshalb Schwarz sein Bauernzentrum notgedrungen schwächen muss.

28...e4

Oder 28...d4 29.♕c4+ ♕f7! (29...♔g7? verliert nach 30.b5 ♘b8 31.f4) und nun:

A) 30.♕xf7+? (30.♘xe5? ♕xc4 31.♘xc4 ♔f7 32.♘d6+ ♔e6 33.♘xb7 ♘xb4 gefolgt von 34...♔d5 ist sicher für Schwarz) 30...♔xf7

31.b5! (31.♘xe5+? ♔e6 32.♘c4 ♔d5 33.♘a5 ♘xb4 34.♘xb7 ♘a6 führt zum Remis) 31...♘b8 32.♘xe5+ ♔e6 33.c6! (Weiß wird erfolgreich einen Bauern gewinnen ohne die Hilfe seines Königs) 33...bxc6 34.bxc6 ♔d6 35.♘f7+ ♔xc6 36.♘g5 h6 37.♘f3 (mit der Doppeldrohung auf d4 zu schlagen und 38.♘h4 zu spielen) 37...♘d7 38.♘xd4+ ♔d5 und Schwarz steht schwierig, aber nicht notwendigerweise auf Verlust. Bei diesen Varianten erkennen wir die Nachteile des Damentausches: der schwarze König ist dann nicht nur nicht mehr in Gefahr, sondern kann aktiv im Zentrum mitspielen;

B) 30.♕b5! (droht, 31.c6 zu spielen und den Bauern e5 wegzunehmen) 30...e4 31.♘e5 und ähnlich unserer Ausgangsposition sind es die Drohungen auf beiden Flügeln, die die Partie entscheiden, etwa: 31...♕d5 32.♕e8+ ♔g7 33.♕e7+ ♔g8 34.♘d7 ♕f7 35.♕d8+ ♔g7 36.♘e5 ♕c7 37.♕xd4.

29.♘f4 ♕c6

Deckt die Felder d5 und e6, zugleich bleibt der Bauer c5 unter Beobachtung, damit 30.b5 nicht geht.

30.♕e5

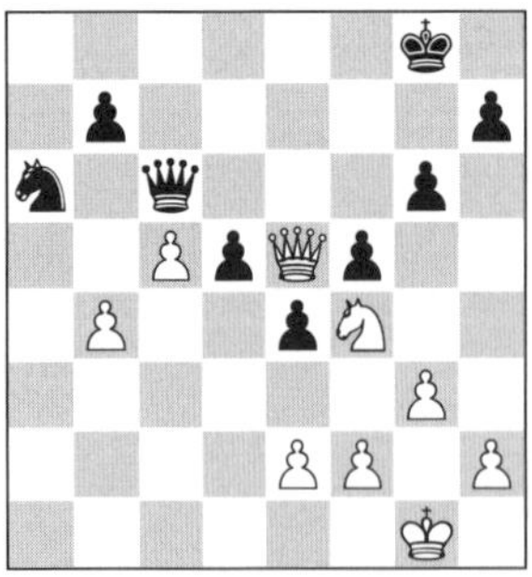

Eine typische verlorene Stellung mit Dame und Springer: Schwarz kann nicht gleichzeitig die weiße Majorität blockieren, seine Bauern b7 und d5 decken sowie seinen König schützen. Weiß kommt sogar ohne den Standardangriffsplan mit dem Vormarsch des h-Bauern aus:

30...♘xb4

Nach 30...♘c7 (um e6 zu überdecken) 31.♕e7 stehen die schwarzen Figuren schon ideal und können sich nicht bewegen, und Weiß gewinnt leicht nach 31...d4 32.b5! ♘xb5 33.♘e6.

31.♘e6 ♕d7 32.♕f6

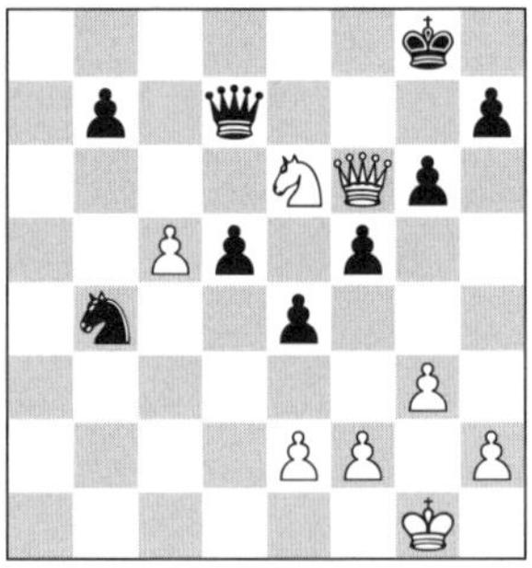

32...h6

Oder 32...♕f7 33.♕d8+ ♕f8 34.♕xf8#.

33.♕xg6+ ♔h8 34.♕f6+ ♔g8 35.♕f8+ ♔h7 36.♕xf5+ ♔g8 37.♕g6+ 1-0

Lösung 77

Frank Marshall

Geza Maroczy

Ostende 1905 (5)

1.d4 d5 2.c4 e6 3.♘c3 ♘f6 4.♗g5 ♗e7 5.e3 ♘bd7 6.♗d3 dxc4 7.♗xc4 a6 8.♘f3 0-0 9.0-0 c5 10.♕e2 b5

11.♗b3 ♗b7 12.♖ad1 ♕c7 13.♗c2 ♖fd8 14.♗f4 ♕b6 15.♘e5 ♖ac8 16.♗g5 ♘f8 17.♗e4 ♗xe4 18.♘xe4 cxd4 19.exd4 ♘g6 20.♕f3 ♘xe5 21.dxe5 ♘xe4 22.♗xe7 ♘d2 23.♕e2 ♘xf1 24.♗xd8 ♖xd8 25.♔xf1 h6 26.♕c2 ♖xd1+ 27.♕xd1

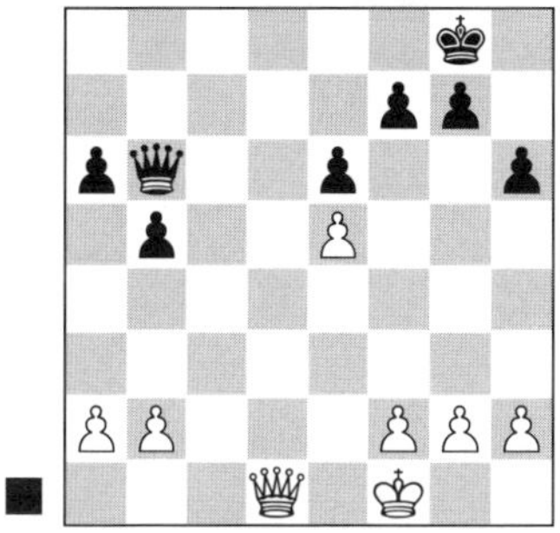

Der vorgepreschte Bauer e5 ist anfällig und benötigt Schutz durch die Dame oder durch den f-Bauern, aber der Vorstoß f2-f4 würde weitere Schwächen im weißen Hinterland zurücklassen.
Bevor wir Varianten berechnen können wir sagen, dass Schwarz die Initiative hat, und dass sein allgemeiner Plan sein wird, zunächst e5 anzugreifen, und danach, ohne Zeit mit einem Königsmarsch zu verlieren, Zugeständnisse zu erzwingen (wie eine passive Damenaufstellung oder Schwächen in der Bauernstruktur). Eine präzisere Einschätzung der Stellung verlangt sicherlich eine genauere Berechnung.

27...♕c5!

Schwarz drückt auf e5, indem er die Dame zentralisiert, und zwar, bevor Weiß die Chance hat, sich besser zu organisieren.

27...♕c7? 28.♕d4 erlaubt es der weißen Dame, mehr Einfluß zu erlangen.

28.♕d8+

A) 28.♕e2? ♕c1+ und

B) 28.♕e1? ♕c4+ verlieren beide einen Bauern;

C) Gleiches gilt auch für 28.b3!? ♕xe5, aber diesmal geht der „Problembauer" verloren, und Widerstand ist durchaus noch möglich. Womöglich wäre dies noch die beste Verteidigung gewesen. Wir werden sehen, dass Marshall deshalb verlieren wird, weil er partout versucht, das materielle Gleichgewicht zu halten.

28...♔h7 29.♕d3+ g6 30.♕c3

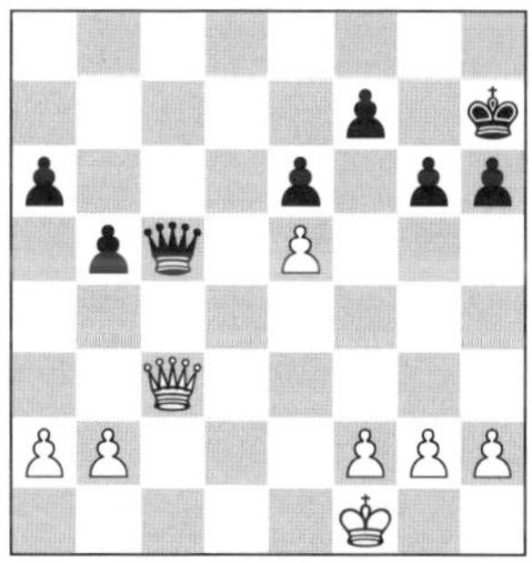

Verteidigt für den Moment alle Bauern. Dennoch bleiben sie weiterhin anfällig, genauso wie der weiße König stetig Schachgeboten ausgesetzt ist.

30...♕d5!

Greift a2 an und droht 31...♕d1+, um die weiße Dame zu zentralisieren.

31.a3

Nach 31.b3 ♕d1+ 32.♕e1 ♕d3+! (treibt den weißen König zurück und verpflichtet die weiße Dame dazu, die Grundreihe zu sichern) 33.♔g1 (33.♕e2 verliert den Bauern a2 nach 33...♕b1+) 33...♕c2! 34.♕a1 b4 gefolgt von ...a6-a5, ...g6-g5, ...♔h7-g6-f5 nebst dem Vorstoß der Bauern g und h wird Schwarz den Bauern e5 mit total überlegener Stellung gewinnen.

31...♕d1+ 32.♕e1 ♕d3+!

Ein wichtiger Zwischenzug: nach 32...♕c2 33.♕c3! kann Weiß sich verteidigen.

33.♔g1

Oder 33.♕e2 ♕b1+ und der Bauer b2 fällt.

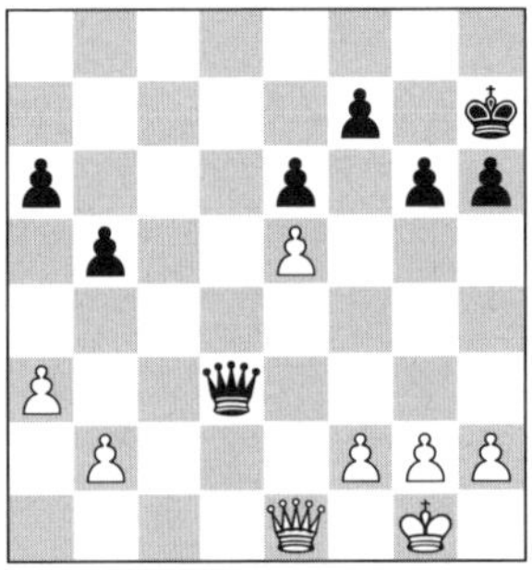

33...♕c2! 34.♕a1

Nur so sind alle Bauern zu verteidigen.

34.b4 ♕b2 35.♕e3? erlaubt das Grundlinienmatt.

34...a5!

Verhindert 35.b4 und begrenzt die weiße Dame noch mehr.

35.g3

Nach 35.b4 axb4 36.axb4 ♕e4! gewinnt Schwarz den Bauern b4, verschafft sich damit einen Freibauern und behält immer noch Druck auf e5.

35...a4!

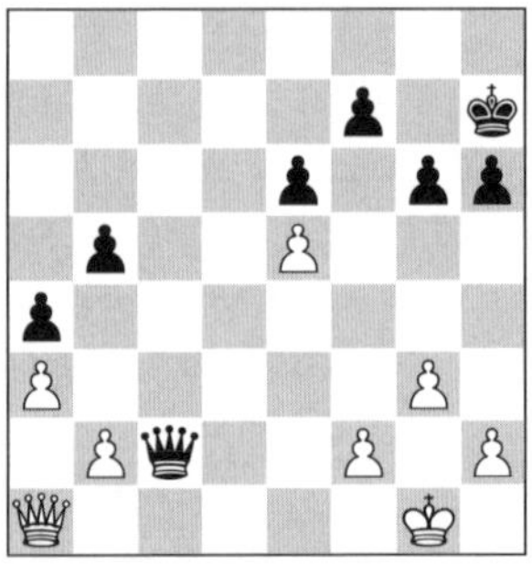

36.f4?

Marshall öffnet fatalerweise seine Königsstellung, um e5 zu decken. Es war vernünftiger, diesen Bauern seinem Schicksal zu überlassen und die Struktur nicht zu verschlechtern – Remis wäre immer noch möglich gewesen.

36...♔g8!?

Der Abwartezug unterstreicht den Umstand, dass Weiß im Zugzwang ist. Direkter war 36...h5.

37.h3

Schwächt noch mehr, aber 37.♔h1 h5 38.♔g1 ♔g7! (will den h-Bauern ziehen, wenn der weiße König sich auf h1 befindet) 39.♔h1 h4! 40.gxh4 (oder 40.♔g1 h3 41.♕f1 ♕xb2) 40...♕e4+ 41.♔g1 ♕xf4 rettet die Partie auch nicht mehr.

37...h5 38.h4 ♔g7 39.♔h1

A) Bei 39.♔f1 droht 39...♕h2! 40...♕xg3 und 40...♕h1+, ein Auge auf b2 belassend;

B) Nach 39.♕a2 ♕d1+ ist die weiße Dame „pattgestellt", und Schwarz gewinnt leicht, vor allem auch durch Zugzwang, zum Beispiel:

B1) 40.♔f2 ♕h1! und nun 41.b4 ♕h2+ oder 41.♔e3 ♕g2;

B2) 40.♔g2 ♕e2+ 41.♔g1 ♕f3 42.♔h2 ♕f2+ 43.♔h3 ♕g1 (droht 44...♕h1#) 44.b4 axb3 45.♕b2 ♕h1+.

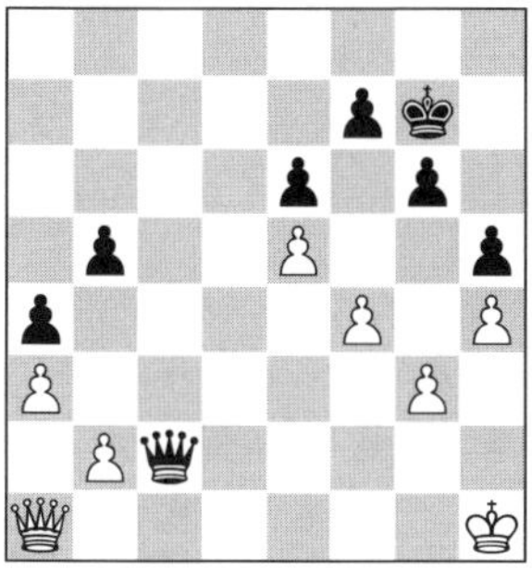

39...♕f2! 40.♕g1 ♕xb2 41.♕c5 b4! 42.f5

Nach 42.♕e7 ist das einfachste 42...♕c1+ 43.♔g2 ♕d2+, was d8 überwacht, gefolgt vom Vorstoß des b-Bauern.

42...exf5 43.e6 bxa3 44.exf7 ♔xf7 45.♕c7+ ♔e6 46.♕c6+ ♔e5 47.♕xa4

Es gibt kein Dauerschach.

47...a2 48.♕e8+ ♔d5 49.♕d7+ ♔e4 50.♕c6+ ♔e3 51.♕c5+ ♕d4

Opfert den a-Bauern, um in ein gewonnenes Bauernendspiel abzuwickeln.

52.♕a3+ ♕d3

Weiß gab auf. Es könnte folgen: 53.♕xa2 ♕f1+ 54.♔h2 ♕f2+ 55.♕xf2+ ♔xf2 56.♔h3 ♔g1.

Lösung 78

Carl Schlechter

Heinrich Wolf

Wien 1905 (6)

1.d4 d5 2.♘f3 ♘f6 3.c4 c6 4.e3 e6 5.♘c3 ♘bd7 6.♗d3 ♗d6 7.0-0 0-0 8.e4 dxc4 9.♗xc4 e5 10.♖e1 h6 11.h3 ♖e8 12.dxe5 ♘xe5 13.♘xe5 ♗xe5 14.♕xd8 ♖xd8 15.f4 ♗c7 16.e5 ♘d5 17.♘xd5 cxd5 18.♗d3 ♗d7 19.♗e3 f5 20.♗d4 ♗e6 21.♔f2 ♔f7 22.♖ac1 ♖dc8 23.♔e3 ♗a5 24.♖g1 ♖xc1 25.♖xc1 a6 26.a3 ♖c8 27.♖xc8 ♗xc8 28.b4 ♗c7 29.a4 g6 30.h4 h5

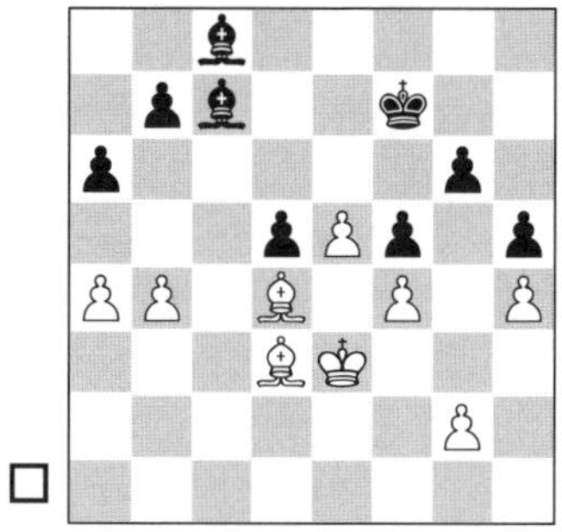

Schwarz hat weniger Raum und schwache Bauern auf d5 sowie – weniger schwerwiegend – auf g6. Ein logischer Plan für Weiß basiert auf Öffnung des Spiels, mit dem Ziel am Damenflügel einzudringen, aber das ist alles andere als leicht zu erreichen.

A) Wir wollen zunächst den nutzvollen Abwartezug 31.g3 analysieren. Eine gute Verteidigung ist dann 31...a5! (31...b6 ist auch gut) mit der Verzweigung:

A1) 32.b5 b6 33.♗b2 ♔e6 34.♗a3 ♗b7 35.♔d4 ♗d8 36.♗e2 ♗e7 (oder 36...♗c7 37.♗f3 ♗d8) 37.♗xe7 ♔xe7 38.♗f3 ♔e6 39.♗g2 ♗a8 und Weiß kann keinen Fortschritt mehr erzielen;

A2) 32.bxa5 ♗xa5 33.♗b5 ♗e1. Durch die Öffnung des Spieles wurden die weißen

Königsflügelbauern angreifbar, und das Remis ist klar, zum Beispiel: 34.♔f3 ♔e7 35.♗c5+ ♔d8 und Schwarz bereitet ...♗c8-d7 vor, während er das Einbruchsfeld e8 sichert.

B) Der direkte Versuch 31.b5 ergibt auch nichts nach 31...axb5, und egal, wie Weiß zurücknimmt, ergeben sich Varianten, die ähnlich zu denen sind, die wir gerade besprochen haben.

31.a5!

Schlechter wendet sich einem anderen Plan zu, der typisch ist für Endspiele mit Raumvorteil: die gegnerischen Figuren noch weiter in ihrer Wirkung beschränken, bis das Motiv Zugzwang ins Spiel kommt. Der erste Schritt des Planes sieht vor, den Bauern b7 zu fixieren, und dann den Bauern d5 zweimal anzugreifen, was den weißfeldrigen Läufer und den König des Schwarzen paralysiert. Es ist wichtig, schon frühzeitig den völligen Zugzwang zu erkennen, der dann eintritt, wenn der zweite, der schwarzfeldrige Läufer von Schwarz, getauscht oder unbeweglich gemacht wird. Denn sonst bliebe die Stellung zu geschlossen, und es wäre kein Fortschritt zu erzielen.

31...♗d8!

Wolf bemüht sich, diesen Läufer unter guten Bedingungen zu wahren, und bereitet sich darauf vor, ♗d4-b6 mit ...♗d8-e7 beantworten zu können. Der Angriff auf h4 gewinnt ein Tempo, aber Schwarz wird daraus keinen Vorteil ziehen können.

31...♗d7 32.♗b6! ermöglicht es, die Realisation des weißen Planes in seiner Reinheit sehen zu können:

A) 32...♗b8 (der Läufer kann nun nicht mehr ziehen) 33.♗c2 ♗c6 34.♗b3 ♔e7 35.♔d4 ♔e6 36.♗a2.

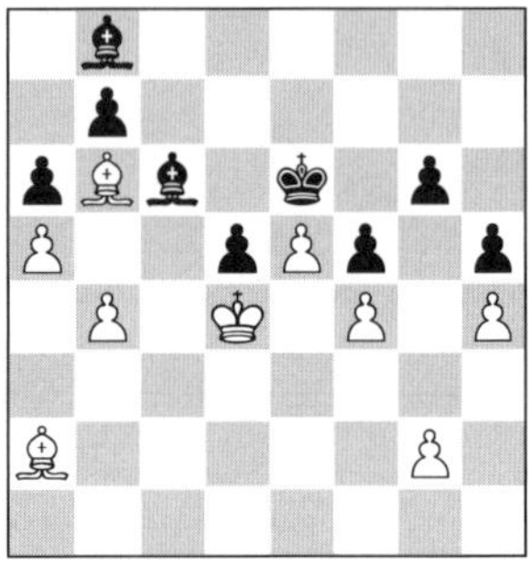

Analysediagramm

Schwarz ist im Zugzwang und verliert den Bauern d5;

B) 32...♗xb6 33.axb6 droht 34.♗xa6. Schwarz hat drei Möglichkeiten:

B1) 33...♗c6 34.♔d4 ♔e6 35.♗c2 ♔e7 36.♗b3 ♔e6 37.♗a2 und wieder herrscht Zugzwang!;

B2) 33...♗b5 34.♗xb5 axb5 35.♔d4 ♔e6 36.♔c5, Weiß gewinnt;

B3) 33...♗a4!? erlaubt Weiß auch den sicheren Gewinn, stellt aber eine interessante Falle: 34.♗xa6 (das ist nicht erzwungen) 34...♗c6 35.b5? (35.♗f1 ist am einfachsten) 35...d4+! 36.♔xd4 ♗xg2 – jetzt ist der Läufer a6 gefangen – er kann weder b7 nehmen, noch darf er geschlagen werden, somit ist die Stellung remis.

32.g3 ♗d7 33.♗b6 ♗e7 34.♗c5 ♗xc5+

Nach 34...♗d8 35.♔d4 ♔e6 36.♗c2 ♗b5 37.♗b3 ♗c6 38.♗a2! muss der Läufer d8 ziehen und wird wieder eingeschlossen: 38...♗c7 39.♗b6 ♗b8 40.♗b3 mit einem weiteren Zugzwang.

35.bxc5

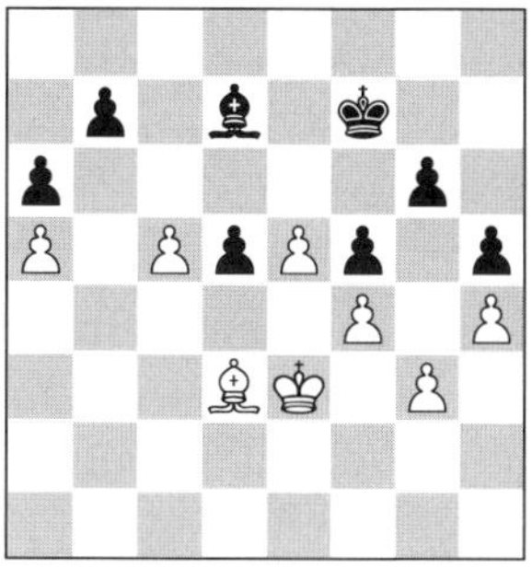

Die schwarzfeldrigen Läufer wurden getauscht, aber nun ist das Feld c5, über das der weiße König ins schwarze Lager eindringen wollte, besetzt, und es ist einiges an Wachsamkeit notwendig, um die totale Abriegelung der Stellung zu verhindern.

35...♗a4

Der Läufer strebt nach b3, um von dort den Bauern d5 zu überdecken, während er Bewegungsfreiheit atmet. Allerdings wird der schwarze Damenflügel sich verlassen fühlen.

A) 35...♗b5 erlaubt einen entscheidenden Durchbruch: 36.♗xb5 axb5 37.c6! bxc6 38.a6;

B) Passive Verteidigung verdiente wohl den Vorzug: 35...♗c6 36.♔d4 ♔e6 37.♗c2 ♗b5 38.♗b3 ♗c6 39.♗a2 ♔e7 40.♗xd5 ♔e8 41.e6 ♔f8 und der Bauer d5 geht verloren, doch noch muss der Gewinn gefunden werden...

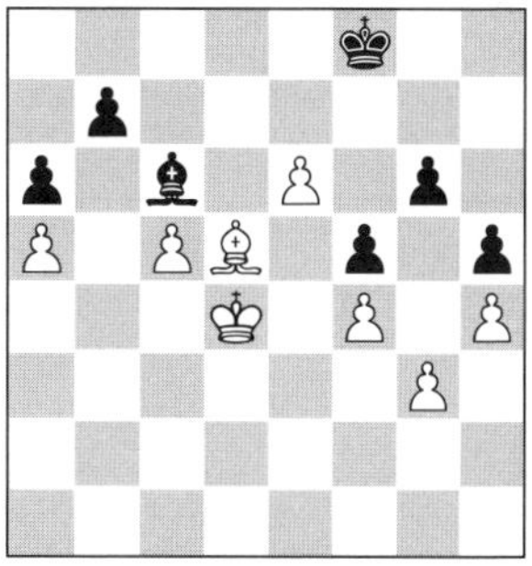

Analysediagramm

B1) Nach 42.♗xc6? bxc6 erkennt man den Nachteil, wenn der Bauer auf c5 statt auf b4 steht. Weiß kann nicht mehr gewinnen: 43.e7+!? (43.♔e5 ♔e7 führt nirgendwo hin) 43...♔e8! (und nicht 43...♔xe7? 44.♔e5 und der schwarze König muss den Weg freigeben) 44.♔e5 ♔xe7 und Schwarz hält sich;

B2) 42.♔e5 ♔e7 43.♗c4 ist ein passabler Gewinnweg. Falls nun 43...♗b5, so gibt es wieder das Motiv 44.♗xb5 axb5 45.c6! bxc6 46.a6, und bei einem anderen Zug des Läufers, beispielhaft 43...♗a4, ist der Durchbruch 44.c6! entscheidend: 44...bxc6 45.♗xa6 gibt dem Weißen zwei verbundene Freibauern, während 44...♗xc6 45.♗d5! zu Zugzwang führt.

36.♔d4 ♔e6 37.♗e2 ♗b3 38.c6!

Der direkteste Gewinnweg, aber nicht der einzige. Eine andere Möglichkeit ist 38.♗f3 ♗c4 39.♗d1 ♗a2 40.♗a4 ♔e7 41.c6 bxc6 42.♗xc6 ♔e6 43.♗b7 (oder 43.♗e8, um zunächst g6 zu nehmen) 43...♗c4 44.♔c5 und ein schwarzer Bauer geht wegen Zugzwangs verloren.

38...bxc6 39.♗xa6 ♔d7 40.♔c5 ♔c7 41.♗d3

Die beiden weißen Freibauern sind entscheidend.

41...♔b7 42.a6+ ♔a7 43.e6 d4 44.♗c4

Schwarz gab auf.

Lösung 79

Theodore Tylor

Emanuel Lasker

Nottingham 1936 (7)

1.e4 e5 2.♘f3 ♘c6 3.♘c3 ♘f6 4.♗b5 ♗b4 5.0-0 0-0 6.d3 d6 7.♗g5 ♘e7 8.♘h4 c6 9.♗c4 ♔h8 10.f4 exf4 11.♗xf6 gxf6 12.♖xf4 ♘g6 13.♘xg6+ fxg6 14.♗b3 ♕e7 15.♘e2 ♗a5 16.c3 ♗d7 17.♘g3 ♗c7 18.♖f2 ♔g7 19.♕e2 ♖ae8 20.♖af1 ♗e6 21.♕c2 ♗b6 22.d4 ♗c7 23.♔h1 h5 24.♖e1 ♕f7 25.♖fe2 ♗xb3 26.axb3 ♕d7 27.♘f1 ♖e7 28.♕d3 ♖fe8 29.♘d2 d5 30.exd5 ♖xe2 31.♖xe2 ♖xe2 32.♕xe2 ♕xd5 33.♕e7+ ♕f7 34.♕e4 ♕d7 35.♘f3 ♔f7 36.c4 ♕e6 37.♕d3

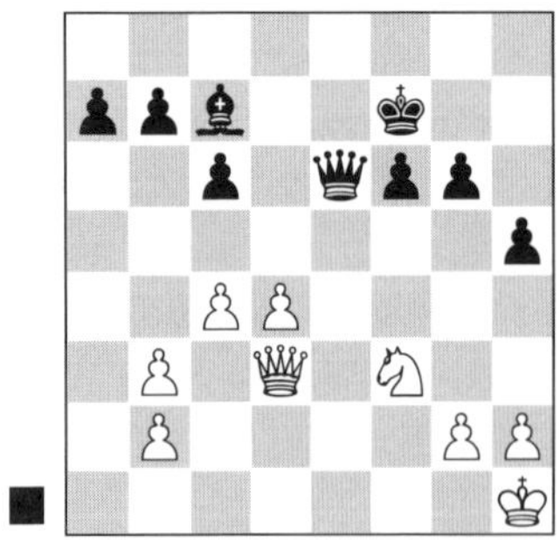

Schwarz hat die bessere Bauernstruktur und bei unterschiedlichen Bauernmajoritäten (Weiß am Damen-, Schwarz am Königsflügel) den Vorteil des Läufers, der schnell von einem zum anderen Flügel wechseln kann. Die Bauern b2 und d4 sind auf Schwarz, können somit vom schwarzen Läufer angegriffen werden. Der Vorstoß d4-d5 führt meistens nur dazu, den Bauern zu schwächen, und die „Rolltreppe" b3-b4 nebst b2-b3 würde nur die Schwäche verschieben.

Das Duo Dame und Springer, bekannt und gefürchtet für seine exzellente Koordination, kann sich momentan noch nicht bemerkbar machen, aber nichtsdestotrotz muss Schwarz auf seinen König achtgeben.

37...♗f4!

Lasker steht bereit zu 38...♕e3. Geht Weiß dann dem Damentausch aus dem Wege, wäre die schwarze Dame ziemlich aktiv. Wenn er aber tauscht, würden die Nachteile in der Bauernstruktur deutlich zu Tage treten. Bei der Entscheidungsfindung ist ein wichtiger Faktor die Stellung des weißen Königs, der abseits vom Geschehen steht.

Betrachten wir mögliche Fortsetzungen:

A) Es fehlt die Zeit, den König näher ranzubringen, denn nach 38.♔g1 ♕e3+ 39.♕xe3 ♗xe3+ 40.♔f1 ♗c1 geht der Bauer auf b2 verloren;

B) 38.d5 cxd5 39.cxd5 ♕e3 40.♕xe3 ♗xe3 ist noch schlechter, denn der Bauer d5 wird bald vom schwarzen König angegriffen;

C) 38.♕d1 ♕e3 (38...♕e4!? ist eines Gedankens wert, denn das erlaubt dem Schwarzen, seine Majorität rollen zu lassen trotz der Präsenz der Damen auf dem Brett, da seine Figuren hervorragend zentral stehen) 39.d5! ist eine beachtliche Idee, bei der verhindert wird, dass ein Isolani auf d5 entstehen würde. Nach 39...cxd5? 40.♕xd5+! ♔g7 41.♕xb7+ ♔h6 42.g3 bleibt dem Schwarzen nicht mehr als ein Dauerschach. Statt 39...cxd5 ist 39...♕c1! 40.♕xc1 ♗xc1 der konsequente Weg, den Plan umzusetzen, doch mittlerweile kann Weiß Gegenspiel durch 41.dxc6 bxc6 42.♘d4 erhalten, wenngleich ihn das nicht retten sollte, man sehe: 42...c5 43.♘b5 a6 44.♘d6+ ♔e6 45.♘e4 ♗e3, wo der Läufer zwar vom Bauern b2 abgelenkt wurde, sich die Aktivität des schwarzen Königs aber entscheidend auswirken sollte.

38.g3 ♕e3! 39.♕c3!?

Weiß kann dem Damentausch nicht entrinnen, bemüht sich aber noch, die Bauernstruktur etwas in seinem Sinne zu verbessern.

39...♗h6

Nach 39...♕xc3? 40.bxc3 ♗c1 hat Weiß die Wahl:

A) 41.♘g1? ♗d2 42.♘e2 a5! (droht 43...b5 gefolgt vom Vormarsch des a-Bauern) 43.c5 ♔e6 44.♔g2 (nach 44.c4 ♔f5 45.d5 ♗e3 fällt der Bauer c5) 44...♔f5 und der weiße König wird nach 45.♔f3 g5 wieder zurückgedrängt, während nach 45.d5 eine instruktive Variante gut die Probleme illustriert, die daraus resultieren, wenn der Springer an den Rand gedrängt wird: 45...cxd5! (45...♗e3 ist einfacher, aber gewinnt noch nicht sogleich) 46.♘d4+ ♔e4 47.♘b5 ♔d3 48.♘d6 ♗xc3 49.♘xb7 ♔c2 50.c6 ♗e5 51.♘xa5 ♗c7! 52.b4 (or 52.♘b7 d4) 52...♔c3 53.♔f1 ♔xb4 54.♘b7 ♔b5 gefolgt von 55...♔xc6 und der Springer ist gefangen und geht verloren;

B) 41.d5! cxd5 42.cxd5 b5 (mit der Idee, den a-Bauern folgen zu lassen) 43.♘d4 a6 44.c4 (das ist zweischneidig, aber falls der Bauer auf c3 bleibt, muss der Springer ihn decken und der Bauer d5 ist dann sehr anfällig) 44...bxc4 45.bxc4 und Schwarz ist im Vorteil, da er auf beiden Flügeln Freibauern kreieren kann, was ein Alptraum für den Springer wäre. Aber die Situation ist nach wie vor noch alles andere als eindeutig. Beachten Sie, dass 45... a5? ohne Vorbereitung die Gabel 46.♘b3 erlaubt.

Zurück zur Stellung nach 39...♗h6:

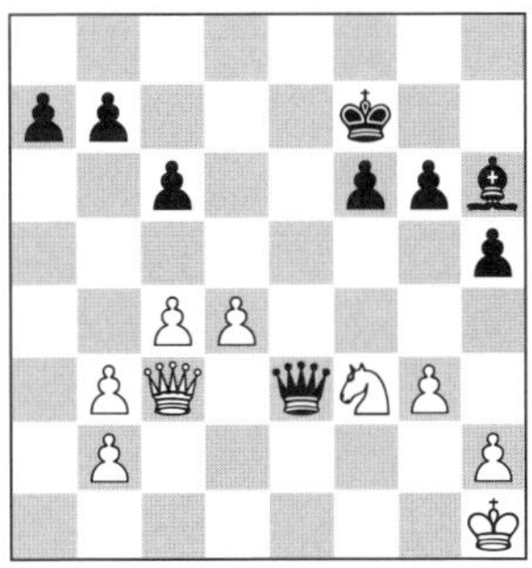

Schwarz hat nun nicht den Damentausch vollzogen, aber das ist kein Problem, da seine Figuren derart aktiv stehen, dass er den weißen König direkt angreifen kann, sollte Weiß dem Tausch ausweichen. Nach 40.d5, um Linien zu öffnen und auf ein Dauerschach zu hoffen, erkennen wir die Drohungen: 40...♕e2 41.♘g1 (oder auch 41.dxc6 ♗e3 42.♘g1 ♕f2 43.♘h3 ♕f3#) 41...♕e4+ 42.♕f3 (nach 42.♘f3 ♗e3 43.♔g2 g5 gefolgt von 44...g4 geht der Springer verloren) 42...cxd5 43.cxd5 ♕xf3+ 44.♘xf3 ♗c1 mit entscheidendem Vorteil.

40.c5!?

Tylor versucht 40...♕e2 mit 41.♕c4+ ♕xc4 42.bxc4 beantworten zu können. Danach wäre die schwarze Aufgabe nicht einfach, nach 42...♗e3 43.b4! (bereitet d4-d5 vor) 43...♔e6 44.♔g2 g5 (44...♔f5 45.d5! verspricht nichts Gutes) 45.♔f1 g4 46.♔e2! kommt der König gerade rechtzeitig, um d4 zu decken und die Partie zu retten. Statt 42...♗e3 ist 42...a5! sehr stark, was 43...a4 gefolgt von 44...♗c1 droht, mit den Abzweigungen:

A) 43.♘g1 (auf e2 kontrolliert der Springer das Feld c1 und deckt den Bauern d4, ohne dass er vom schwarzen g-Bauern verjagt werden kann) 43...♗e3 44.♘e2 g5! 45.♔g2 g4! und nachdem er den gegnerischen König erfolgreich ausgesperrt hat, wird der schwarze König entscheidend in die weiße Stellung eindringen;

B) 43.b3 ♗e3 44.♔g2 ♔e6 45.♔f1 ♔f5, wieder mit einem gewinnverheißenden Vorteil.

40...♕f2!

Führt zu einem klaren und schnellen Sieg. Der Umstand, dass die schwarze Dame nun auf f2 steht anstatt auf e2 eröffnet dem Weißen eine zusätzliche Verteidigung, die sich aber als ungenügend erweist.

41.♕c4+ ♔g7 42.♕d3 ♗e3 43.♕d1

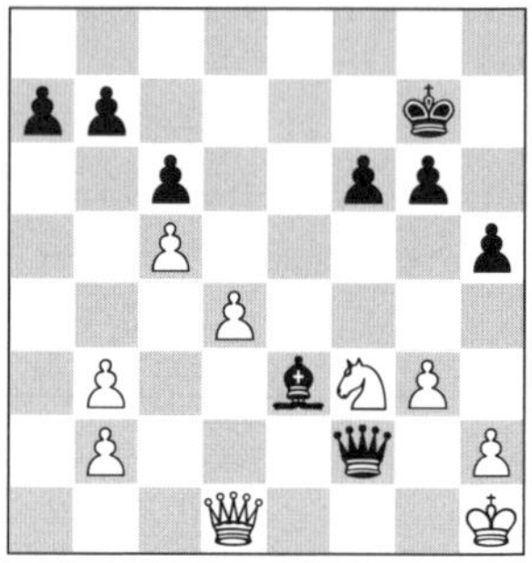

Weiß gelang es, die unmittelbare Katastrophe abzuwenden, aber keine seiner Figuren kann ziehen, ohne damit Schaden anzurichten.

43...a5 44.b4 axb4 45.b3 ♔h6

Weiß gab auf.

Lösung 80

Jakow Estrin

Alexei Iwaschin

Sowjetunion korr 1947

1.e4 e6 2.d4 d5 3.♘c3 ♗b4 4.e5 c5 5.♗d2 ♘c6 6.♘b5 ♗xd2+ 7.♕xd2 ♘xd4 8.♘xd4 cxd4 9.♕xd4 ♘e7 10.♘f3 ♗d7 11.♗d3 ♕a5+ 12.c3 ♕a4 13.♕xa4 ♗xa4 14.♔d2 0-0 15.♘d4 ♘c6 16.f4 ♘xd4 17.cxd4 ♖fc8 18.g4 ♖c7 19.f5 ♖ac8 20.b3 ♗e8 21.f6 g6 22.g5 a6 23.a4 ♖c3 24.♖ac1 ♖xc1 25.♖xc1 ♖xc1 26.♔xc1 h6 27.h4 hxg5 28.hxg5

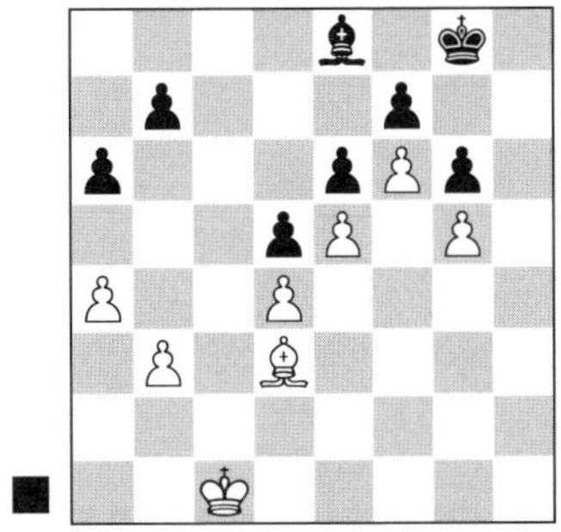

Weiß besitzt enormen Raumvorteil und den guten gegen den schlechten Läufer. Das ist ein Anzeichen dafür, dass später Motive wie Zugzwang, sowie die Möglichkeit eines Figurenopfers auf g6, um einen weit vorgedrungenen Freibauern zu schaffen, eine Rolle spielen werden. Seine Gewinnchancen hängen insbesondere davon ab, ob es Weiß gelingt, mit seinem König über den Damenflügel einzudringen. Wenn möglich will er a4-a5 spielen. Betrachten wir zunächst den Versuch, den schwarzen König schleunigst zum Damenflügel zu bringen mit 28...♔f8 29.a5! (sichert dem weißen König einen Pfad über b4) 29...♗b5 30.♗c2! (nach 30.♗xb5? axb5 31.♔b2 b4! sind alle Zugangswege verstopft) 30...♔e8 31.♔b2 ♔d8 32.♔c3 ♗e8! (32...♔c7? erlaubt 33.♗xg6) 33.♔b4 ♔c7 34.♔c5 ♔d7 35.b4 (35.♔b6 ♔c8 bringt nichts) 35...♔c7 36.♗b1! (um Fortschritte zu erzielen, muss der Läufer ein Tempo „verlieren", während er weiterhin g6 im Auge behält und damit seinen Gegenspieler bindet) 36...♔d7 37.♗d3! ♔c7 38.♗c2! wonach der König die Kontrolle über d6 verliert und 38...♔d7 39.♗a4+ ♔d8 40.♗xe8 ♔xe8 41.♔b6 erlauben muss.

28...a5!

Droht 29...b6, wonach die Stellung völlig verriegelt wäre.

29.b4!

Nach 29.♗b5? ist am einfachsten 29...♗xb5 30.axb5 b6 und der weiße König kommt nicht mehr durch.

29...axb4

A) 29...♗xa4? 30.bxa5 gefolgt von der Invasion des weißen Königs verliert;

B) Versucht Schwarz, die Stellung mit 29...b6 geschlossen zu halten, gerät er nach 30.bxa5! bxa5 31.♗b5! ♔f8 32.♔c2 in Zugzwang und muss ein Zugeständnis machen:

B1) Nach 32...♗xb5 33.axb5 ♔e8 34.♔b3 ♔d7 35.♔a4 fällt a5 und die Partie ist verloren;

B2) 32...♔g8!? 33.♗xe8 ♔f8 34.♗c6! (auch mit einer Mehrfigur kann Weiß nur gewinnen, wenn sein König eindringt, und der einzige Weg, dies zu sichern, ist das Läuferopfer auf d5) 34...♔g8 (der schwarze König ist gefangen) 35.♔d3 ♔f8 36.♔e3 ♔g8 37.♔f4 ♔f8 38.♗xd5! exd5 39.e6! fxe6 40.♔e5 ♔f7 41.♔d6 und Weiß gewinnt.

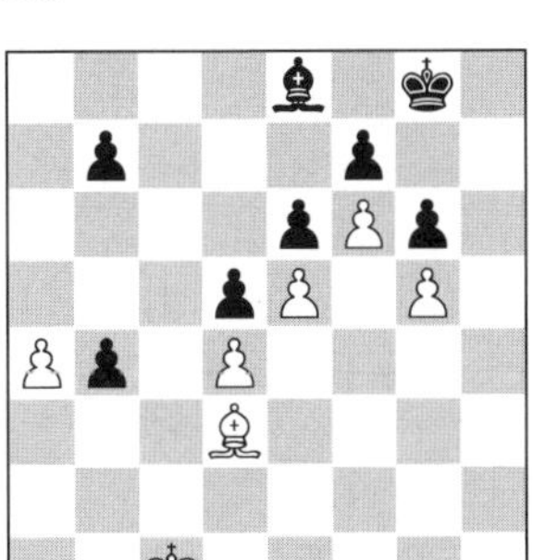

30.♗c2!

Sehr genau. Nach 30.a5? ♗a4! steht der schwarze Läufer ideal und kontrolliert die Felder b3 und b5, die nun den weißen Figuren nicht zur Verfügung stehen. Weiß muss den Läufertausch mit 31.♗c2! anbieten (31.♔b2 ♔f8 32.♗c2 forciert den Abtausch der Läufer, was vom praktischen Standpunkt her dem Schwarzen die Möglichkeit, Fehler zu begehen, nimmt) und jetzt:

A) 31...♗b5? 32.♔b2 ♗c4 33.♗a4! ♔f8 34.♗d7 ♔g8 35.♗c8 ♗a6 36.♔b3 ♔f8 und der Gewinn wird nun leicht durch 37.♗d7! gesichert, was den schwarzen König weghält. Dagegen würde 37.♔xb4? zu interessanten Komplikationen führen: 37...♔e8 (der Läufer ist gefangen) 38.♔c5 b6+! (bei 38...♔d8? gewinnen sowohl 39.♔d6 als auch 39.♗xe6) 39.axb6 ♗xc8 40.♔c6 ♔d8 41.b7 ♗xb7 42.♔xb7 ♔d7 43.♔b6 ♔d8! (diagonal Opposition...) 44.♔c6 ♔c8! (...die zu einer vertikalen Opposition führt) 45.♔d6 ♔d8 mit Remis;

B) 31...♗xc2! 32.♔xc2 ♔f8 33.♔b3 ♔e8 34.♔xb4 ♔d7 35.♔b5 ♔c7 36.♔c5 (wie wir zu Beginn sahen und bald auch wieder erkennen werden, würde diese Stellung mit Läufern auf dem Brett zu Zugzwang und weißem Gewinn führen, während nun die Stellung nur remis ist) 36...♔d7 37.♔b6 ♔c8 38.a6 bxa6 39.♔xa6 ♔c7 40.♔a7 ♔c8 41.♔b6 ♔b8 und der weiße König kommt nicht weiter.

30...♗c6

30...b6! 31.♔b2 ♗c6 führt zur Partiefortsetzung.

31.♔b2

31.a5! beschränkt die schwarzen Verteidigungsmöglichkeiten, da sein König den Bauern b7 unterstützen müsste.

31...b6 32.♔b3 ♔f8 33.♔xb4 ♔e8 34.a5

Schwarz gab auf. Da es sich um eine Fernschachpartie handelte, ist davon auszugehen, dass Estrin seinen letzten Zug mit zusätzlichen Varianten versah sowie mit weiteren Zügen unter Vorbehalt, also Züge, die beabsichtigt waren je nach schwarzer Antwort. Nach 34... bxa5+ 35.♔xa5...

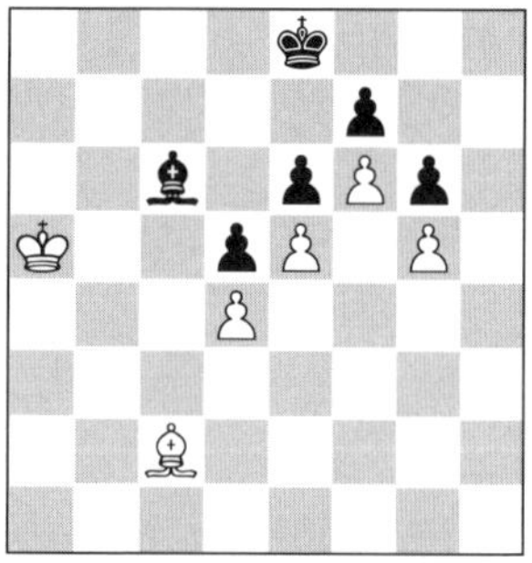

Analysediagramm

... hat Schwarz die Wahl zwischen einer passiven Verteidigung oder dem Versuch, den weißen König am Vormarsch zu hindern:

A) 35...♔f8 36.♔b6 ♗e8 37.♔c5 ♗d7 38.♔d6 ♗b5 (gibt die Deckung von e6 auf, 38...♔e8 39.♗xg6! fxg6 40.f7+ und 38...♗c8 39.♗d3 ♔e8 40.♔c7 ♗d7 41.♗xg6! fxg6 42.f7+ rettet die Partie auch nicht) 39.♗xg6 ♗e2 (nach 39...fxg6 40.♔xe6 sind die weißen Bauern zu

stark) und nun ist 40.♗xf7! ♔xf7 41.g6+ am einfachsten;
B) 35...♔d8 36.♔b6 ♗e8 37.♔c5 ♔c7 38.♗d3! (Zugzwang) 38...♔d7 (38...♔d8 39.♔d6) 39.♗b5+ ♔d8 40.♗xe8 ♔xe8 41.♔c6! (diagonal Opposition...) 41...♔d8 42.♔d6! (... die zu einer vertikalen Opposition führt, diesmal im weißen Sinne) 42...♔e8 43.♔c7 und der Bauer f7 fällt.

Lösung 81
Geza Maroczy
Isidor Gunsberg
Monaco 1904 (1)

1.e4 e5 2.♘f3 ♘c6 3.♗b5 a6 4.♗a4 ♘f6 5.0-0 ♘xe4 6.d4 b5 7.♗b3 d5 8.dxe5 ♗e6 9.c3 ♗c5 10.a4 ♖b8 11.axb5 axb5 12.♘bd2 0-0 13.♗c2 f5 14.exf6 ♘xf6 15.♘b3 ♗b6 16.♘fd4 ♘xd4 17.cxd4 ♕d7 18.♗f4 ♗f5 19.♖c1 ♗xc2 20.♖xc2 ♖bc8 21.♕c1 c6 22.♖e1 ♖fe8 23.♖ce2 ♖xe2 24.♖xe2 ♖e8 25.♖xe8+ ♕xe8 26.h3 ♕e6 27.♕e3 ♕xe3 28.♗xe3 ♔f7 29.g4 ♘d7 30.f4 ♘f6 31.♘c1 ♗c7 32.♘d3 ♗d6 33.♔g2 ♘d7 34.f5 g6 35.fxg6+ ♔xg6 36.h4 ♘f6 37.♔f3 h5 38.g5 ♘d7

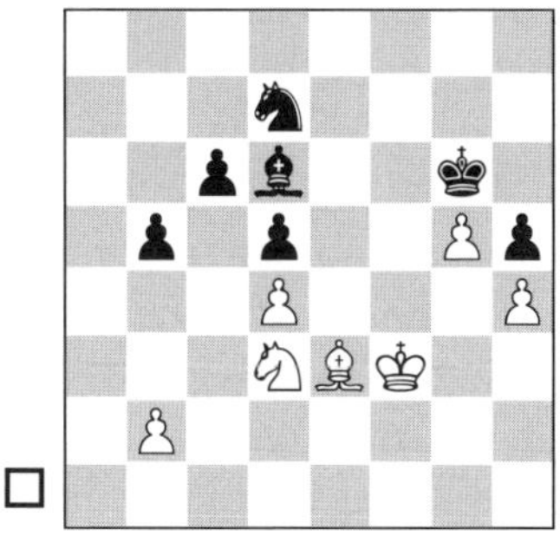

39.♗f4 ist sehr vorteilhaft für Weiß, wahrscheinlich gewonnen und mit Sicherheit kompliziert. 39.♘f4+! gewinnt forciert, wobei akkurate Technik vonnöten ist.
Weiß hat einen gedeckten Freibauern am Königsflügel, während die schwarze Majorität am Damenflügel blockiert ist. Was für Schwarz hingegen spricht ist sein guter Läufer gegen den schlechten, da alle weißen Bauern auf schwarz stehen. Zudem sind die Bauern d4 und b2 isoliert.
Bei 39.♗f4 muss Schwarz daher dem Läufertausch ausweichen. Weiß wird daraufhin seinen Springer nach f4 bringen wollen, ohne dessen Tausch zuzulassen.
Nach 39...♗f8! steht zur Auswahl:

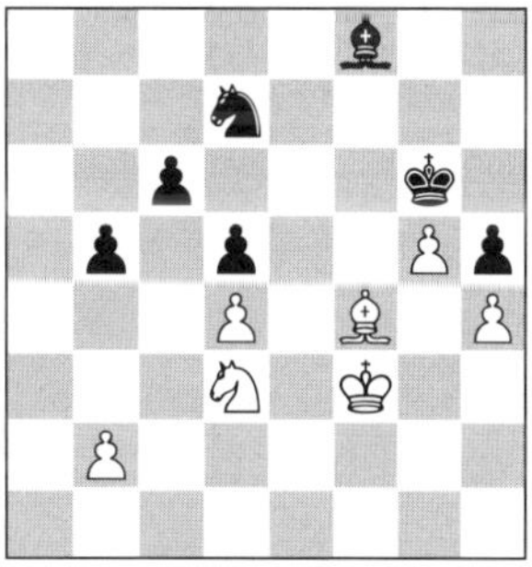

Analysediagramm

A) 40.♗g3 ♔f5 41.♘f4 ♗g7! 42.♗f2 c5! und es teilt sich wieder auf:
A1) 43.dxc5 ♘e5+ 44.♔g3 (44.♔e3 d4+) 44...♘c6 45.♘xh5 (45.b3? verliert nach 45...♗e5 46.♗e3 ♔e4 47.♗c1 ♘e7 und die Fesselung des weißen Springers ist fatal) 45...♗xb2 46.♔f3 b4 bietet dem Schwarzen dank seines entfernten Freibauern gutes Gegenspiel;

A2) 43.♘xh5! ♗xd4 44.♗xd4 cxd4 45.♘g3+ ♔g6 46.♔f4 ♘c5 47.h5+ ♔f7 – Weiß hat durchaus Fortschritte am Königsflügel erzielt, muss aber auf den Bauern d4 achtgeben und kann offensichtlich nicht gewinnen. Hier ist eine illustrierende Variante: 48.♘f5 ♘e6+ 49.♔e5 (49.♔g4 d3) 49...♘xg5 50.♘xd4 b4 51.♔xd5 ♘h7 52.♔c4 ♘f6 53.h6 ♔g6 54.♔xb4 ♔xh6 und der schwarze König kehrt rechtzeitig zur Verteidigung zurück.

B) 40.♗d2! und nun:

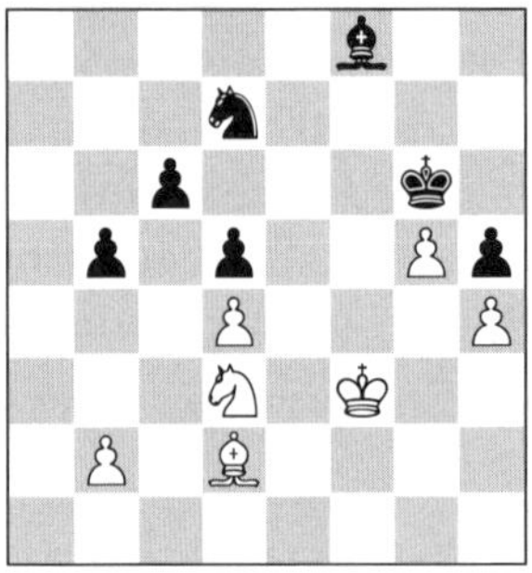

Analysediagramm

B1) 40...♔f5 41.♘f4 ♗g7 42.♗e3 c5 43.♘xh5 ♗xd4 ist eine Variante, die wir vorher betrachtet haben, aber hier steht der Läufer auf e3, und nicht auf f2, was den Bauern g5 deckt im Falle von 44.♘g3+ ♔g6 45.h5+! und Weiß gewinnt, während bei 44...♔e5 45.♗xd4+ ♔xd4 (um eine gesunde Bauernstruktur zu wahren; 45...cxd4 46.h5 ist kompliziert, aber verloren) 46.♔f4! dem schwarzen König den Rückweg abschneidet. Die weißen Freibauern sind die gefährlicheren;

B2) 40...♗d6! 41.♗b4! (41.♘f4+, wie in der Partie, ist weniger gut wegen 41...♗xf4 42.♔xf4 c5! 43.dxc5 ♘xc5, denn 44.♔e5? ermöglicht 44...♘d3+) 41...♗c7! 42.♘f4+ ♔f7! (42...♗xf4? 43.♔xf4 ist eine schlechtere Version der Partie, und 42...♔f5?! 43.♘xh5 ♗b6 erlaubt dem weißen Springer die Rückreise mittels 44.♘g3+ ♔g6 45.♘e2) 43.♘xh5 ♗b6 44.♔e3! (44.♗c3 b4! ist schwächer) 44...♘e5! 45.b3 ♘g6 46.♗e1 sollte gewinnen.

All diese Varianten sind sehr kompliziert. Einfacher spielt es sich so:

39.♘f4+! ♗xf4 40.♔xf4

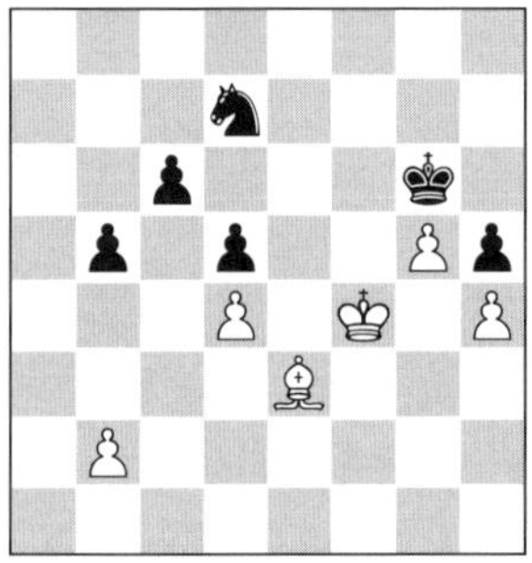

Die weiße Idee besteht darin, mit seinem König über die Felder e5 oder f5 in die gegnerische Stellung einzudringen. Die schwarzen Figuren decken diese Felder, sind jedoch an diese Aufgabe gebunden. Da die sinnvollen Bauernzüge ausgehen (40...b4 wird mit 41.b3 beantwortet) befindet sich Schwarz im Zugzwang und muss Land abtreten. Bei 40...♘b6, um 41.♔e5 mit einer Gabel auf c4 zu kontern, folgt 41.b3 ♘d7 42.♗f2 und die Frist wurde nur hinausgezögert. Der unabwendbare Vormarsch des weißen Königs im Verbund mit Vorteilen auf beiden Flügeln (die entwertete und angreifbare schwarze Majorität sowie der gedeckte Freibauer auf g5) deuten auf gewinnverheißenden weißen Vorteil hin. Zuweilen hilft eine Ressource dem Schwarzen, solch ein Endspiel noch zu halten, aber das wäre außergewöhnlich, und in unserer Partie wird Weiß nur noch einige technische Schwierigkeiten lösen müssen.

40...♔f7

40...♘f8 41.♔e5 bietet weniger Widerstand.

41.♔f5

Nicht nur möglich, sondern direkt notwendig, denn falls Schwarz das Manöver ...♔f7-e6 nebst ...♘d7-f8-g6 hinbekommen würde, hätte er seine Stellung konsolidiert.

41...♘f8 42.♗f2

Und nicht 42.♔e5? ♘g6+.

42...♘g6 43.♗e1

Nach 43.♗g3 ♘f8 44.♔e5 ♔e7 muss immer noch der entscheidende Durchbruch gefunden werden.

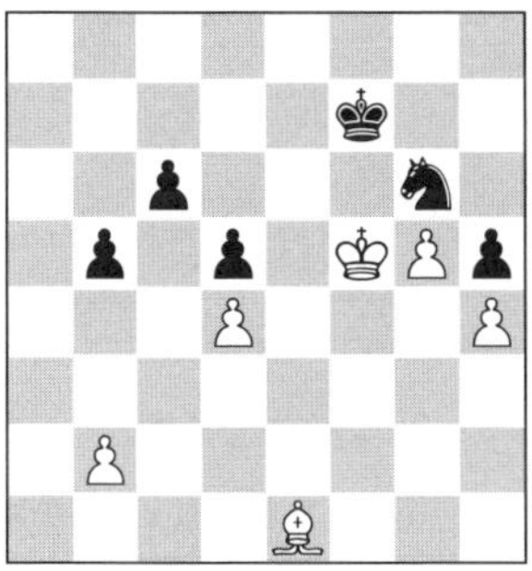

Mit dem Läufer auf e1 ist Weiß zuweilen in der Lage, ein Schach auf b4 zu bieten. Dafür ist nun f4 ungeschützt, was das ganze kompliziert machen wird:

43...♘f8

Nach 43...♔g7 44.♔e6 (vorbereitendes 44.b3 ist angesichts der kommenden Varianten einfacher) 44...♘f4+ 45.♔d6 ♘d3 steht Weiß auf Gewinn, doch es ist alles andere als einfach:

A) 46.♗c3? ist verlockend, mit der Idee, 46...b4 durch 47.♗d2 zu beantworten und indirekt den Bauern b2 zu verteidigen, aber wollen wir diese Variante weiterspinnen: 47...b3 48.♗c3 ♘f2! (droht 49...♘d1) 49.♗b4 ♘d1 50.♗a3 ♔f7 51.♔xc6 ♔e6 und falls 52.g6, so 52...♘e3, und Schwarz entwischt;

B) 46.♗d2! ♘xb2 (bei 46...b4, um den Bauern weiter vorzurücken, gewinnt 47.b3! leicht) 47.♔xc6 ♘c4 und jetzt verhindert 48.♗c1!, dass der Springer nach e3 gelangt und der Bauer b4 vorrücken kann. Das beendet die Partie, während 48.♗f4? b4 49.♔xd5 b3 50.♗c1 b2 nur zum Remis führen würde.

44.♔e5 ♘g6+

44...♔e7 45.♗b4+ ♔f7 46.♗xf8 ♔xf8 47.♔d6 ist hoffnungslos.

45.♔d6 ♘e7

Deckt den Bauern c6 und hofft auf Gegenspiel mit 46...♘f5+.

46.♗f2

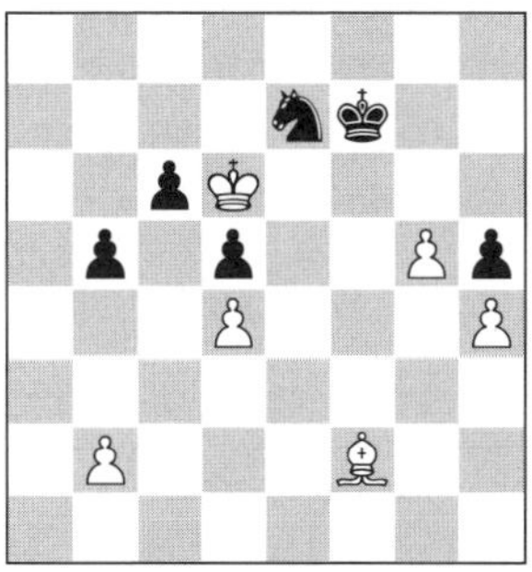

Verteidigt d4 und h4. Da der Springer nicht ziehen darf, muss der schwarze König wieder Raum freigeben.

46...b4

Schwarz hofft auf 47...b3, um einige Rettungschancen zu erhalten, doch der Bauer wird sofort blockiert. 46...♔e8 47.♔e6 ♔f8 48.♔f6 ♔e8 (or 48...♘g8+ 49.♔g6) 49.g6 ♔f8 50.g7+ ♔e8 51.♗e3 ist auch keine Verbesserung mehr.

47.b3! 1-0

Lösung 82

Efim Bogoljubow

Rudolf Spielmann

Semmering m 1932 (8)

1.d4 d5 2.c4 e6 3.♘c3 ♘f6 4.♗g5 ♗e7 5.e3 0-0 6.♘f3 ♘e4 7.♗xe7 ♕xe7 8.cxd5 ♘xc3 9.bxc3 exd5 10.♕b3 ♖d8 11.c4 ♘c6 12.cxd5 ♕b4+ 13.♘d2 ♕xb3 14.♘xb3 ♘b4 15.♖c1 ♘xd5 16.e4 ♖e8 17.f3 c6 18.♔f2 ♘e7 19.g4 b6 20.h4 ♗e6 21.♗c4 ♗xc4 22.♖xc4 ♖ad8 23.a4 a5 24.♖c3 ♖d6 25.h5 h6 26.♖hc1 ♖ed8 27.f4 ♔f8

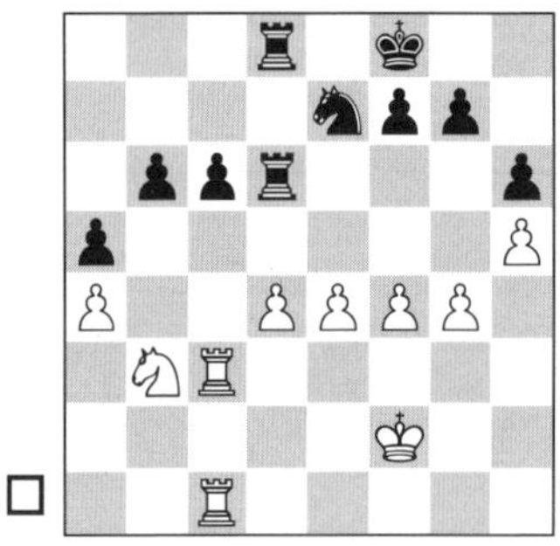

Der weiße Raumvorteil ist beeindruckend. Dabei sind seine Bauern kaum anfällig, seine Stellung erscheint sehr vielversprechend. Nichtsdestotrotz ist der Druck auf d4 sehr hinderlich und es ist nicht leicht, voran zu kommen.

Die Bauern am Königsflügel können auf vielerlei Arten vorgerückt werden, zudem gibt es die interessante Idee, im richtigen Moment die Qualität auf c6 zu opfern. Beachtlich ist, dass die beiden Kontrahenten in ihrem Match dieselbe Stellung bereits in der 6. Partie erreichten. Es ist schon sehr kurios, dass so viele Züge abseits der Hauptlinien wiederholt wurden, aber es ist umso unverständlicher, betrachtet man die Probleme, mit denen Schwarz in der Diagrammstellung konfrontiert ist.

Die vorige Partie ging weiter mit 28.f5 ♖6d7 29.♔e3 ♖e8

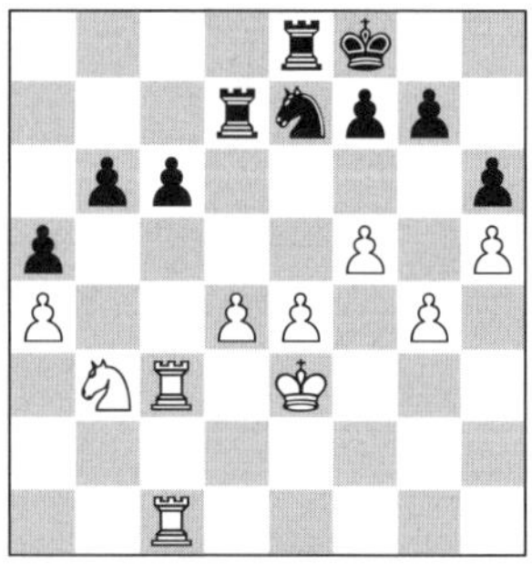

Analysediagramm

30.♖xc6! ♘xc6 31.♖xc6 (zweifellos bekommt man ausreichend Kompensation für die Qualität) 31...♖b8 32.d5 b5! (ein notwendiger Zug, der verhindert, dass die Majorität durch 33.♘d4 blockiert wird, Linien für die Türme öffnet und einen Freibauern erschafft) 33.♘c5 ♖dd8 34.axb5 ♖xb5 35.♔d4 ♖bb8 36.d6 ♖bc8 37.♖b6 ♔e8 38.e5 ♖b8 39.♖c6 a4 40.e6 fxe6 41.fxe6 a3 42.e7 ♖d7 43.♖a6 ♖xd6+ 44.♖xd6 ♖a8 45.♖d8+ ♖xd8+ 46.exd8♕+ ♔xd8 47.♔e5 und Remis. Der Springer muss den schwarzen Freibauern blockieren, aber ohne ihn ist kein Fortschritt zu erzielen. Die ganze Partie sah indes den Weißen stets am Drücker.

28.d5!

Ein thematisches Bauernopfer, um die Majorität mobil werden zu lassen. Das ist der einzige Zug, der großen Vorteil sichert.

28...cxd5

A) Nach 28...♖c8 29.♘d4! c5 30.♘b5 ist die weiße Majorität mit einem Übergewicht von zwei Bauern beweglich, wohingegen die schwarze blockiert ist;

B) 28...c5 29.♘d2 ♘c8 30.♘c4 ist ganz ähnlich. In beiden Fällen steht Schwarz auf Verlust.

29.e5! ♖6d7

29...d4? würde die folgenden Probleme vermeiden, verliert aber eine Figur nach 30.exd6 dxc3 31.dxe7+.

30.♘d4!

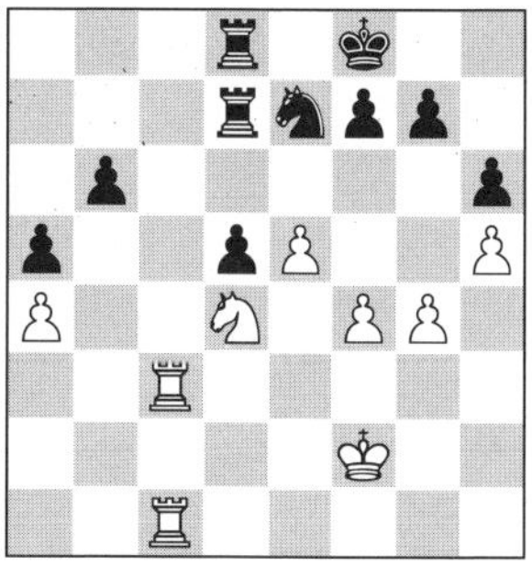

Der weiße Springer besetzt ein dominantes Feld, auf dem er zugleich den Bauern d5 blockiert, der so ziemlich alle schwarzen Figuren bis auf den König behindert. Die weiße Majorität ist beweglich und gefährlich, während der Bauer b6 nicht ziehen kann.

Weiß ist auf beiden Flügeln deutlich im Vorteil.

30...♖b8 31.f5 ♖dd8 32.♖1c2 ♖e8 33.♔e3 ♖bc8

Nach 33...♘c8 ist 34.♔d3! am besten, damit der König so nahe wie möglich an d4 dran bleibt, während der Bauer e5 stets indirekt gedeckt ist durch den Angriff auf den schwarzen Springer.

(Fortsetzung und Lösung 88 auf Seite 224)

Lösung 83

Vladimir Antonov	2380
Rustem Dautov	2380

Berlin 1986 (5)

1.e4 ♘f6 2.e5 ♘d5 3.d4 d6 4.♘f3 ♗g4 5.♗e2 c6 6.0-0 ♗xf3 7.♗xf3 dxe5 8.dxe5 e6 9.♕e2 ♘d7 10.c4 ♘e7 11.♗g4 ♕c7 12.f4 ♘f5 13.♔h1 0-0-0 14.♗xf5 exf5 15.♘c3 ♗b4 16.♘a4 ♘b6 17.a3 ♗e7 18.♘c3 ♕d7 19.♗e3 ♕d3 20.♗xb6 ♕xe2 21.♘xe2 axb6 22.♖ad1 g6 23.♘c3 f6 24.e6 ♖xd1 25.♖xd1 ♖d8 26.g3 ♖xd1+ 27.♘xd1 ♔c7 28.b4 ♔d6 29.♘c3 ♔xe6 30.♔g2

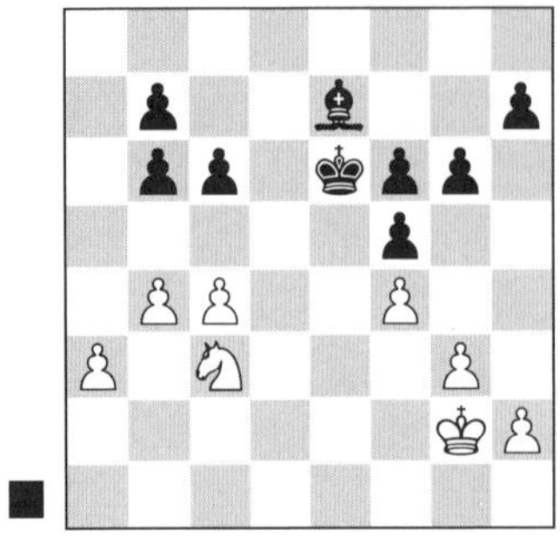

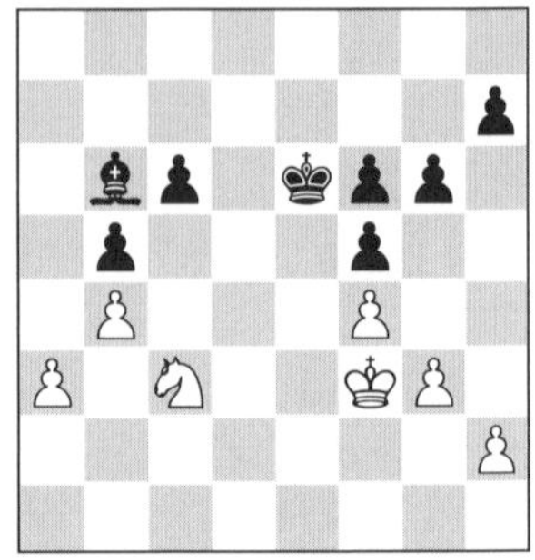

Analysediagramm

Schwarz besitzt einen Mehrbauern. Seine Aufgabe besteht darin, das Spiel zu öffnen und in die gegnerischen Reihen einzudringen.

30...b5!

Der mit diesem Zug beabsichtigte Durchbruch muss sofort ausgeführt werden, um Vorteil aus der momentanen Bewegungslosigkeit des weißen Königs zu ziehen. 30...c5? 31.b5 kommt nur dem Weißen zugute.

31.cxb5

Eine andere Verteidigung ist 31.c5?! ♗d8 32.♔f3 (32.a4? bxa4 33.♘xa4 ♔d5 erlaubt die entscheidende Einmischung des schwarzen Königs) 32...b6 und in diese Stellung hat Weiß zwei Möglichkeiten:

A) Bei 33.♔e3 bxc5 34.bxc5 ♗a5 (der Angriff auf den Springer, der das essentielle Feld d5 überdeckt, entscheidet) 35.♔d3 (35.♘e2 ♔d5 ist ebenfalls hoffnungslos) 35...♗xc3 36.♔xc3 ♔d5 37.♔b4 g5 – Bauer c5 fällt und es ist hoffnungslos für Weiß;

B) 33.cxb6 ♗xb6 und dann: *(siehe Analysediagramm)*

B1) 34.a4 bxa4 35.♘xa4 ♗d4! (der Springer wird dominiert) 36.♔e2 ♔d5 37.♔d3 g5 (der weiße König kam gerade noch rechtzeitig, um seinen Rivalen aufzuhalten, aber nun sind die weißen Figuren unbeweglich, so dass Schwarz ihn in Zugzwang bringt, indem er die verbleibenden Bauernzüge korrekt erschöpft) 38.h3 gxf4 39.gxf4 h6! 40.h4 h5 (Vorhaben ausgeführt!) 41.♘c3+ ♗xc3 42.♔xc3 ♔e4 und Schwarz gewinnt, da nach 43.♔c4 ♔xf4 44.♔c5 ♔g4 45.♔xc6 f4 46.b5 f3 ein Damenendspiel entsteht, in dem er zwei Mehrbauern haben wird;

B2) 34.♔e2 ♗d4! 35.♘b1 (nach 35.♘d1 ♔d5 36.♔d3 g5 sind wieder mal beide weißen Figuren gestrandet und Weiß verliert durch Zugzwang, wie wir es schon gesehen haben; 35.♔d3 ♗xc3 36.♔xc3 ♔d5 37.♔d3 g5 läuft ähnlich) 35...♔d5 36.♔d3 g5 37.♘d2 ♗b2! 38.♘b1 gxf4 39.gxf4 ♗c1! und Schwarz gewinnt durch eine kombinierte Attacke auf a3 und f4: 40.♘c3+ ♔d6 41.♘e2 ♗xa3 42.♔c3 c5!, der Läufer kann nicht gefangen werden.

31...c5!

31...cxb5? ist eine schlechte Idee, die zwar bei 32.♘xb5?! ♚d5 einige Gewinnchancen erhält, aber kaum welche bei 32.♔f3!.

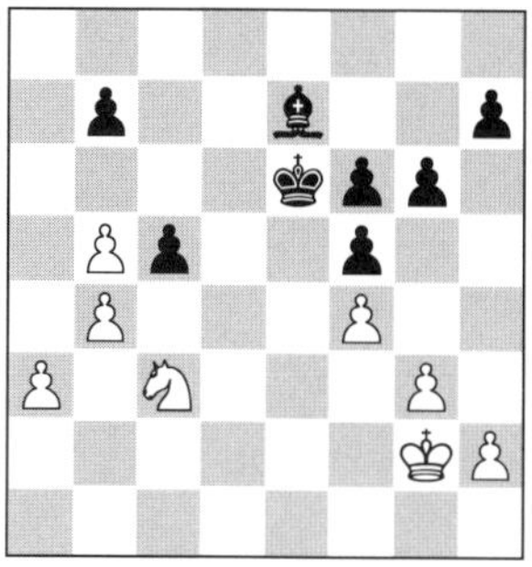

Deshalb wurde 30...b5! gespielt: Schwarz wollte das Feld b5 stopfen, um den Bauern b4 unbeweglich zu machen und Linienöffnung zu erzwingen.

32.bxc5 ♝xc5

Die Aktivierung des Läufers deckt einen gravierenden strukturellen Defekt in der weißen Stellung auf: die Bauern am Königsflügel stehen allesamt auf schwarzen Feldern, und können deshalb vom Läufer angegriffen werden.

33.a4 ♝d4!

Verjagt den Springer, damit der König vordringen kann.

34.♘a2

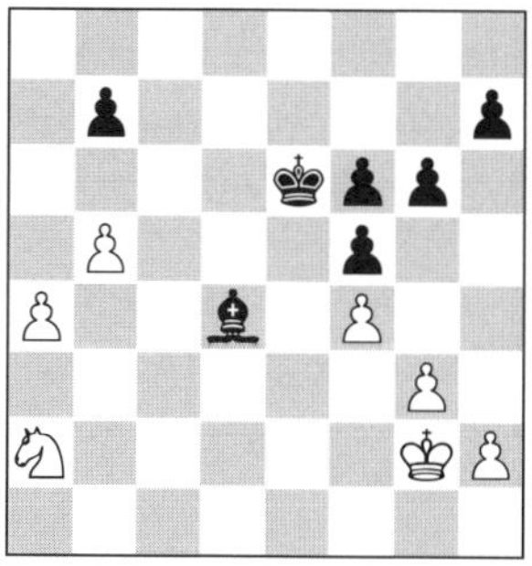

34...♝b6!

Der natürliche Zug 34...♚d5? ist ein ernster Fehler, der es dem Weißen erlaubt, alle Bauern am Damenflügel zu tauschen nach 35.a5! ♚c4 36.a6 bxa6 37.bxa6 ♚b5 38.♘c1 ♚xa6 und das Spiel ist remis.

35.♘c3 ♝a5

Besser war 35...♚d6! 36.♔f3 ♚c5 37.♔e2 und nun nicht 37...♚b4? 38.♘d5+, was dem Weißen etwas Gegenspiel gibt, sondern 37...♚c4!, um den Springer zurückzutreiben, bevor der Angriff auf die Damenflügelbauern fortgesetzt wird (38.♔d2? ♝a5!).

36.♘e2?

36.♘d1! ist am zähesten, Schwarz muss darauf 36...♝b6! 37.♘c3 ♚d6! Spielen, um in die vorteilhafte Variante einzulenken, die wir zuvor gesehen haben; die Spritzfahrt des Läufers nach a5 wäre dann nur ein Zeitverlust ohne Konsequenzen. Statt 36...♝b6 würde 36...♚d5? den weißen Figuren einige Aktivität verschaffen nach 37.♘e3+ ♚c5 38.♔f3 ♝d8 (oder gar 38...♚b4 39.♘d5+) 39.♔e2 ♚b4 40.♔d3 ♚xa4 41.♔c4. Der schwarze König ist eingeengt, und um zu gewinnen, muss der Läufer mitspielen, etwa 41...♝b6 42.♘d5 ♝g1 mit einigen Gewinnchancen.

36...♚d5 37.♔f2 ♚c5 38.♔f3?

Mehr Chancen mag es noch bieten, zum Damenflügel zu laufen, um ...♚xa4 mit ♔c4 beantworten zu können, selbst wenn nach 38.♔e3 ♚c4! nebst 39...♝b6+, alle weißen Bauern gefährdet und die Aussichten auf Rettung mager sind.

38...♔b4

Jetzt steht Schwarz völlig auf Gewinn.

39.♘d4 ♔xa4 40.g4 ♗c3 41.♘e2 fxg4+ 42.♔xg4 ♗b2 0-1

Lösung 84

Geza Maroczy

Harry Nelson Pillsbury

Monaco 1902 (1)

1.e4 e5 2.♘f3 ♘f6 3.♘xe5 d6 4.♘f3 ♘xe4 5.d4 d5 6.♗d3 ♗e7 7.0-0 ♘c6 8.♖e1 ♗g4 9.c3 f5 10.c4 0-0 11.cxd5 ♕xd5 12.♘c3 ♘xc3 13.bxc3 ♗xf3 14.♕xf3 ♕xf3 15.gxf3 ♗d6 16.♖b1 ♖ab8

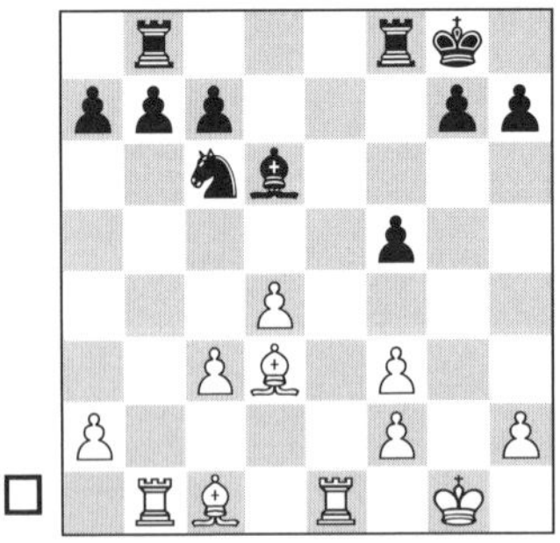

Weiß weist eine ziemlich ramponierte Bauernstruktur auf, kontrolliert aber das Zentrum durch seine Bauern c3 und d4. Er hat das Läuferpaar in einer relative offenen Stellung, was ihm gute Aussichten gibt, die Initiative zu erhalten. Der Bauer f5 ist anfällig, und durch sein Vorrücken wurden Felder im schwarzen Lager geschwächt.

Ein natürlicher Plan für Schwarz wäre ...♘c6-e7-g6, um dann, je nach Umständen, weiter nach h4 oder f4 zu springen. Weiß kann sein Bauernzentrum mit 17.♗b2 ♘e7 18.c4 ♘g6 19.c5 ♗f4 20.d5 mobilisieren, worauf 20...b6, um das Bauernduo abzutauschen, eine gute Idee wäre. Die Chancen wären verteilt.

17.♖b5!

Die schwarzen Bauern können den Wirkungsradius eines der beiden weißen Läufer, aber nicht von beiden, begrenzen. Indem er f5 angreift, will Maroczy eine Festlegung der Struktur erzwingen, um danach einen adäquaten Plan wählen zu können.

17...f4

Sichert den Bauern und begrenzt die Aktivität des Läufers c1, aber schwächt die weißen Felder und gibt dem weißfeldrigen Läufer das ausgezeichnete Feld e4, von wo aus er auf beide Flügel je ein Auge werfen kann.

A) Nach 17...g6?! 18.♗h6 werden die weißen Läufer sehr aktiv, zum Beispiel:

A1) 18...♖f6? 19.♗c4+ ♔h8 20.♖xb7! ♖xb7 21.♖e8+ ♗f8 22.♗xf8! (ohne die folgende Kombination wäre es notwendig, durch 22.♗g5 die Qualität zu gewinnen) 22...♖b8 23.♗e7+! ♖xe8 24.♗xf6#;

A2) 18...♖fd8 19.♗c4+ ♔h8 und nun erlaubt 20.♗g5 ♖f8, aber 20.♗f7! (Idee 21.♗g5) ist sehr stark und sichert langfristig die Initiative.

B) Eine solide Verteidigung ist 17...♘e7!, was den Bauern f5 opfert, um einen der weißen Läufer dafür abtauschen zu können. Nach 18.♗g5 a6! (um den Turm b8 zu entbinden) 19.♖a5 ♖be8 20.♖b1!? ♖b8 21.♗xe7 ♗xe7 22.♗xf5 hat Weiß einen Mehrbauern und sein Läufer steht ausgezeichnet auf dem Zentralfeld e4. Dafür ist seine Struktur in schlechtem Zustand und ungleichfarbige Läufer sind auf dem Brett, allerdings hat Weiß durch die Türme gute Aussichten, die Initiative zu erhalten und steht etwas besser.

18.♗e4 a6!

Der Turm arbeitet von b5 aus in verschiedene Richtung. Daher ist es sinnvoll, ihn zu einer Entscheidung zu zwingen. 18...♘d8 nimmt den Druck von d4 und erlaubt den Vormarsch der Zentralbauern.

19.♖b1

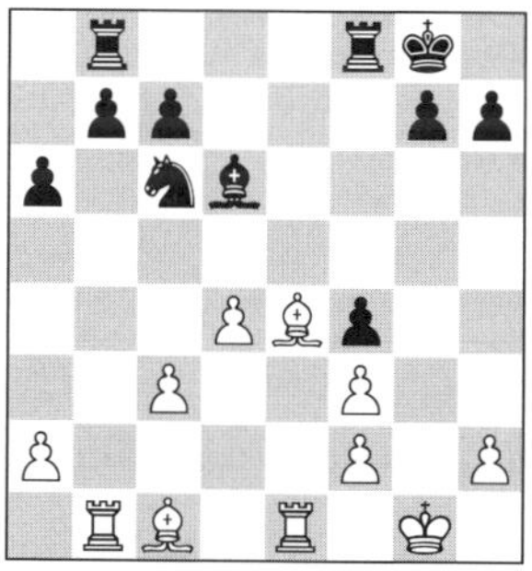

Schwarz steht augenscheinlich unter Druck. Ein Versuch, auszubrechen, besteht in ...♘c6-a5 gefolgt von ...b7-b5, aber das lässt sich nicht so leicht realisieren:

A) Sofortiges 19...♘a5? erreicht seinen Zweck nicht wegen 20.c4!, da weder 20...♘xc4? 21.♗d5+, noch 20...b5? 21.c5 ♗e7 22.♗d5+ spielbar sind;

B) 19...g6 20.♗d2! ♔g7 21.♗d5! und wiederum scheitert 21...♘a5? an 22.c4! da nach 22...c6 23.♗xa5 cxd5 24.c5 der schwarze Läufer verloren geht, und 21...♖f5? ebenfalls nicht gut ist wegen 22.♗xc6;

C) 19...♔h8!? stellt den König schnell auf ein schwarzes Feld (um 20...♘a5 spielen zu können), hat aber den Nachteil, ihn zu dezentralisieren. Das scheint der beste Zug zu sein, auch wenn nach 20.a4 ♘a5 21.♗d3 Weiß den Vorstoß ...b7-b5 verhindert und die Initiative behält.

19...♖fe8?

Ein Einsteller.

20.♗d2?

20.♖xb7! gewinnt, da nach 20...♖xb7 21.♗d5+! ♔f8 (or 21...♖e6 22.♖xe6!) 22.♖xe8+ ♔xe8 23.♗xc6+ Weiß sich eine Mehrfigur sichert.

20...♔f7?

20...♘d8? erlaubt 21.♗xh7+, aber 20...♔h8! mit der Idee ...g7-g6 gefolgt von der späteren Zentralisierung des Königs vermeidet den Bauernverlust.

21.♗d5+ ♔f6

21...♔f8 22.♖xe8+ ♔xe8? würde verlieren nach 23.♖xb7 oder 23.♗xc6+.

22.♖xe8 ♖xe8 23.♖xb7

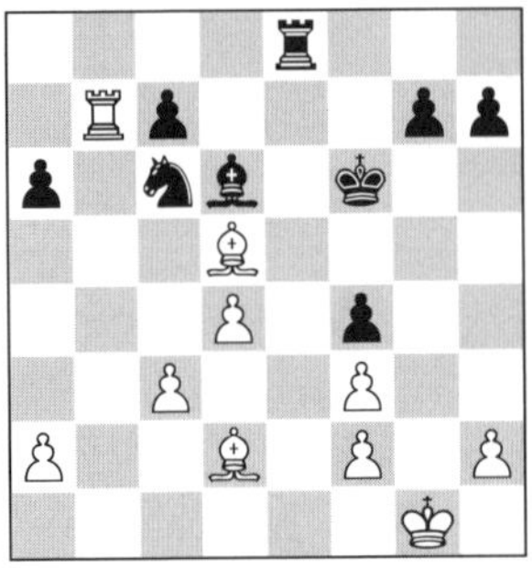

23...♘e7

A) 23...♖e2 24.♖b2 ♗a3 25.♔f1! rettet Schwarz nicht;

B) 23...♘a5! ist am widerstandsfähigsten, mit den Ideen ...♖e8-e2 oder ...c7-c6, gefolgt von ...♘a5-c4. Es kann weitergehen mit:

B1) 24.♖b2 c6 25.♗b3! (25.♗e4?! erlaubt 25...♘c4, was zu ungleichfarbigen Läufern führt) 25...♘xb3 und 26.axb3! ergibt einen Mehrbauern für Weiß, aber noch keinen sicheren Gewinn, da das Läuferpaar vermisst wird, wohingegen 26.♖xb3? ♖e2 27.♖b2 ♗a3! 28.♖c2 ♗c1! 29.♖xc1 ♖xd2 zu nichts führt;

B2) 24.♖b1! ♖e2 25.♗e1 c6 26.♗e4! (nach 26.♗g8?! – um den Bauern a2 weiter zu überdecken – 26...♖e8! sieht sich Weiß gezwungen, das Läuferpaar herzugeben mit 27.♗b3, da 27.♗xh7?! g6! dem Schwarzen gutes Spiel wegen des unglücklich auf h7 gestrandeten Läufers gibt) 26...♗c7 (26...♖xa2 27.♖b6 ist keine Verbesserung) 27.♖a1!, mit der Idee, durch 28.♗d3 den Bauern a6 zu gewinnen, ist für Schwarz sehr schlecht.

24.♗e4

Der Vorteil ist entscheidend.

24...♘f5 25.♖a7 ♖b8 26.♖xa6 g5 27.c4 ♖b6 28.♖xb6 cxb6 29.♗c3 ♘h4 30.h3 h5 31.c5 bxc5 32.dxc5+ ♗e5 33.c6 1-0

Lösung 85

Amos Burn

Wilhelm Steinitz

Köln 1898 (5)

1.d4 d5 2.c4 e6 3.♘c3 ♘f6 4.♘f3 dxc4 5.e3 a6 6.a4 c5 7.♗xc4 ♘c6 8.0-0 ♗d7 9.♕e2 ♕b6 10.♖d1 ♖d8 11.d5 exd5 12.♗xd5 ♗e7 13.e4 ♘d4 14.♕c4 ♘xf3+ 15.gxf3 0-0 16.♗f4 ♘h5 17.♗g3 ♘xg3 18.hxg3 ♗f6 19.♖d2 ♕b4 20.a5 ♕xc4 21.♗xc4 ♗c6 22.♗d5 ♖d7 23.♘a4 ♗xa4 24.♖xa4 ♖fd8

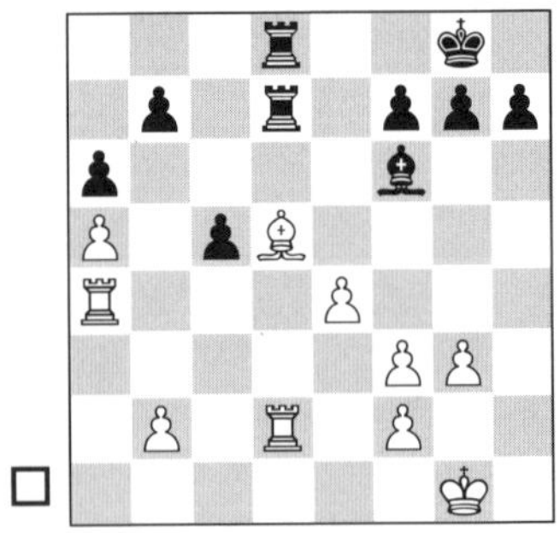

In Stellungen mit ungleichfarbigen Läufern stellt sich stets die komplexe Frage: „Auf welche Felder ziehe ich meine Bauern?“ Auf der Farbe des gegnerischen Läufers (a6, b7 und f7) sind sie Angriffsobjekte, und stehen sie auf der anderen Farbe (c5 und später in der Partie f6 und h6), hinterlassen sie unwiderrufbar Felderschwächen.

Weiß hat die aktiveren Figuren und die mobilere Majorität. Seine erste Aufgabe besteht darin, die schwachen Bauern anzugreifen, um die gegnerischen Figuren zur Passivität zu zwingen, dann sollen neue Schwächen geschaffen werden. Im Moment muss der Bauer e4 noch den Läufer auf d5 decken, weshalb die Majorität noch nicht vorrücken kann.

25.♖c4! ♗e7

A) 25...♗d4? 26.b4 ist nicht gut, da 26...♖c7? nach 27.♖dxd4 verliert;

B) Eine interessante Verteidigung ist 25...♖c7 (der Läufer greift weiterhin b2 an und verhindert so das Manöver ♖d2-d3-b3, das uns in der Partie noch begegnen wird) 26.♖dc2 ♖dc8 27.b4 ♗d8!? (mit der Absicht, auf b4 zu tauschen; bei 27...♗e7 28.f4 ♗d6 geht 29.e5) 28.♖xc5 ♖xc5 29.bxc5 (Weiß darf nicht alle Türme tauschen) 29...♗e7 und der Bauer c5 kann nicht gehalten werden, zudem ist a5 anfällig. Schwarz möchte zu gerne alle Bauern am Damenflügel tauschen, auch wenn er dabei den geopferten Bauern nicht zurückgewinnen würde. Es kann weitergehen:

B1) 30.♗xb7 ♖xc5 31.♖a2 ♗d8 32.♗xa6 ♖xa5 33.♖d2 ♗b6 34.♗c4 ♖a7, womit f7 sehr gut verteidigt ist und Schwarz ausgezeichnete Remischancen besitzt;

B2) 30.♖b2! ♖c7! (30...♗xc5? 31.♖xb7 ♖f8 ist zu passiv, und 30...♖xc5? 31.♖xb7 ♔f8 verliert nach 32.♖b8+) 31.c6! (mit der Idee, a6 zu gewinnen, um einen Freibauern zu schaffen; schlechter wäre 31.♗xb7 ♖xc5) 31...bxc6 32.♖b8+ ♗f8 33.♗c4 ♖a7 34.f4! (nach 34.♖c8 g6! – mit dem König auf g7 wären viele Probleme zu lösen – 35.♖xc6 ♗b4 erreicht Schwarz sein Ziel) 34...g6 35.f5! und Weiß steht viel besser, da 35...♔g7? nach 36.f6+ verliert.

All diese Varianten illustrieren nur die Möglichkeiten nach 25...♖c7, aber sie zeigen deutlich die Richtung, in die es geht, sowie die schwarzen Schwierigkeiten.

26.♖d3! ♔f8 27.♖b3! ♖b8

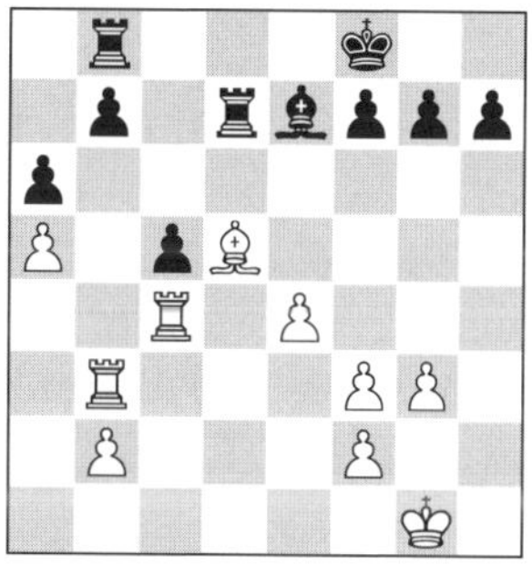

Die einfachen letzten drei Züge von Weiß haben alle schwarzen Figuren an die Verteidigung ihrer Bauern gebunden und ihre Beweglichkeit stark eingeschränkt.

28.♔f1 f6

Damit der König zum Damenflügel wandern kann, was aber auch wieder die weißen Felder schwächt. Es war vermutlich besser, den Bauern auf f7 zu belassen. Dann kann Weiß seinen König nach c4 bringen (wie in der Partie), um danach seine Zentralbauern vorstoßen zu lassen.

29.♔e2 ♖c7

Und nicht 29...♔e8? 30.♗c6.

30.♔d3 ♔e8 31.♖c1!

Jetzt wird der Bauer h7 angegriffen.

31...♔d8 32.♔c4 ♖d7 33.♖h1! h6

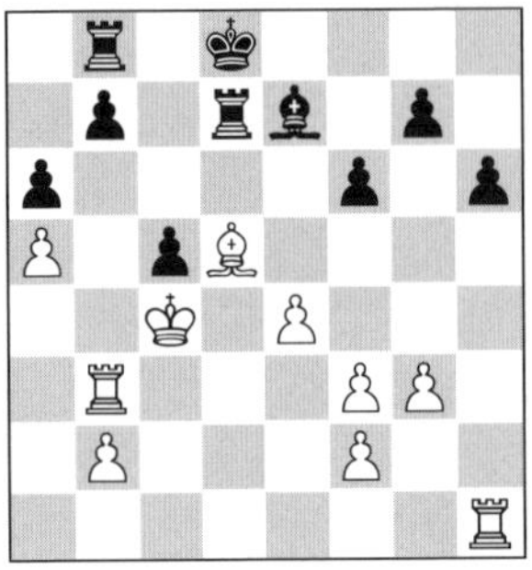

Das Feld g6 ist nicht länger bewacht und wird zu einem potentiellen Invasionspunkt für die weißen Figuren, insbesondere für den König.

34.f4 ♔c7 35.f5!

Der Bauer e4 deckt zuverlässig den Läufer, der den schwarzen Türmen die Linie verstellt. Der Durchbruch e4-e5 wird später erfolgen, von f2-f4 vorbereitet.

35...♖dd8 36.♖h4

Der Druck auf g7 nach ♖h4-g4 wäre nicht so schlimm für Schwarz, aber der Turm kann weiter nach g6 gehen, von wo aus er e4-e5 unterstützt.

36...♗f8 37.f4 ♖d6!?

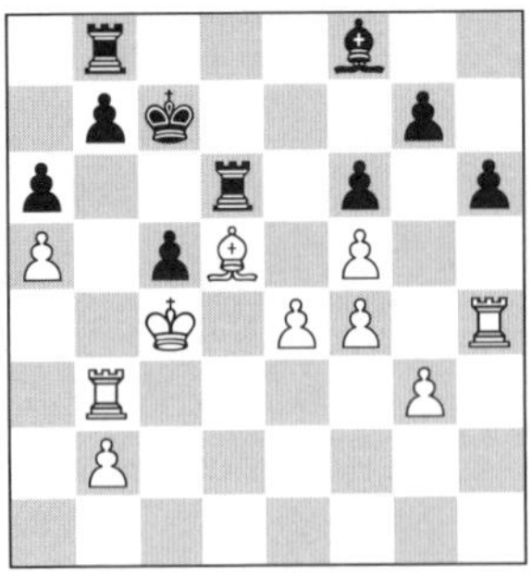

38.♔c3!

Nach 38.♔xc5 b6+ 39.♔c4 bxa5 bleibt Schwarz im Nachteil, aber seine Figuren werden aktiver und er kann den a-Bauern einsetzen.

38...b5

Eliminiert die Schwäche auf b7, doch schon erscheint eine neue auf a6.

Der Tausch eines Turmpaares erleichtert die Verteidigung ein wenig.

39.axb6+ ♖dxb6 40.♖xb6 ♖xb6 41.♖h1!

Mit der Idee ♖h1-a1, um a6 anzugreifen, und den schwarzen Turm davon abzuhalten, über die a-Linie einzudringen.

41...♗e7 42.b3 ♖d6 43.♖a1 ♖b6

(Fortsetzung und Lösung 89 auf Seite 225)

Lösung 86

Ljubomir Ljubojevic 2600

Georgi Tringow 2485

Luzern ol 1982 (3)

1.e4 c5 2.♘c3 ♘c6 3.g3 g6 4.♗g2 ♗g7 5.d3 d6 6.♗e3 ♖b8 7.♕d2 b5 8.♘ge2 b4 9.♘d1 ♘d4 10.0-0 e6 11.♘c1 ♘e7 12.c3 bxc3 13.bxc3 ♘dc6 14.♗h6 0-0 15.♗xg7 ♔xg7 16.♘e3 ♗b7 17.♘b3 a5 18.a4 ♗a6 19.♖fb1 ♕b6 20.h4 ♘e5 21.d4 ♘c4 22.♕e1 cxd4 23.cxd4 ♘xe3 24.♕xe3 ♖fc8 25.♔h2 ♘c6 26.♘c5 ♕a7 27.♖xb8 ♘xb8 28.♘xa6 ♘xa6 29.h5 ♕e7 30.h6+ ♔g8 31.♖c1 ♖xc1 32.♕xc1 ♕d8 33.♗f1 ♘b4 34.♔g1 f6

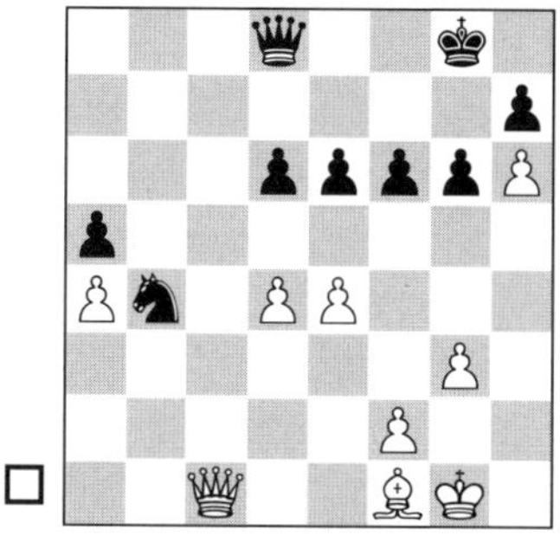

Im schwarzen Lager neigen die Bauern a5, e6 und h7 zur Schwäche. Gefährdet ist aber auch der König sowie die siebte und die achte Reihe. Der Springer steht auf einem stabilen Vorposten, doch der ist eher im Abseits, und der Springer tut sich schwer, andere Felder zu finden. Die schwarze Dame hat schwerwiegende Verteidigungsaufgaben zu schultern und hat kaum Freiheiten.

A) 35.e5? ist ein wesentliches strategisches Zugeständnis, dass es dem Springer erlaubt, über d5 ins Spiel zurückzufinden. Der Zug selbst steckt voller Gefahren, aber bevor man über seine Stärke urteilen kann, muss erst mit Varianten nachgewiesen werden, ob er zu greifbaren Resultaten führt, was nicht der Fall ist:

A1) Nach 35...♔f7? 36.exd6! (stellt sicher, dass die Dame ins feindliche Lager eindringt) 36...♕xd6 37.♕c8 (droht 38.♕h8) 37...♕f8 38.♕c7+ geht der Bauer a5 verloren und dadurch auch das Spiel;

A2) 35...dxe5! 36.dxe5 mit den Möglichkeiten:

A2a) 36...♘d5? 37.♕c6! ♔f7 38.♕b7+ und Schwarz quält sich sehr nach 38...♘e7 39.exf6! ♔xf6 40.♕f3+ ♘f5 41.g4, zwar kann Schwarz nach 38...♕c7 39.♕a8 die materielle Balance mit 39...♕c1 40.♕xa5 ♕xh6 halten, aber der entfernte Freibauer ist zu stark;

A2b) 36...fxe5 37.♕c3! (37.♕c5? ♘d5 38.♕a7 ♘e7! hält sich) 37...♘d5 (oder 37...♕b8 38.♕c5!) 38.♕xe5 ♕f6 39.♕b8+ ♕f8 40.♕a7 ♕xh6 41.♕xa5 und wieder einmal entscheidet der Freibauer den Tag;

A2c) 36...♔f7! 37.exf6 (37.♕c5 ♘d5 38.♕a7+ ♘e7 39.exf6 ♔xf6 verspricht nichts; die gleiche Stellung haben wir schon mit der Dame auf b7 gesehen, als das Schach auf f3 zu stark war) und nun sind 37...♕xf6? 38.♕c7+ sowie 37...♔xf6? 38.♕f4+ ♔e7 39.♕e5 hoffnungslos, während 37...♘d5! 38.♕c5 ♕c7! (aber nicht 38...♘xf6? 39.♕a7+ ♘d7 40.♗b5, noch 38...♔xf6 39.♕d4+! e5 40.♕h4+! g5 41.♕e4 und im schwarzen Lager wimmelt es von Schwächen) bewahrt eine solide Stellung, die nur ein wenig schlechter ist.

B) 35.♕c4! ist ein exzellenter Zug, basierend auf der Taktik:

B1) 35...d5? 36.♕c5 (mit der Idee 37.♕a7) verliert, zum Beispiel: 36...dxe4 37.♕a7 ♕f8 38.♕d7 und Weiß wird den Bauern e6 verlieren (38...♕f7 39.♕c8+) und damit die Partie;

B2) 35...♔f7 36.♕b5 (36.d5 e5 führt zur Partie) 36...♕c7 37.♗c4! ♔e7 (37...d5! ist zu bevorzugen, auch wenn nach 38.exd5 exd5 39.♗xd5+ ♘xd5 40.♕xd5+ das

Damenendspiel hoffnungslos ist – ein Minusbauer plus viele Schwächen, die zu verteidigen sind) 38.♗xe6! und ohne die Taktik, die ich vorher meinte, wäre Weiß an einem toten Punkt gelandet, so aber gewinnt er forciert, da 38...♔xe6 die Dame nach 39.♕e8+ ♕e7 40.d5+ verliert.

35.d5!

Dieser strategisch feine Zug verschafft dem Läufer einen Vorposten auf e6, von dem aus er Druck auf den schwarzen Königsflügel ausüben kann. Hinzu kommen die Vorzüge am anderen Flügel, weshalb wir ohne Analyse schon von einem deutlichen Vorteil für Weiß sprechen können.

35...e5

Stärker als 35...exd5 36.exd5, was die e-Linie öffnet, zum Beispiel: 36...♔f7 (36...♘xd5? 37.♗c4 verliert den Springer) 37.♕e3 ♕e7 38.♕b6 und der Bauer a5 geht verloren.

36.♕c4

36.♗h3!? erlaubt dem Springer eine Umgruppierung, wobei nach 36...♘d3 (36...♔f7 sollte zur Partie führen) 37.♕c6! ♘c5 38.♗c8! die Möglichkeit, ♕c6-a8-a7 zu spielen, dem Schwarzen Probleme bereitet.

36...♔f7

Verteidigt das Feld e8, was er erlaubt 37.♕b5 mit 37...♕c7 zu beantworten.

Weniger gut war 36...♕d7? 37.♕b5! (37.♔h2 gefolgt von 38.♗h3 erinnert an die Partie) 37...♕d8 (oder 37...♕xb5 38.axb5 und der Bauer läuft zur Dame) 38.♕b7 ♕f8 und nun ist 39.♕c7!, was die Bauern a5 und d6 angreift und 39...♘c2 verhindert, der klarste Gewinnweg.

37.♗h3

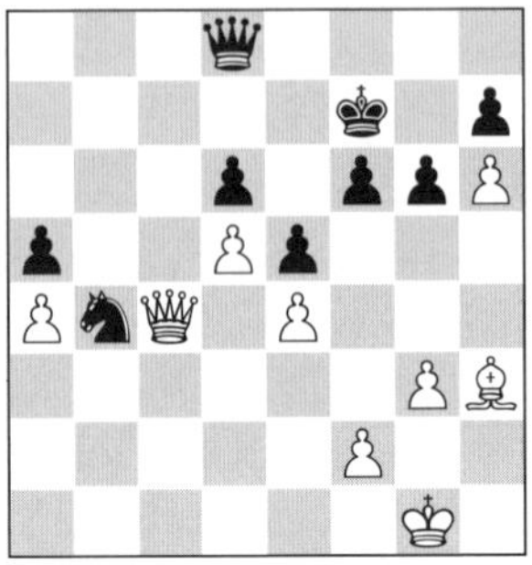

Eine ideale Diagrammstellung, welche das Spiel auf beiden Flügeln illustriert, während der Springer, der auf seinem Außenposten gebunden ist, Schwierigkeiten hat, sich am Spiel zu beteiligen.

37...♕b8 38.♗e6+ ♔e7?

38...♔f8! vermeidet das sofortige Desaster und behält praktische Chancen, aber es ist wohl schon zu spät, die Partie zu retten. Betrachten wir eine erhellende Variante:

39.♔h2 schützt den König vor Schachgeboten, bevor Weiß f2-f4 zieht; das natürliche 39.♔g2 ist gleichermaßen gut; wir werden einen Unterschied zwischen den beiden Königsstellungen in unserer Hauptvariante kennenlernen, die Partie könnte sich auch anders entwickeln.

39...♕b7! 40.♕c3! 40.f4? ♕a6! 41.♕c7 ♕e2+ führt zum Remis.

40...♕b8! Die Felder c7 und c8 müssen unter Kontrolle bleiben

und jeder Königszug erlaubt 41.♗g8!. **41.f4!** Nach diesem Zug wird Schwarz Probleme mit seiner Königsstellung bekommen, aber im Gegenzug erhält er Aussichten auf Dauerschach. **41...♘a6!** Es macht keinen Sinn mehr, an materielles Gleichgewicht zu denken. **42.fxe5 ♘c5!** 42...fxe5 43.♕f3+ und 42...dxe5 43.♕c6 verlieren. **43.exd6 ♘xe4 44.♕d4!** Attackiert den Springer, der den Bauern f6 deckt. **44...♕b1** 44...♕b4 45.♕xb4 axb4 46.a5 ♘xd6 47.a6 ♘b5 48.d6! verhindert den Vorstoß des schwarzen Freibauern. **45.♕c4! ♘xd6** 45...♕b2+ 46.♔h3 ♘g5+ 47.♔g4 ergibt nichts. **46.♕c7** und Weiß gewinnt. Wäre der weiße König auf g2 (siehe Beginn des Kommentars!), würde 46...♕e4+ zum Remis führen.
Verständlich, dass es für jedermann schwer wäre, solche Varianten korrekt zu berechnen. Wichtig ist es uns, die verschiedenen Aspekte und Themen der Position kennenzulernen.

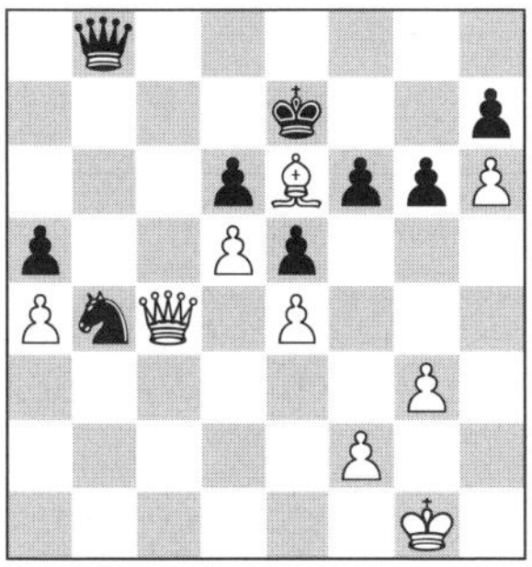

39.♗g8!
Ein wunderbares Opfer, das die Partie beschließt.

39...f5
Nach 39...♕xg8 schnappt sich Weiß den Bauern d6 und wird dann seinen eigenen d-Bauern promovieren. Tringow gibt eine lange, aber einfache, weil geradlinige, Variante an: 40.♕c7+ ♔e8 41.♕c8+ ♔f7 42.♕d7+ ♔f8 43.♕xd6+ ♔e8 44.♕b8+ ♔f7 45.♕c7+ ♔f8 46.♕c8+ ♔f7 47.♕d7+ ♔f8 48.d6 mit Gewinn; es könnte folgen 48...♕f7 49.♕c8+ ♕e8 50.d7.
40.♗xh7 ♔f6 41.exf5 ♕h8 42.fxg6
Schwarz gab auf.

Lösung 87
Ulf Andersson 2590
Nana Ioseliani 2300
Rio de Janeiro 1985 (7)

1.♘f3 d5 2.d4 ♘f6 3.c4 e6 4.♘c3 ♗e7 5.♗g5 h6 6.♗xf6 ♗xf6 7.♖c1 0-0 8.e3 b6 9.♗d3 ♗b7 10.0-0 dxc4 11.♗xc4 ♘d7 12.♕e2 c5 13.♖fd1 ♕e7 14.♗a6 ♗c6 15.d5 exd5 16.♘xd5 ♗xd5 17.♖xd5 ♖ad8 18.♖cd1 ♘e5 19.♘xe5 ♗xe5 20.b3 ♖xd5 21.♖xd5 ♖d8 22.♖xd8+ ♕xd8 23.♕h5 ♗f6 24.g3 ♕d7 25.h4 ♔h7 26.♕f3 ♗c3

□ 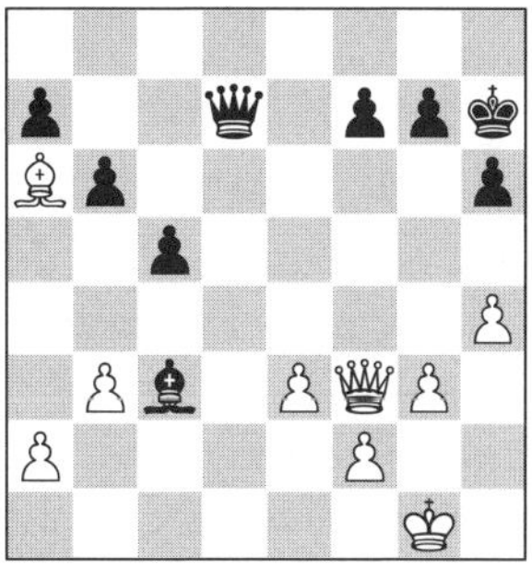

Aufgrund der ungleichfarbigen Läufer hat Weiß Möglichkeiten, den schwarzen König anzugreifen, insbesondere über die Diagonale b1-h7 und die Grundreihe. Der Bauer f7 ist schwach, und ein Zug von ihm würde die Diagonale a2-g8 schwächen und den weißen Figuren zugänglich machen.
Die weiße Bauernmajorität ist schwer zu mobilisieren, ohne Gegenspiel zuzulassen, Die schwarze dagegen ist blockiert und hat keinerlei Aussichten.
Im Kommenden will Schwarz ...g7-g6 gefolgt von ...♔h7-g7 spielen, um mehr Sicherheit um seinen König herum zu erhalten und f7 zu decken.

27.♗c4!

Verhindert 27...g6 und platziert den Läufer auf dem idealen Feld.
Der strategisch wünschenswerte Zug 27.h5, der den Druck auf den weißen Feldern verstärkt, erlaubt 27...g5!. Der König wandert nach f8, und falls der Bauer h6 später gedeckt werden müsste, geht der Läufer nach g7 oder die Dame nach d6. Um Fortschritte zu erzielen müsste Weiß den e- oder den f-Bauern ziehen, was seinen eigenen König entblößen würde.
Der Bauer f7 ist wichtig, er garantiert Sicherheit für seinen König und verhindert, dass der weiße e-Bauer zum Freibauer wird, und aus diesem Grund darf Schwarz nach 28.hxg6+ nicht 28...fxg6? antworten, sondern sollte mit 28...♔xg6! schlagen, mit der Idee ...♔g6-g7-f8 und einer soliden Stellung.
Betrachten wir die drei möglichen Arten, den Bauern f7 zu decken: 27...f6, 27...♗f6 und zuletzt 27...♔g8 (die Partiefortsetzung).

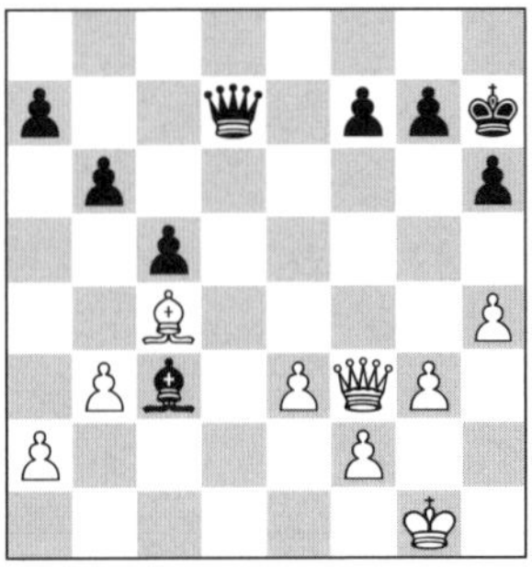

A) **27...f6?** Alle Bauern stehen damit sicher auf schwarzen Feldern, nur der König fühlt sich alles andere als sicher: die Diagonale a2-g8 und das Feld g6 wurden empfindlich geschwächt. **28.♕a8** 28.h5 ist auch möglich. **28...♔g6 29.♕g8**

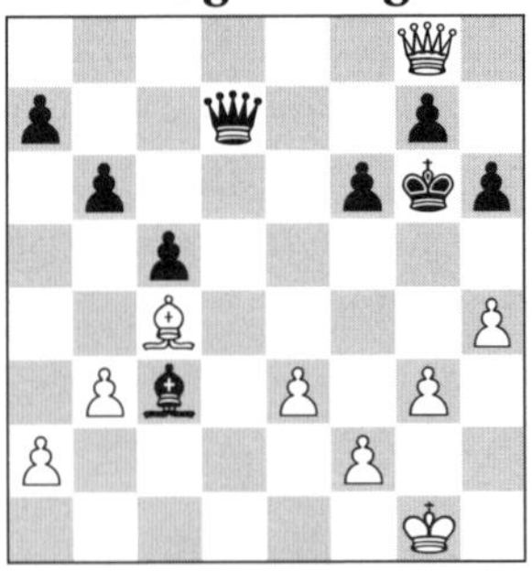

Analysediagramm

Eine Drohung ist 30.♗e6 und letztlich muss Schwarz wieder einen Bauern auf ein weißes Feld ziehen, wo er verloren gehen könnte, um Schlimmeres wie die Mattsetzung zu vermeiden: **29... h5** Nach 29...f5 30.♗e6 ♕e7 31.♕c8! geht der Bauer f5 verloren, während

31...♕f6? 32.♕e8+ zum Matt führt. Weiß gewinnt. **30.e4! f5!** Um ♗c4-e6-f5+ gefolgt von ♕g8-h8# zu verhindern. **31.♗e6 ♕d1+ 32.♔h2!** Hier ist der König sicher vor Schachgeboten. **32...fxe4**

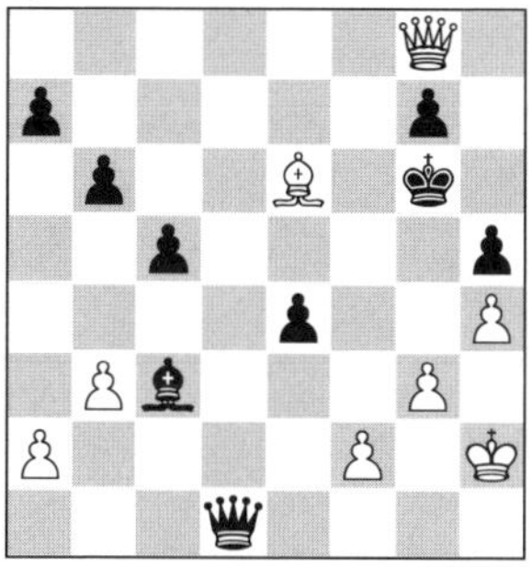

Analysediagramm

33.♕e8+! Bewahrt sich die Möglichkeit, nach h8 zu gehen. Bei 33.♕f7+? ♔h6 34.♕f4+! (34.♗f5? ♕d6!) 34...♔h7 35.♗f5+ g6 36.♗xe4 ♕d7 37.♕g5 ♕e6 38.♕xh5+ ♔g7 39.♕e2 hat Weiß einen Mehrbauern und klaren Vorteil, aber noch keine Gewinnstellung, da sein Angriff sich in Luft aufgelöst hat. **33...♔f6** Oder 33...♔h6 34.♗f5 ♕d6 35.♕h8#. **34.♗g8 ♕d6 35.♕f7+ ♔e5 36.♕f4+ ♔d4 37.♕xd6#**;

B) **27...♗f6** Mit der Absicht, ein Schach auf der Grundreihe mit dem Läufer zu blockieren. Die Dame steht auf der siebten Reihe gut, von wo aus sie die Bauern a7 und f7 deckt. Der Nachteil dieser Aufstellung liegt darin, dass der Läufer passiv steht und der Bauer g7 nicht ziehen kann. **28.h5! ♔g8 29.♕a8+ ♗d8** Ein Zugeständnis, da der Läufer noch mehr an Beweglichkeit einbüßt, aber 29...♔h7? 30.♕f8! ♕e7 31.♕xe7! ♗xe7 32.♗xf7 gewinnt für Weiß, da er zwei Mehrbauern in seiner Majorität am Königsflügel besitzt, und da der schwarze König sehr eingeengt ist. **30.♔g2 ♔f8**

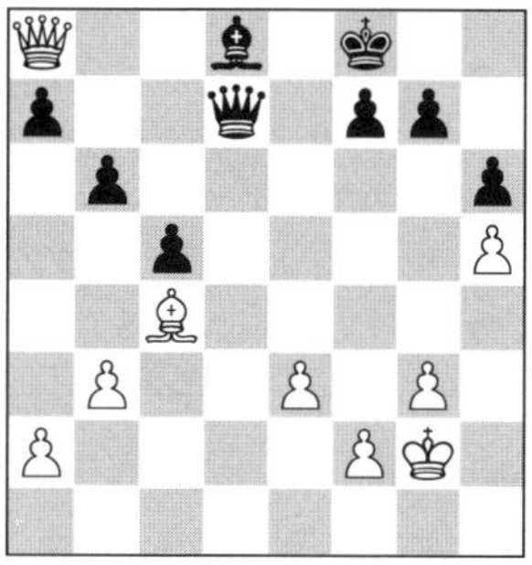

Analysediagramm

31.a4! Weiß muss nicht eilen, er kann noch einige nützliche Vorbereitungszüge machen, auch wenn diese sich später als irrelevant herausstellen sollten. Der a-Bauer verhindert ein mögliches ...b6-b5 und sichert dem Läufer das Feld b5. **31...♔g8 32.e4 ♔f8 33.e5 ♔g8 34.♕e4** Mit der Drohung 35.e6. **34...♕e7!** 34...♔h8? 35.♗d3 ♔g8 36.♕h7+ ♔f8 37.♕h8+ ♔e7 38.♗b5! gefolgt von Schach auf e8, oder 34...♔f8? 35.♕h7 ♗c7 36.♕h8+ ♔e7 37.♕xg7 verlieren beide.

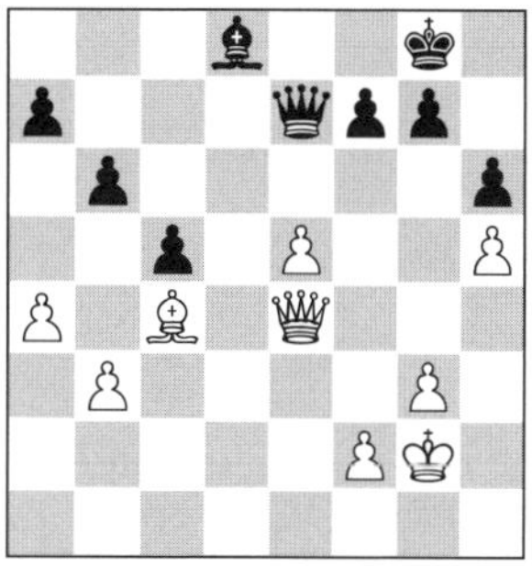

Analysediagramm

35.f4! Einen klaren Gewinn verspricht ein gut vorbereiteter Einstieg der Dame auf h7, im Moment jedoch erlaubt 35.♗d3 ♔f8 36.♕h7? ♕xe5. Deshalb deckt Weiß vorerst den Bauern e5, dabei gut abwägend, dass sein König dadurch nicht zu sehr exponiert wird. 35.e6? fxe6 36.♗xe6+ ist nicht so schlüssig. **35...♗c7 36.♗d3! ♔f8 37.♕h7 ♕d8**

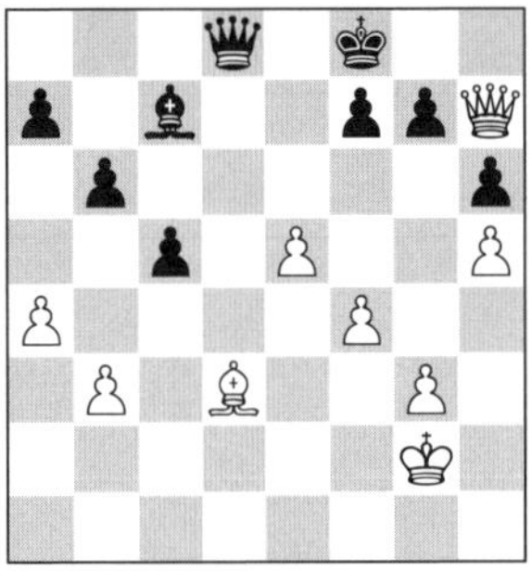

Analysediagramm

38.♗b5! Mit der Drohung 39.♕h8+ ♔e7 40.♕xg7. Die schwarze Dame findet keine Zeit, um auf Dauerschach auszugehen, da ihr König sogleich im Mattnetz zappelt nach ♕h7-h8+ gefolgt von ♕h8-e8. Weiß gewinnt.

Kehren wir zur Partie zurück nach 27.♗c4:

27...♔g8

Der König möchte zuweilen ins Zentrum flüchten und der Läufer behält seine Beweglichkeit, allerdings bleibt der Bauer f7 verletzlich.

28.♕a8+!

28.h5! ist ebenfalls gut, da nach 28...♔f8 29.♕a8+ ♔e7 30.a4! (mit der Absicht 31.♗b5 gefolgt von 32.♕e8+) Schwarz noch Probleme mit dem Bauern f7 bekommt zu denen am Damenflügel und der Königssicherheit; er steht deutlich schlechter. Statt 28...♔f8, führt 28...♗f6 in die Variante B (27...♗f6 28.h5 ♔g8).

28...♔h7

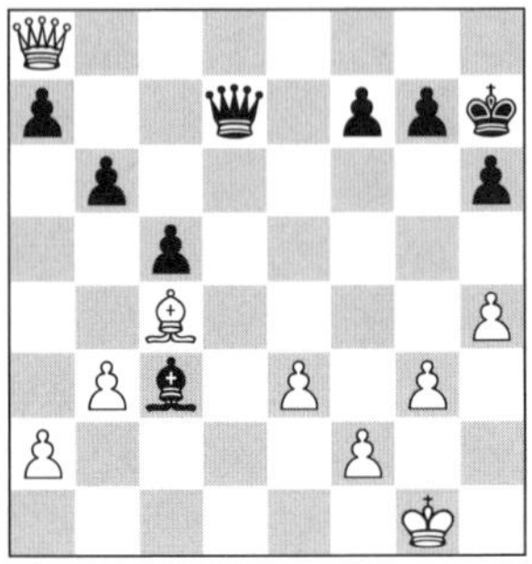

29.h5!

Der übliche Zug, um den Druck auf den weißen Feldern zu erhöhen, doch es verlangt exakte Berechnung, da der Bauer h5 hängt. 29.♕f8 ♔g6! bringt nichts ein.

29...♕f5

A) 29...♕d1+ 30.♔g2 ♕xh5 und nun:

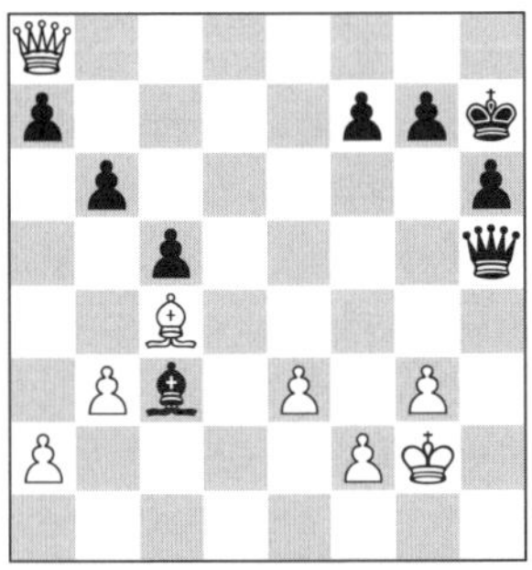

Analysediagramm

A1) 31.♕e8! (droht 32.♗xf7 und 32.♗d3+) 31...♕e5! 32.♕xf7 (drohend 33.♗d3+; Schwarz muss weiterhin e8 gedeckt halten, wegen 33.♕g8+ ♔g6 34.♕e8+! ♔h7

35.♗g8+) 32...♕b8 33.e4 und der Angriff auf den schwarzen König in Verbindung mit dem e-Freibauern muss Weiß den Sieg bringen;

A2) 31.♕xa7 ♕f5! (mit der Idee 32...♗e1) 32.♕xf7! ♕xf7 33.♗xf7 scheint nicht zum Gewinn zu genügen. Ein guter Verteidigungsplan ist ...g7-g6 gefolgt von ...h6-h5 und ...♔h7-g7. Der Läufer greift dann die weißen Bauern am Königsflügel an, um den weißen König zur Verteidigung zu nötigen oder die Bauern auf weiße Felder zu zwingen.

B) 29...g5 erlaubt 30.♕f8 ♗g7 31.♕xf7 ♕xf7 32.♗xf7 und die Freibauern auf der e- und der f-Linie entscheiden;

C) 29...♕e7! verhindert 30.♕f8. Weiß hat die Wahl zwischen 30.♗d3+, um sich einen e-Freibauer zu schaffen, und 30.♕d5, um weiterhin Druck auf f7 auszuüben. In beiden Fällen hat er ausgezeichnete Gewinnchancen.

30.♕d8!

Droht 31.♗d3.

30.♕e8? erlaubt 30...♗e1! 31.f4 (or 31.f3 ♕xf3) 31...♕c2 mit remisiger Stellung.

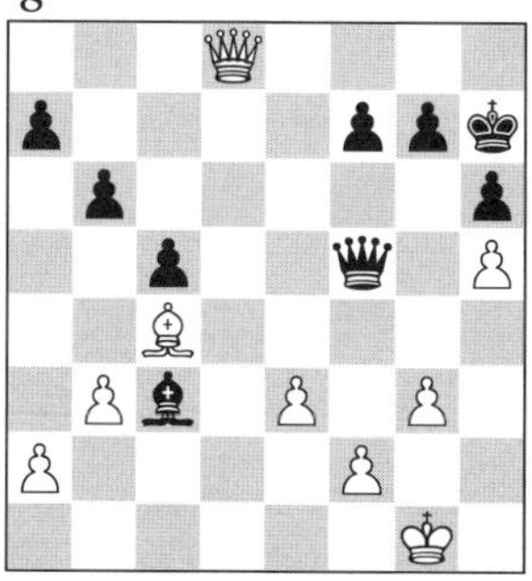

30...♗f6

Danach kann Schwarz nicht mehr seinen Läufer nach e1 spielen, und 31.♕e8! wird entscheidend sein.

A) 30...♕xh5? verliert den Läufer nach 31.♕d3+, aber selbst ohne diesen taktischen Gewinn sollte 31.♕d7 den Punkt sichern;

B) 30...♕b1+!? stellt eine instruktive Falle: 31.♔h2! (31.♔g2!? ♕e4+ 32.♔h2 ♗f6! 33.♕d7 ♕e7 34.♕xe7 ♗xe7 35.♗xf7 führt zu einem gewonnenen Endspiel, vor allem da der schwarze König sehr beengt steht) 31...♕xa2 und nun funktioniert der natürliche Zug 32.♗d3+? nicht wegen 32... g6 33.hxg6+ ♔g7 34.♔g2 ♗e1 und der Bauer f2 geht verloren, was ein Zeichen dafür ist (eine generelle Regel, die in dieser Partie indes kaum zum Tragen kommt), dass die Initiative in Partien mit ungleichfarbigen Läufern schnell die Seiten wechseln kann. Statt 32.♗d3+ gewinnt Weiß mit 32.♕d3+ ♔g8 33.♕f5! (verteidigt f2 und greift f7 an) 33...♗f6 34.♔g2 ♕d2 35.♗d5.

31.♕e8!

Die weißen Felder sind nicht länger zu halten.

31...♕xh5 32.♗xf7 ♕d1+ 33.♔g2 h5 34.♕g8+ ♔h6 35.♕h8+

Schwarz gab auf.

Lösung 88
Efim Bogoljubow
Rudolf Spielmann
Semmering m 1932 (8)

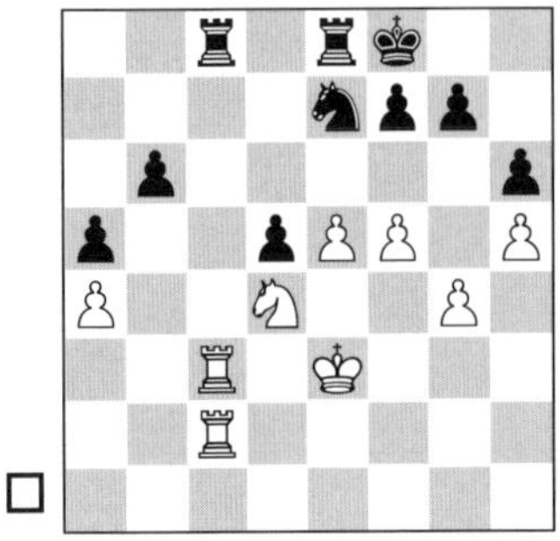

Weiß steht trotz des Minusbauern auf Gewinn, aber er muss noch präzise spielen.

34.♘b5?

Ein Fehler, der Schwarz die Chance gibt, durch ein Springeropfer auf f5 zu remisieren.

A) 34.♖xc8 ♘xc8 (und nicht 34...♖xc8? 35.f6!) 35.♔d3 war entscheidend, wenngleich es noch einige Arbeit zu verrichten gibt;

B) 34.♖c7 ♖xc7 35.♖xc7 ♖c8 36.♖xc8+! (36.♖b7 ist auch gut) 36...♘xc8 37.♘b5 ♘e7 38.♔d4 gewinnt ebenso, wir wollen diese instruktive Variante detaillierter betrachten:

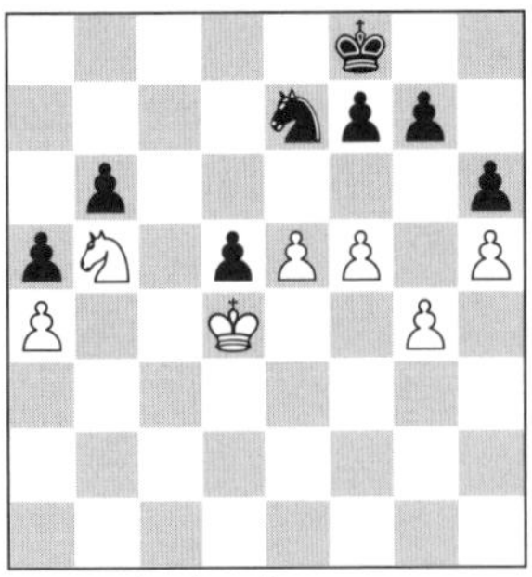

Analysediagramm

Der Springer ist eine kurzschrittige Figur, der unter Begrenzungen sehr leidet. Der Bauer d5 wird bald verlorengehen, und der weiße Raumvorteil am Königsflügel erlaubt einen Durchbruch mit g4-g5 gefolgt von f5-f6 (oder vielleicht zunächst f5-f6), der eine große Rolle spielen wird. Wir betrachten:

B1) 38...♔e8 39.♘c7+ ♔d7 40.♘xd5 ♘xd5 (40...♘c6+ 41.♔e4 verliert den Bauern b6, und 40...♘c8 erlaubt 41.g5! hxg5 42.f6! gxf6 43.h6) 41.♔xd5 f6 (auf 41...♔c7 führt 42.g5 zum bereits gesehenen, und 42.e6 ist auch probat) 42.e6+ ♔c7 43.e7! ♔d7 44.e8♕+ ♔xe8 45.♔c6 und die zwei schwarzen Bauern werden fallen;

B2) 38...f6 (erlaubt einen gedeckten Freibauern auf e6, um das Risiko eines Durchbruchs zu verkleinern) 39.e6 (39.exf6 gxf6 40.♘c7 ist ebenfalls gut) 39...♔e8 40.♘c7+ ♔d8 41.♘xd5 ♘c8! (41...♘xd5 42.♔xd5 ♔c7 43.e7! geht schnell verloren).

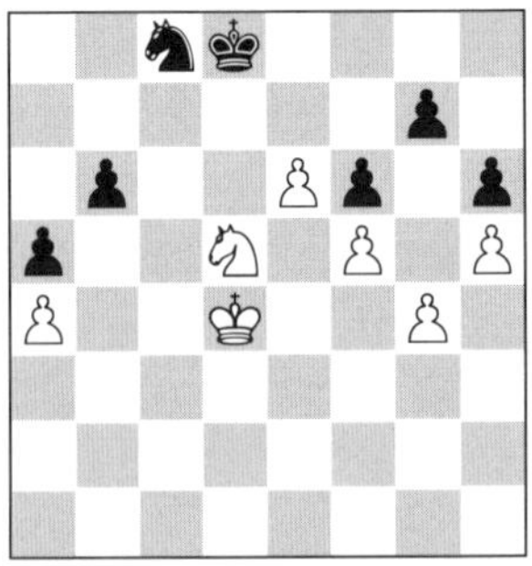

Analysediagramm

Es heißt oft, dass Springerendspiele den Bauernendspielen sehr ähnlich seien, was daran liegt, dass ein

Springer nicht zugleich ziehen und dabei die Kontrolle über ein bestimmtes Feld bewahren kann. Hier haben wir ein gutes Beispiel, das diese These untermauert: der schwarze Springer ist an die Verteidigung des Bauern b6 gebunden, und Weiß gewinnt mithilfe einer Triangulation, wie sie typisch ist für Bauernendspiele. Hier sind die Varianten:

B2a) 42.♘c3? ♔c7 43.♔d5 ♘e7+ führt nirgendwo hin;

B2b) 42.♔c3! (oder 42.♔d3!) beginnt das entscheidende Triangulierungsmanöver 42...♔e8 43.♔d3! ♔d8 44.♔d4! ♔e8 und nachdem er den schwarzen König auf e8 gezwungen hat gewinnt Weiß mit 45.♘c3 ♘e7 (oder 45...♔d8 46.♔d5 ♔c7 47.♘b5+ ♔b7 48.♘d6+) 46.♔c4 ♔d8 47.♘d5 ♘c8 48.♔b5;

B2c) 42.♔c4, mit derselben Idee, erlaubt 42...♘d6+!, und es ist notwendig, die Züge zu wiederholen mit 43.♔d4! ♘c8 (43...b5 44.♔c5!), bevor man auf den Pfad der Tugend zurückfindet, da das sofortige 43.♔c3? b5! dem Schwarzen unnötigerweise Konterchancen einräumt.

34...♖xc3 35.♖xc3

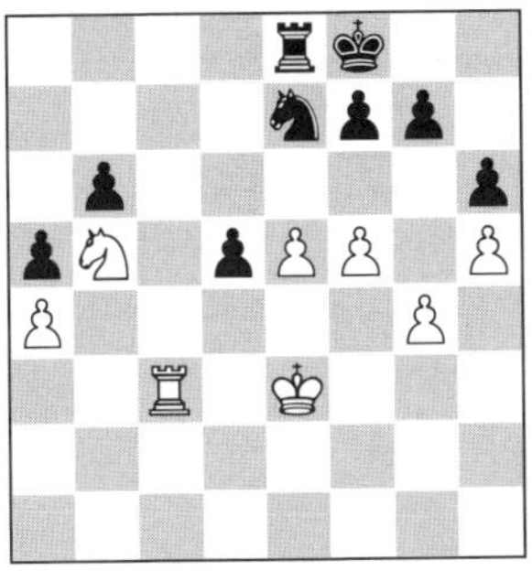

35...♘xf5!

Mit Mehrmaterial vergrößern sich die Aussichten, Material zu opfern.

36.gxf5 ♖xe5+ 37.♔f4 ♖e4+ 38.♔g3 ♖xa4

Sicherer war 38...♔e7, um zu verhindern, dass der schwarze König ausgesperrt wird.

39.f6

39.♖c7! f6 40.♘d6! mit der Drohung 41.♖f7+ ♔g8 42.♖e7 gefolgt von 43.♖e8+ und 44.♘f7 verlangt präzise Verteidigung: 40...♖a3+! 41.♔f4 ♖a4+ 42.♔e3 ♖h4! und Schwarz schlägt h5, was gerade noch reicht, um die Partie zu retten.

39...♖c4

39...gxf6 ist ebenfalls ausreichend.

40.♖e3 ♖e4 41.♖c3 ♖c4 ½-½

Lösung 89

Amos Burn

Wilhelm Steinitz

Köln 1898 (5)

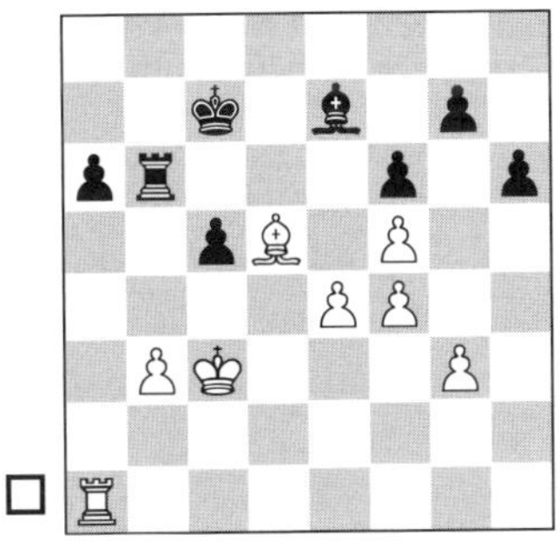

44.♔d3!

Der König will nach g6. Die Bauern e4 und f5 sichern die starke zentrale Läuferstellung, während die Bauern f4 und

g3 den Geltungsbereich des schwarzen Läufers einengen. Um seine Kontrolle über die Stellung beizubehalten, ändert Burn seinen ursprünglichen Plan, Vormarsch des e-Bauern, und schaut zunächst, wie er seine Lage noch maximal verbessern kann. Das ist eine typische Strategie in Stellungen, in denen der Gegner ohne Gegenspiel dasteht.
44.e5 fxe5 45.fxe5 ♗g5 ist auch interessant, gibt dem schwarzen Läufer aber Luft zum Atmen.
44...♔b8 45.♔e2 ♖d6 46.♔f3 ♔c8 47.♔g4 ♔d8 48.♔h5 ♔e8 49.♔g6

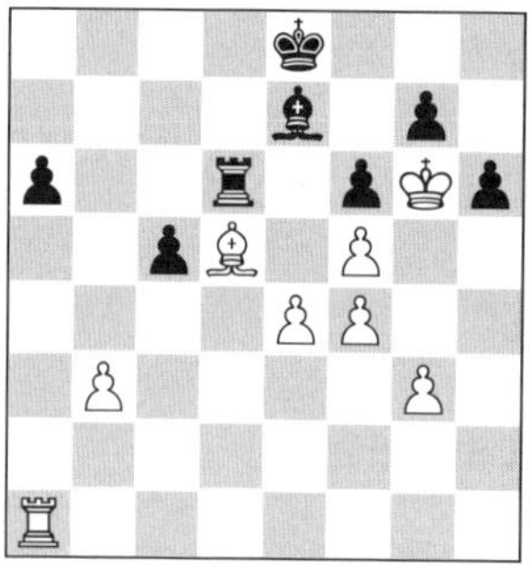

Schwarz muss die Bauern g7 und c5 decken, und verhindern, dass Weiß ohne Turmtausch a6 gewinnt. Auch darf er den potentiellen Durchbruch e4-e5 und dessen Konsequenzen nicht aus den Augen verlieren, und muss eine Invasion des weißen Turms oder des Königs verhindern. Die Schwere dieser Aufgaben nimmt den schwarzen Figuren alle Energie, zudem hängt schon wieder Zugzwang in der Luft.
49...♔f8

49...♗f8 50.♗c4 ♖b6 verliert klar, sogar nach Tausch der Türme: 51.♖xa6!? ♖xa6 52.♗xa6 ♔e7 53.♗b5!, Schwarz ist in Zugzwang, verliert das Feld f7, den Bauern g7 und damit die Partie.
50.♖a5 ♖b6 51.♗c4 ♗d6 52.♖a1
52.♗xa6? ♖xb3, mit Gegenspiel gegen die Bauern des Königsflügels, sowie 52.♖xa6? ♖xa6 lassen den Gewinn durch die Finger.

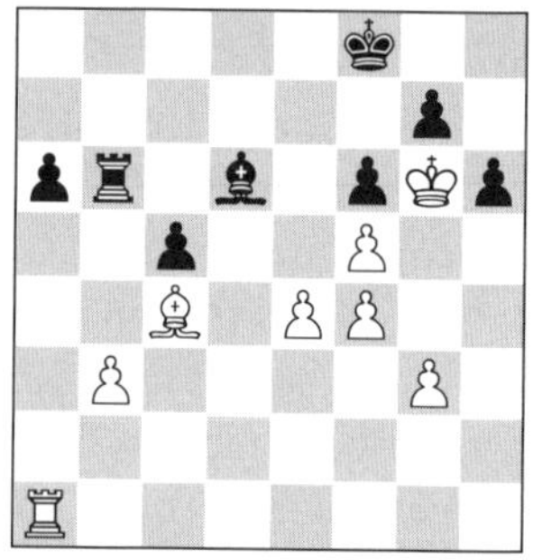

52...♗e7
Der Turm b6 steht auf seinem besten Feld, wo er die Bauern a6 und b3 im Blick hat, der König kann nicht ziehen, also macht Schwarz einen Läuferzug.
52...♗c7! bot mehr Widerstand, um 53.♖d1 mit 53...♖d6 zu beantworten und sich diese Verteidigungsmöglichkeit durch Läuferpendeln zwischen c7 und b8 offen zu lassen. Der Gewinn wird dann erreicht, indem man den Läufer nach e7 zwingt, etwa: 53.♖a3! (droht 54.♗xa6) 53...♗d6! 54.♖a5! (54.♗xa6? c4) 54...♗e7 (einziger Zug) 55.♖a1 ♗d6 56.♖d1 wie in der Partie.
53.♔h7!

Burn wartet, bis der Läufer auf d6 steht, bevor er sich der d-Linie zuwendet, und plant e4-e5, ohne von einem Schach durch ...fxe5 überrascht zu werden.

53...♗d6 54.♖d1! ♖c6

54...♗e7 55.♖d7 ♖d6 56.♖a7 rettet Schwarz, der auch noch die achte Reihe decken muss, nicht.

55.♖d5

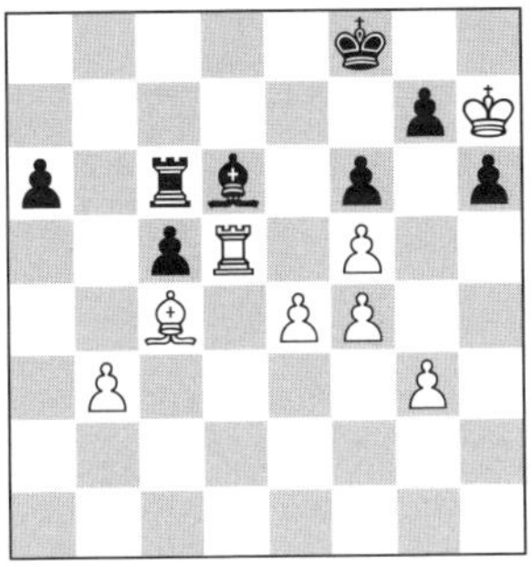

Droht 56.e5.

55...h5!

Zugleich eine Falle und der Versuch eines Gegenspiels auf den schwarzen Feldern.

56.♔g6!

Nur nicht 56.e5? fxe5 57.fxe5 ♗xe5 mit der Drohung 58...♖h6#.

56...a5

Oder 56...h4!? 57.gxh4 ♗xf4 58.♖d7 ♗h6 59.h5 mit der Idee 60.♖f7+ ♔e8 61.♖xg7 und Weiß gewinnt.

57.♔xh5 ♖b6 58.e5

Endlich!

58...fxe5 59.fxe5 ♗e7 60.♖d7 ♖b8 61.♖a7 ♖d8 62.♖xa5 ♖d2 63.♖a8+ ♖d8 64.♖a7 ♖d1 65.f6 gxf6 66.exf6 ♗d8

66...♗xf6 67.♖f7+.

67.g4 ♖g1 68.g5 ♖g3 69.♔g6 ♔e8 70.♗b5+ ♔f8 71.♖f7+ ♔g8 72.♗c4

Schwarz gab auf.

Lösung 90

Studie von Alexei Troizki

Shakhmatny Listok 1929

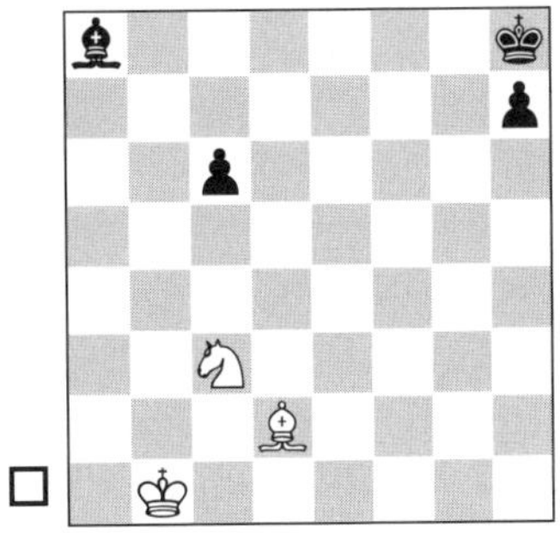

In Studien führen häufig verblüffende Züge zur Lösung. Das ist aber nicht der Fall bei diesem Klassiker, wo die einzige Überraschung – allerdings eine ziemlich große – darin besteht, dass Weiß tatsächlich die Ausgangsstellung gewinnen kann. Die strategischen Themen, die wir beobachten, und durch die reduzierten Steine auf dem Brett betont werden, sind Blockade (gilt für die beiden Bauern), Einsperrung der Figuren (trifft auf König und Läufer zu), Angriff in der Gegenwart von ungleichfarbigen Läufern sowie Spiel auf einem Farbenkomplex. Wir können durchaus noch andere Themen aufspüren beziehungsweise sie anders benennen.

Die weißen Figuren sind weit weg vom schwarzen König, der Läufer auf a8 sollte normalerweise das Remis sichern... aber leider gibt es da noch zwei außerordentlich unglücklich stehende Bauern!

Der Gewinn wird dadurch erreicht, dass man den Läufer oder gar den König in einer Falle fängt.
Nach 1.♘e4 (mit der Idee 2.♘c5) 1... c5! befreit Schwarz seinen Läufer, und durch den Angriff auf den Springer gewinnt er ein Tempo und verhindert 2.♗h6.

1.♗h6!

Nun hat Schwarz die Wahl, entweder mit 1...c5 seinen Läufer, oder mittels 1...♔g8 seinen König zu befreien. Wir betrachten die Alternativen hintereinander.

A) 1...c5

Drohung: 2...♔g8 gefolgt von 3...♔f7.

2.♘b5!

Das Feld e4 ist dem Springer genommen, doch es ergibt sich eine neue Route.

2...♔g8 3.♘d6!

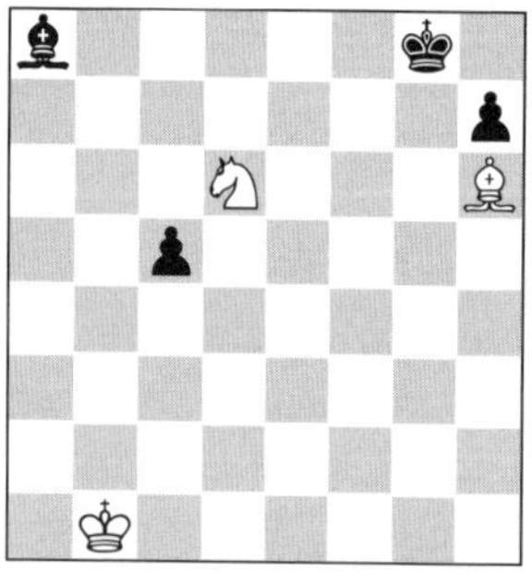

Die weißen Leichtfiguren halten, unterstützt durch den Bauern h7, den schwarzen König gefangen. Wir können dabei notieren, dass sie beide auf schwarzen Feldern stehen, wo sie vom gegnerischen Läufer nicht angegriffen werden können. Spiel auf einem Farbenkomplex ist häufig eine Konsequenz in Stellungen mit ungleichfarbigen Läufern.Nun hängt es davon ab, ob der weiße König am Angriff teilnehmen und ein Matt erzwingen kann.

3...♗d5

Schwarz bereitet den Vormarsch seines Bauern vor, um eine Ablenkung zu starten.

4.♔c2 c4 5.♔c3 ♗f7!

5...♗e6? 6.♔d4 ♗f7 7.♔e5 c3 8.♔f6 ♗b3 und der schwarze Läufer kann den Springer nicht davon abhalten, nach e7 zu gelangen:

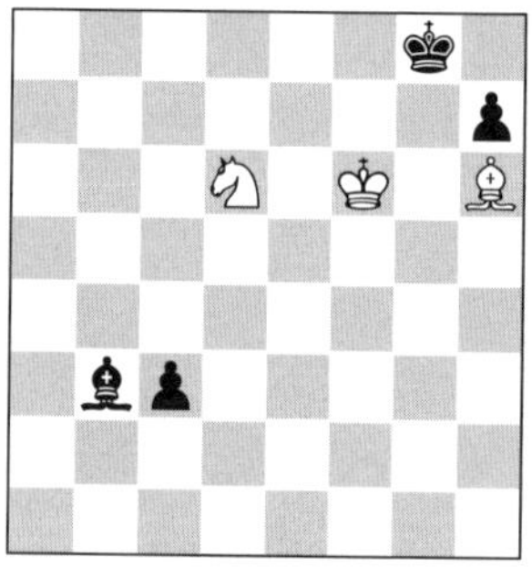

Analysediagramm

9.♘f5 c2 10.♘e7+ ♔h8 11.♗g7#.

6.♔d4 ♗e6

Ein Versuch, den Läufer auf der Diagonalen h3-c8 zu belassen und den Springer daran zu hindern, über c8 oder f5 nach e7 zu gelangen.

7.♔e5

Um Fortschritte zu erzielen, muss der König den Angriff auf den Bauern c4 aufgeben, was den schwarzen Läufer von der Deckungspflicht befreit.

7...♗h3

Der Läufer entgeht einem Angriff des Springers, der bald auf f6 sein wird. Schwächer ist 7...♗g4?! 8.♔f6 c3 9.♔e7 c2 10.♘e8 c1♕ 11.♘f6+! (11.♗xc1? h5 lässt den König entfliehen) 11...♔h8 12.♗xc1 (der Läufer g4 hängt) 11...h5...

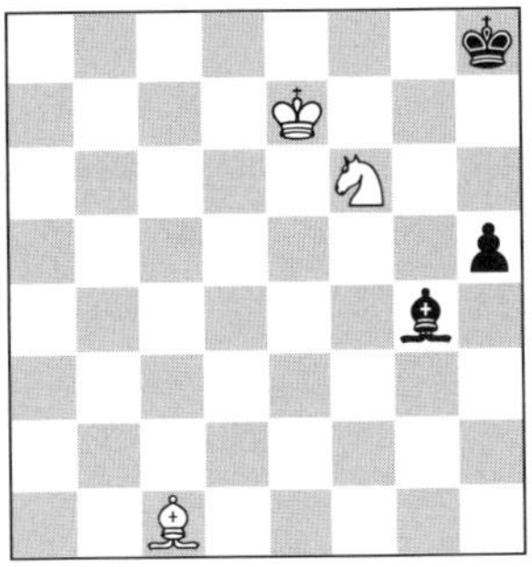

Analysediagramm

... und Weiß schließt wieder den Käfig, gerade rechtzeitig: 12.♗h6! (oder 12.♔f8!) führt zum Matt nach 13.♔f8 nebst 14.♗g7; wieder findet die ganze Aktion auf den schwarzen Feldern statt.

8.♔f6

Und nicht 8.♘xc4? ♔f7.

8...c3 9.♔e7 c2 10.♘e8 c1♕

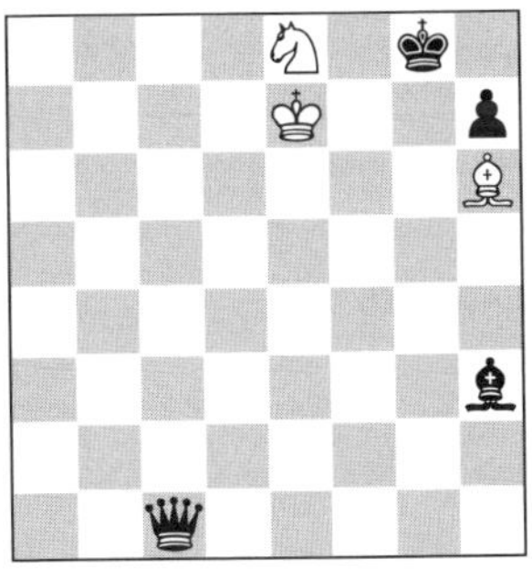

11.♘f6+!

11.♗xc1? h5 12.♘f6+ ♔g7 13.♘xh5+ führt nur zum Remis durch das verblüffende 13...♔g8!, was verhindert, dass der weiße König näher kommt und die dauerhafte Inbesitznahme von h6 durch den Läufer unterbinden (14.♗h6 ♔h7), während 14.♘f6+ ♔g7 nichts bringt. Statt 13...♔g8 erlaubt 13...♔g6? die Gabel 14.♘f4+ und 13...♔h7? führt zu Matt nach 14.♔f7 (überdeckt g6), zum Beispiel: 14...♗f1 15.♘f6+ ♔h8 16.♗h6 ♗c4+ 17.♔f8 (dieses Muster kennen wir bereits) gefolgt von 18.♗g7#.

11...♔h8 12.♗xc1

Droht 12.♗h6.

12...♔g7 13.♘h5+ ♔g8

13...♔g6 trifft wieder auf 14.♘f4+. Der Läufer steht ungeschickt auf h3, aber er konnte auch auf kein anderes Feld gehen.

14.♗h6 ♗f1 15.♘f6+ ♔h8 16.♔f8 ♗c4 17.♗g7#

B) 1...♔g8 2.♘e4!

Droht 3.♘d6, was wie in der vorigen Variante gewinnt.

2...♔f7 3.♘c5!

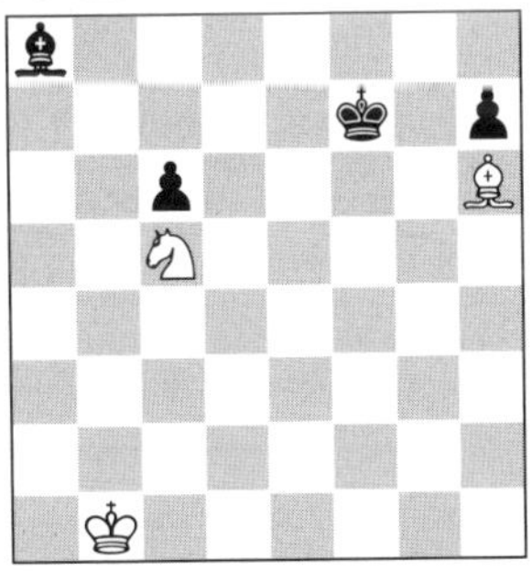

Der schwarze König ist befreit, die einzige weiße Hoffnung basiert darauf, den ♗a8 einzusperren.

3...♔g6!

Schwarz will den h-Bauern mobilisieren, um mit einer Ablenkung der weißen Kräfte die Einschnürung am Damenflügel aufzuweichen. Nach 3...♔e7 4.♗f4! ♔d8 5.♔c2 ♔c8 formen die weißen Leichtfiguren eine Barriere gegen den schwarzen König, der seinen Läufer nicht vor dem Zugriff durch den gegnerischen König retten kann. Am einfachsten geschieht nun 6.♔d3, der König rennt zum h-Bauern und nimmt ihn weg. Schwarz kann seinen Läufer nach b7 ziehen, aber dann muss er ihn auch schon wieder in die Ecke zurückziehen!

4.♗f8 h5 5.♔c2 ♔f5

Der König muss mitspielen. Nach 5... h4 6.♔d3 h3 7.♗d6 ♔f5 8.♔e3 ♔g4 9.♔f2 ♔h4 10.♔f3 ist der schwarze König zum Rückzug verdonnert, und der h-Bauer geht verloren.

6.♗d6!

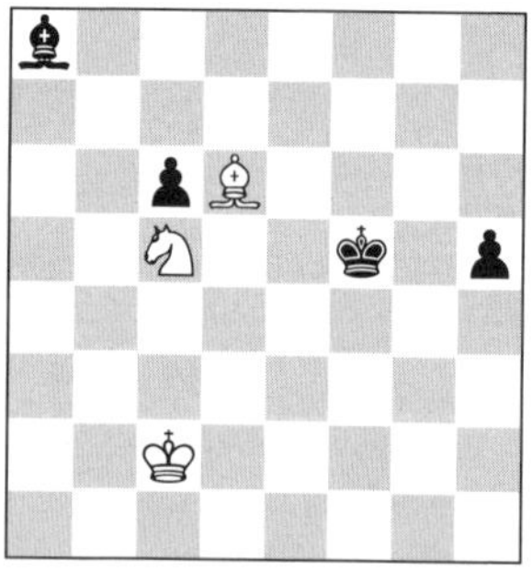

Eine erste, vertikale Barriere, verhindert, dass der König zum Damenflügel gelangt.

6...♔g4 7.♔d2 ♔f3 8.♔e1 ♔g2

Um den weißen König zu blockieren und den Vormarsch des h-Bauern zu unterstützen.

9.♗e7! ♔f3

Nach 9...♔g1 10.♔e2 ♔g2 11.♗f6 kommt der weiße König nach f1 oder f3.

10.♔f1 ♔e3

Schwarz hat einen Teilerfolg gewonnen: im Austausch für den drohenden Verlust des h-Bauern will sein König zum Damenflügel durchbrechen.

11.♗f6!

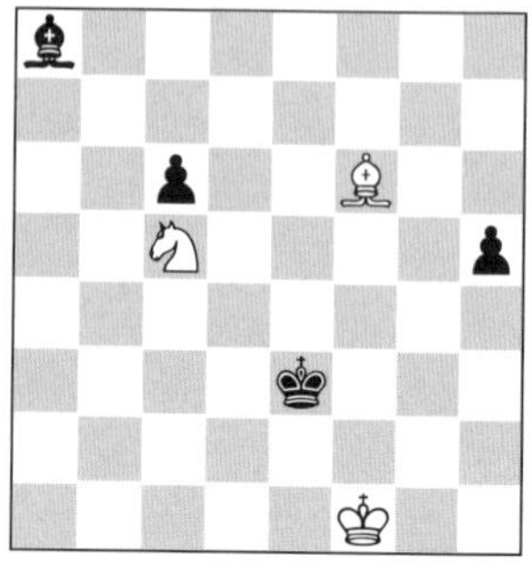

Verhindert den Zugang zum Feld d4 und formt eine zweite Barriere, diesmal horizontal, die eventuell aber noch über die a-Linie umgangen werden kann.

11...♔d2

Nach 11...♔f3 12.♗e5 wird sich der weiße König den h-Bauern holen.

12.♔g2 ♔c2 13.♔g3 ♔b1 14.♔h4 ♔a2 15.♔xh5 ♔a3

Droht 16...♔b4.

16.♗c3!

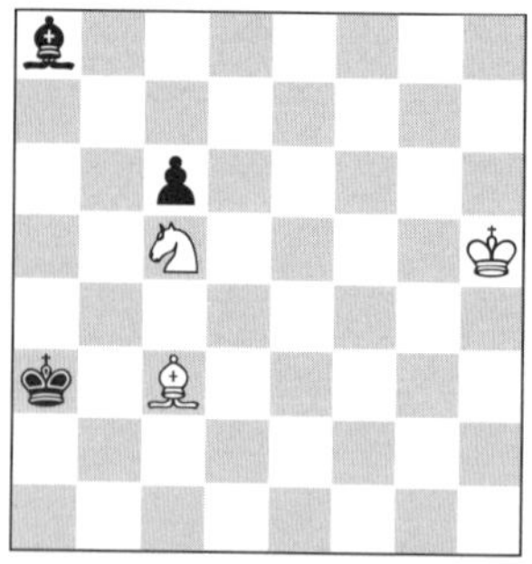

Die dritte und letzte Barriere hat sich formiert, die den Marsch des Königs zum Läufer a8 endgültig stoppt. Der Läufer wird bald vom weißen König geschlagen werden.

Index der positionellen Themen

(die Zahlen beziehen sich auf die Lösungsnummer)

Namenverzeichnis

(Zahlen verweisen auf die Seitezahl)

Anstelle einer Bibliographie

Die Partien, die ich für dieses Buch ausgewählt habe, stammen aus allen erdenklichen Quellen. Leser, denen mein Buch gefällt, möchte ich gern die dreibändige Reihe *Moderne Schachstrategie* von Ludek Pachman empfehlen, und ebenso die beiden Bücher von Paul Keres: *The road to the top* und *The quest for perfection.*

Für die Analysen habe ich Houdini 1,5a x64 verwendet.

Emmanuel Bricard